Ursula Müller-ter Jung

Stadtentwicklung in montanindustriellen Regionen: das Beispiel Duisburg

Dortmund 1993

Ursula Müller-ter Jung
Stadtentwicklung in montanindustriellen Regionen: das Beispiel Duisburg

Duisburger Geographische Arbeiten, Bd. 12
Hrsg.: Hans H. Blotevogel, Karl Eckart, Winfried Flüchter, Wulf Habrich, Manfred Sträßer und Erika Wagner

Vom Fachbereich 6 (Biologie-Chemie-Geographie) der Universität -Gesamthochschule-Duisburg unter dem Titel 'Der Einfluß der Schwerindustrie auf die Stadtentwicklung von Duisburg' zur Erlangung der Lehrbefähigung im Lehrgebiet 'Anthropogeographie' genehmigte Habilitationsschrift. Datum der Feststellung der Lehrbefähigung: 25.5.1988.

Titelphoto: Kommunalverband Ruhrgebiet, Essen
                 Freigegeben durch den Regierungspräsidenten Münster Nr. 1082/85
Layout und
Graphik: Jürgen Breitkopf
Reprographie: Ulrike Jentsch
Druck: Zeitdruck, Dortmund

© Verlag/Vertrieb:

DORTMUNDER VERTRIEB FÜR BAU- UND PLANUNGSLITERATUR

Gutenbergstraße 59 · D-44139 Dortmund · Telefon 0231/146565 · Fax 0231/147465

Dortmund 1993

ISBN 3-924352-90-9

Erfahren, Schauen, Beobachten, Betrachten, Verknüpfen, Entdekken, Erfinden sind Geistestätigkeiten, welche tausendfältig, einzeln und zusammengenommen, von mehr oder weniger begabten Menschen ausgeübt werden. Bemerken, Sondern, Zählen, Messen, Wägen sind gleichfalls große Hilfsmittel, durch welche der Mensch die Natur umfaßt und über sie Herr zu werden sucht, damit er zuletzt alles zu seinem Nutzen verwende.

(Goethe: Über Natur. In: Materialien zur Geschichte der Farbenlehre)

Inhaltsverzeichnis

Seite

1	**Einleitung**	1
1.1	Zielsetzung der Untersuchung und methodisches Vorgehen	1
1.2	Theoretischer Hintergrund	4
2	**Politische, gesamtwirtschaftliche und technische Grundlagen der montanindustriellen Entwicklung in Duisburg**	8
2.1	Zeitraum bis zum Beginn der Gründerkrise 1873	8
2.2	Von der Gründerkrise bis zum Ersten Weltkrieg	11
2.3	Zwischenkriegszeit	14
2.4	Gesamtwirtschaftliche Entwicklung nach 1945	15
3	**Montanindustrielle Gründungen in Duisburg**	21
3.1	Entwicklung der Thyssen-Werke bis zum Zweiten Weltkrieg	21
3.1.1	Entwicklung der Niederrheinischen Hütte in Alt-Duisburg und Phoenix-Rheinrohr in Ruhrort sowie Rheinstahl in Meiderich	32
3.2	Entwicklung des Hüttenwerks von Krupp in Duisburg-Rheinhausen	34
3.3	Entwicklung der Mannesmann-Werke in Duisburg-Huckingen	38
3.4	Montanindustrielle Entwicklung in Duisburg nach 1945	39
3.4.1	Entwicklung der Produktionsstätten nach Kriegsende unter besonderer Berücksichtigung von Demontage und Entflechtungen	39
3.4.2	Wiederaufbauphase bis 1957	41
3.4.3	1958 bis 1973: Der Weg in die Strukturkrise	42
3.4.4	1974 bis zur Gegenwart: Strukturkrise als Dauerzustand	53
3.5	Entwicklung der unternehmensbezogenen, technischen Infrastruktur	64
3.5.1	Energie- und Wasserversorgung	65
3.5.2	Eisenbahn und Häfen	66
4	**Siedlungs- und Bevölkerungsentwicklung unter dem Einfluß der Montanindustrie**	72
4.1	Einfluß der Montanindustrie in bezug auf kommunalpolitische Veränderungen	72
4.1.1	Kommunale Neugliederung von 1929: Eingemeindungs-Auseinandersetzung um die Stadt Hamborn	72
4.1.2	Kommunale Neugliederung von 1929: Eingemeindungsvorschläge bezüglich Homberg und Rheinhausen	79
4.1.3	Vorschlag der Ruhrmündungsstadt	82
4.1.4	Kommunale Neugliederung von 1975	84
4.2	Durch die Industrialisierung ausgelöste Bevölkerungsentwicklung	88
4.2.1	Ost-West-Wanderung	88
4.2.2	Bevölkerungsentwicklung nach 1945	94
4.3	Siedlungsentwicklung	99
4.3.1	Arbeiterwohnungsbau	100

4.3.2	Arbeitersiedlungsbau von Krupp	102
4.3.3	Werkswohnungsbau von Thyssen	108
4.3.4	Werkswohnungsbau von Mannesmann	113
4.3.5	Im Zusammenhang mit den Werkssiedlungen entstandene infrastrukturelle Einrichtungen	115
4.3.6	Werkswohnungsbau nach 1945	118
5	**Hundert Jahre Montanindustrie in Duisburg: Folgen und Probleme**	127
5.1	Siedlungsstrukturelle Probleme	127
5.1.1	Von der Flächensanierung zur "Stadterneuerung der kleinen Schritte"	134
5.1.2	Renovierungs- und Wohnumfeldverbesserungs- Maßnahmen im Duisburger Norden unter Mitwirkung von Thyssen und Rhein-Lippe	139
5.1.2.1	Renovierung und Wohnumfeldverbesserung in Duisburg-Bruckhausen	139
5.1.2.2	Wohnumfeldverbesserung in Duisburg-Untermeiderich (Meiderich-Berg)	141
5.1.2.3	Renovierung und Wohnumfeldverbesserung in Alt-Hamborn/ Obermarxloh	143
5.1.2.4	Modernisierungsmaßnahme Johannismarkt in Duisburg-Marxloh	150
5.1.2.5	Modernisierung Obermeiderich	153
5.1.2.6	Siedlungen Beeckerwerth und Wehofen	154
5.1.3	Ambivalenz des Altbaubestandes	156
5.1.3.1	Siedlung Alt-Hüttenheim: Abriß contra Denkmalschutz	158
5.1.3.2	Privatisierung von Werkswohnungen	166
5.2	Mangelnde Freiraum- und Umweltqualitäten	171
5.2.1	Landschaftsplanung	172
5.2.2	Umweltsituation	180
5.2.3	Ökologische Stadterneuerung	184
5.3	Einflußfaktoren der heutigen wirtschaftlichen Situation	185
5.3.1	Rohstoffversorgung	186
5.3.2	Veränderte Standortbedingungen	190
5.3.3	Niedergangssymptome	192
5.3.4	Strukturpolitische Maßnahmen	200
5.3.4.1	Arbeitsmarktpolitische Probleme und Maßnahmen	201
5.3.4.2	Betriebsansiedlungen und Flächenproblematik	204
5.3.4.3	Region NiederRhein	207
5.3.4.4	Weiche Standortfaktoren	208
6	**Zusammenfassung und Ausblick**	210
	Anmerkungen	219
	Quellenverzeichnis	241
	Zeittafel der Unternehmensgeschichte von Thyssen	261
	Karten 1 - 11	266
	Fragebogen	278

Tabellenverzeichnis

Seite

Tab. 1: Prozentualer Anteil der bedeutendsten Industriestaaten an der Industrieproduktion der Welt 1870 - 1913   11

Tab. 2: Reale Steigerungsrate des Nettosozialprodukts (NSP) zu Marktpreisen (in Preisen von 1976, ohne Saarland und Berlin-West) 1951 - 1984   18

Tab. 3: Arbeitslosenquote (jeweils Ende September) in der Bundesrepublik (West) und im Ruhrgebiet 1967 - 1987   19

Tab. 4: Entwicklung der Gewerkschaft Deutscher Kaiser 1892 - 1910   27

Tab. 5: Zunahme des Kruppschen Grundbesitzes in Rheinhausen 1894 - 1939   36

Tab. 6: Belegschaftsentwicklung der Friedrich-Alfred-Hütte in Rheinhausen und Bevölkerungswachstum in der Zeit von 1895 - 1915   37

Tab. 7: Belegschaftsentwicklung der Friedrich-Alfred-Hütte in Rheinhausen von 1920 - 1941   37

Tab. 8: Investitionen der August-Thyssen-Hütte von 1957/58 - 1970/71   44

Tab. 9: Staatshilfen für die Stahlindustrie in der EG von 1975 - 1985   58

Tab. 10: Dividenden-Auszahlungen von Thyssen 1953/54 - 1989/90   64

Tab. 11: Bevölkerungsentwicklung in Hamborn 1900 - 1929   89

Tab. 12: Ausländerentwicklung nach Nationalität in Hamborn 1900 - 1928   90

Tab. 13: Zunahme der Polen in Duisburg und Hamborn 1890 - 1910   91

Tab. 14: Bevölkerungsentwicklung in Duisburg 1939 - 1970   95

Tab. 15: Entwicklung des Wohnungsbestandes der Friedrich-Alfred-Hütte in Rheinhausen 1905 - 1930   107

Tab. 16: Steigerung der Belegschaft im Verhältnis zu den errichteten und angekauften Wohnungen des Thyssen-Bergbaus 1880 - 1918   109

Tab. 17: Steigerung der Belegschaft im Verhältnis zu den errichteten Werkswohnungen der Zeche Wehofen 1912 - 1918   110

Tab. 18: Konsumanstalten des Thyssen-Bergbaus   117

Tab. 19: Nachkriegssiedlung von Thyssen in Mittelmeiderich   123

Tab. 20: Facharbeitersiedlung von Krupp   123

Tab. 21: Wohngebiet für leitende Angestellte von Krupp   123

Tab. 22: Stark verdichtete Siedlung von Krupp in Rheinhausen   124

Tab. 23: Siedlung Ungelsheim von Mannesman   124

		Seite
Tab. 24:	Nachkriegssiedlung von Thyssen in Duisburg-Rumeln	125
Tab. 25:	Nachkriegssiedlung von Thyssen in Duisburg-Röttgersbach	126
Tab. 26:	Wohnungsbestand von Thyssen in Bruckhausen	140
Tab. 27:	Wohnungsbestand von Thyssen in Untermeiderich (Meiderich-Berg) im Programmgebiet zur Wohnumfeldverbesserung	141
Tab. 28:	Wohnungsbestand von Thyssen in Alt-Hamborn	145
Tab. 29:	Wohnungsbestand der Rhein-Lippe in Obermarxloh	147
Tab. 30:	Wohnungsbestand von Thyssen in Marxloh (Johannismarkt)	150
Tab. 31:	Wohnungsbestand von Thyssen in Obermeiderich	154
Tab. 32:	Wohnungsbestand von Thyssen und Rhein-Lippe in der Siedlung Beeckerwerth	155
Tab. 33:	Wohnungsbestand der Rhein-Lippe in Wehofen	156
Tab. 34:	Wohnungsbestand von Mannesmann in Alt-Hüttenheim	159
Tab. 35:	Wohnungsbestand von Mannesmann in Hüttenheim	160
Tab. 36:	Wohnungsbestand von Krupp in der Margarethensiedlung, Duisburg-Rheinhausen	168
Tab. 37:	Strukturveränderungen im Eisen- und Stahlbereich	191
Tab. 38:	Schulabschluß der erwerbstätigen Duisburger Bevölkerung im Alter zwischen 25 und 55 Jahren 1990	203

Abbildungsverzeichnis

Seite

Abb. 1: Modell der wirtschaftlichen Entwicklung in "langen Wellen" 5

Abb. 2: Lage der Doppelschachtanlagen der Gewerkschaft Deutscher Kaiser im Duisburger Norden 23

Abb. 3: Lagekarte von Bruckhausen mit den ersten 1889 von August Thyssen angekauften Grundstücken 24

Abb. 4: Produktion des Hüttenwerks Bruckhausen in 1.000 t 1903 - 1913 28

Abb. 5: Entwicklung des Reingewinns im Mill. Mark der Gewerkschaft Deutscher Kaiser 1898 - 1913 29

Abb. 6: Produktion der Hütte Bruckhausen in 1.000 t 1918 - 1925 30

Abb. 7: Produktion der Thyssenhütte in Hamborn in 1.000 t 1926/27 - 1938/39 31

Abb. 8: Belegschaftsentwicklung der Phoenix AG, Rheinische Stahlwerke und Niederrheinische Hütte 1905 - 1913 34

Abb. 9: Produktions- und Belegschaftsentwicklung der August-Thyssen-Hütte 1954/55 - 1967/68 43

Abb. 10: Weltrohstahlerzeugung 1954 - 1986 in Mill. t 47

Abb. 11: Produktions- und Belegschaftsentwicklung des Hüttenwerks Rheinhausen 1959 - 1964 48

Abb. 12: Jahresproduktion der eisenschaffenden Industrie im Kammerbezirk Duisburg 1946 - 1991 in Mill. t 62

Abb. 13. Anteile der eisenschaffenden Industrie im Kammerbezirk Duisburg an der Jahresproduktion in NRW und in der BRD in % von 1950 - 1991 63

Abb. 14: Duisburg-Ruhrorter Häfen und Privathäfen der Industrie 70

Abb. 15: Umschlagszahlen in Mill. t der privaten Werkshäfen und öffentlichen Duisburg-Ruhrorter Häfen 1880 - 1990 71

Abb. 16: Geplante Ruhrmündungsstadt 83

Abb. 17: Entwicklung der Stadt Duisburg nach den verschiedenen kommunalen Neuordnungen 87

Abb. 18: Bevölkerungsbewegung in 1.000 in Hamborn 1900 - 1928 94

Abb. 19: Herkunft der nichtdeutschen Mitarbeiter Thyssen-Inland in 1.000 am 30.9.1990 96

Abb. 20: Räumliche Verteilung der nichtdeutschen Bevölkerung in Nordrhein-Westfalen 1984 97

		Seite
Abb. 21:	Nichtdeutsche Bevölkerung in Duisburg nach Nationalität in 1.000 1975 - 1991	98
Abb. 22:	Deutsche und nichtdeutsche Bevölkerung in 1.000 in Duisburg 1975 -1991	99
Abb. 23:	Lageplan der Kolonie Margarethenhof in Rheinhausen: Bauabschnitt 1903/06 und 1912/13	105
Abb. 24:	Wohnungsbestand in 1.000 von Thyssen, Rhein-Lippe, Krupp und Mannesmann	119
Abb. 25:	Wohnungsbestand in % von Thyssen, Rhein-Lippe, Krupp und Mannesmann	122
Abb. 26:	Räumliche Verteilung der nichtdeutschen Bevölkerung in Duisburg 1991	129
Abb. 27:	Josefskolonie in Alt-Hamborn	144
Abb. 28:	Dichterviertel in Obermarxloh	149
Abb. 29:	Modernisierungsmaßnahme Johannismarkt in Marxloh	151
Abb. 30:	Flächennutzung der Stadt Duisburg 1987	173
Abb. 31:	Landschaftspark Duisburg-Nord	179
Abb. 32:	Ausgaben für Sozialhilfe in DM je Einwohner in Städten des Ruhrgebiets 1976 - 1986	193
Abb. 33:	Beschäftigte der eisenschaffenden Industrie in 1.000 in Duisburg 1969 - 1991	199
Abb. 34:	Arbeitsplatzentwicklung und Wanderungsbewegung in Duisburg 1961 - 1984	200

Kartenverzeichnis

Seite

Karte 1: Wohngebäude von Thyssen und Rhein-Lippe in Walsum   269

Karte 2: Wohngebäude von Thyssen und Rhein-Lippe in Hamborn   270

Karte 3: Wohngebäude von Thyssen und Rhein-Lippe in Hamborn   271

Karte 4: Wohngebäude von Thyssen und Rhein-Lippe in Meiderich/ Beeck   272

Karte 5: Wohngebäude von Thyssen und Rhein-Lippe in Untermeiderich/ Laar   273

Karte 6: Wohngebäude von Thyssen in Ober- und Mittelmeiderich   274

Karte 7: Wohngebäude von Thyssen und Rhein-Lippe in Beeckerwerth   275

Karte 8: Wohngebäude von Thyssen in Wanheimerort/ Buchholz   276

Karte 9: Wohngebäude von Thyssen in Rumeln   277

Karte 10: Wohngebäude von Mannesmann in Hüttenheim   278

Karte 11: Wohngebäude von Krupp in Rheinhausen   279

1 Einleitung

1.1 Zielsetzung der Untersuchung und methodisches Vorgehen

Duisburg, die ehemalige Schiffahrts- und Handelsstadt, feierte 1983 ihr elfhundertjähriges Bestehen. In einer verhältnismäßig kurzen Zeitspanne vollzog sich jedoch der Wandel zur Industriestadt[1]. Charakteristisch für diesen neuen Städtetyp, der der industriellen Entwicklung den Aufstieg verdankt, ist die einseitige wirtschaftliche und soziale Prägung im Erscheinungsbild und in der infrastrukturellen Ausstattung (MATZERATH 1984).

Hauptsächlich eingerahmt von den Thyssen-Werken im Norden, den Krupp-Werken im Westen und den Mannesmann-Werken im Süden wird bereits physiognomisch deutlich, welchen Einfluß diese drei Unternehmen auf die Stadt ausüben. Insbesondere am Beispiel Thyssen wird sichtbar, wie eine einzige persönliche Unternehmerentscheidung die grundlegende Wandlung eines Raumes hervorrufen konnte und welche räumliche Wirkungen private Investitionen verursachten[2].

Die Arbeit versucht, die Entwicklung der Stadt Duisburg unter dem Einfluß der Montanindustrie[3] aufzuzeigen, wobei aufgrund der Größenordnung und wirtschaftspolitischen Machtposition der Unternehmen in erster Linie eine Beschränkung auf die Firmen Thyssen, Krupp und Mannesmann gerechtfertigt ist.

Die Untersuchung des "factory system", das von nicht zu unterschätzender raumprägender Bedeutung ist und wozu unternehmenseigene sowie werksverbundene Wohnungen und Versorgungseinrichtungen zählen, bildet aufgrund seiner Bedeutung im Duisburger Raum einen Schwerpunkt der Arbeit und wurde in diesem Umfang bisher für keine andere Ruhrgebietsstadt durchgeführt.

In Übereinstimmung mit JANSSEN (1976) ist festzuhalten, daß die im Zusammenhang mit der Errichtung von Zechen und Hochöfen stehende Besiedlung des Ruhrgebiets dazu geführt hat, daß der Werkswohnungsbau die strukturell bestimmende Form des Wohnungsbaus in wirtschaftlicher und materieller Hinsicht wurde. Aufgrund der Tatsache, daß in Duisburg neben der GEBAG (Duisburger Gemeinn. Bauges. AG) die wichtigsten Großeigentümer auf dem Wohnungsmarkt die Unternehmen Thyssen, Krupp und Mannesmann sind, ergibt sich die Notwendigkeit einer sowohl historischen als auch gegenwartsbezogenen Untersuchung. So wurde auch die bereits von JANSSEN (1976) empfohlene Auswertung der Wohnungsbestandslisten vorgenommen und eine detaillierte Kartierung (Karten 1 - 11, S. 266 ff) erstellt.

Es ist jedoch darauf hinzuweisen, daß die Verflechtung wechselseitiger struktureller Abhängigkeiten auch auf andere Gebiete, wie beispielsweise Verkehr, Zuliefer- und Abnehmerbeziehungen auszudehnen ist, die jedoch aufgrund der Komplexität des Themas nur ansatzweise Berücksichtigung finden können.

Außerdem war es auch nur möglich, an ausgewählten Beispielen die Bedeutung und den Einfluß der Großunternehmen Thyssen, Krupp und Mannesmann auf die Stadtentwicklung aus politischer Sicht zu verdeutlichen. Soweit aus den zugänglichen Materialien analysierbar, wurde die Frage nach dem Einfluß der Schwerindustrie auf die Kommunalreform erörtert. Mit Recht weist ROJAHN (1984) darauf hin, daß dieser Punkt in der Literatur bisher wenig Beachtung gefunden hat. Eine ausführlichere Bearbeitung dieses Punktes hätte jedoch den Rahmen der vorliegenden Arbeit gesprengt. Andererseits wird die heutige Situation der Stadt ohne Berücksichtigung der aufgrund der Kommunalreformen sich ergebenden wirtschaftlichen Veränderungen nicht verständlich.

Es wird bereits deutlich, daß das charakteristische Merkmal der Stadtentwicklung zunächst einmal die wachsende räumliche Konzentration von Wohn- und Arbeitsstätten ist und später die zeitliche Veränderung der räumlichen, baulichen, sozialen und wirtschaftlichen Struktur der Stadt, wobei die entscheidenden Bestimmungsfaktoren unverändert im ökonomischen Bereich zu suchen sind. "Stadtentwicklung kann deshalb definiert werden als das sichtbare Ergebnis eines sozioökonomischen Wachstums- oder Schrumpfungsprozesses einer Stadt, der aus den Verhaltensweisen und sich wechselseitig beeinflussenden Entscheidungen der handelnden Akteure resultiert und einen ständigen Wandel der sozialen und wirtschaftlichen sowie der baulichen und räumlichen Struktur der Städte impliziert" (HEUER 1975, S. 40).

So ergibt sich als Zielsetzung, die Veränderung der allgemeinen gesellschaftlichen Prozesse nachzuvollziehen, ihre im ökonomischen Strukturwandel begründeten Ursachen darzustellen und die jeweils spezifischen Ausformungen und Verläufe aufzuzeigen, wobei die städtischen Erscheinungsformen jedoch nicht segmentiert, sondern integrativ analysiert werden (FRIELING/ STRASSEL 1986).

Da sich die historisch-geographische Stadtforschung neben der Beschreibung und Erfassung von historischen Entwicklungen, die den ersten Teil hauptsächlich prägen, vermehrt den kausalen Zusammenhängen und einer Analyse der Ursachen von Persistenz und Veränderung unter Berücksichtigung der Auswirkungen des historischen Erbes zuwenden soll, wird insbesondere in Kapitel 5 Wert auf die Erläuterung der wechselseitigen strukturellen Abhängigkeiten gelegt.

Auch LICHTENBERGER (1986) sieht als Aufgabe der Stadtgeographie, in einer kulturhistorischen Perspektive die persistenten physischen Strukturen von Städten mit den historischen Gesellschaftssystemen zu verknüpfen und vor diesem Hintergrund die aktuellen Strukturen und Prozesse abzuheben. Im Laufe des historischen Prozesses werden die Verwirklichungen der auf den Raum bezogenen Entscheidungen wieder zu vorgegebenen Rahmenbedingungen, mit denen sich alle späteren Entscheidungen auszueinanderzusetzen haben. Die historische Dimension stellt folglich das in den Mittelpunkt, was zur Erklärung der Gegenwart aus der Vergangenheit beiträgt und bis heute nachwirkt, denn menschliche Entscheidungen beeinflussen aus der Vergangenheit in die Gegenwart hineinreichende Strukturen, Bauwerke und Sachverhalte auch dann, wenn die ursprüngliche Zweckbestimmung nicht mehr gegeben ist. Gerade im städtischen Raum wird der Handlungsspielraum durch Entscheidungen früherer Generationen stark eingeengt (WIRTH 1979).

Diese Ausführungen sind vor allem im Hinblick auf die in Kapitel 5 darzustellenden kommunalen Planungsprobleme bedeutsam, denn Stadtentwicklungsplanung erfordert die Kenntnis der Einflußfaktoren, die den städtischen Entwicklungsprozeß determinieren und das Vorhandensein eines Instrumentariums, das die städtische Entwicklung entsprechend den jeweiligen Zielvorstellungen beeinflussen kann (HEUER 1975).

Insofern geht die die Untersuchung leitende Hypothese davon aus, daß die gegenwärtige Situation und Problematik, der sich die Stadt Duisburg stellen muß, ihre Wurzeln in den montanindustriellen Gründungen und Entwicklungen der letzten hundert Jahre hat. Ferner wird behauptet, daß die während dieses Zeitraums entstandenen ökonomischen, sozialen und auch städtebaulichen Strukturen sich derartig verfestigt haben, daß nicht nur ein Strukturwandel wesentlich erschwert wird, sondern auch auf planerischer Ebene erhebliche Restriktionen aufgrund dieser Persistenz bestehen, deren Ursachen in der ökonomischen Macht liegen, die für die Ausformung der innerstädtischen Differenzierung der industriekapitalistischen Großstadt unmittelbar maßgebend war und den Kommunen wenig Einflußmöglichkeiten überließ.

Eine unter diesen Gesichtspunkten erarbeitete geographische Untersuchung stellt für die Stadt Duisburg ein Novum dar, da die bisher vorliegenden größtenteils historischen Arbeiten entweder jeweils unter spezifischen Fragestellungen Einzelaspekte des Duisburger Raumes behandeln oder sich aber auf einzelne Stadtteile beschränken. Vor allem liegt eine geschlossene Darstellung der Stadt Duisburg in ihren Grenzen nach der kommunalen Neugliederung von 1975 noch nicht vor[4].

Die Untersuchung beschäftigt sich zwar mit einem Fallbeispiel, doch stehen die Probleme der Stadt Duisburg für die Probleme alter Industrieregionen schlechthin, die nicht nur auf das Ruhrgebiet beschränkt, sondern international sind (ZÖPEL 1988).

Die Vielschichtigkeit des Themas bedingt unterschiedliche methodische Vorgehensweisen[5], die in den einzelnen Kapiteln noch näher zu erläutern sind. Es ist jedoch vorab darauf hinzuweisen, daß die sich mit dem Industrialisierungsprozeß beschäftigenden Disziplinen nicht ohne die Hilfe des Historikers auskommen, wenn sich nicht eine Verkürzung des Problems ergeben soll (FISCHER 1968). Im Sinne der Geschichtswissenschaft ist es notwendig, die vergangene Epoche aus ihren eigenen Voraussetzungen heraus zu begreifen und einseitige Urteile von der Gegenwart her zu vermeiden. Es bestehen jedoch Schwierigkeiten, mit Hilfe von Originalquellen zu forschen, da zu berücksichtigen ist, daß beispielsweise Materialien wie Steuererhebungen, Gewerbesteuerstatistiken, Einwohnermeldebögen usw. im 19. Jahrhundert als Makulatur vernichtet bzw. höchstens in einzelnen Beispieljahrgängen archiviert wurden[6]. Die empirischen Zugänge sind einerseits in die inhaltliche Analyse von sogenannten akzidentalen persönlichen Schrift- und Sachzeugnissen (Briefe, Tagebücher, Erinnerungen usw.) und überpersönliche Aufzeichnungen und Berichte (Protokolle, Massenmedien-Mitteilungen) sowie systematische Dokumente (wissenschaftliche Vorarbeiten, Statistiken, Adreßbücher usw.) sowie andererseits in sogenannte Feldarbeit wie Befragung, Beobachtung und Experiment zu untergliedern (ZORN 1972).

So steht zunächst das Quellen- und Literaturstudium im Vordergrund, während im weiteren Verlauf der Untersuchung die Auswertung von statistischen Materialien, Befragungen, Beobachtungen und eigene Erhebungen überwiegen.

1.2   Theoretischer Hintergrund

In Übereinstimmung mit HEUER (1975) ist kritisch anzumerken, daß keine geschlossene Theorie der Stadtentwicklung vorliegt, sondern nur eine Reihe partialanalytischer Ansätze verschiedener Disziplinen zur Beschreibung und Erklärung räumlicher Erscheinungen. Keiner dieser Ansätze allein wird jedoch der Komplexität des Themas gerecht. So birgt eine stärkere Hervorhebung ökonomischer Faktoren die Gefahr einer Vernachlässigung der sozialen Lebensverhältnisse und umgekehrt. Da auch die Addition einzelner Ansätze noch kein Theorie-Modell ergibt, muß auf dieses Desiderat ausdrücklich hingewiesen werden. Zwar will die postmoderne Sozialgeographie angesichts der gesellschaftlichen Veränderungen eine verstärkt am Subjekt ausgerichtete Forschung sein, doch wird kritisiert, daß in dem Rückgriff auf vorhandene Positionen der humanistischen Geographie und des handlungs- und verhaltenstheoretischen Ansatzes die angestrebte Erneuerung der Sozialgeographie lediglich in der in der Geographie schon häufig angewendeten Praxis des Zusammenführens alter Ansätze besteht (vgl. die Kritik von BECKER 1990 an HASSE 1989 und KRÜGER 1988).

Auch POHL (1986) bedauert, daß die Bemühungen, eine Geographie zu schaffen, die sowohl den Ansprüchen der Zeit, der modernen Methodologie und Theorie wie auch den Forderungen nach gesellschaftlicher Relevanz Genüge leistet, bislang nicht zum Erfolg führten. Aufgrund der Vielzahl theoretischer Ansätze werden nur diejenigen vorgestellt, die den größten Bezug zu der vorliegenden Untersuchung aufweisen.

Da jedoch gerade die Industriestadt als neuer Städtetyp ihre Entwicklung der Industrie zu verdanken hat, sind diejenigen theoretischen Ansätze von Interesse, die die ökonomischen Entwicklungsbedingungen eines Raumes zu erklären versuchen. SCHÄTZL (1981) untergliedert die Theorie der räumlichen Ordnung der Wirtschaft in zwei Theoriekomplexe, die Standorttheorien und die regionalen Wachstums- und Entwicklungstheorien, wobei die Standorttheorien in Theorien der unternehmerischen Standortwahl und in Standortstrukturtheorien unterschieden werden. Die älteren Standorttheorien zeichnen sich durch zeitstatischen, die älteren regionalen Wachstums- und Entwicklungstheorien durch raumstatischen Charakter aus, und erst die neueren Forschungen haben sich um eine Integration beider Theoriekomplexe bemüht. Für die Zeit der schwerindustriellen Gründungen sind einzelwirtschaftliche Standorttheorien, bei denen es um den optimalen Standort geht, von Wichtigkeit.

Die privatwirtschaftliche Entscheidung über den Ort der Niederlassung hat beträchtliche Relevanz für die ökonomische Struktur eines Raumes bzw. für die einzelne Stadt. Die Frage nach den Bestimmungsgründen der unternehmerischen Standortentscheidung ist deshalb von erheblicher stadtentwicklungspolitischer Bedeutung.

Ist für die Zeit der großindustriellen Gründungen in Duisburg die Standorttheorie von Alfred Weber, insbesondere unter Berücksichtigung der Dominanz des Faktors Transportkosten, noch berechtigt, so kann diese Theorie aufgrund der Vernachlässigung wichtiger zusätzlicher Determinanten bei der industriellen Standortwahl nicht mehr befriedigen, was zur Weiterführung der Industriestandortlehre führte (SCHÄTZL 1981, S. 42 ff).

Ein anderer Ansatz, der der regionalen Wachstums- und Entwicklungstheorie zuzuordnen ist, stellt die Wirtschaftsstufentheorie - ein Denkansatz zur Erklärung des räumlich differen-

4

zierten wirtschaftlichen Wachstumsprozesses und der gesellschaftlichen Entwicklung - dar. Diese Theorie erklärt die Interdependenz ökonomischer, demographischer, sozialer und politischer Einflußgrößen. Die historisch-deskriptiven Wirtschaftsstufentheorien können zur Erklärung der langfristigen Wachstums- und Entwicklungsprozesse nur bedingt beitragen und werden nur als Hilfsmittel zur typisierenden Erklärung komplexer wirtschaftlicher Zusammenhänge angesehen, die keine notwendigen ökonomischen Entwicklungsgesetze wiedergeben (SCHÄTZL 1981).

Ein plausibel erscheinendes Denkmodell zur Erklärung der wirtschaftlichen Entwicklung ist die auf Kondratiev zurückgehende Theorie der langen Wellen (VAN DUIJN 1983), die von einer mehrere Jahrzehnte umfassenden Auf- und Abwärtsbewegung ausgeht. In ihrer Aufschwungsphase werden die langen Wellen von Basisinnovationen getragen (Abb. 1), die große Möglichkeiten für neue produktive technische Anwendungen eröffnen. Sind die Märkte gesättigt und die grundlegenden Produktinnovationen mehr oder weniger ausgeschöpft, tritt eine wirtschaftliche Stagnation ein. Die unternehmerische Innovationstätigkeit verschiebt sich von der Produktinnovation zur kostenreduzierenden Prozeßinnovation. Wenn sich die Innovationskraft der neuen Technologie erschöpft hat, tritt der Abschwung ein (FISCHER/ SCHÄTZL, 1990). Die im nomothetischen Erkenntnisinteresse geführte Kondratiev-Debatte stellt nach BUTZIN (1987) eine Verkürzung dar, da Determinanten wie das politische Gewicht und Einflußvermögen der Unternehmereliten sowie makroräumliche und siedlungsstrukturelle Bedingungen mit entscheidend sind.

Abbildung 1
Modell der wirtschaftlichen Entwicklung in "langen Wellen"

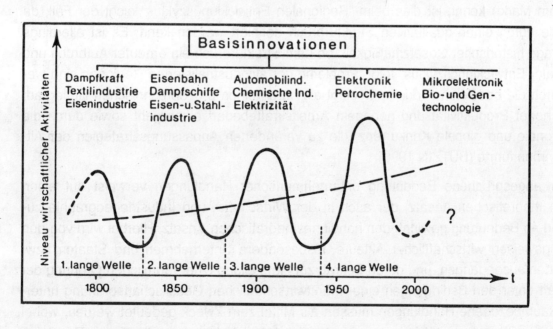

Quelle: Fischer/Schätzl, 1990, S.206

Aus stadtgeographischer Sicht sind insbesondere die Zeit-Konzepte (LICHTENBERGER 1986) heranzuziehen, wobei vor allem das "Lebenszyklus-Konzept" hervorgehoben werden soll, das von dem Grundgedanken ausgeht, daß Städte oder Regionen einen den Organismen ähnlichen Lebenszyklus durchlaufen, in dem sich ihre Strukturen und Funktionen ändern (GESCHWIND/ HENCKEL, 1984; BUTZIN 1987). Diesen regelhaften Entwicklungsprozeß mit einer Aufschwung-, einer Reife- und Schrumpfungsphase durchlaufen hauptsächlich industriell dominierte und monostrukturierte Regionen. In allen drei Phasen des Lebenszyklus' haben die verschiedenen Strategien der Großunternehmen spezifische Folgewirkungen gezeigt. Zu betonen ist die Persistenz der in der Aufschwungphase entstandenen Infrastruktur und Flächennutzungsmuster sowie das Verhindern der Ansiedlung innovativer Klein- und Mittelbetriebe in der Reifephase aufgrund der Dominanz der Großunternehmen und die in der Abschwungphase zentrifugal ausgerichteten Diversifzierungs-, Investitions- und Fusionsstrategien.

Es wird jedoch eingeschränkt, das Lebenszyklus-Konzept zu einer allgemeinen Gesetzmäßigkeit zu erheben aufgrund der Bedeutung der raum- und zeitspezifischen Rahmenbedingungen, die für das Zustandekommen, die Dauer und Intensität regionaler zyklischer Schwankungen ausschlaggebend sind. Am Beispiel des Ruhrgebiets wird keine systematische Übereinstimmung des technologischen und regionalen Lebenszyklus festgestellt, da vor allem Verhaltensweisen der Unternehmer aus der Wachstums- und Reifephase zu langfristigen Folgeproblemen führen, wodurch diese zu Determinanten der Niedergangsphase und Hemmfaktoren der Revitalisierung werden (BUTZIN 1987). Die Ruhrgebietsentwicklung wird nicht als eine zyklisch wiederkehrende, festgelegte Ereignisabfolge, sondern als historisch einmaliger Prozeß verstanden. Dem will die Erweiterung des Lebenszyklus-Modells im Sinne des Modellansatzes eines "Regionalen Entwicklungszyklus", der Zyklus nicht mehr als regelhafte Wiederholung von Ereignissen ansieht, Rechnung tragen. Im Gegensatz zum Produktlebenszyklus, der einen Anfang und ein Ende (Verschwinden des Produkts vom Markt) kennt, ist dies beim "Regionalen Entwicklungszyklus" nicht der Fall, da das Ende durch einen qualitativen Strukturbruch definiert werden kann. Es ist allerdings keine Frage historischer Gesetzmäßigkeit, ob dem Strukturbruch ein erneuter Aufbruch und "Regionaler Entwicklungszyklus" folgt. Probleme der altindustrialisierten Regionen sind weniger durch die obsoleten Produkte bedingt als durch einen prozeßtechnischen Reifegrad, der mit hoher Produktivität und geringem Arbeitskräftebedarf einhergeht sowie durch die interregionale und globale Konkurrenz, die zu veränderten Anpassungsstrategien der Alt-Unternehmen führte (BUTZIN 1990).

Die hier angesprochene Bedeutung unternehmerischer Handlungen verweist auf einen weiteren theoretischen Ansatz, der auch in der Wirtschafts- und Industriegeographie zunehmend an Bedeutung gewinnt: den handlungstheoretischen Ansatz. Hierbei wird von den Handlungsweisen wirtschaftlicher Akteure, insbesondere Unternehmen und Staaten bzw. Gemeinden ausgegangen, und deren Beitrag zur Herstellung einer räumlichen Ordnung der Wirtschaft unter den Bedingungen einer marktwirtschaftlichen Gesellschaftsordnung untersucht. Raumbezogene Handlungen müssen als Mittel zum Zweck gedeutet werden, wobei Zweck- oder Sinnrationalität bei den wirtschaftlich Handelnden als methodische Prinzipien zu unterstellen und in der Deutung einer Handlung als Mittel zum Zweck die Gründe zu rekonstruieren sind (SEDLACEK 1988).

Im Sinne von WERLEN (1988), der ebenfalls versucht, das Gesellschaft-Raum-Verhältnis aus handlungstheoretischer Sicht zu erklären, wird dieser Ansatz auf philosophisch-soziologischer Grundlage gesehen. Die hinter räumlichen Handlungsweisen liegenden Intentionen, Ziele, Zwecke und Werte der Individuen müssen nachvollziehbar gemacht werden (ARNOLD 1988). Die handlungsorientierten Ansätze weisen eine konsequente Gesellschaftsorientierung auf, da die Frage nach den Sinnzusammenhängen sozialer Welt für das Handeln in räumlichen Ensembles im Mittelpunkt steht. Der zugrunde liegende Handlungsbegriff setzt Zielgerichtetheit, Argumentationszugänglichkeit und Sinnrationalität voraus (HASSE 1989).

BUTZIN (1990) jedoch behauptet, daß weniger der Mangel an modernen Wachstums-Branchen das aktuelle Strukturproblem mit bedingt, sondern es sich um ein unternehmens- bzw. standortpolitisches Problem handelt, da sich, nicht zuletzt aus arbeitsmarktpolitischen Gründen der Altkonzerne fremde Unternehmen im Ruhrgebiet nicht ansiedeln konnten. Daher sind eher strukturalistische und nicht individualistische oder handlungstheoretische Ansätze bzw. raumwirtschaftliche Makrostrukturanalysen geeignet. Eingeschränkt wird jedoch, daß gerade die Großkonzerne in der Lage waren und sind, ihre eigenen Rahmenbedingungen zu setzen und zu erhalten, wodurch die Grenzen des klassischen Strukturalismus deutlich werden, so daß eine Erweiterung zum Strukturierungsansatz im Sinne von Giddens erforderlich ist. Es wird ferner die Auffassung vertreten, daß strukturelle Engpässe die Handlungsspielräume für "Regionale Entwicklungsstrategien" im Ruhrgebiet derartig beschränken, daß sie langfristige und zukunftsprägende Bedeutung gewinnen. Es gilt folglich, die für die Abschwungphase - von BUTZIN (1990) jetzt als Schrumpfungsphase (Verfall) und Strukturbruch bezeichnet - verantwortlich zu machenden unternehmerischen, politischen und sozialen Rahmenbedingungen zu verdeutlichen, was die vorliegende Untersuchung zumindest ansatzweise versucht.

Für den Untersuchungszeitraum sind in Anlehnung an BUTZIN (1990) drei große Phasen festzulegen, die einer näheren Betrachtung zu unterziehen sind:

- die Aufschwungphase von 1880 bis ca. 1920,
- die danach folgende Reifephase bis 1950, die vom Wiederaufbauboom der Nachkriegszeit überdeckt wurde,
- die seit Mitte der 60er Jahre einsetztende und bis heute anhaltende Schrumpfungsphase.

2 Politische, gesamtwirtschaftliche und technische Grundlagen der montanindustriellen Entwicklung in Duisburg

Eine Analyse des sozialen Phänomens "Stadt" muß auf die konstitutiven Merkmale, die das Wirtschafts- und Gesellschaftssystem in der Untersuchungsperiode kennzeichnen, Bezug nehmen (SCHMIDTKE-GLAMANN 1988).

In Deutschland vollzogen sich Industrialisierung und Verstädterung gegenüber Großbritannien mit einer Phasenverschiebung von ungefähr einem halben Jahrhundert. Die Hauptverstädterungsphase lag zwischen 1870 und 1910. In diesem Zeitraum fanden in Duisburg die wichtigsten montan- bzw. schwerindustriellen Gründungen statt.

In der Zeit zwischen 1871 und 1914 entstand die charakteristische Branchenstruktur der deutschen Industrie mit der führenden Rolle der Stahlerzeugung, der Eisenverarbeitung, der chemischen und elektrotechnischen Industrie, die im wesentlichen auch heute noch besteht (BORN 1985).

WIEL (1970) gibt eine ausführliche Darstellung der einzelnen Konjunkturzyklen seit Mitte des 19. Jahrhunderts, in der die Ursachen und Auswirkungen auf die Industrie im Ruhrgebiet erläutert werden. Einige wesentliche Grundlagen werden im folgenden zum besseren Verständnis des Hintergrundes, auf dem sich die montanindustriellen Gründungen im Duisburger Raum abspielten, ausgeführt.

2.1 Zeitraum bis zum Beginn der Gründerkrise 1873

Der Aufstieg des Ruhrgebiets setzte bereits in den 50er Jahren des 19. Jahrhunderts ein. Die wesentlichen Voraussetzungen und technischen Innovationen für den Ausbau der Eisen- und Stahlindustrie des Ruhrgebiets waren:

- die Durchstoßung der Mergelschicht und die Erschließung der Fettkohle, die einen guten Hochofenkoks ergab,
- die Einführung des Kokshochofens,
- die Entdeckung des Kohleneisensteinvorkommens im Ruhrgebiet,
- die verkehrsmäßige Erschließung des Ruhrgebiets durch die Eisenbahn,
- die gestiegene Nachfrage nach Erzeugnissen der Eisen- und Stahlindustrie, vor allem durch den Ausbau des Eisenbahnnetzes.

Die wichtigsten Rohstoffe bei der Roheisenerzeugung sind Kohle und Erz. Da im Ruhrgebiet eine Vielzahl von Kohlesorten gefördert wurden, vor allem Fettkohle, konnte ein qualitativ hochwertiger Koks erzeugt werden. Kohle wurde deswegen zum entscheidenden Standortfaktor beim Aufbau der Eisen- und Stahlindustrie, da Koks wegen seiner Weichheit zunächst nicht über weite Strecken transportiert werden konnte, und außerdem bei der noch nicht entwickelten Wärmeökonomie in den 50er Jahren des 19. Jahrhunderts etwa 10 t Kohle pro t Eisen benötigt wurden. Der Kauf eigener Zechen von seiten der Hüttenwerke erfolgte, da diese Unternehmen von den Staatsbahnen unabhängig sein wollten[7], denn die unregelmäßige Versorgung durch die Bahn zwang zu erhöhter Vorratshaltung (FELDENKIRCHEN 1982).

Seit den 50er Jahren des 19. Jahrhunderts verfügten fast alle Hochofenwerke im Ruhrgebiet über eigene Erzfelder, während nur wenige Unternehmen gleichzeitig Kohlezechen und Hüttenbetriebe besaßen. FELDENKIRCHEN (1982) erklärt, daß der als Firmenbezeichnung häufig verwendete Begriff "Bergbau- und Hütten-Gesellschaft" sich fast immer auf die Kombination von Erzbergbau und Roheisengewinnung bezog.

Nach 1870 konnten die Hüttenwerke jedoch den größten Teil ihres Eisenerzbedarfs nicht mehr aus eigenen Gruben decken, da das Bessemerverfahren, das schon seit 1861 von Krupp, aber erst seit dem Beginn der 70er Jahre im Ruhrgebiet allgemein angewandt wurde, ein phosphorarmes Erz benötigte, das in deutschen Gruben nicht gefördert werden konnte. Krupp beteiligte sich daher an spanischen Eisenerzvorkommen. Außerdem konnte die Förderung der eigenen, meist kleinen Gruben im Siegerland, Westerwald und Lahn-Dill-Gebiet nicht in dem Maße gesteigert werden, wie es die Zunahme der Roheisenerzeugung erfordert hätte. Bedeutend ist, daß der Kauf von Erzgruben, der in der Regel keine größere Investition darstellte, eindeutige Beeinflussungen durch den Konjunkturverlauf nicht erkennen läßt. FELDENKIRCHEN (1982) erläutert, daß Thyssen mit seinen Versuchen, sich maßgeblichen Einfluß auf größere schwedische Eisenerzvorkommen zu sichern, scheiterte, jedoch Manganerz aus dem Kauskasus und phosphorarmes Erz aus Südrußland bezog.

Generell war am Ende der 80er Jahre die Versorgung der rheinisch-westfälischen Hüttenwerke mit Eisenerzen problematisch geworden und die Einfuhr ausländischer Erze bis zum Ende der 80er Jahre im wesentlichen auf Spanien beschränkt geblieben[8].

Neben der Rohstofforientierung war die Verkehrsanbindung von entscheidender Bedeutung für die Festlegung des Standortes der Eisen- und Stahlindustrie.

Festzuhalten ist, daß zunächst im Ruhrgebiet bis zur Verstaatlichung das Eisenbahnnetz[9] am Ende der 70er Jahre zeitlich als auch flächenmäßig vorrangig von den bergbaulichen Verhältnissen beeinflußt wurde, wie z.B. die Köln-Mindener und Bergisch-Märkische Eisenbahn. In diesem Zusammenhang ist erwähnenswert, daß die durch die Eisenbahn in der zweiten Hälfte des 19. Jahrhunderts zeitweise etwas zurückgedrängte Rheinschiffahrt in den letzten Jahren des vergangenen Jahrhunderts und nach der Jahrhundertwende wieder erheblichen Bedeutungszuwachs erlangte, nachdem der Rhein Träger des Massentransportes geworden war.

Standortbildend ist nach FELDENKIRCHEN (1982) ebenfalls der Einfluß der Absatzseite, der auch ausschlaggebend dafür war, daß viele Zentren der eisenschaffenden Industrie nicht auf den Erzen, sondern im Bereich der Kohle oder an verkehrsgünstig gelegenen Orten entstanden. Die Verwendung von Kohle und Koks bei der Verhüttung steigerte die Nachfrage nach Kohle und bedingte den bereits erwähnten Ausbau eines dichten Eisenbahnnetzes. Dem Eisenbahnbau kam für die Industrialisierung Deutschlands eine zentrale Stellung zu, da die Eisenbahn den Landtransport erheblich verbilligte, was vor allem für die Zufuhr lothringischer Erze galt, und ferner die Marktgebiete der Unternehmen erweiterte. Vor dem Ersten Weltkrieg war das Ruhrgebiet der Teil Deutschlands mit der höchsten Eisenbahndichte pro km^2, wodurch sich für die Unternehmen der Eisen- und Stahlindustrie des Ruhrgebiets gute Absatzmöglichkeiten in unmittelbarer Nähe der Produktionsstandorte ergaben. So machte der Bedarf der Eisenbahnen in den 70er und 80er Jahren bis zu 80 % des Gesamtabsatzes einzelner Hüttenwerke im Ruhrgebiet aus. Ferner wirkte sich beim

Absatz in weiter entfernt liegende Gebiete die verkehrsgünstige Lage des Ruhrgebiets am Rhein und an den Eisenbahnlinien positiv aus. Durch die seit den 50er Jahren erfolgte Agglomeration der eisenverarbeitenden Industrie in den Außenbezirken des Ruhrgebiets konnte die Eisen- und Stahlindustrie große Teile ihrer Produktion in unmittelbarer Nähe absetzen, was in den letzten Jahren vor dem Ersten Weltkrieg entscheidend dazu beigetragen hat, daß eine weitergehende Verlagerung ins lothringische Minette-Gebiet nicht erfolgte.

Neben dem Reichtum an Steinkohle als dem damals wichtigsten Energieträger verdankte Deutschland die Entwicklung zur zweitgrößten Industriemacht der Welt vorrangig folgenden Faktoren:

- dem Bildungswesen, einschließlich der gewerblichen und technischen Ausbildung,
- dem hohen Stand der naturwissenschaftlichen Grundlagenforschung und der angewandten Naturwissenschaft,
- der reichlichen Bereitstellung von Investitionsmitteln durch die Banken [10].

Wichtig für die ökonomische Entwicklung waren auch einige politische Ereignisse sowie wirtschaftspolitische Maßnahmen. So brachte der Friedensschluß von 1871 mit Frankreich nicht nur die Annexion von Elsaß und Lothringen und damit auch eine Verbreiterung der Basis der deutschen Grundstoffindustrie bei der Eisenerz- und Kaligewinnung mit sich, sondern auch fünf Milliarden Franken in Gold an Kriegskontribution. Außerdem wurde durch die Gründung des Deutschen Reiches eine schrittweise Verbesserung bzw. Vereinheitlichung u.a. des deutschen Währungs- und Handelsgesetzes sowie Aktienswesens erzielt.

Von Bedeutung für die wirtschaftliche Dynamik sind jedoch auch technische Innovationen. Vor allem die Einführung des Thomasverfahrens, das bis zur Jahrhundertwende das Bessemerverfahren fast völlig verdrängte (WIEL 1963) und die Grundlagen der deutschen Eisen- und Stahlindustrie veränderte sowie auch erst eine Massenerzeugung möglich machte. Wichtig war hierbei, daß bei diesem Verfahren die vor allem in Lothringen vorkommenden phosphorhaltigen Erze verwendet werden konnten. FELDENKIRCHEN (1982) sieht in dem Thomasverfahren die notwendige technische Voraussetzung für den wirtschaftlichen Aufschwung der deutschen Eisen- und Stahlindustrie.

Der Erfolg der deutschen Industrie hing folglich mit der Anwendung neuer Produktionsmethoden zusammen. Von Vorteil erwies sich außerdem, daß in Deutschland gegenüber England die Industrialisierung zwar später einsetzte, dann jedoch mit einer vollkommen neuen technischen Ausrüstung der Betriebe und ohne das Hindernis einer traditionellen Organisation.

Die erste Phase der Industrialisierung erfolgte in Deutschland zu einer Zeit, als der Eisenbahnbau eine bedeutende Rolle spielte. Deutschland begann, besonders in der Montanindustrie, den technischen und wirtschaftlichen Vorsprung Englands aufzuholen und von der internationalen Nachfrage nach Industrierzeugnissen zu profitieren (BORCHARDT 1978).

2.2 Von der Gründerkrise bis zum Ersten Weltkrieg

STEINBERG (1985) untergliedert diesen Zeitraum in mehrere Abschnitte:

- die Krisenjahre von 1874 - 1895, die durch kurze Abschnitte wirtschaftlicher Belebung in der Zeit von 1879 - 1882 und 1880 - 1890 unterbrochen wurden,
- die Jahre des erneuten Aufschwungs von 1895 - 1913, die nochmals in die Phasen 1895 - 1905 und 1905 - 1913 unterteilt werden können.

Nach FELDENKIRCHEN (1982) wuchs in der Zeit von der Gründerkrise (1873-1879) bis zum Ausbruch des Ersten Weltkrieges die Produktion in der Eisen- und Stahlindustrie Deutschlands fast ohne Unterbrechung und mit einem solchen Tempo, daß die deutsche Roheisen- und Rohstahlerzeugung die Englands seit der Jahrhundertwende übertraf und an zweiter Stelle in der Welt, nach den Vereinigten Staaten, stand.

Tab. 1 über den prozentualen Anteil der bedeutendsten Industriestaaten an der Industrie-produktion der Welt beweist, wie England sein Industriemonopol an Deutschland und die Vereinigten Staaten abgeben mußte [11].

Tabelle 1
Prozentualer Anteil der bedeutendsten Industriestaaten an der Industrieproduktion der Welt 1870 - 1913

Jahr	England	Vereinigte Staaten	Deutschland	Frankreich
1870	32	23	13	10
1880	28	28	13	9
1890	22	31	14	8
1900	18	31	16	7
1910	14	35	16	7
1913	14	36	16	6

Quelle: BARTH 1973, S.XII

HOLTFRERICH (1981) bezieht sich in seiner Untersuchung über die Verflechtungsstruktu-ren im deutschen Industrialisierungsprozeß auf Schumpeter[12], der die Aufschwungphase des zweiten Kondratiev-Zyklus, der spätestens seit Mitte des 19. Jahrhunderts auch die wirtschaftliche Entwicklung in Deutschland prägte, als die lange Konjunkturwelle bezeich-net, die vom Eisenbahnbau[13] sowie von der Entwicklung der Kohle- und Eisenindustrie ge-tragen wurde. Diese Branchen bildeten einen derart gewichtigen Wachstumskern, daß von ihrer Entwicklung die Gesamtwirtschaft mitgerissen wurde.

Wie CONZE (1976) für den Zeitraum 1850-1914 berichtet, gab es kaum Dauerarbeitslosig-keit, und auch die konjunkturell bedingten Entlassungen blieben begrenzt. Wenn auch die Arbeitslosigkeit bis 1913 durchweg unter 3 % blieb, hatte sich der aufkommende Sozialstaat auf diese Gruppe, für die vornehmlich die Armenpflege zuständig war, noch nicht einge-stellt.

KELLENBENZ (1981) bezeichnet die vierzig Jahre nach der Errichtung des Kaiserreichs als eine Periode des Friedens und wirtschaftlichen Gedeihens. Nach seiner Auffassung war die dem Gründerkrach folgende Depression lange nicht so gravierend wie sie teilweise dargestellt wird, und auch die Krisen hätten nicht so starke Einbrüche gebracht, daß sie nicht zu verkraften gewesen wären.

Die Wellenbewegung der wirtschaftlichen Entwicklung kennzeichnet BORN (1985), indem er darlegt, daß sich seit 1867 die deutsche Wirtschaft in einem kräftigen Konjunkturaufschwung befand, der bis 1873 anhielt und durch den deutsch-französischen Krieg nicht spürbar unterbrochen wurde. Der günstige Konjunkturverlauf und die Aktiennovelle vom Juli 1870 lösten eine Welle von Gründungen der Aktiengesellschaften[14] aus. Jedoch waren viele dieser Gründungen unrentabel, wenn nicht unseriös. Der Gründungsboom wurde zwar nicht erst durch das Einströmen der französischen Reparationsgelder ausgelöst, jedoch durch diesen Geldzustrom kräftig gefördert.

In den anschließenden Jahrzehnten der Reifephase sind konjunkturzyklische Schwankungen festzustellen. Nach der Bankenkrise von 1873 folgte nach BECHTEL (1967) eine allgemeine Stockungsspanne, die bis 1894 anhielt und mit einem sechsjährigen Niedergang (1874-1880) begann. Die sich 1895 anschließende Aufschwungphase hielt bis zum Ersten Weltkrieg an und wurde nur durch die beiden Stockungen von 1901/02 und 1908/09 unterbrochen.

Die 1873 einsetzende und bis 1896 anhaltende als "Große Depression" bezeichnete Phase war neben dem Übergang vom Agrarstaat zum Industriestaat noch von der parallel zu der quantitativen Expansion der Wirtschaft seit dem Ende des 19. Jahrhunderts einhergehenden qualitativen Veränderung der Wirtschaftsstruktur und darüber hinaus der Gesellschaftsstruktur gekennzeichnet. Die Depression förderte die Konzentration und Zentralisation des ökonomischen Potentials durch Konzernbildung und Kartellabsprachen [15].

Verstärkt wurde die Depression in den Jahren 1874 bis 1879 in Deutschland noch durch die Agrarkrise von 1875. Diese Krise war eine Strukturkrise, von der vor allem diejenigen landwirtschaftlichen Betriebe betroffen waren, deren Haupterzeugnisse Weizen, Zuckerrüben, Raps, Hanf und Flachs waren, da die Amerikaner insbesondere für die Weizenproduktion eine große Konkurrenz darstellten.

Besonders in der Zeit von 1876 bis 1879 verbesserte die deutsche Industrie durch Rationalisierung und Produktivitätssteigerung aufgrund technischer Verbesserungen ihre Kostenlage, eine Vorgehensweise, die typisch für die Reifephase ist. MOTTEK (1981) führt daher aus, daß die Gründerzeit-Krise durch eine Steigerung der Arbeitsproduktivität - verstanden als Arbeitsleistung pro Kopf bzw. pro Stunde - in der außeragrarischen Produktion gekennzeichnet war, eine sehr wichtige Problematik des gesamten Gründerzyklus. Ein Weg zur Erhöhung der Arbeitsproduktivität in der Großindustrie bestand in der Stillegung von technisch rückständigen Betrieben und der Konzentration der Produktion auf die modernsten vorhandenen Kapazitätseinheiten, die noch in den letzten Jahren der Gründerzeit oder in den ersten Jahren nach der Krise fertiggestellt wurden. So kam dieser Prozeß bei der Roheisenverhüttung in der steigenden Anzahl stillgelegter Hochöfen zum Ausdruck.

1880 erfolgte ein Konjunkturaufschwung, da die Amerikaner nur einen Teil der für die Eisenbahn benötigten Eisen-, Stahl- und Walzprodukte aus eigener Produktion beschaffen konnten. Der größere Rest mußte u.a. aus Deutschland importiert werden.

BORN (1985) stellt fest, daß diesem Konjunkturaufschwung bereits 1884 ein Abschwung folgte, der 1886 seinen Tiefpunkt erreichte. Die Hauptursachen des Abschwungs lagen in den stark nachlassenden Investitionen, fallenden Aktienkursen und Dividendenausschüttungen der Aktiengesellschaften und den leicht rückläufigen Exporterlösen. Das Sozialprodukt und die industrielle Produktion stiegen aber weiter an.

Der Anstieg der Investitionen und die verstärkte Tätigkeit auf dem Wohnungsbau-Sektor bewirkten den 1887 einsetzenden und bis 1890 anhaltenden Aufschwung. Die Netto-Investitionen nahmen um 70 % zu, und der Wohnungsbau hatte 1888 die höchste Zuwachsrate, die vor dem Ersten Weltkrieg erreicht wurde, zu verzeichnen.

Bereits 1891 trat der nächste Konjunkturrückschlag ein, der vor allem die Eisen- und Textilindustrie betraf, jedoch befand sich die deutsche Wirtschaft ab 1893 wieder im Aufschwung. Ausgehend von der Zahl der Erwerbstätigen, der industriellen Produktion, den Aktienkursen und Dividenden als Indikatoren setzte 1895 wieder die Hochkonjunktur ein. Nach dem wirtschaftlichen Einbruch von 1908 war die Hochkonjunktur von 1912 als Weltkonjunktur zu bezeichnen, die jedoch aufgrund der sich ankündigenden Gefahr eines Weltkrieges 1913 bereits spürbar nachließ.

Insgesamt stellt die in der Zeit von 1895 bis zum Ersten Weltkrieg anhaltende wirtschaftliche Ausbauphase den wichtigsten raumverändernden Zeitabschnitt in der Geschichte des Ruhrgebiets überhaupt dar. Durch den nach 1895 einsetzenden wirtschaftlichen Aufschwung, verbunden mit einer immer stärkeren Bevölkerungszunahme, wurde der Nutzungswandel beschleunigt, da sich die land- und forstwirtschaftliche Fläche in wenigen Jahren rapide zugunsten der bebauten Flächen und der Verkehrsfläche verringerte (STEINBERG 1978).

Wenn auch BORN (1985) die Auffassung vertritt, daß zwar im allgemeinen die Epochen der Wirtschaftsgeschichte nicht mit denen der politischen Geschichte übereinstimmen, so lassen sich doch teilweise politisch-historische und wirtschafts-historische Epochengliederungen in Einklang bringen. Der Beginn des Ersten Weltkrieges stellt beispielsweise nicht nur einen Einschnitt in die politische Geschichte, sondern auch in die Wirtschaftsgeschichte dar. 1914 endete die klassische Goldwährung, und mit der Kriegsfinanzierung begann ein Dezennium der Inflation. 1914 setzte ein durch die außergewöhnlichen Bedingungen der Kriegswirtschaft und Inflation geprägtes Jahrzehnt ein; erst nach Abschluß der Währungsreform stand 1924 die Wirtschaft wieder unter normalen Bedingungen.

2.3 Zwischenkriegszeit

Auch dieser Zeitraum ist in mehrere Abschnitte zu unterteilen:

- Die Kriegs- und Nachkriegszeit, die durch den Einmarsch der Franzosen ins Ruhrgebiet und das Ende der Inflation 1923 ihren Abschluß fand,
- die Jahre eines neuen wirtschaftlichen Aufschwungs von 1925 - 1929,
- den mit der Weltwirtschaftskrise 1929 einsetzenden Abschnitt bis 1932, der durch Massenarbeitslosigkeit gekennzeichnet war,
- die Zeit von 1933 - 1939: bedeutend ist die Überwindung der Krise 1933 - 1936 und die Belebung durch die Wiederaufrüstung 1936 - 1939,
- die Zeit der Kriegseinwirkung, mit dem Tiefstand 1945 durch den Zusammenbruch (STEINBERG 1985).

Die unmittelbare Nachkriegszeit stand unter dem Einfluß des Versailler Vertrags. Auswirkungen hatte im Ruhrgebiet auch der Ruhrkampf von 1923.

Die 20er Jahre dieses Jahrhunderts waren nach HARDACH (1977) durch eine relative Stagnation gekennzeichnet, hervorgerufen durch das Zusammenwirken nationaler und internationaler Faktoren. Bedingt durch die weltwirtschaftlichen Strukturveränderungen und die Überbewertung der Mark wurden die Exportmöglichkeiten, die neben dem technischen Fortschritt die Expansion vor dem Weltkrieg hervorgerufen hatten, in den 20er Jahren immer geringer. Hinzu kam, daß sich die 20er Jahre vor allem als eine Zeit der technologischen Stagnation darstellten, denn für die wirtschaftliche Entwicklung waren Technologien bestimmend, die schon die imperialistische Expansion vor dem Ersten Weltkrieg getragen hatten. HARDACH (1977) bezieht sich auf Schumpeter, der die 20er Jahre der Abschwungsphase des Kondratiev-Zyklus zuordnet, dessen Aufschwungsphase von 1896 bis 1913 die ökonomische Expansion des Kaiserreichs prägte. HARDACH (1977) führt für die 20er Jahre aus, daß ohne technischen Fortschritt sich die tendenziell sinkende Profitrate auf die Akkumulation auswirken mußte und ohne den Impuls neuer Produkte und neuer Industrien auf den Grundstoffindustrien erhebliche Überkapazitäten lasteten, eine Situation, die auch die Gegenwart kennzeichnet. Auch die für die Weimarer Zeit typische kostenorientierte Fixierung der Unternehmer auf Rationalisierung, Lohnsenkung und Abbau der Sozialleistungen, statt auf Nachfrageexpansion und neue Märkte, trifft, wenn auch nicht in allen Bereichen, so doch in der Tendenz auch heute zu.

Nach FISCHER (1968) war in der Zeit von 1924 bis 1929 eine Aufschwungphase zu verzeichnen, wenn auch insgesamt gesehen die Lage labil war und strukturelle Schwächen nicht beseitigt werden konnten.

Wichtig ist für die Zeit nach 1933, daß bald nach Machtübernahme der Nationalsozialisten ein rascher konjunktureller Aufschwung und eine Veränderung der Wirtschaftsordnung einsetzte. So stiegen wesentlich schneller, als nach Überwindung des Krisentiefs 1932 zu erwarten war, Produktion und Volkseinkommen, so daß schon 1935 das Vorkriegsniveau erreicht werden konnte. Bereits 1937 herrschte wieder Vollbeschäftigung. BORCHARDT (1978) erklärt diesen Aufschwung mit der staatlichen Aktivität, die den ganzen Prozeß bestimmte, wobei seit 1935 der eigentliche Motor die Wiederaufrüstung war.

Von Bedeutung ist in diesem Zusammenhang jedoch, daß es eine totale und vollkommen zentrale staatliche Lenkung nie gegeben und der Staat von seiner Möglichkeit, seinen Willen mit Zwang durchzusetzen, nicht Gebrauch machte, wenn die Entscheidungen der Privatwirtschaft den staatlichen Interessen nicht direkt zuwiderliefen, so daß die privaten, nicht jüdischen Unternehmer nicht nur ihr Eigentum, sondern ein hohes Maß von Entscheidungsmöglichkeiten behielten. BORCHARDT (1978) spricht bezüglich des Wandels der Wirtschaftsordnung von einer Kombination von direkter und indirekter Lenkung.

Bezüglich des Einflusses der Großindustrie auf Hitler weist FISCHER (1968) darauf hin, daß dieser der Industrie sehr viel freiere Hand als anderen Wirtschaftsgruppen ließ, und andererseits die das Regieren gewohnten Unternehmer es auch geschickt verstanden, ein eigenes Gesicht zu wahren und bei der Übernahme der nationalsozialistischen Terminologie manches aus ihrer Tradition retten konnten. Aufgrund der Achtung, die Hitler vor den großen Namen wie Krupp, Siemens usw. hatte, sei die personelle Durchdringung mit Nationalsozialisten hier nicht so weit gegangen, sondern bildete zunächst einen "Schutzring um die feste Burg der Industrie".

Aufgrund von zwei Weltkriegen, zwei Inflationen und der Weltwirtschaftskrise bezeichnet BORCHARDT (1976) die Periode 1914 bis 1949 als einen abnormen Zeitraum. In dieser Zeit haben sich mit den politischen Systemen und Wirtschaftsordnungen die wirtschaftspolitischen Zielsetzungen, die Anteile des Staates an der gesellschaftlichen Leistung und die sozialen Bewertungen innerhalb kurzer Zeiträume einschneidend verändert[16].

2.4 Gesamtwirtschaftliche Entwicklung nach 1945

STEINBERG (1978) gliedert den Zeitraum nach Ende des Zweiten Weltkrieges bis 1970 in drei Entwicklungsphasen:

1. die noch ganz unter den Einwirkungen des Kriegsgeschehens stehende unmittelbare Nachkriegszeit von 1945 bis 1948;
2. die etwa mit dem Jahr 1956 abschließende Wiederaufbauphase;
3. die 1959 von der Krise im Steinkohlenbergbau ausgelöste Phase des Strukturwandels.

Zu ergänzen ist diese zeitliche Gliederung um eine 4. Phase, nämlich die nach 1974 durch Konjunktur- und Strukturprobleme der Eisen- und Stahlindustrie einsetzende Krise, die bis in die Gegenwart hineinreicht.

HEMPEL (1969) schildert die Situation unmittelbar nach Kriegsende wie folgt: "Das wirtschaftliche Leben Deutschlands befand sich nach dem Zusammenbruch im Frühjahr 1945 in einer außerordentlich tiefen Krise. Die Desorganisation des Verkehrswesens, die Lahmlegung der Produktionsmaschinerie, die Erschöpfung der Bevölkerung, die Verwüstungen der Industrieanlagen und Städte, der Mangel an Rohstoffen und Nahrungsmitteln, die Demontage, die Eingriffe der Besatzungsmächte lähmten jede wirtschaftliche Aktivität. In der ausländischen Hilfe stand Deutschland als letztes Glied der Schlange. Während in den anderen europäischen Staaten die industrielle Wiedererholung viel schneller vor sich ging als nach dem Ersten Weltkrieg und bei einigen Ländern bereits 1947 den Stand von 1938 überschritt, verharrte das Wirtschaftsleben in Deutschland nach dem Zweiten Weltkrieg auf einem nie gekannten Tiefstand. Nach den Beschlüssen von 'Jalta' und 'Potsdam' ging das Bestreben der Besatzungsmächte dahin, Deutschland ein Industriepotential zu belassen, das ihm ermöglichte, einen mittleren europäischen Lebensstandard zu führen und ohne ausländische Hilfe zu existieren" (S. 166 f)[17]. Insofern war die Situation nach 1945 wesentlich ungünstiger als nach dem Ersten Weltkrieg, nicht zuletzt, da seinerzeit der Produktionsapparat im wesentlichen funktionsfähig war.

Durch das Zurückstellen der nationalen Einzelinteressen und das Zusammengehen der europäischen Wirtschaften sollte eine neue europäische Ordung entstehen. Als ein erster Ansatz galt der 'Schumanplan', der eine Montanunion für Europa vorsah und am 9. Mai 1950 von der französischen Regierung verkündet wurde. Durch den 'Schumanplan' sollte die Gesamtheit der französisch-deutschen Kohlen- und Stahlproduktion unter eine gemeinsame 'Hohe Behörde' (Haute Autorite) gestellt werden. Das Ziel war, über diese mächtige Produktionsgemeinschaft der Montanindustrie die Fundamente für die Einleitung der wirtschaftlichen und politischen Vereinigung der europäischen Staaten zu schaffen (HEMPEL 1969).

Die von HEMPEL (1969) zum damaligen Zeitpunkt positiv beurteilte Einrichtung der "Europäischen Gemeinschaft für Kohle und Stahl"[18], durch die in einem zusammenhängenden Raum in Europa auf dem Gebiete der Kohle- und Stahlindustrie Grenzen beseitigt wurden, Zölle, Kontingente und andere Einschränkungen fortfielen, erfährt im Laufe der Zeit eine sich wandelnde Bewertung.

Für die Zeit nach 1948 konstatiert BORCHARDT (1978) ein Wachstum, das als deutsches Wirtschaftswunder umschrieben wird. Die Wachstumsraten betrugen bis 1957 jährlich über 7 %. Bis 1956 war eine annähernde Vollbeschäftigung erreicht. Außerdem konnte die Lösung des Zahlungsbilanzproblems und die Anreicherung der Währungsreserven schon nach drei Jahren verzeichnet werden.

Dieser wirtschaftliche Aufschwung der 50er Jahre beruhte auf Fleiß, Geschick und technischem Können der verfügbaren Arbeitskräfte und Unternehmer, die nach dem Wegfall alliierter Beschränkungen - durch amerikanische Hilfe unterstützt (Marshall-Plan) - in einer von Zwang und Angst befreiten Wirtschaftsordnung einen Wiederaufbau nach modernen Grundsätzen einleiteten (WINKEL 1971).

Einen Einfluß auf den Welthandel übte zunächst der Koreakonflikt 1950/51 aus, der auch den deutschen Außenhandel belastete. 1952 erfolgte bereits eine Verbesserung. Es zeigte sich jedoch in zunehmendem Maße die Abhängigkeit der deutschen Wirtschaft von der Weltkonjunktur.

In der Phase des Wiederaufbaus von 1950 bis 1956 konnte ein über den Vorkriegsstand hinausgehender Produktionsanstieg in der eisenschaffenden Industrie verzeichnet werden. STEINBERG (1978) betont, daß es besonders entscheidend für die Nachkriegsentwicklung war, daß sich die alten, bis 1914 voll ausgebildeten Standorte trotz Zerstörungen und Demontagen wieder durchgesetzt hatten. Diese seinerzeit als Vorzug angesehene Schlüsselstellung von Kohle und Stahl wird heute allerdings in einem anderen Licht gesehen. Nach der Währungsreform 1948 galt das Ruhrgebiet jedoch als Symbol für den Wiederaufbau und Kraftzentrum für die übrigen Industrien. Der Montankomplex hatte für den Wiederaufbau eine Hauptfunktion. Nicht zuletzt wurde das Ruhrgebiet zum Ziel für Hunderttausende von Zuwanderern, die hier auf eine berufliche Zukunft setzten (PETZINA 1987).

Nach Ansicht von BORCHARDT (1978) erlebte die Bundesrepublik Deutschland in der Zeit zwischen 1958 und 1973 eine noch erstaunlichere Phase wirtschaftlichen Wachstums als in der unmittelbaren Nachkriegszeit. Von einer kurzen Unterbrechung in den Jahren 1967/68 abgesehen, herrschte Voll-, ja Überbeschäftigung, denn die Arbeitslosenquote lag lange Zeit unter 1 %. Auch wenn die Wachstumsrate des realen Sozialproduktes im Trend zwar abnahm, lag sie immer noch im Durchschnitt weit höher als vor 1913 oder gar in der Zwischenkriegszeit. Im Ruhrgebiet betrug 1967 die Arbeitslosenquote 2,6 %. Dieser wirtschaftliche Einbruch veranlaßte die Landesregierung von Nordrhein-Westfalen 1968 zur Erstellung des "Entwicklungsprogramm Ruhr", das 1970 in das "Nordrhein-Westfalen-Programm 1975" integriert wurde.

Dennoch ist diese Phase durch eine erste große Krise gekennzeichnet. In den ersten Jahren nach dem Zweiten Weltkrieg war die Kohle noch der dominierende Grundstoff für alle wichtigen anderen Wirtschaftszweige und die entscheidende Grundlage für den Wiederaufbau. In zunehmendem Maße verdrängte jedoch die billige Kohle aus dem außereuropäischen Ausland die Ruhrkohle von einem Teil ihrer traditionellen Märkte. Hinzu kam der Nachfragerückgang, verursacht durch die in vielen Bereichen erfolgte Umstellung auf Öl. So zeigte die Bergbaukrise Ende der 50er Jahre, die ihre eigentliche soziale Brisanz aufgrund des raschen Verlustes an Arbeitsplätzen erhielt, zum ersten Mal die Empfindlichkeit des Wirtschaftsraums Ruhrgebiet auf. "Seit 1957 hat der Steinkohlenbergbau rückläufige Produktionswerte, und die Produktionswerte in der Stahlindustrie wachsen seitdem langsamer als das Sozialprodukt" (ZÖPEL 1988, S. 74). Als Folge begannen 1958 sektorale Strukturmaßnahmen zugunsten des Steinkohlebergbaus durch die Bundesregierung. Die von seiten der Landesregierung seit 1960 betriebenen regionalpolitischen Analysen führten 1966 zum Einstieg in eine regionale Investitionsförderung zugunsten von Unternehmen.

Infolge der Ölkrise von 1973 trat eine schwere wirtschaftliche Rezession ein, so daß auch in der Bundesrepublik erstmals wieder die Arbeitslosenquote weit über die Grenze von 1 % anstieg und 1975 bereits bei 4,7 % lag. Auch das reale Wachstum ging in der Zeit von 1974 bis 1975 um 3,2 % zurück (BORCHARDT 1978). Es ist jedoch eine Verkürzung, für das niedrige Wachstum allein die Ölkrise verantwortlich zu machen: "The 1973 downturn had no single cause. Over-expansion of the capital goods sector and the maturation and finally saturation of growth markets may have been two prime factors; however, the length of the postwar growth era and the change in attitudes that growth brought about, eventually made expansion the victim of its own success, while politicians clearly proved themselves to be incapable of handling the distribution of growth. With a depression already in the making, the oil crisis of 1973 made it clear that the great postwar expansion had ended" (VAN DUIJN 1982, S. 203). Zu diesem Zeitpunkt war die Strukturkrise noch nicht erkannt worden, vielmehr glaubte man an die "Selbstheilungskräfte der freien Marktwirtschaft", so daß dem Abschwung schon wieder ein Aufschwung folgen würde.

Tab. 2 über die reale Steigerungsrate des Nettosozialprodukts zu Marktpreisen zeigt für den Zeitraum 1951 bis 1984 die Schwankungen in der wirtschaftlichen Entwicklung. Insbesondere die Krisenpunkte von 1967, 1975 und 1981/82 werden deutlich. Die Spitzenwerte von 1951 und 1960 sind nie mehr erreicht worden.

Tabelle 2

**Reale Steigerungsrate des Nettosozialprodukts (NSP) zu Marktpreisen
(in Preisen von 1976, ohne Saarland und Berlin-West) 1951 - 1984**

Jahr	NSP in %	Jahr	NSP in %
1951	11,0	1968	6,2
1952	9,1	1969	7,7
1953	8,4	1970	4,9
1954	7,5	1971	2,8
1955	12,2	1972	3,9
1956	7,1	1973	4,4
1957	5,4	1974	0,0
1958	3,3	1975	-2,2
1959	7,2	1976	5,8
1960	15,7	1977	2,7
1961	5,1	1978	3,4
1962	4,0	1979	4,0
1963	2,6	1980	1,5
1964	6,5	1981	-0,7
1965	5,2	1982	-1,7
1966	2,2	1983	1,5
1967	-0,7	1984	2,8

Quelle: Günther, M.: Ökonomischer Strukturwandel, 1986, S. 106

Das Ruhrgebiet ging 1974 in die erste große Rezessionsphase der Nachkriegszeit mit im Vergleich zum Bund überdurchschnittlichen Wachstumraten. Zum ersten Mal nach 1965 waren 1974 und 1975 Jahre, in denen die Veränderung des Sozialproduktes in der alten Industrieregion Ruhrgebiet günstiger war als in der Bundesrepublik. Das nominale Wachstum des Sozialprodukts betrug im Ruhrgebiet 13,6 %, in der Bundesrepublik nur 7,5 %, 1975 im Ruhrgebiet noch 6,9 % und in der Bundesrepublik 4,5 %. Dieser Erfolg wird dem regional-politischen Handlungskonzept zugeschrieben. Allerdings blieb die Arbeitslosenquote im Ruhrgebietes mit 3,3 % in 1974 über der des Bundes, die 2,4 % betrug. Es schien folglich kein spezifischer Handlungsbedarf vozuliegen. Erst 1978 erfolgten neue Überlegungen, da die 1976 beginnende gesamtwirtschaftliche Konjunkturphase am Ruhrgebiet ziemlich vorbeiging, denn das nominale Wachstum in der Bundesrepublik betrug 7,8 %, im Ruhrgebiet nur 3,2 %. Als Ergebnis wurde 1979 das "Aktionsprogramm Ruhr" erstellt. Originär war das Handlungsfeld "Zukunftsweisende Technologien und Innovationen" (ZÖPEL 1988).

Für die sich seitdem problematisch entwickelnde Arbeitsmarktsituation werden irreale Wachstumserwartungen, die Verschuldungsproblematik und die demographische Entwicklung seit 1980 angesehen mit der Folge, daß auch das Ziel- und Handlungskonzept der seit Ende der 60er Jahre entwickelten Regionalpolitik zerbrach. Wie groß die regionalspezifische Beschäftigungsproblematik ist, beweist Tab. 3. Im Gegensatz zu den Wachstumsraten sind hier die Abweichungen zwischen der Bundesrepublik und dem Ruhrgebiet weitaus gravierender, "ein Zeichen für die Entkopplung von Wachstum und Beschäftigungsentwicklung" (ZÖPEL 1988, S.79).

Tabelle 3
Arbeitslosenquoten (jeweils Ende September) in der Bundesrepublik (West) und im Ruhrgebiet 1967 - 1987

Jahr	BRD	Ruhrgebiet
1967	1,6	2,6
1968	0,8	2,0
1969	0,5	0,9
1970	0,5	0,6
1971	0,7	0,9
1972	0,9	1,6
1973	1,0	1,6
1974	2,4	3,3
1975	4,4	4,9
1976	3,9	5,0
1977	4,0	5,6
1978	3,8	5,9
1979	3,2	5,1
1980	3,5	5,4
1981	5,4	7,5
1982	7,5	10,4
1983	8,6	13,3
1984	8,6	14,1
1985	8,7	14,4
1986	8,2	14,4
1987	8,4	15,2

Quelle: ZÖPEL 1988, S.78

Dem HANDELSKAMMER-BERICHT (1981) ist zu entnehmen, daß Bund und Länder ein Sonderprogramm zur Schaffung von Ersatzarbeitsplätzen außerhalb der Stahlindustrie zur Verbesserung der regionalen Wirtschaftsstruktur aufgelegt und damit erstmals die politische Verantwortung für die Folgen der schwierigen Situation der Region übernommen haben.

Ein Charakteristikum konjunkturschwacher Zeiten ist die verstärkte Exporttätigkeit, insbesondere aufgrund der Schwäche auf dem Binnenmarkt.

Als Gründe für die verschlechterte Wirtschaftslage wird die Subventionspolitik, auf die noch näher einzugehen ist, gesehen sowie das kurzfristige politische Taktieren.

Aufgrund verstärkter Binnennachfrage und Exportmöglichkeiten entwickelte sich die gesamtwirtschaftliche Situation vor allem 1988 günstig. Weitere Impulse gingen zunächst von der deutschen Wiedervereinigung 1990 aus, doch bewirkten die hierdurch entstandenen finanziellen Belastungen und nicht zuletzt die politischen Veränderungen, insbesondere in Osteuropa, ein bis heute anhaltendes Nachlassen des wirtschaftlichen Schwungs.

Nach Ansicht der Wirtschaft sind die drastischen Kostensteigerungen - die Arbeitskosten haben Weltspitzenniveau erreicht - von nicht unerheblichem Einfluß, so daß die internationale Wettbewerbsfähigkeit in Frage gestellt ist. Befürchtungen werden laut, daß der Standort Bundesrepublik an Bedeutung verlieren könne. Vor allem die 80er Jahre sind charakterisiert durch einander überlagernde Verfalls- und Erneuerungstendenzen, unterschiedliche Such-, Neuorientierungs- und Experimentierprozesse im wirtschaftlichen, politischen und sozialen Denken und Handeln. Gefordert wird die Berücksichtigung der endogenen Eng-paßfaktoren in den Strukturbereichen:

- technologisch- wirtschaftliche Innovationsdynamik,
- soziale Anpassungsprobleme,
- infrastrukturelle Engpässe,
- unternehmerische und kommunalpolitische Denkroutinen (BUTZIN 1990).

3 Montanindustrielle Gründungen in Duisburg

Die industrielle Entwicklung[19] setzte in Duisburg bereits im Jahre 1824 ein, da zu diesem Zeitpunkt die Erlaubnis zum Bau einer der ersten deutschen Schwefelsäurefabriken, die T.W. Curtius in Kaßlerfeld errichtete, erteilt wurde. Durch die sich später entwickelnde Eisenhütten- und Maschinenbau-Industrie verlor dieser Industriezweig in Duisburg jedoch an Bedeutung.

Die Tatsache, daß die wesentlichen Gründungen im Duisburger Raum in die Zeit nach 1890 fallen, ist insofern von Interesse, da sich seitdem jener "Führungswechsel" im Industrialisierungsprozeß abzeichnete, der den "leading sector" der deutschen Industrialisierung aus dem Branchendreieck Eisenbahn, Kohle und Stahl zu den "neuen" Industrien Elektroindustrie, Maschinenbau und Chemie verlagerte (ABELSHAUSER 1987).

Auf dem Hintergrund der bereits dargelegten gesamtwirtschaftlichen Entwicklungen sind im weiteren Verlauf die Gründungen der Unternehmen von Thyssen, Krupp und Mannesmann im Raum Duisburg zu erläutern, die im wesentlichen in die Zeit nach 1890 fallen. Der Zeitpunkt 1890 wird von CROON (1972) als Zäsur verstanden, da u.a. mit dem Tod von Alfred Krupp 1887 das Wirken der ersten Gründergeneration zu Ende ging.

3.1 Entwicklung der Thyssen-Werke bis zum Zweiten Weltkrieg

Die heutige Stadt Duisburg ist eng mit dem Namen Thyssen verbunden. Wie OGGER (1982) zutreffend beschreibt, ist August Thyssen als Schrittmacher für die Entwicklung des Ruhrgebiets zum größten geschlossenen Industrierevier zu bezeichnen.

Der 1842 geborene August Thyssen[20] hat in einer Generation durch seine unternehmerischen Entscheidungen und Handlungen einen grundlegenden und umwälzenden Wandel sowohl in wirtschaftlicher als auch in gesellschaftlicher Hinsicht bewirkt [21]. Die Bedeutung dieses Mannes wird besonders unter Berücksichtigung des biographischen Hintergrundes verständlich[22].

Zur Erläuterung der komplexen Unternehmensgeschichte dient die Zeittafel (S. 261 ff), die die wesentlichen Daten wie Gründungen, Firmenkäufe, Änderungen der Firmennamen sowie größere Neuordnungen und Investitionen enthält. Wenn auch einige Ereignisse zu ihrer Zeit noch in keinem Zusammenhang mit Thyssen standen, wie beispielsweise die Gründung von Phoenix, so sind sie jedoch der jetzigen Thyssen AG und ihren großen Tochtergesellschaften unter deren heutigen Firmierung zugeordnet. Es soll so eine Orientierungshilfe für das Verständnis der verwirrenden Datenfülle und Namensvielfalt gegeben werden. (UEBBING 1991). Die Zeittafel enthält jedoch nur die Angaben, die sich auf den Duisburger Raum beziehen.

August Thyssen beteiligte sich bereits 1867 an der Gründung des Bandeisenwerkes Thyssen, Fossoul & Co. in Duisburg. Seine Partner stammten aus der belgischen Industriellenfamilie Bicheroux, in die seine Schwester Balbina eingeheiratet hatte und die in Duisburg schon 1855 ein Walzwerk betrieb. Die kaufmännische Leitung des neu gegründeten Familienunternehmens übernahm August Thyssen, die technische der mit den

Bicheroux befreundete Ingenieur Fossoul. Schon der Standort Duisburg verriet, daß die Partner wirtschaftlich dachten, da es hier billige Ruhrkohle und einen großen Hafen gab, über den man die ausgewalzten Bleche in alle Welt verkaufen konnte. Das gut florierende Werk beschäftigte bereits nach einem Jahr 130 Arbeiter.

Allerdings war August Thyssen mit dieser Partnerschaft nicht zufrieden, denn er hatte größere Pläne und wollte unabhängig sein. 1871, während des großen Gründerbooms, verkaufte er seine Anteile an die Familie Bicheroux und kaufte mit dem Erlös heimlich einige Wiesen und Äcker in der Bürgermeisterei Styrum bei Mülheim unter dem Vorwand, Landwirtschaft betreiben zu wollen. Als mit dem Bau eines Stahl- und Walzwerkes begonnen wurde, war es für Proteste zu spät. 1871 nahm die Firma Thyssen & Co. mit 70 Arbeitern den Betrieb auf. Bereits nach einem Jahr konnten rund 3.000 t Bandeisen verkauft werden, so daß Thyssen selbst in der Zeit der großen Depression keinen Arbeiter entlassen mußte. Dies war jedoch nur möglich, indem der technisch und kaufmännisch bestens geschulte August Thyssen mit den geringst möglichen Kosten produzierte und, obwohl er die Konkurrenz laufend unterbot, immer noch Gewinne machte. Nachdem Thyssen auf dem deutschen Markt keine Absatzmöglichkeiten mehr sah, fuhr er nach Rußland und kehrte mit Aufträgen zurück, die die Auslastung des Werkes auf Jahre sicherten. Thyssen baute das Walzwerk weiter aus und modernisierte es. Er stellte nicht nur Bleche, sondern nach einem besonderen Verfahren überlappt geschweißte Rohre jeder Größe her, die höheren Druck als die der Konkurrenz aushielten. 1877 trat Thyssens jüngerer Bruder Josef als Teilhaber in die Firma ein und übernahm die Leitung des Werkes bis zu seinem Tod im Jahre 1915.

Die kommunalpolitische und wirtschaftliche Gestaltung der ehemaligen Stadt Hamborn unter dem Einfluß von August Thyssen nahm ihren Anfang durch die Beteiligung Thyssens an der ersten Zeche in Hamborn[23] , die nach der Reichsgründung den Namen "Gewerkschaft Deutscher Kaiser" erhielt. Die Brüder August und Josef Thyssen übernahmen 1883/86 die Kuxen der Gewerkschaft, da die Gewerke aufgrund der schlechten Kohlenabsatzlage der 80er Jahre als einzigen Ausweg den Verkauf des Bergbaubesitzes an kapitalkräftige Unternehmer sahen. Nach WEHRMANN (1960) dehnten die Brüder Thyssen die anfänglich 1.956 ha betragende Feldgröße im Laufe der Zeit auf 39.800 ha aus.

1888 erfolgte aufgrund der Initiative von August Thyssen die Niederbringung von Schacht 2 nordwestlich von Schacht 1 in Aldenrade. Wegen zahlreicher Schwierigkeiten konnte erst 1894 das Steinkohlegebirge erreicht werden, und erst zu Beginn des Jahres 1896 wurde die Förderung aufgenommen.

Bald nach dem Abteufen von Schacht 2 wurde in der Ortschaft Bruckhausen[24], ungefähr 2,3 km südwestlich von Schacht 1, mit der Anlage von Schacht 3 begonnen, der ab 1895 förderte. TREUE (1966) erläutert, daß dieser Schacht die Versorgungsfunktion für die in diesen Jahren von Thyssen geplante und errichtete Hochofenanlage und Hüttenkokerei hatte.

Eine weitere Periode in der Entwicklung des Thyssen-Bergbaus setzte mit der Jahrhundertwende ein, da einmal zum Zwecke der Fördersteigerung und Befriedigung des Kohlebedarfs und zum anderen aus bergtechnischen, -polizeilichen und wirtschaftlichen Gründen die Einschachtanlagen zu modernen Doppelschachtanlagen ausgebaut wurden, wodurch die Doppelbezeichnungen 1/6, 2/5, 3/7 und 4/8 verständlich werden, deren Lage aus Abb. 2 ersichtlich wird.

Abbildung 2

Lage der Doppelschachtanlagen der Gewerkschaft Deutscher Kaiser im Duisburger Norden

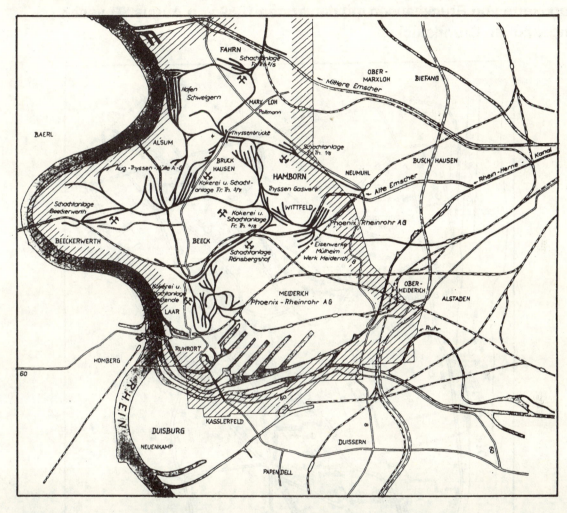

Schacht	Ortslage	Beginn des Abteufens	Aufnahme der Kohleförderung	Still-legung
1	Alt-Hamborn	1872	1876	1928
2	Aldenrade (Fahrn)	1888	1896	1976
3	Bruckhausen	1889	1895	1932
4	Wittfeld	1899	1903	1959
5	Aldenrade (Fahrn)	1901	1909	1976
6	Alt-Hamborn	1903	1907	1928
7	Bruckhausen	1906	1908	1932
8	Wittfeld	1922	1925	1959

Quelle: WEHRMANN 1960, S.36 u. 46; HERMANN, W. u. G.,Königstein 1982, S.84 ff

Die weitere Grundsteinlegung zur industriellen Entwicklung von Hamborn durch August Thyssen fiel in die Aufschwungphase der Jahre 1888 bis 1890, denn ab 1889 begann

23

Thyssen, ähnlich wie in Mülheim, zunächst mit dem Erwerb ausgedehnter Grundstücke in landwirtschaftlichem Siedlungsgebiet. Thyssen wurde in kürzester Zeit durch den Kauf von ca. 122 ha Grund und Boden Eigentümer von fast der gesamten Bauerschaft Bruckhausen (Abb. 3).

Abbildung 3
Lagekarte von Bruckhausen mit den ersten 1889 von August Thyssen angekauften Grundstücken

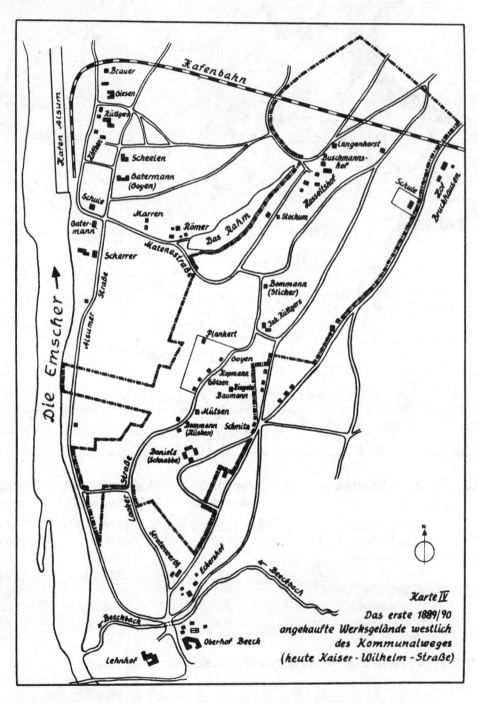

Quelle: TREUE 1969, S. 35

Die Erkenntnis, in dem am Rhein gelegenen Bruckhausen einen optimalen Standort gefunden zu haben, veranlaßte den ehemals in Mülheim produzierenden August Thyssen zu einer regionalen Schwerpunktverlagerung[25], indem er 1889 mit der Errichtung eines Stahl- und Walzwerkes begann.

Den Beginn der Geschichte der Thyssen AG datiert UEBBING (1991) auf den 29. Sept. 1891, nachdem alle 1.000 Anteile der Gewerkschaft Deutscher Kaiser in der Hand von August-Thyssen waren.

Nach WURM (1969) war das Vorbild von Thyssen der amerikanische Stahlkönig Andrew Carnegie, der bereits einen schwerindustriellen Vertikalkonzern aufgebaut hatte. So wollte auch Thyssen sämliche Produktionsstufen, von den Rohstoffen bis zu den Fertigfabrikaten, in einer straffen Organisation vereinen. Den Vorteil dieses geschlossenen Vertikalkonzerns sah Thyssen in einer nachhaltigen Kostensenkung und Qualitätssicherung, um durch gleichbleibende Güte und niedrige Preise seine Konkurrenz auszuschalten und sich selbst einen größtmöglichen Marktanteil zu sichern.

Im weiteren Verlauf seiner Tätigkeiten wird deutlich, daß Thyssen nicht nur im Produktionsbereich, sondern auch im Transport und Handel nach Autarkie strebte, wie die Übernahme des holländischen Erztransportunternehmens Vulcaan, die Gründung der Thyssenschen Eisenhandelsgesellschaft in Duisburg und Ludwigshafen und Errichtung eigener Kohlen- und Eisenhandelsniederlassungen in Europa und Übersee bestätigen.

Die Autonomiebestrebungen von Thyssen[26] gingen so weit, daß er gemeinsam mit Hugo Stinnes 1897 die Rheinische Bank in Mülheim gründete, deren Aufsichtsratvorsitzender er wurde. Durch diese Beteiligung wollte Thyssen verhindern, daß Großbanken einen übermächtigen Einfluß auf seinen Konzern gewinnen würden[27].

OGGER (1982) bezeichnet Thyssen als einen "Konzernarchitekten", der in den 80er und 90er Jahren des letzten Jahrhunderts zielsicher den Plan der Errichtung eines gemischten Montankonzerns verfolgte, der mit eigener Kohle und eigenem Erz jede gewünschte Sorte Eisen und Stahl erstellte und dieses Material zu unzähligen Endprodukten weiter verarbeitete sowie seine Erzeugnisse über eine eigene Handelsorganisation mit eigenen Schiffen bis in den letzten Winkel der Erde verkaufte, ein Vorhaben, das er innerhalb von 40 Jahren erreichte.

Doch zuvor begannen die Aktivitäten von Thyssen, indem er in Bruckhausen eine Ringofenziegelei zur Produktion der für die neuen Bauten benötigten Ziegel erstellte. Im Frühjahr 1890 folgte der Bau einer Fabrik für feuerfeste Steine, um den Bedarf des künftigen Werkes sicherzustellen, die im April 1891 den Betrieb aufnahm. Ferner wurden noch zwei Kesselhäuser, eine Walzendreherei und ein Werksbahnhof errichtet, so daß am 17.12.1891 das Bruckhausener Hüttenwerk - ein Siemens-Martin-Stahlwerk - in Betrieb genommen werden konnte. Als Verwaltungsgebäude diente dem Unternehmen zunächst nur die damalige evangelische Schule.

Das mit der 5. Walzenstraße im Juni 1894 fertiggestellte Walzwerk schloß sich unmittelbar an das Siemens-Martin-Werk an und galt für die damaligen Verhältnisse als eine ungewöhnlich großzügige Anlage.

1894 begann Thyssen an der Südseite des Siemens-Martin-Werkes mit dem Bau eines Thomas-Stahlwerkes mit anfangs vier, später fünf Konvertern, welches am 20.7.1897 in Betrieb genommen wurde und eine wichtige Ergänzung darstellte. Das inzwischen vorherrschende Siemens-Martin-Verfahren erforderte mehr Schrott als verfügbar war. Beim Thomasverfahren wurde der Rohstahl jedoch auf der Basis von Roheisen statt Schrott erzeugt. Außerdem war das Thomasverfahren deshalb wichtig, weil es die Verhüttung der in Europa reichlich vorhandenen phosphorreichen Erze zuließ (UEBBING 1991).

Da das Roheisen für Bruckhausen u.a. von der Niederrheinischen Hütte und dem Hochofenwerk Vulkan in Duisburg-Hochfeld geliefert wurde, und zwar, wie TREUE (1966) ausführt, zu vom Roheisensyndikat bestimmten Preisen, andererseits durch die Produktionsausdehnung der Bedarf an Roheisen stieg, erschien es Thyssen - verständlich aus seinen Autarkiebestrebungen - notwendig, zur Selbstversorgung überzugehen, wobei zunächst die Alternativen, ein integriertes Hüttenwerk auf der Ruhrkohle oder ein Hochofenwerk auf dem Erz, und zwar der lothringischen Minette zu errichten, zu überlegen waren. Thyssen entschied sich jedoch für die Konzentration aller Produktionsstufen in Bruckhausen.

Trotz Einspruchs einiger Bauern begann im August 1895 die Errichtung des ersten Hochofens, der fast gleichzeitig am 17.7.1897 mit dem Thomaswerk in Betrieb genommen wurde; Ende 1897 war der zweite, Anfang 1899 der dritte Hochofen fertiggestellt. Zunächst waren für das Hochofenwerk nur drei Hochöfen vorgesehen, bis 1913 war jedoch die doppelte Anzahl entstanden. Die ersten beiden Öfen hatten noch einen Gestelldurchmesser von 3,7 m, die letzten bereits 4,5 m.

1895 begann Thyssen, nach Inbetriebnahme von Schacht 3, im Südzipfel der August-Thyssen-Hütte mit dem Bau einer Kokerei mit entsprechenden Verarbeitungsanlagen für Nebenprodukte und 1904/05 auf dem Gelände der Schachtanlage 4/8 mit der Errichtung einer Kokerei.

Welches Ausmaß und welchen Stellenwert die Bruckhausener Anlage, ein gemischtes Hüttenwerk, dessen Schwergewicht beim Thomasstahl lag, innerhalb weniger Jahre einnahm, kennzeichnet TREUE (1966) folgendermaßen: "Mit einer großen Hochofenanlage, die innerhalb von nur sechs Jahren systematisch aufgebaut worden war und als Muster einer wirtschaftlichen Standortwahl galt, nahm Thyssen nun auch unter den Besitzern von Hochofenwerken im Ruhrgebiet einen der ersten Plätze ein" (S. 50). "Als 1914 der Ausbau der Hochofenanlage in Bruckhausen zu einem gewissen Abschluß gekommen war, galt das Hüttenwerk insgesamt als eines der modernsten in Europa, als Wahrzeichen technischen Fortschritts" (S. 100).

Mit dem Bau und Ausbau des Werkes in Bruckhausen war die durch Thyssen eingeleitete Industrialisierung im Duisburger Raum noch nicht abgeschlossen. Thyssen plante, da die Siemens-Martin-Öfen Stahleisen benötigten, und er auch hier die Eigenversorgung für die beste Lösung hielt, eine neue Hochofenanlage, für deren Standortwahl Voraussetzung war, daß die Kohle in unmittelbarer Nähe lag, Grund und Boden günstige Voraussetzungen boten sowie optimale Transportverhältnisse gegeben waren, da die Erzanfuhr über den eigenen Rheinhafen und die Belieferung der werksverarbeitenden Betriebe gewährleistet sein mußte (TREUE 1966).

Aus diesen Überlegungen heraus erschien Meiderich - zwischen den Unterläufen von Ruhr und Emscher und den Städten Oberhausen und Alt-Duisburg - den Anforderungen zu entsprechen.

Für die Gewerkschaft Deutscher Kaiser waren Anfang 1900 im Zusammenhang mit dem Bau einer Anschlußbahn an den Güterbahnhof Oberhausen-West große Grundstückskomplexe erworben worden, so daß verkehrstechnisch alle Bedingungen erfüllt waren. An gleicher Stelle wurde Schacht 4 niedergebracht (spätere 2. Kokerei).

Die Errichtung der neuen Hochofenanlage konnte erst nach mühseligen Auseinandersetzungen mit den Behörden erfolgen, da etliche Einsprüche u.a. von der Emscher-Genossenschaft, der Gutehoffnungshütte und der Eisenbahndirektion Essen kamen[28].

1902 wurde das Meidericher Hochofenwerk in die neu gegründete Aktiengesellschaft[29] für Hüttenbetrieb eingebracht und bis 1904 drei moderne, weitgehend mechanisierte Hochöfen in Betrieb genommen, die mit dem Hafen Alsum und den Bahnstationen Neumühl und Oberhausen verbunden waren. In einer zweiten Ausbaustufe wurden bis 1908 zwei weitere Hochöfen errichtet und 1907/08 noch zwei Öfen erstellt, die als Ersatzöfen für die drei bisher errichteten Hochöfen dienen sollten, so daß möglichst ständig drei Hochöfen betrieben werden konnten.

Die Aktivitäten der Anfangsphase blieben nicht unbeeinflußt von den in Kap. 2 geschilderten Entwicklungen. Die immer wieder eintretenden Schwächeperioden gingen auch an August Thyssen nicht spurlos vorüber. Bereits die Stockungsphase von 1891 bis 1893 bewirkten härtere Startbedingungen als für eine Neugründung wünschenswert gewesen wären. Der schwerste Einschnitt erfolgte jedoch durch die Krise von 1901 bis 1903, die August Thyssen zum Verkauf einiger Beteiligungen und Übertragung von 879 Kuxe der Gewerkschaft verein. Gladbeck an den preußischen Bergfiskus zwang.

Dennoch konnte die Gewerkschaft Deutscher Kaiser in den Anfangsjahren eine stetige Aufwärtsentwicklung verzeichnen, wie Tab. 4 und Abb. 4 zeigen:

Tabelle 4
Entwicklung der Gewerkschaft Deutscher Kaiser 1892 - 1910

Jahr	Rohstahlproduktion 1.000 t	Belegschaft (ohne Bergbau und Kokerei)
1892	50	850
1895	110	1.150
1900	361	5.150
1905	644	7.470
1910	781	8.780

Quelle: UEBBING 1991, S.19

Abbildung 4
Produktion des Hüttenwerks Bruckhausen in 1.000 t 1903 - 1913

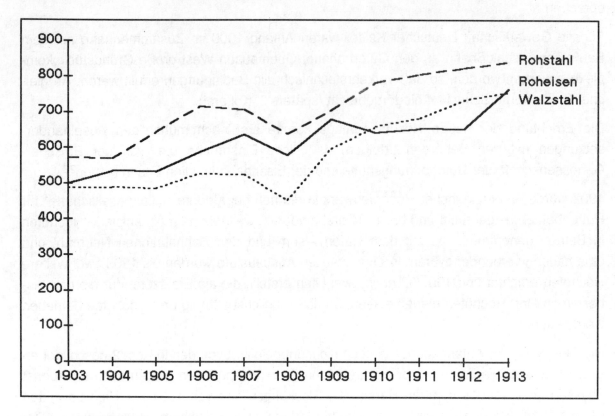

Zahlen aus: TREUE 1966, S.148

Abb. 5 läßt erkennen, daß die Entwicklung des Reingewinns von dem allgemeinen Aufwärtstrend, der bei Thyssen in dieser Zeit unabhängig von gesamtwirtschaftlichen Einbrüchen verlief, 1904 und 1908 Einbußen aufweist, die jedoch mehr der Investitionstätigkeit, vor allem im Zusammenhang mit dem 1904 fertiggestellten Hüttenbetrieb Meiderich, zuzuschreiben sind.

Zur Erweiterung des Verkaufsprogramms wurde 1910 mit dem Bau des Walzwerks II, das durch einen 900 m langen Tunnel mit dem Siemens-Martin-Werk verbunden war, begonnen. Die Errichtung dieses Werkes auf freiem Feld in Richtung Marxloh gestaltete sich schwierig, da aufwendige Fundamentierungsarbeiten erforderlich wurden.

Erst nach dem Ersten Weltkrieg setzte eine erneute Bautätigkeit ein[30], indem Modernisierungsmaßnahmen durchgeführt wurden, insbesondere Erneuerung und Ausbau der Walzwerke, und 1922 ein 7. Hochofen angeblasen werden konnte. Außerdem erfolgte die Umstellung von Dampf auf Elektrizität. Thyssen ging es um eine möglichst vollständige Verwirklichung der sogenannten Verbundwirtschaft[31], einem damals keineswegs allgemein anerkannten Ideal. In allen Konzernbetrieben, vor allem in seinen Hochofen- und Stahlwerken, bemühte er sich um einen optimalen Energiefluß. Die Thyssenschen Großgasmaschinen stellten den Energieverbund zwischen Hochofen und Stahlwerk her und nutzten darüber hinaus die Gichtgase zur Stromerzeugung.

Die große Aufschwungsphase war mit dem Ausbruch des Ersten Weltkriegs zu Ende, so daß es in den ersten Nachkriegsjahren nicht um Wiederherstellung der ehemaligen Wirtschaftskraft oder deren Steigerung ging, sondern lediglich um das Überleben in einer wirtschaftlich wie politisch instabilen Zeit. Abb. 6 zeigt deutlich den durch den Ruhrkampf bedingten Produktionseinbruch.

Abbildung 5
Entwicklung des Reingewinns in Mill. Mark der Gewerkschaft Deutscher Kaiser 1898 - 1913

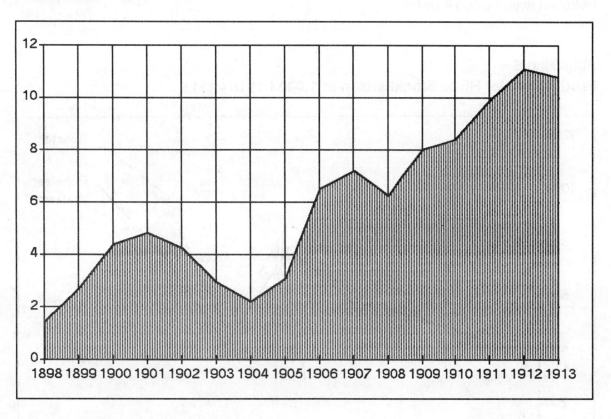

Zahlen aus: FELDENKIRCHEN 1982, Tab. 1136

Bezüglich der Neugliederung der Thyssenschen Unternehmungen seit dem Ersten Weltkrieg sei auf die ausführliche Darstellung von TREUE (1966) verwiesen. Festzuhalten ist als wichtigstes Ergebnis, daß die August-Thyssen-Hütte seit der Gründung der Vereinigten Stahlwerke AG[32] im Mai 1926 für lange Zeit kein selbständiges Unternehmen mehr war, wenn auch Fritz Thyssen, der Sohn des 1926 verstorbenen August Thyssen, den Vorsitz des Verbandes übernahm. Der Stahlverband hatte die Aufgabe, "die geschwächten Konzerne der Eisen- und Stahlindustrie zu einem leistungsfähigen Ganzen unter Ausscheidung aller unwirtschaftlichen Teile zusammenzuschließen" (TREUE/UEBBING 1969, S. 21), was jedoch in Duisburg zunächst keine Werksschließungen erforderlich machte.

Als ein Produkt des Stahlvereins entwickelte sich das Hüttenwerk Ruhrort-Meiderich, quasi als Schwesterwerk der August-Thyssen-Hütte, aus den unmittelbar zusammenliegenden Betrieben der Phoenix AG in Ruhrort und den Rheinischen Stahlwerken in Meiderich.

1927 wurde in Bruckhausen mit dem Bau von Hochofen VIII, der bedeutendsten Investition in den ersten Jahren nach der Gründung des Stahlvereins, begonnen. Die Fertigstellung dieses für damalige Verhältnisse gigantischen Bauwerkes mit einem Gestell-Durchmesser von 6,50 m erfolgte Ende 1928. Jedoch blieb auch die eisenschaffende Industrie von der Weltwirtschaftskrise nicht verschont, deren Auswirkungen im Frühjahr voll spürbar wurden und sich in der Stillegung des Werkes Ruhrort äußerten sowie den Verlust von ungefähr 3.000 Arbeitsplätzen mit sich brachten. Der nächste Schritt war 1931 die Stillegung des Hüttenbetriebes Meiderich, von der 800 Arbeiter betroffen waren; ferner wurde der andere Teil des Hüttenwerkes Ruhrort-Meiderich, das alte Rheinstahl-Werk, 1931 geschlossen. Betroffen waren 8.000 Arbeiter.

Abbildung 6
Produktion der Hütte Bruckhausen in 1.000 t 1918 - 1925

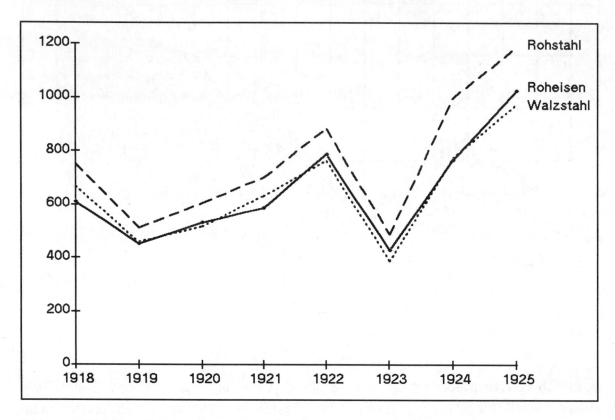

Zahlen aus: TREUE 1966, S.226

Die Stillegungsmaßnahmen der Hütte Ruhrort-Meiderich dienten insbesondere dazu, die Hütte Bruckhausen besser auslasten zu können, obwohl auch hier bis 1931/32 eine Belegschaftsreduzierung von 11.000 auf 9.000 Erwerbstätige stattfand.

Aus den Erfahrungen der Wirtschaftskrise hielt man eine Neuorganisation des Stahlvereins, die zunächst die Bildung einzelner Hüttengruppen im Sinne einer "betrieblichen Auflockerung bei Wahrung des Konzerncharakters und gleichzeitiger Konzentration ..." (TREUE/ UEBBING 1969, S. 53) bewirkte, für wirtschaftlich vertretbarer, so daß anstelle von 28 im Stahlverein untergeordneten Verwaltungsstellen 10 selbstverantwortliche Unternehmungen treten sollten. Da sich die Zusammenarbeit mit den einzelnen Behörden und der Zentrale des Stahlvereins als schwerfällig erwies, sah man die Vorteile einer Dezentralisierung u.a. auch darin, daß die Kontakte der bodenständigen Werke mit ihrer Kommunalverwaltung sich wieder besser gestalten könnten. Die erste Hüttengruppe war 1932 die "Hüttengruppe West" mit Sitz in Hamborn, die aus den Werken August-Thyssen-Hütte Hamborn, Hüttenbetrieb Ruhrort-Meiderich, Hütte Meiderich, Niederrheinische Hütte und Hütte Vulkan (ohne Zementfabrik) bestand und 1934 nach Abschluß der Neuorganisation unter dem alten Namen August-Thyssen-Hütte AG (als Betriebsgesellschaft der Vereinigten Stahlwerke) firmierte. Diese Unternehmensgruppe findet sich - ohne die mittlerweile stillgelegte Hütte Vulkan (deren Gelände später von der Kupferhütte aufgekauft wurde) - in der späteren Thyssen AG wieder.

Die neu gegründeten Betriebsgesellschaften des Stahlvereins verdeutlichen die vertikale Gliederung; so versorgten die Gelsenkirchener Bergwerks AG in Essen und die Rohstoffbetriebe der Vereinigten Stahlwerke AG in Dortmund u.a. die August-Thyssen-Hütte mit Kohle, Koks und Rohstoffen, die wiederum - wie die anderen Hüttengruppen - mehrere Gruppen der Verfeinerung als Abnehmer hatte. Zu den Verarbeitungsbetrieben der Betriebsgesellschaft zählte in Duisburg das Eisenwerk Wanheim GmbH.

Nach dem Höhepunkt der Arbeitslosigkeit, die 1932 bei 5,6 Millionen lag, ging ab 1934 die wirtschaftliche Entwicklung wieder aufwärts, so daß die Hütte Ruhrort-Meiderich sukzessive ihren Betrieb wieder aufnehmen konnte. Den Aufwärtstrend dieser letzten Vorkriegsjahre beweist Abb. 7, aus der die Entwicklung der Thyssen-Hütte bis zum Ausbruch des Zweiten Weltkriegs hervorgeht.

Abbildung 7
Produktion der Thyssenhütte in Hamborn in 1.000 t 1926/27 - 1938/39

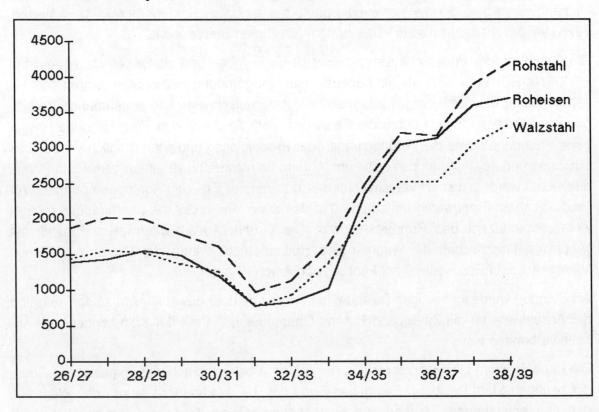

Zahlen aus: TREUE/UEBBING 1969, S.33, 52 u. 89

3.1.1 Entwicklung der Niederrheinischen Hütte in Alt-Duisburg und Phoenix-Rheinrohr in Ruhrort sowie Rheinstahl in Meiderich

Da die Unternehmen Niederrheinische Hütte, Phoenix-Rheinrohr und Rheinstahl heute zum Thyssen-Konzern gehören und bereits als selbständige Firmen von nicht unerheblicher Bedeutung waren, soll kurz der Entstehungsprozeß skizziert werden.

Die Niederrheinische Hütte[33] in Hochfeld, die wesentlich älter als die August-Thyssen-Hütte ist, wurde als "Gewerkschaft Niederrheinische Hütte" von den Unternehmern Göring und Stein errichtet. Auch diesen Gründern wird in der Wahl des Standorts ein scharfer Blick für wirtschaftliche Gegebenheiten bescheinigt. Das 9 ha große Gelände, eine ländliche Idylle, war ursprünglich ein sogenannter Alfenherd, eine Alfenräucherei für kleine Rheinfische. Die Gründung begann mit dem Bau eines Kohlehafens, dem 1854 bereits ein zweiter folgte, woran sich die Errichtung eines Puddel- und Walzwerkes anschloß. Im weiteren Verlauf folgte die Umwandlung in eine Aktiengesellschaft, die ab 1856 den Namen "Rheinische Bergbau- und Hüttengesellschaft AG" trug.

1906 wurde das Werk ausgebaut und großzügig modernisiert, wobei sich u.a. die Arbeiten dadurch kostspielig und schwierig gestalteten, da das Hüttengelände größtenteils mit Hochofenschlacke hoch belegt war. Da die Finanzierung durch Fremdhilfe erfolgte, kam 1911 im Zuge der allgemeinen Verflechtungen der Industrie die Angliederung der "Rheinischen Bergbau- und Hüttenwesen AG" an die Firma "Eisenwerk Kraft AG, Kratzwieck bei Stettin" zustande. Durch Erwerb der Aktienmehrheit letztgenannter Firma an ein niederländisches Unternehmen ging 1920 die Niederrheinische Hütte auf die Gebrüder Stumm GmbH, Neunkirchen/Saar, über, die die Kohleversorgung aus eigenem Kohlegrubenbesitz sicherten. 1926 kam die Niederrheinische Hütte zu den Vereinigten Stahlwerken.

Die Gründung der Phoenix, Aktiengesellschaft für Bergbau und Hüttenbetrieb, bezeichnet FELDENKIRCHEN (1982) als die bedeutendste Neugründung in den 50er Jahren des 19. Jahrhunderts, die durch den allgemeinen Konjunkturaufschwung, die zunehmende Verbilligung der Transportkosten durch die Eisenbahn und die durch den Eisenbahnbau gestiegene Nachfrage sowie die Veränderungen der Produktionsgrundlagen möglich wurde. Das 1852 gegründete Unternehmen sollte von Anfang an planmäßig zu einem gemischten Werk ausgebaut werden, das die verschiedenen Stufen von der Erz- und Kohlegewinnung bis zur Produktion von Fertigwaren umfaßte und in den 60er Jahren des 19. Jahrhunderts größter Roheisenproduzent des Ruhrgebiets war. Die Gründer des Hüttenwerks Phoenix als "Anonyme Gesellschaft für Bergbau und Hüttenbetrieb" waren die Eigner der Firmen Michels & Co. in Eschweiler unter Führung von Anton Wilhelm Hüffer.

Als Standort wurde im heutigen Duisburg die Gemeinde Laar gewählt, nicht zuletzt aufgrund der Anschlüsse an die Zweigbahn Ruhrort-Oberhausen, die mit der Köln-Mindener-Eisenbahn verbunden war.

Die Phoenix-Hütte blieb jahrzehntelang der größte Arbeitsplatzanbieter im gesamten Raum der heutigen Stadt Duisburg. Erst gegen Ende des 19. Jahrhunderts wurde das Werk von den neu entstandenen Zechen und Hüttenbetrieben von Thyssen überholt (ZUMDICK 1990).

Wie MUTHESIUS (1952)[34] ausführt, erlangte Phoenix besondere Bedeutung durch die Spezialproduktion sogenannter Rillenschienen, die als das erste Erzeugnis der Eisen- und Stahlindustrie bezeichnet werden können, durch die die englische Vormachtstellung in Frage gestellt wurde und die als Pionier des deutschen Stahlexports galten.

Einige Jahre später, 1870, wurden in benachbarter Lage in Meiderich, auch mit teilweise französischem und belgischem Kapital, die Rheinischen Stahlwerke (Societé anonyme des Acieries Rhenanes a Meiderich) gegründet, die von Anfang an mit der französischen Gesellschaft "Societé anonyme de Charbonnages du Rhin" eng zusammenarbeiteten.

Anders als bei Phoenix wurden die Rheinischen Stahlwerke[35] ohne eigene Hochofenbasis und Roheisenerzeugung geplant. Jedoch erfolgte in späteren Jahren die Errichtung von zwei Hochöfen sowie einer eigenen Kokerei, so daß Meiderich kurz nach der Jahrhundertwende in der Roheisenerzeugung unabhängig war. Der Erwerb der Zeche "Centrum" in Wattenscheid im Jahre 1900 leitete den Ausbau zum gemischten Betrieb ein. Auch bei Phoenix rückte der Gedanke einer eigenen Kohlengrundlage wieder in der Vordergrund, der sich 1896 durch den Erwerb der Zechen "Rhein und Ruhr" und "Westende" realisierte. MUTHESIUS (1952) weist darauf hin, daß sich bei Phoenix und auch bei Rheinstahl in den beiden Jahrzehnten vor dem Ausbruch des Ersten Weltkrieges jene Entwicklung vollzogen hatte, die im wesentlichen das Kennzeichen aller Konzerne der Montanindustrie war: "Die vorausgegangene Eisen- und Stahlproduktion, der Ausbau der Hochofenanlage, der Stahlwerke und der Walzwerke ließen es geraten erscheinen, eine Sicherung des Absatzes herbeizuführen. Die Eisen- und Stahlindustrie gliederte sich daher auch Betriebe der Verfeinerung an und schuf sich durch Erwerb weiterer Walzwerksbetriebe eine Stütze für ihren Halbzeugabsatz" (S. 33 f).

So war bei den Rheinischen Stahlwerken eine der wesentlichen Angliederungen der Erwerb der Duisburger Eisen- und Stahlwerke 1904, die ihren Standort in der Nähe des späteren Hauptbahnhofs hatten. Im Duisburger Raum folgte noch der Erwerb des Duisburger Werkes der Maschinenfabrik Augsburg-Nürnberg. 1921 gingen die Anlagen in Wanheim auf Rheinstahl über.

Der Gedanke einer Vereinigung von Phoenix und Rheinstahl wurde konkreter, nachdem die natürliche Grenze zwischen beiden Werken, die alte Emscher, aus gesundheitlichen Gründen gegen Ende der 80er Jahre zugeschüttet wurde. Die beiden Werke rückten einander zunächst durch Schlackenaufschüttung und später mit den auf ehemaligem Schlackengelände errichteten Betrieben näher. Maßgeblich für einen Zusammenschluß dieser beiden Konkurrenten, der jedoch erst im Zuge der großen Konzentrationsbewegungen 1925/26 durch die Gründung der Vereinigten Stahlwerke AG verwirklicht wurde, war jedoch die Entwicklung der Produktionsverhältnisse. Im Zuge der durch den Zusammenschluß zu den Vereinigten Stahlwerken bedingten Rationalisierung wurde u.a. die Produktion der Rillenschienen und Straßenbahnweichen, durch die Phoenix berühmt geworden war, auf andere Werke verlegt, wodurch die Entwicklung der späteren Hüttenwerke Ruhrort-Meiderich zu einem überwiegenden Halbzeugproduzenten eingeleitet wurde.

Wie Abb. 8 zeigt, reagiert die Niederrheinische Hütte auf die wirtschaftliche Verschlechterung 1908 offenbar unmittelbar mit Belegschaftsreduzierungen, während sich diese Situation bei Phoenix erst ein Jahr später bemerkbar macht. Bei Rheinstahl vermindert sich die

Zahl der Arbeitnehmer kontinuierlich. Die Erhöhung ab 1912 ist durch das Zusammenlegen mit der Abteilung Duisburg bedingt.

Abbildung 8
Belegschaftsentwicklung der Phoenix AG, Rheinische Stahlwerke und Niederrheinische Hütte 1905 - 1913

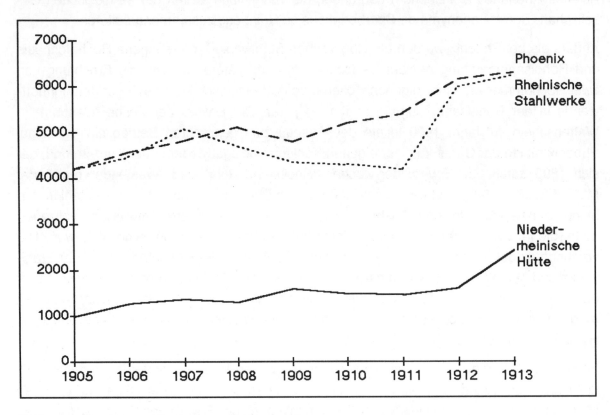

Zahlen aus: Handelskammerberichte, 1905 - 1913

3.2 Entwicklung des Hüttenwerks von Krupp in Duisburg-Rheinhausen

Das im Duisburger Westen gelegene Hüttenwerk Rheinhausen von Krupp gehört erst seit der kommunalen Neugliederung von 1975 zu Duisburg.

Bereits vor Gründung der Friedrich-Alfred-Hütte in Rheinhausen hatte Krupp die Produktion sämtlicher Roheisensorten, die in Essen weiterverarbeitet werden sollten, auf die Johannishütte in Duisburg konzentriert und mit der Verlagerung der Massenerzeugung nach Rheinhausen und der Produktion nach dem Thomasverfahren den Schritt ins Massengeschäft getan.

Die Johannishütte hatte Krupp 1872 wegen der verkehrsgünstigen Lage beim Bezug spanischer Erze gekauft. Die sich später als notwendig herausstellende zeitgemäße Umgestaltung der Johannishütte[36] erwies sich aus Platzgründen als nicht durchführbar, so daß an eine völlige Neuanlage gedacht werden mußte. Es wurde geprüft, ob nicht das von Krupp

1873 zur Abladung von Hochofenschlacke erworbene 400 Morgen große Gelände in der Wedau für die Errichtung einer Hochofenanlage geeignet sein würde. Nachteilig war jedoch, daß der erforderliche Zwischentransport, sowohl von Rohmaterialien als auch Erzeugnissen des Hüttenwerks, zu erhöhten Frachtkosten geführt hätte.

FELDENKIRCHEN (1982) führt als weiteren Grund für die Errichtung der Friedrich-Alfred-Hütte in Rheinhausen an, daß der Plan, an der oberen Mosel ein Werk zu errichten, deswegen nicht realisiert wurde, da man dort ausschließlich auf die Verhüttung von Minette angewiesen war. Es erschien der Firma jedoch günstiger, nicht nur Erze aus Spanien und den übrigen Gruben des Unternehmens mit verhütten zu können, sondern auch die Möglichkeit des Bezugs schwedischen Erzes zu haben[37]. Gegen einen Standort im Minettegebiet sprach auch, daß die Hütten bei der Belieferung mit Koks weitgehend auf das Rheinisch-Westfälische Kohlensyndikat[38] angewiesen waren, in dem die großen gemischten Hüttenwerke des Ruhrgebiets maßgeblichen Einfluß hatten.

Der Wunsch nach einem geeignet großen Grundstück für ein Hüttenwerk mit Nebenanlagen und Schlackensturz konnte in Duisburg nicht mehr erfüllt werden, so daß man 1893 den Entschluß faßte, einen Platz am linken Niederrhein zu suchen. Schließlich wurde man auf das Gelände am linken Rheinufer in der Nähe der Station Rheinhausen aufmerksam, das sich sowohl durch die Lage am Rhein, die vorhandenen Eisenbahnverbindungen und die Nähe des Kohlenbergwerks auszeichnete. Außerdem konnte das Gelände billig erworben und die Belegschaft der Johannishütte übernommen werden.

Welchen Einfluß der Standort selbst auf das Produktionsprogramm der einzelnen Unternehmen hatte, erläutert FELDENKIRCHEN (1982) am Beispiel der Friedrich-Alfred-Hütte, die aufgrund ihrer verkehrsgünstigen Lage ohne besondere Schwerpunkte produzieren konnte. Nach der Gründung dieses Werkes verfügte Krupp über das breiteste Produktionsprogramm, ganz im Gegensatz zum Bochumer Verein, der aufgrund seines ungünstigen Standorts zu immer größerer Spezialisierung neigte.

Krupp hatte, ähnlich wie Thyssen, von Anfang an durch den Ankauf von großen Bauernhöfen dafür gesorgt, daß ausgedehnte Flächen zur Verfügung standen, wenn auch der Erwerb von wichtigen Grundstücken oft erst nach Jahren möglich war.

Die Zunahme an Grundbesitz im südlichen und mittleren Gebiet von Rheinhausen bis zum Zweiten Weltkrieg stellt sich wie folgt dar (Tab. 5):

Die durch Mittelsmänner geführten Kaufverhandlungen mit den bäuerlichen Grundbesitzern ließen bereits im November 1894 bei dem Bürgermeister von Friemersheim den Verdacht aufkommen, daß Krupp die Gründung eines Eisen- und Walzwerkes plante. Diese Vermutung bestätigte sich, als in den ersten Wochen des Jahres 1895 650 Morgen Land im Rheinhausener Raum an die Firma Krupp übergingen.

MEYER (1966) erwähnt einen Bericht des Friemersheimer Bürgermeisters vom 9.11.1895 an den Landrat, aus dem hervorgeht, daß das geplante Werk durchaus positiv aufgenommen wurde, da man sich einen erheblichen wirtschaftlichen Aufschwung und Vorteile durch die Wohlfahrtseinrichtungen von Krupp versprach. Andererseits erhoben sich auch Gegenstimmen, die auf die Bodenspekulationen mit ihren negativen Auswirkungen verwiesen und bedauerten, daß die Großindustrie fruchtbaren Ackerboden für immer der Kultur entzöge.

Tabelle 5
Zunahme des Kruppschen Grundbesitzes in Rheinhausen 1894 - 1939

Jahr	Fläche (ha)
1894	150
1895	166
1899	255
1905	280
1909	295
1914	484
1925	550
1939	623

Quelle: SCHOLTEN 1969, S.40 f

Am 15.4.1896 wurde schließlich mit dem Bau der Hochofenanlage für das Hüttenwerk Rheinhausen, einer Niederlassung der Kruppschen Gußstahlfabrik in Essen[39], begonnen und am 18.12.1897 die ersten beiden Hochöfen angeblasen; der dritte Hochofen folgte am 28.11.1898. In dieser Zeit wurde das Werksgelände auf 32 m über NN erhöht, um es hochwasserfrei zu machen. Ende 1899 begann die Errichtung eines Martinofens auf Hochemmericher Gebiet. Durch die umfangreichen Geländekäufe konnten jede wünschenswerte Werksausdehnung und der Bau von Wohnsiedlungen ermöglicht werden.

Im Zuge des weiteren Ausbaus wurde 1904 ein Hochofen angeblasen; 1905 das Stahl- und Walzwerk und zwei zusätzliche Hochöfen in Betrieb genommen; zwei weitere folgten 1907 und 1908 und ein weiteres Martinwerk wurde 1913 erstellt. Um die Zeit des Ersten Weltkrieges bestand das Hüttenwerk aus 10 Hochöfen, 2 Schachtöfen, 2 großen Kupolöfen, dem Thomasstahlwerk mit 6 Konvertern, 2 Martinstahlwerken mit insgesamt 8 Öfen und dem Walzwerk, außerdem einer Eisenbauwerkstätte für Brücken- und Hallenbauten, der Vorläuferin der Fried. Krupp Maschinen- und Stahlbau Rheinhausen. Diese Unterabteilung "Werkstätte für Stahlhoch- und Brückenbau" sollte in erster Linie Ausbesserungen und Neubauten, insbesondere Erweiterungen der Werkshallen, für die Kruppschen Werke ausführen. Aufgrund des anwachsenden Auftragsvolumens war die Errichtung eines eigenen Gebäudes notwendig, welches 1916 auf einem 14.200 m² großen Gelände der Gemeinde Bliersheim, noch auf dem Gebiet des Hüttenwerks, fertiggestellt wurde.

Im Jahre 1941 wurde die "Brückenanstalt" aus der Friedrich-Alfred-Hütte ausgegliedert und unter der Bezeichnung "Fried. Krupp Stahlbau Rheinhausen" als eigenständiges Unternehmen innerhalb des Krupp-Konzerns geführt. Der Stahlbau erhielt gegen Rückgabe der Eisenbau-Werkstätte ein Werksgelände von 221.000 m².

Parallel zur stetigen Zunahme der Belegschaft der Friedrich-Alfred-Hütte verlief auch das Bevölkerungswachstum in den einzelnen Gemeinden, wie Tab. 6 erkennen läßt.

Die weitere Belegschaftsentwicklung ist aus Tab. 7 ersichtlich. Hier ist ein ähnlicher Verlauf wie bei der Thyssen-Hütte feststellbar, insbesondere hinsichtlich des durch den Ruhrkampf bedingten Rückgangs, der sich 1924 bemerkbar machte. Deutlich wird auch der kontinuierliche Anstieg nach der Krise von 1932/33, der bis in die Kriegsjahre anhielt, da Krupp mit Rüstungsaufträgen ausgelastet war.

Tabelle 6

Belegschaftsentwicklung der Friedrich-Alfred-Hütte in Rheinhausen und Bevölkerungswachstum in der Zeit von 1895 - 1915

Jahr	Beleg-schaft	Friemers-heim	Bliers-heim	Hochem-merich	Berg-heim	Oe-strum
1895	1.408	458	1.778	668	915	
1900	444	1.999	743	2.326	882	1.056
1905	3.593	2.974	1.448	5.483	1.244	1.275
1910	5.126	5.190	2.136	8.372	1.743	1.472
1915	8.199	5.586	2.091	14.784	3.244	1.826

Quelle: SCHOLTEN 1969, S.50; MEYER 1966, S.99f; HANDELSKAMMER-BERICHTE 1906, S.25, 1910, S.29

Tabelle 7

Belegschaftsentwicklung der Friedrich-Alfred-Hütte in Rheinhausen von 1920 - 1941

Jahr	Belegschaft
1920	8.401
1921	9.906
1922	10.307
1923	9.642
1924	6.734
1925	7.938
1926	7.015
1927	8.054
1928	8.190
1929	9.131
1930	7.827
1931	6.424
1932	5.063
1933	5.346
1934	6.674
1935	7.813
1936	8.794
1937	9.117
1938	9.931
1939	10.556
1940	10.043
1941	10.108

Quelle: MEYER 1966, S.100

3.3 Entwicklung der Mannesmann-Werke in Duisburg-Huckingen

Die montanindustriellen Gründungen in Duisburg fanden zu einem Zeitpunkt statt, als die Hauptindustrialisierungsphase in Deutschland bereits abgeschlossen war und Deutschland sich in der Phase der industriellen Expansion befand.

Noch wesentlich später, als die unternehmerischen Aktivitäten von Thyssen und Krupp einsetzten, wurde der Duisburger Raum für Mannesmann interessant.

Das Mannesmann-Unternehmen hat seinen Ursprung in der vom 1814 geborenen Reinhard Mannesmann gegründeten Werkzeugfabrik in Remscheid. Alle sechs Söhne wurden Ingenieure. Der begabteste, Reinhard, hat mit seinem Bruder Max jenes Verfahren erfunden, das den Familiennamen weltberühmt machte: die Herstellung nahtloser Röhren, die sich die Brüder[40] 1886 patentieren ließen (OGGER 1982).

1890 wurden unter der Führung der Deutschen Bank, Berlin, mit maßgeblichem Einfluß Georg von Siemens, die Mannesmann-Werke AG mit Sitz in Berlin, später in Düsseldorf, gegründet, die sich jedoch zunächst nicht wie erhofft entwickelten. Erst nachdem das Verfahren verbessert, die Kosten gesenkt und eine Verständigung mit der Konkurrenz erzielt wurde, trat Anfang 1900 die Wende ein.

Der Konzern, der den Namen Mannesmann trug, wurde eines der größten Unternehmen Deutschlands. Die nahtlosen Röhren eroberten den Weltmarkt. Allerdings war von der Gründerfamilie niemand mehr maßgeblich beteiligt. Die Brüder Mannesmann hatten sich sukzessive aus der Unternehmensleitung zurückgezogen. Nach Ansicht von OGGER (1982) waren die Brüder Mannesmann, im Gegensatz zu Krupp und Thyssen, zwar Erfinder und Konstrukteure, jedoch keine Unternehmer.

Den Weg zum gemischten Hüttenwerk legte Mannesmann in mehreren Etappen zurück. Der erste Schritt war die Angliederung der Gewerkschaft Grillo, Funke & Co in Gelsenkirchen im Jahre 1911, ein nach BLAICH (1979) eingeschlagener Weg, um der Ausschließlichkeitsbindung auszuweichen, durch die sich ein oder mehrere Unternehmer verpflichten, die gebundenen Geschäfte bestimmter Art nur mit einem oder mehreren Vertragspartnern, den Bindenden, abzuschließen oder nur deren Erzeugnisse zu verwenden. Durch den Erwerb dieses Unternehmens war eine erste Verbindung zum Kohlebergbau hergestellt. Gleichzeitig begannen Verhandlungen zum Kauf der Schulz-Knaudt AG in Duisburg-Huckingen, der Nachfolgerin des von Schulz-Knaudt 1855 in Essen gegründeten Puddel- und Walzwerks. Da das Werk auf Essener Gebiet zu beengt war, wurde das Gelände in Huckingen erworben, um dort 1910/12 ein modernes Blech- und Stahlwerk errichten zu können. Nach Abschluß der Fusionsverhandlungen 1914 wurde hier die Herstellung und Verarbeitung von Grobblech - als Vormaterial für die eigene Schweißrohrfabrikation - in Angriff genommen, da man in der Belieferung des für die nahtlosen Rohre benötigten Spezialstahls unabhängig sein wollte.

Die Übernahme der Schulz-Knaudt AG war die Grundlage für die Errichtung eines modernen, vor allem auch frachtlich günstig gelegenen Hochofen- und Stahlwerks. Mit den vorbereitenden Arbeiten für dieses Werk wurde jedoch erst nach dem Ersten Weltkrieg, und zwar 1921, begonnen. Zunächst erfolgte die Anlage des Hafens[41], der parallel zum Rhein verlief und 1925 fertiggestellt wurde. Auch von See kommende Erzdampfer konnten aufgrund der Wassertiefe direkt im Hafen löschen. Der Baubeginn des eigentlichen Hochofenwerkes setzte erst 1927 ein. Mitte 1929 konnten Hochofen, Thomasstahlwerk und Nebenanlagen den Betrieb aufnehmen. Die Werksanlage erhielt den Namen "Abteilung Heinrich Bierwes-Hütte".

Im weiteren Ausbau des Unternehmens wurden 1938 die "Hahnschen Werke AG", deren Besitzer aufgrund ihrer jüdischen Abstammung von Rohstofflieferungen abgeschnitten waren und verkaufen mußten, übernommen und hießen zunächst "Stahl- und Walzwerke Großenbaum AG", um am 15.8.1939, kurz vor Ausbruch des Zweiten Weltkriegs, als "Mannesmann-Röhrenwerke, Abteilung Großenbaum" in den MannesmannKonzern eingegliedert zu werden. Die Gründung der Hahnschen Werke[42] geht bereits auf das Jahr 1888 zurück, als auf dem Gelände der Claßenschen Mühle ein Puddel- und Walzwerk mit einer Röhrenstreifenstraße von dem Düsseldorfer Albert Hahn errichtet wurde.

3.4   Montanindustrielle Entwicklung in Duisburg nach 1945

Aufgrund der zunehmenden wirtschaftlichen Verflechtungen ist es sinnvoll, die weitere Entwicklung der Montanindustrie in Duisburg nach Ende des Zweiten Weltkrieges nicht mehr für jedes Unternehmen einzelnen zu betrachten, sondern die für diesen Zeitabschnitt bedeutenden Determinanten herauszustellen.

3.4.1   Entwicklung der Produktionsstätten nach Kriegsende unter besonderer Berücksichtigung von Demontage und Entflechtungen

Die Konzerne der Montanindustrie wurden wegen ihrer Leistungsfähigkeit von den Wirtschaftsrivalen Deutschlands schon immer als unerwünschte Zusammenballungen wirtschaftlicher Macht angesehen. Nach Kriegsende lag es daher nahe, sofort nach der Besetzung Deutschlands und Errichtung der Militärregierungen, Maßnahmen zur Zerschlagung dieses wirtschaftlichen Potentials zu treffen, wozu zum einen die Demontagen gehörten, die HEMPEL (1969) als einen sehr harten Schlag für die deutsche Wirtschaft bezeichnet: "Nach dem 'Revidierten Industrieplan' und entsprechenden Maßnahmen in der französischen Besatzungszone wurden in den drei Westzonen Deutschlands 918 Betriebe für die Demontage vorgesehen. Im Eisen- und Stahlsektor bedeutete dies den Ausfall der leistungsfähigsten Werke, wie 'Hüttenwerk Borbeck' und den größten Teil der 'Kruppschen Gußstahlfabrik', des 'Stahlwerks Harkort-Eicken' in Wetter, des 'Bandeisenwerks Dinslaken', des 'Stahlwerks Annen' und der 'August-Thyssen-Hütte' in Hamborn" (S.161). Neben diesen Volldemontagen wirkten sich nicht minder hart die Teildemontagen aus, wovon u.a. die 'Niederrheinische Hütte' in Duisburg-Hochfeld betroffen war.

Ohne näher auf die weiteren Vorgänge der Demontage, die speziell für die August-Thyssen-Hütte bei TREUE/UEBBING (1969) detailliert geschildert sind, einzugehen, ist im Ergebnis festzuhalten, daß erst durch das Petersberg-Abkommen vom 24.11.1949 die Demontagearbeiten beendet wurden. Nach den laufenden Zerstörungen und Verschrottungen kam der

Demontagestop im letzten Augenblick, bevor ein Wiederaufbau der Hütte sinnlos geworden wäre[43].

Die Linie für die Grundlage und Struktur der deutschen Montanwirtschaft wurde bereits im "Potsdamer Kommunique vom 2. August 1945" vorgezeichnet: "Nach § 12, Abs. 3, sollte zu dem frühest möglichen Zeitpunkt die deutsche Wirtschaft dezentralisiert werden, um die übermäßige Konzentration von Wirtschaftsmacht, wie sie insbesondere durch Kartelle, Syndikate und Trusts und andere monopolitische Abreden belegt wird, zu vernichten. Mit Verfügungen Nr. 5 und 7 auf Grund des 'Gesetzes 52' der Militärregierungen über Sperre und Kontrolle des Vermögens wurde den Konzernen das Verfügungsrecht über den Kohlenbergbau und die Eisen- und Stahlindustrie entzogen und unter Kontrolle der Militärregierung gestellt" (HEMPEL 1969, S.163)[44].

Bedeutend ist, daß im Zuge der von den alliierten Regierungen festgelegten Politik ein Plan ausgearbeitet wurde, nach dem die großen Eisen- und Stahlwerke von den mächtigen Konzernen zu lösen waren. Die erste Konzernentflechtung führte im Frühjahr 1948 zur Errichtung von 25 selbständigen Gesellschaften. WINKEL (1974) weist darauf hin, daß zwar teilweise die Kerne alter Konzerne erhalten blieben (z.B. Mannesmann), andererseits jedoch die Zersplitterung zu weit getrieben wurde, insbesondere durch die Auflösung der Vereinigten Stahlwerke in 23 Nachfolgegesellschaften[45].

Im Bergbausektor der Betriebsgesellschaft "Gelsenkirchener Bergwerks AG" erfolgte im wesentlichen eine Verselbständigung der bisher in den Räumen Dortmund, Gelsenkirchen, Bochum und Hamborn bestehenden Betriebsgruppen. So wurde aus der Hamborner Gruppe die "Hamborner Bergbau AG", Duisburg-Hamborn, mit 50 % Beteiligung an der "Friedrich-Thyssen-Bergbau AG" Duisburg-Hamborn, gebildet. Die "Hüttenwerke Phoenix AG", die die andere Hälfte der Aktien an der "Friedrich-Thyssen-Bergbau AG" besaß, schloß mit der "Hamborner Bergbau AG" einen Organschaftsvertrag (HEMPEL 1969).

Der Hüttensektor der Vereinigten Stahlwerke AG ging auf u.a. auf die Nachfolgegesellschaften August-Thyssen-Hütte AG[46], Duisburg-Hamborn, mit Kokerei Friedrich-Thyssen 3/7, Hüttenwerk Phoenix AG, Duisburg, mit 50 % Beteiligung an der Friedrich-Thyssen-Bergbau AG in Duisburg-Hamborn und die Niederrheinische Hütte AG, Duisburg, mit Eisenwerk Steele GmbH in Essen-Steele, Lennewerk Altena GmbH, Altena und mit Westfälische Union AG für Eisen- und Drahtindustrie in Hamm über. Die als letzte Stahlgesellschaft im Mai 1953 gegründete August-Thyssen-Hütte AG hatte mit der gleichnamigen Betriebsgesellschaft der Vereinigten Stahlwerke nichts mehr gemeinsam.

Die bislang als Organgesellschaft der Vereinigten Stahlwerke AG, Düsseldorf, geführte Firma "Gemeinschaftsbetrieb Eisenbahn und Häfen GmbH" schied aus dem Organschaftsverhältnis aus.

Auf dem Wohnungssektor ist bedeutend, daß u.a. die Aktien an den Rheinischen Wohnstätten AG, Duisburg, auf die Bergbau- und Hüttennachfolgegesellschaften übertragen wurden.

Für den Krupp-Konzern erläutert HEMPEL (1969), daß dieser durch die Entflechtung von der Grundstoffindustrie getrennt und für diese die Holding "Hütten-und Bergwerke Rheinhausen AG" gebildet wurde, in die die Hüttenwerke Rheinhausen AG, die Bergwerke

Essen-Rossenray AG und der 50 %ige Anteil an der Harz-Lahn-Bergbau AG eingebracht wurden. Die Fried. Krupp Maschinen- und Stahlbau Rheinhausen ging in eine Betriebsgruppe der Kernfirma Fried. Krupp in Essen über.

Eine der drei Nachfolgegesellschaften der Mannesmann-Gruppe war die Mannesmann AG, Düsseldorf, zu der u.a. die selbständigen, aber durch Organschaftsverträge verbundenen Tochtergesellschaften wie Mannesmann-Hüttenwerke AG, Duisburg-Huckingen, und die Mannesmann-Forschungsinstitut GmbH, Duisburg-Huckingen, gehörten. In die Nachfolgegesellschaft "Stahlindustrie und Maschinenbau AG" (Stamag), Düsseldorf, wurde u.a. die Beteiligung an der Hahnsche Werke AG, Duisburg-Großenbaum, eingebracht.

3.4.2 Wiederaufbauphase bis 1957

TREUE/UEBBING (1969) erläutern, daß bereits die letzten Jahre vor dem Zweiten Weltkrieg sich durch geringe Investitionsfreudigkeit bei der August-Thyssen-Hütte auszeichneten und die Anlagen, sofern sie nicht ohnehin bombengeschädigt bzw. demontiert waren, sich in einem ausgesprochenen veralterten Zustand befanden. Es existierte jedoch kein Thomas- und kein Elektrostahlwerk mehr, und erst am 7.5.1951 konnte als erster Hochofen von den noch sieben bestehenden der Hochofen VII angeblasen werden.

Im Zuge des Wiederaufbaus der August-Thyssen-Hütte war eine der wesentlichen Neuerungen die 1955 in Betrieb genommene Warmbreitbandstraße. Der wirtschaftliche Aufschwung der August-Thyssen-Hütte bewirkte, daß 1954/55 bereits wieder jeder sechste Stahlarbeiter im Duisburger Raum bei diesem Unternehmen beschäftigt war (TREUE/UEBBING 1969).

Die August-Thyssen-Hütte weist darauf hin, daß die Konkurrenzfähigkeit stark durch mangelnde, wirtschaftlich sinnvolle Verflechtungen einzelner Unternehmen beeinflußt war, so daß neben dem Wiederaufbau auch die Beseitigung von Entflechtungsschäden notwendig wurde. Als Folge entstand Ende September 1955 ein Interessen-Gemeinschaftsvertrag mit der benachbarten Niederrheinischen Hütte AG, die vor der Entflechtung zur früheren August-Thyssen-Hütte AG gehörte. Das Ziel dieses Zusammenschlusses lag darin, Produktionsprogramme abzustimmen, um dadurch Produktionsüberschneidungen und zusätzliche Investitionen zu vermeiden[47].

Der weitere Ausbau der August-Thyssen-Hütte erfolgte durch den Bau eines neuen Siemens-Martin-Stahlwerkes I, das an gleicher Stelle wie das von August Thyssen errichtete Stahlwerk erstellt wurde. Die vier Öfen nahmen 1957 den Betrieb auf, ebenfalls 1957 folgten die neue Blasbrammenstraße 2 und die Wiederinbetriebnahme des Thomasstahlwerkes mit seinen sechs Konvertern sowie der siebte Hochofen. Mit dem achten Hochofen war das Wiederaufbauprogramm abgerundet.

Auch bei den Hüttenwerken von Krupp in Rheinhausen und Mannesmann in Huckingen standen in den ersten Nachkriegsjahren Wiederaufbau- und Erweiterungsarbeiten im Vordergrund. Anfang der 50er Jahre hatte Mannesmann mit dem Neubau eines zweiten Siemens-Stahlwerks und zweiten Blockstraße begonnen und Mitte der 50er Jahre beschlossen, zur Erweiterung der Roheisenbasis einen neuen Hochofen (VI) zu bauen, den

Hafen zu erweitern und eine Kokerei auf dem Hüttengelände zu errichten; Maßnahmen, die 1958 fertiggestellt waren.

Die steigende Roheisenerzeugung bedingte eine Anpassung der Entladekapazitäten aufgrund des wachsenden Erzumschlags, was den Bau von zwei neuen Entladebrücken im Hafen Rheinhausen erforderlich machte.

1957 wurde mit den Bauarbeiten zur Verbreiterung des Hafenbeckens und der gleichzeitigen Verlängerung des Speditionskais begonnen.

Auch 1957[48] waren die Produktionsanlagen des Hüttenwerks Rheinhausen[49] voll ausgelastet. Aufgrund der Inbetriebnahme neuer und der Modernisierung älterer Anlagen konnte eine Steigerung der Roheisen-, Rohstahl- und Walzstahlproduktion erzielt werden.

3.4.3   1958 bis 1973: Der Weg in die Strukturkrise

Nachdem in den Aufbaujahren, besonders 1955/56, eine positive wirtschaftliche Entwicklung stattfand, verzeichnete Mannesmann bereits Anfang 1958 in einigen Röhrenwerken eine nachlassende Beschäftigung, was zu einer Einschränkung der Produktion von gewalztem Röhrenvormaterial führte. 1958 ging die Rohstahlerzeugung um 9,2 % zurück. Bereits für das Geschäftsjahr 1957 berichten die Mannesmann-Hüttenwerke, daß trotz der Umsatzsteigerung gegenüber 1956 um 16,3 % der Gesamtertrag durch wesentliche Kostenerhöhungen, die von den Verkaufserlösen nicht voll aufgefangen werden konnten, beträchtlich geschmälert wurde. Die veränderten Marktverhältnisse bedingten, daß u.a. in den Hahnschen Werken 1958 zeitweise Kurzarbeit eingeführt und eine Verminderung der Belegschaftsangehörigen der Hütten und Walzwerke vorgenommen werden mußte[50].

Bereits Ende November 1957 wurden die deutschen Inlandspreise erhöht, nachdem die Selbstkosten der Werke in zunehmendem Maße durch weitere Verteuerungen der Einsatzstoffe, vor allem Brennstoffe und Erze, sowie durch Arbeitszeitverkürzungen und Lohnerhöhungen erheblich gestiegen waren.

Auch die August-Thyssen-Hütte beklagt, daß im Geschäftsjahr 1957/58 erstmalig seit Neugründung der Gesellschaft die bisher rasche Aufwärtsentwicklung unterbrochen wurde. Seit Februar 1958 konnten die Stahlwerksanlagen in Anpassung an die allgemeine Marktabschwächung nicht voll ausgenutzt werden. Wie Abb. 9 zeigt, ist ein Produktionsrückgang jedoch nur bei der Kokserzeugung festzustellen, alle anderen Bereiche liegen im Aufwärtstrend.

Ebenfalls mußte das Hüttenwerk Rheinhausen einen Rückgang der Rohstahlproduktion um 7,7 % gegenüber dem Vorjahr hinnehmen. Der Beschäftigungslage entsprechend ergab sich auch hier eine Verringerung der Belegschaft. Die Verschlechterung der Ergebnisse führt das Hüttenwerk vor allem auf die niedrigeren Exportpreise zurück. In den Vorjahren lagen die im Export in Drittländer erzielten Preise über den Inlandspreisen. Anfang 1958 waren sie hingegen auf das Inlandsniveau gesunken und lagen Ende 1958 für sämtliche Erzeugnisse darunter.

Lediglich aufgrund der Rationalisierung und Sparmaßnahmen sowie besserer Erlöse im Inlandsgeschäft, bedingt durch die Preiserhöhung im November 1957, konnte trotz der Ertragseinbußen im Geschäftsjahr 1958 noch ein Gewinn erzielt werden, der jedoch wesentlich geringer als im Vorjahr ausfiel.

Doch verschlechterten sich zu Beginn des Jahres 1959 die Absatzmöglichkeiten der westdeutschen Werke im Inland noch mehr, denn Händler und Verbraucher hielten sich mit Bestellungen bei westdeutschen Werken zunächst zurück, da infolge der französischen Währungsabwertung[51] um die Jahreswende 1958/59 die Franzosen preislich im Vorteil waren. Allerdings waren die französischen Werke nicht immer in der Lage, den kurzfristigen Lieferwünschen gerecht zu werden, so daß das Hüttenwerk Rheinhausen zahlreiche Aufträge mit kurzen Lieferterminen erhielt.

Abbildung 9
Produktions- und Belegschaftsentwicklung der August-Thyssen-Hütte 1954/55 - 1967/68

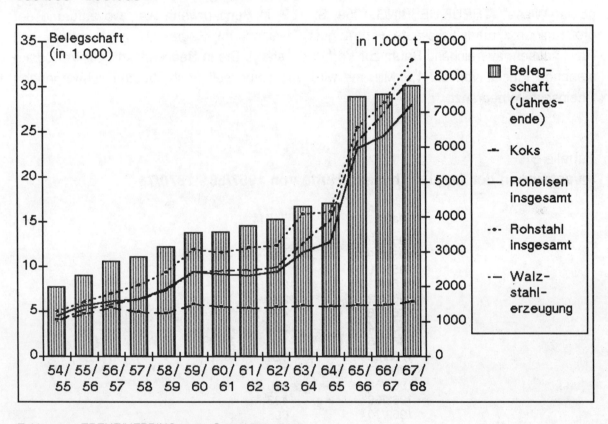

Zahlen aus: TREUE/UEBBING 1969, S.210, 246 u. 260

Ab 1959 trat eine Verbesserung der wirtschaftlichen Lage ein. Im Gegensatz zu den Bergbaubetrieben, die aufgrund des Wandels in der Energiewirtschaft - insbesondere dem weiteren Vordringen des Heizöls - vom allgemeinen Aufschwung nicht erfaßt wurden, führte die expansive Entwicklung der Wirtschaft in der Bundesrepublik 1959 zu Produktionssteigerungen und Absatzbelebungen im Hüttenbereich.

Als Grund für diesen Aufschwung werden u.a. die Bevorratungskäufe von Importeuren in den USA gesehen. Außerdem nahm durch verstärkte Bautätigkeit und den Produktionszuwachs im Fahrzeugbau auch der Inlandsstahlverbrauch zu.

Bedingt durch den im Frühjahr 1959 einsetzenden konjunkturellen Aufschwung, der auch 1960 anhielt, konnte das Hüttenwerk Rheinhausen ebenfalls eine Produktionssteigerung an Rohstahl von 11,4 % verzeichnen. Auch der Umsatz steigerte sich gegenüber dem Vorjahr um 14,5 %. Das Hüttenwerk Huckingen konnte ab Mai 1959 wieder eine zweite und ab Dezember 1959 eine dritte Schicht einlegen.

Die August-Thyssen-Hütte weist darauf hin, daß die Lage und Entwicklung entscheidend vom raschen Wechsel der Marktverhältnisse bestimmt ist. Da im März 1959 eine kräftige Erholung des Inlandmarktes einsetzte, zog die Stahlerzeugung nachhaltig an (Abb. 9). Das Geschäftsjahr 1959/60 bezeichnet das Unternehmen als das bisher erfolgreichste seit der Neugründung.

Parallel zur wirtschaftlichen Entwicklung verlaufen die Investitionsvorhaben (Tab. 8), von denen nach dem Zweiten Weltkrieg das größte die Errichtung eines neuen Hüttenwerks "auf grüner Wiese" (TREUE/UEBBING 1969, S. 169) in Beeckerwerth war, wo aufgrund der großzügigen Grundstückskäufe von August Thyssen, im Gegensatz zu Hamborn und Bruckhausen, ausreichend Raum zur Verfügung stand. Die in Beeckerwerth zur Verfügung stehende Fläche von ca. 1,5 Mill. m² wird von einer weit nach Westen schwingenden Rheinschleife begrenzt.

Tabelle 8
Investitionen der August-Thyssen-Hütte von 1957/58 - 1970/71

Jahr	Mill. DM
1957/58	133
1958/59	110
1959/60	123
1960/61	224
1961/62	287
1962/63	416
1963/64	351
1964/65	136
1965/66	124
1966/67	110
1967/68	249
1968/69	493
1969/70	695
1970/71	677

Quelle: Geschäftsberichte Thyssen 1957/58 - 1970/71

Das für das neue Oxygen-Stahlwerk vorgesehene Gelände liegt westlich des bestehenden Hüttenwerkes zwischen dem Rhein und der Zeche Beeckerwerth, wo zunächst einmal 1,4 Mill. t Haldenmassen, bestehend aus alter Schlacke, Schutt und Abraum, abgetragen werden mußten, um auf eine dem jetzigen Hüttenflur entsprechende Geländehöhe zu kommen. Der Aushub von ca. 600.000 m³ zur Vorbereitung der Fundamente umfaßte fast die gesamte Fläche des Stahlwerkes, da die Halde teilweise brannte und daher vollkommen zu entfernen war, so daß 473.000 m^3 ausgebranntes Material wieder aufgefüllt werden mußten (BEHRENS/ VON MOOS, 1965).

Ende Juni 1962 wurde die Stahlerzeugung mit dem Blasen der ersten Schmelze aufgenommen. Im Endausbau sollte das Werk über das Sauerstoffaufblas-Stahlwerk, eine Universal-Brammenstraße, Warmbreitbandstraße und ein Kaltbandwalzwerk verfügen.

Die hohen Investitionen Ende der 60er Jahre bezogen sich auf das neue Oxygenstahlwerk in Bruckhausen und ein Hochofen- und Walzwerk.

Galt die Investionstätigkeit zunächst dem Wiederaufbau, so trat sie ab 1958 in eine neue Phase, da die Leistungsfähigkeit des Werkes der langfristig zu erwartenden Bedarfsausweitung angepaßt werden sollte.

Auch die Hüttenwerke in Huckingen und Rheinhausen nahmen Anfang der 60er Jahre den Bau eines Blasstahlwerkes in Angriff, wodurch in Rheinhausen das alte Thomas-Stahlwerk[52] ersetzt werden sollte.

Für das Geschäftsjahr 1960/61 vermerkt die August-Thyssen-Hütte positiv, daß sich die Produktion im großen und ganzen auf dem hohen Niveau des Vorjahres hielt.

Mannesmann und das Hüttenwerk Rheinhausen berichten, daß sich mit fortschreitendem Ablauf des Berichtsjahres das Wachstum verdoppelte. Gesamtwirtschaftlich gesehen setzte eine ruhigere Entwicklung ein.

Aufgrund der nachlassenden Inlandsnachfrage bemühten sich die deutschen Werke verstärkt um Lieferungen in die übrigen Länder der Montanunion und um Exporte in Drittländer. Allerdings entwickelten sich die Exportpreise gegenüber dem Vorjahr rückläufig aufgrund des vermehrten Angebotes seitens der deutschen und ausländischen Werke, so daß diese in den meisten Fällen nicht mehr die Selbstkosten deckten.

Negativ ausgewirkt hatte sich die 5 %ige DM-Aufwertung Anfang März 1961, wodurch sich der Preisvorsprung des französischen Materials weiter vergrößert hatte, so daß die deutschen Werke gezwungen waren, zur Vermeidung weiterer Absatzrückgänge sich verstärkt den Preisen des Importmaterials anzugleichen. Ferner traten durch die veränderte Währungsrelation eine zusätzliche Erlöseinbuße für die Werke bei Exporten in Länder außerhalb des Montanunionraumes ein, die auf Dollar-Basis erfolgten.

1962 machte sich für die deutschen Werke erschwerend bemerkbar gemacht, daß die Stahleinfuhren merklich zunahmen.

Welche Bedeutung auch witterungsbedingten Einflüssen zuzuschreiben ist, geht aus dem Geschäftsbericht des Hüttenwerks Rheinhausen für 1962 hervor. Die durch Frost bedingte geringe Abnahmekapazität der Bauindustrie und auch die Vereisung der Flüsse und Kanäle bewirkten, daß der Absatz ins In- und Ausland im 1. Quartal 1963 unter den Zahlen des Jahresdurchschnittes von 1962 blieb.

Im Geschäftsjahr 1962/63 beklagt die August-Thyssen-Hütte wiederum die verschiedenen Kostenfaktoren wie Personal- und Brennstoffkosten, die bei gleich hoher Erzeugung wie im Vorjahr eine verminderte Ertragslage hervorriefen.

Obwohl die Rohstahlerzeugung in der Bundesrepublik Deutschland rückläufig war, konnte Mannesmann 1962 einen Zuwachs von 5 %, insbesondere aufgrund des größeren Bedarfs des Großrohrwerkes, aufweisen.

Auch 1963 hielt die bereits im Vorjahr einsetzende rückläufige Entwicklung auf dem Eisen- und Stahlmarkt an. Als eine der Ursachen wird die Abschwächung der Nachfrage einiger stahlverbrauchender Industriezweige, wie des Stahl- und Maschinenbaus, des Schiffbaus und der Stahlverformung genannt. An der Deckung des erhöhten Stahlbedarfs hatten in zunehmendem Maße englische und japanische Stahlwerke Anteil. Es führte jedoch ein weltweites Überangebot von Stahl zu einem weiteren Absinken der Erlöse. Auf den Nachfragerückgang reagierte die Stahlindustrie zunächst mit Produktionseinschränkungen und dann mit erheblichen Preisangleichungen. Hinzu kam, daß die deutsche Stahlindustrie unter besonders starkem Konkurrenzdruck wegen des Fortbestehens der steuerlichen Wettbewerbsverzerrungen zu Lasten des deutschen Stahls und außerdem wegen der im Vergleich zu einigen anderen Montanunionsländern niedrigeren deutschen Einfuhrzölle gegenüber Drittländern stand. Diese Situation bewirkte, daß das Überangebot an Stahlerzeugnissen aus aller Welt in zunehmendem Maße Absatz auf dem deutschen Markt fand. Allerdings ist bei der August-Thyssen-Hütte eine Verringerung der Produktionszahlen nicht festzustellen (Abb. 9). Da auch die Preise für Stahlimporte in den letzten beiden Jahren erheblich sanken, erhöhte sich der Importanteil an der Marktversorgung auf 20 %. Die hierdurch bedingte Abwärtsbewegung bei den Erlösen kam erst Ende 1963 zum Stillstand.

Aufgrund der verschlechterten Absatzlage bezeichnet das Hüttenwerk Rheinhausen das Jahr 1963 als eines der schwierigsten seit der Währungsreform.

Die 1962 zwischen der August-Thyssen-Hütte und dem Hüttenwerk Oberhausen AG sowie der Mannesmann AG getroffene Vereinbarung, daß die August-Thyssen-Hütte auf ihrer im Bau befindlichen zweiten Warmbreitbandstraße von Mannesmann hergestelltes Vormaterial auswalzen wird, diente der Vermeidung auch volkswirtschaftlich unerwünschter Überkapazitäten.

Die Zusammenarbeit zwischen den Unternehmen gestaltete sich weiter, indem seit August 1964 im Hüttenwerk Huckingen in der neuen Warmbandadjustage das von der August-Thyssen-Hütte aus dem Vormaterial von Mannesmann gewalzte Breitband zu Grob- und Mittelblechen sowie Röhrenstreifen verarbeitet wurde, und zwar im Rahmen eines Lohnwalzvertrages zwischen Mannesmann und der August-Thyssen-Hütte.

Im Juli 1963 genehmigte die "Hohe Behörde" den Antrag von Thyssen auf Übernahme der Kapitalmehrheit an der Phoenix-Rheinrohr AG. Es wird von seiten der August-Thyssen-Hütte berichtet, daß der Neuaufbau der Thyssen-Gruppe durch die Einbeziehung der Phoenix-Rheinrohr einen Abschluß fand. Der Anteil des Grundkapitals an Phoenix wurde von 52 auf 95,3 % erhöht. Im August 1965 schloß die August-Thyssen-Hütte mit der Phoenix-Rheinrohr einen Betriebsüberlassungsvertrag. Mit Wirkung vom 1.10.1965 wurde pachtweise das Werk Ruhrort in Duisburg-Ruhrort und das Hochofenwerk Hüttenbetrieb in Duisburg-Meiderich von Phoenix-Rheinrohr[53] übernommen. Diese gesamten Maßnahmen dienten der Ausnutzung aller Rationalisierungsmöglichkeiten, um sämtliche Chancen der Kostensenkung zu nutzen.

Der nach drei Jahren rückläufiger Tendenz in der Bundesrepublik einsetzende Konjunkturaufschwung wird deutlich in dem Wiederanstieg der Stahlproduktion, die gegenüber dem Vorjahr um 18 % erhöht war. Allerdings verlor die Bundesrepublik ihren dritten Platz innerhalb der Spitzengruppe der Stahlländer, da die Produktion Japans[54] zum ersten Mal die der Bundesrepublik übertraf (Abb. 10).

Beachtenswert ist jedoch, daß trotz der regen Stahlnachfrage im Inland die Importe zu einem anhaltenden Konkurrenzkampf führten. Die Stahlimporte sind das Ergebnis des von neu zugewachsenen Kapazitäten in zahlreichen Ländern der Erde ausgehenden Angebotsdrucks und des Fortbestehens steuerlicher Wettbewerbs-Verzerrungen in der Montanunion[55].

Aufgrund dieser Entwicklung stellt das Hüttenwerk Rheinhausen im Geschäftsbericht 1964 fest, daß insgesamt gesehen die Erlöse nicht den Erwartungen entsprachen, die an die mengenmäßige Belebung des Marktes geknüpft waren[56].

Abbildung 10
Weltrohstahlerzeugung 1954 - 1986 in Mill. t

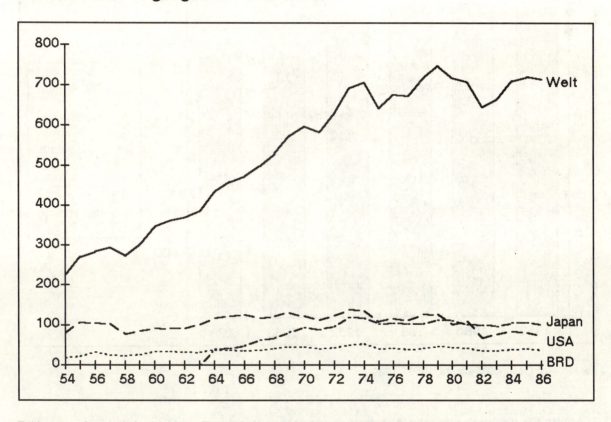

Zahlen aus: Geschäftsberichte von Thyssen, Krupp und Mannesmann 1954 - 1986

Bedeutend ist, daß die Produktionssteigerung im Jahre 1964 bei rückläufiger Beschäftigtenzahl stattfand (Abb. 11).

Nach Aussagen des Hüttenwerks Rheinhausen wurden die im Laufe des Jahres bei verschiedenen Materialien eingetretenen Preissteigerungen vielfach mit Lohnerhöhungen begründet.

Bereits 1965 befand sich die Konjunktur wieder im Abwärtstrend. Die Thyssen-Gruppe gibt für das Geschäftsjahr 1965/66 eine erhebliche Ergebnisminderung gegenüber dem Vorjahr an, da der zunehmende Angebots- und Preisdruck auf allen Märkten zu einem weiteren Verfall der Erlöse bei gleichzeitigem Kostenanstieg, insbesondere auf dem Gebiet der Personalaufwendungen und Zinsen, führte. Positiv ausgewirkt hätten sich jedoch die Rationalisierungs- und Sparmaßnahmen, wozu in erster Linie die nach der Zusammenfassung der Hüttenwerksanlagen bei der August-Thyssen-Hütte erfolgte Konzentration der Stahlerzeugung sowie die Programmbereinigung in Produktion und Absatz beigetragen habe. Dennoch hätten diese Maßnahmen die absolute Verschlechterung der Ertragslage nicht kompensieren können.

Abbildung 11

Produktions- und Belegschaftsentwicklung des Hüttenwerks Rheinhausen 1959 - 1964

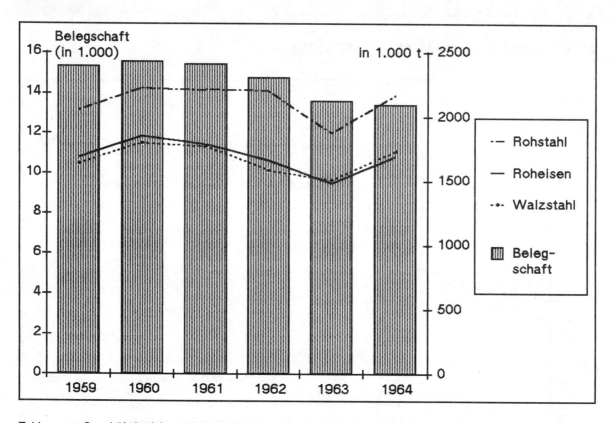

Zahlen aus: Geschäftsberichte, 1959 - 1964

Ursache für die konjunkturelle Abschwächung in der Bundesrepublik war der Rückgang der Stahlerzeugung, der bedingt wurde durch einen gestiegenen Import und verringerten Inlandsbedarf, insbesondere im Investitionsgüterbereich. Aufgrund der 1966 gestiegenen Stahlkapazitäten vieler Länder kam es zu einem verschärften Kampf um den Absatzmarkt, der Preisunterbietungen in einem ungewöhnlichen Ausmaß mit sich brachte. Die westdeutsche Eisen- und Stahlindustrie wurde aufgrund der Erlössituation und des im gleichen Jahr einsetzenden Beschäftigungsrückgangs gezwungen, sich aus Wettbewerbsgründen der Vorteile einer stärkeren Bindung zu bedienen, wie sie in anderen Ländern in Form von eigentumsmäßigen oder organisatorischen Zusammenschlüssen bereits anzutreffen war. Mit dem Ziel, die Fertigung, den Verkauf und Transport zu rationalisieren, die Investitionspolitik im Hinblick auf die zukünftigen Absatzmöglichkeiten zu koordinieren und die Erzeugung weiter zu spezialisieren, schloß sich im März 1967 der größte Teil der stahlerzeugenden Unternehmen der Bundesrepublik in bestimmten Gruppen zu vier Walzstahlkontoren zusammen.

Die Unternehmenskonzentration[57] in der Zeit nach dem Zweiten Weltkrieg fand nach SOHL (1970) in Form von Kontoren statt. So hatten die Walzstahlkontore[58] die Aufgabe, die Erlös- und Kostensituation optimal zu gestalten, um somit wieder den Wettbewerb funktionsfähig zu machen.

Auch ROJAHN (1984) führt als Ziel des Kontors an, durch gemeinsamen Verkauf für die Gesellschaften im eigenen Namen für fremde Rechnung schnell auf Marktveränderungen reagieren zu können, um die Konkurrenzfähigkeit der beteiligten Unternehmen zu stärken. Außerdem sollte eine bessere Abstimmung der Investitionsprogramme erfolgen sowie die Durchführung von Rationalisierungs- und Spezialisierungsmaßnahmen erleichert werden.

Im Geschäftsbericht 1966 des Hüttenwerks Rheinhausen[59] wird darauf hingewiesen, daß die westdeutsche Eisen- und Stahlindustrie bisher u.a. dadurch benachteiligt war, daß sie - auch mit Rücksicht auf den einheimischen Steinkohlenbergbau - teueren Koks einsetzen mußte, während die übrigen Partner des Gemeinsamen Marktes preiswertere Importkohle verwenden konnten[60]. Durch Beschluß vom 16.2.1967 habe der Ministerrat der Montanunion einer Entscheidung der "Hohen Behörde" zugestimmt, nach der in der Gemeinschaft nunmehr ein Ausgleichssystem für Kokskohle eingeführt wird. So soll die von den Mitgliedsstaaten zu gewährende Beihilfe die Unternehmen des Steinkohlenbergbaus in die Lage versetzen, die Preise der Kokskohle zur Herstellung von Hochofenkoks zu senken, um den Absatz dieses Produktes zu fördern. Die Beihilfe je Tonne Kokskohle ist auf rund DM 6,80 im Durchschnitt festgesetzt, wobei die Bergbauunternehmen verpflichtet sind, bei Lieferungen an die Stahlindustrie die Listenpreise um die erhaltenen Beihilfen zu ermäßigen.

Thyssen erläutert im Geschäftsbericht 1966/67, daß die Gewährung der Kokskohlenbeihilfe an den Steinkohlenbergbau die Kostennachteile gegenüber den Verbrauchern von billiger US-Kohle in den Partnerländern merklich verringert hat.

Der Geschäftsbericht 1966/67 von Thyssen gibt klar zum Ausdruck, daß die Abhängigkeit der Stahlindustrie vom gesamtwirtschaftlichen Konjunkturverlauf sich in der Bundesrepublik am deutlichsten zeigte.

So wurden auch die Bemühungen der deutschen Hüttenwerke um eine Stabilisierung der Marktverhältnisse wiederum durch das beträchtliche Importangebot erschwert.

Der Geschäftsbericht der Fried. Krupp Hüttenwerke AG von 1967 vermerkt, daß 1967 erstmals seit Bestehen der Bundesrepublik kein gesamtwirtschaftliches Wachstum mehr zu verzeichnen war. Die Lage auf dem Stahlmarkt war äußerst unbefriedigend. Vor allem ging die Inlandsnachfrage im wesentlichen in Folge der unzureichenden Beschäftigung der Investitionsgüterindustrie zurück.

Geographisches Institut
der Universität Kiel

Bei Mannesmann ergaben sich Veränderungen, die einen Vergleich mit den Vorjahren erschweren. So wurden Anfang 1967 die Hütten- und Walzwerke der Mannesmann AG einschließlich ihres Verkaufs in einer Werksgruppe - der Mannesmann AG Hüttenwerke - unter einheitlicher Leitung zusammengefaßt, wobei der Kern das in den letzten Jahren zu einem der modernsten Hüttenwerke ausgebaute Werk in Duisburg-Huckingen darstellt. Zur Werksgruppe gehörten auf Duisburger Gebiet noch das Rohr- und Bodenwerk in Duisburg-Huckingen und das das Breitflachwalzwerk in Duisburg-Großenbaum.

Gleichzeitig wurde die Rohstahlerzeugung der Mannesmann AG auf einige Großanlagen in Huckingen konzentriert sowie nach Stillegung der alten Siemens-Martin-Stahlwerke in Großenbaum Ende 1966 und in Huckingen im Juli 1967 das Siemens-Martin-Stahlwerk in Gelsenkirchen Mitte 1968 außer Betrieb gesetzt und die dortige Stranggießanlage nach Huckingen versetzt.

Ebenfalls 1967 wurde neben der Mannesmann AG Hüttenwerke eine zweite Werksgruppe, die Mannesmann Röhrenwerke AG, gebildet, zu der u.a. das Röhrenwerk Duisburg-Großenbaum und das Großrohrwerk in Duisburg-Mündelheim gehörten.

Der weiteren Rationalisierung diente die Beteiligung von Thyssen an den Röhrenwerken mit einem Drittel.

Andererseits hatte Mannesmann den gesamten Walzstahlbereich auf die August-Thyssen-Hütte übertragen. Anfang 1970 übernahm die August-Thyssen-Hütte von Mannesmann das Grobblech-Walzwerk, die Warmbandadjustage und das Kaltwalzwerk in Duisburg-Hüttenheim, das Breitflachwalzwerk in Duisburg-Großenbaum, was als wertvolle Ergänzung der Thyssen-Produktion angesehen wird.

Mit dieser Aufteilung der Produktionsprogramme ging auch ein Austausch der Werksanlagen einher. In Kooperation mit Thyssen und Mannesmann wurde die Krupp-Gruppe, wie ROJAHN (1984) darlegt, verstärkt auf den Maschinenbausektor ausgerichtet.

1968 stand die gesamtwirtschaftliche Entwicklung in der Bundesrepublik bereits wieder im Zeichen eines Konjunkturaufschwungs, der hauptsächlich auf eine regere Investitionstätigkeit, verstärkte Exportnachfrage und Anstieg des privaten Verbrauchs in der zweiten Jahreshälfte zurückzuführen war.

Allerdings war trotz der größeren Nachfrage nach Stahlerzeugnissen hauptsächlich wegen des verstärkten Auslandsangebotes die Erlössituation im Jahre 1968 auf dem westdeutschen Markt weiterhin unbefriedigend. Außerdem führte das gegen Jahresende von der Bundesregierung aus Gründen der Währungspolitik erlassene Gesetz über Maßnahmen zur außenwirtschaftlichen Absicherung (Absicherungsgesetz), das die Einfuhren umsatzsteuerlich entlastet und die Exporte verteuert, zu einer zusätzlichen Erschwerung. Diese Maßnahme bewirkte eine Verbilligung der ohnehin schon hohen Importe an Walzstahlfertigerzeugnissen, was die Inlandserlöse der Stahlindustrie entsprechend negativ beeinflußte.

Für das Geschäftsjahr 1968/69 vermerkt Thyssen, daß die gleichzeitige Beschleunigung des wirtschaftlichen Wachstums in zahlreichen Industrieländern zu einer weltweiten Belebung der Stahlmärkte führte, wie sie seit Jahren nicht mehr zu verzeichnen war. Kennzeichen dieser Entwicklung war, abgesehen von der überall ansteigenden Produktion, eine allgemeine Aufbesserung der Erlöse, die besonders stark im internationalen Stahlgeschäft zum Durchbruch kam.

In der Bundesrepublik war der Stahlverbrauch um fast ein Fünftel höher als im Vorjahr, was bei den deutschen Hüttenwerken zu einem Anstieg der Bestellungen von seiten der Inlandskunden um 26 % führte.

Thyssen weist ausdrücklich darauf hin, daß man, um vorrangig den deutschen Markt beliefern zu können, sich beim Export im wesentlichen auf die Belieferung von Stammkunden beschränkt habe[61].

Auch die Fried. Krupp Hüttenwerke berichten, daß 1969 die gesamtwirtschaftliche Lage in der Bundesrepublik durch eine anhaltende Konjunktur gekennzeichnet war. Festzuhalten ist jedoch, daß trotz Angebotserweiterung aufgrund von Produktionssteigerungen und wachsenden Importmengen ein Nachfrageüberhang bestehen blieb, was u.a. zu steigenden industriellen Erzeugerpreisen führte.

Nachdem der kräftige Aufschwung der Jahre 1968/69 sich in den ersten Monaten des Jahres 1970 noch fortgesetzt hatte, beeinflußten im weiteren Verlauf des Jahres 1970 konjunkturelle Abschwächungstendenzen die gesamtwirtschaftliche Entwicklung in der Bundesrepublik.

Trotz weiterhin hohen Stahlverbrauchs war die Eisen- und Stahlindustrie von einem Nachfragerückgang betroffen, der fast ausschließlich auf den Abbau der zum Teil erheblich angestiegenen Lagerbestände bei Händlern und Verbrauchern zurückzuführen war.

Seit dem Frühjahr 1971 stagnierte die industrielle Erzeugung. So war der Nachfragerückgang besonders ausgeprägt bei den Investitionsgütern. Im Inland lag die Ursache in dem anhaltenden Kostendruck, der zu einer Verschlechterung der Unternehmenserträge und damit allgemein zu einer Einengung der Finanzierungsbereitschaft für Investitionen und zu verminderten Inlandsbestellungen führte. Außenwirtschaftlich lag der Grund in der Krise des Weltwährungssystems, dem verhältnismäßig hohen Aufwertungseffekt aus der DM-Wechselkursfreigabe und den Importrestriktionen der USA.

SOHL (1970) machte bereits 1969 der Bundesregierung und Bundesbank zum Vorwurf, daß etwas mehr Behutsamkeit bezüglich der Konjunkturbremsen bzw. -belebung angebracht wäre[62].

Für das Geschäftsjahr 1971/72 führt Thyssen aus, daß das Unternehmen weiterhin unter dem Doppeldruck stark gestiegener Kosten und harter währungspolitischer Eingriffe stand, woraus sich ungewöhnlich schwere Belastungen ergaben. Das Geschäftsjahr war, wie das Vorjahr, insgesamt unbefriedigend, zumal die Erlöse wegen des anhaltenden Importdrucks weiter zurückgingen. Verbilligungen im Rohstoffsektor sowie Spar- und Rationalisierungsmaßnahmen führten nur zu einer unzureichenden Entlastung, da auf allen anderen Gebieten, vor allem auch im Personalbereich, weitere Verteuerungen in Kauf genommen werden mußten.

Im weiteren wird erläutert, daß bei allgemein rückläufiger Gesamtkonjunktur[63] zu Beginn des Geschäftsjahres wichtige Bereiche der Volkswirtschaft unter den Einfluß einer industriellen Rezession gerieten, wodurch sich die schon vorher labile Lage auf dem deutschen

Stahlmarkt krisenhaft zuspitzte. Diese Entwicklung wurde durch die Spätfolgen der seit dem Sommer 1969 eingetretenen Wechselkursänderungen und Unsicherheit über den weiteren währungspolitischen Kurs ausgelöst. Diese Situation führte zu einer Überflutung des heimischen Stahlmarktes durch Einfuhren bei gleichzeitiger Erschwerung des Exports, so daß die deutschen Stahlunternehmen einen scharfen Auftragsrückgang hinnehmen mußten. Selbst traditionell importabhängige Länder des Ostblocks lieferten als Folge der Liberalisierung der Ostimporte mehr Stahl in die Bundesrepublik als sie von hier bezogen. Die Importquote stieg insgesamt auf 35 % an, so daß die Bundesrepublik als klassisches Stahlausfuhrland erstmals über nahezu ein ganzes Jahr einen negativen Stahlaußenhandelssaldo aufwies.

Als Ursache für diese Entwicklung wird die starke Beeinträchtigung der internationalen Konkurrenzfähigkeit durch die erheblichen kostenmäßigen Mehrbelastungen der letzten drei Jahre und die gleichzeitigen währungspolitischen Eingriffe gesehen.

Nach den beiden schwierigen Vorjahren erzielte 1972/73 Thyssen wieder deutliche Fortschritte in Produktion, Absatz und Ertrag. Die kräftige Expansion insbesondere auf den internationalen Märkten ermöglichte eine hohe Auslastung der Produktionsbetriebe und führte zu günstigeren Erlösen, wovon jedoch primär der Massenstahl betroffen war. Nach den mehrfachen DM-Aufwertungen blieben die Erlöse in einigen anderen Produktionssparten jedoch trotz hoher Beschäftigung unzureichend, so daß strukturelle Anpassungsmaßnahmen erforderlich wurden.

1972 übernahm Mannesmann zur Verstärkung des Maschinenbausektors rund 31 % des Grundkapitals der DEMAG AG. Nachdem die Kommission der Europäischen Gemeinschaften im Juli 1973 den Zusammenschluß der Mannesmann AG und der DEMAG AG genehmigt hatte, erhöhte Mannesmann die Beteiligung durch Ausübung von Optionsrechten auf 51 %. Das Bundeskartellamt hatte gegen den Zusammenschluß keine Bedenken erhoben.

Während die erste Hälfte des Jahres 1973 noch im Zeichen des Konjunkturaufschwungs stand, wirkten sich bereits in einigen Bereichen die von Bundesregierung und Bundesbank gegen eine Überhitzung ergriffenen Maßnahmen in der zweiten Jahreshälfte aus.

Auch Mannesmann klagt, daß trotz guter Beschäftigung in 1973[64] die Ertragslage vor allem durch Tariferhöhungen und Zinssteigerungen nachteilig beeinflußt wurde. Allerdings konnten die zusäzlichen Belastungen durch volle Auslastung aller Anlagen, weitere Rationalisierung und eine allmähliche Anpassung der Erlöse an die gestiegenen Kosten ausgeglichen werden. Eine dieser Rationalisierungsmaßnahmen stellt der 1973 angeblasene Großhochofen in Duisburg-Huckingen dar.

Die Fried. Krupp Hüttenwerke AG räumen jedoch ein, daß die in den Jahren 1971/72 unbefriedigende Ertragslage 1973 durch eine günstigere Ergebnisentwicklung abgelöst wurde. Die trotz zusätzlicher hoher Belastungen im Personal- und Beschaffungssektor erreichte Verbesserung der Ertragslage ergab sich hauptsächlich durch Kostendegression infolge der guten Kapazitätsauslastung in fast allen Fertigungsbereichen, durch die planmäßige Weiterführung der Umstrukturierung des Produktions- und Absatzprogramms sowie durch den Anstieg der Verkaufserlöse.

Eine weitere Neuordnung ist im Geschäftsjahr 1972/73 bei Thyssen zu verzeichnen. Im Dezember 1973 hatte die Kommission der Europäischen Gemeinschaften ihre Genehmigung zum Zusammenschluß der Thyssen-Gruppe mit der Rheinstahl AG erteilt. Die Entscheidung war u.a. mit der Auflage verbunden, die Drittelbeteiligung von Thyssen an der Mannesmann-Röhrenwerke AG auf eine einfache Finanzbeteiligung in Höhe von 25 % zurückzuführen[65]. Außerdem mußten die an dem Zusammenschluß beteiligten Unternehmen aus den Rationalisierungsgruppen West und Westfalen ausscheiden. Ferner wurde dargelegt, daß das Bundeskartellamt den Zusammenschluß unter Hinweis auf die Neufassung des Gesetzes gegen Wettbewerbsbeschränkungen (Kartellnovelle) überprüft.

Auch bei diesem Zusammenschluß standen Rationalisierungs-Möglichkeiten im Vordergrund. Geplant war weiterhin, Rheinstahl zum Verarbeitungszentrum der Thyssen-Gruppe zu entwickeln[66].

3.4.4 1974 bis zur Gegenwart: Strukturkrise als Dauerzustand

Das Geschäftsjahr 1973/74 entwickelte sich erstmals für die Thyssen-Gruppe nach Aussagen des Unternehmens günstiger als die Gesamtkonjunktur, die sich weltweit abschwächte und begleitet war von hohen Inflationsraten und sich verschärfenden Zahlungsbilanzproblemen. In der Bundesrepublik wirkte sich die rückläufige Beschäftigungsentwicklung bei der Automobilindustrie und in der Bauwirtschaft auf die deutsche Stahlkonjunktur aus. Der inländische Stahlverbrauch stagnierte, und der in dieser Phase sonst übliche Lagerzyklus blieb aus. Eine Entlastung für den Inlandsabsatz brachte allerdings die Zurückhaltung der Importkonkurrenz, die sich verstärkt erlösgünstigeren Märkten zuwandte. Die Exportquote von Thyssen erhöhte sich folglich von 30 auf 34 %.

Auch Mannesmann arbeitete 1974 mit gutem Erfolg, da weltweit eine starke Nachfrage nach Rohren und Anlagen zur Gewinnung und zum Transport von Energie vorlag.

Die Fried. Krupp Hüttenwerke AG schränken jedoch ein, daß im Vergleich zur übrigen deutschen Stahlindustrie die Zuwachsraten bei Rohstahl gering waren, da das Unternehmen aufgrund des Rohstahl-Kapazitätsengpasses die Rohstahlproduktion nicht im gleichen Maße wie andere Unternehmen entsprechend der Nachfrage steigern konnte.

Im Geschäftsbericht 1974/75 wird darauf hingewiesen, daß das Geschäftsjahr eine Bewährungsprobe für die Thyssen-Gruppe in neuer Struktur war.

Das Unternehmen weist nunmehr eine Spannweite auf, die bessere Möglichkeiten zum konjunkturellen Risikoausgleich bietet. Die Gesellschaft resümiert, daß sich die Thyssen-Gruppe vor dem Hintergrund des starken Konjunktureinbruchs in der Weltwirtschaft gut behauptet habe[67].

Die Stahlindustrien in der westlichen Welt wurden von der rezessiven Entwicklung vor allem in der zweiten Hälfte des Berichtsjahres getroffen. So wirkte sich bei schwacher Binnennachfrage der internationale Konjunkturrückgang voll auf die Wirtschaft der Bundesrepublik aus, so daß ab Anfang 1975 auch die deutschen Hüttenwerke betroffen waren. In den anderen Tätigkeitsbereichen der Thyssen-Gruppe war der konjunkturelle Rückgang jedoch weniger ausgeprägt. Die Auslastung der Stahlkapazitäten sank bei der August-Thyssen-Hütte zeitweise auf nahezu 60 %.

Auch Mannesmann bezeichnet 1975 als das Jahr, das für die Wirtschaft der Bundesrepublik den stärksten Abschwung seit der Währungsreform brachte. Trotz der ungünstigen wirtschaftlichen Verhältnisse erwirtschaftete Mannesmann ein gutes Ergebnis.

Gegenüber steigenden ausländischen Angeboten auf dem Inlandsmarkt war die deutsche Eisen- und Stahlindustrie im Interesse der Beschäftigung ihrer Werke gezwungen, die Inlandspreise im Jahre 1975 den niedrigen Importangeboten anzugleichen. Im Auslandsgeschäft, insbesondere auf den Drittländermärkten war das Preisniveau aufgrund des Angebotsdrucks teilweise noch niedriger als in der Bundesrepublik.

1975 suchte die deutsche Stahlindustrie nach Möglichkeiten, um sich gemeinsam mit den Werken der Nachbarländer auf marktkonforme Weise der veränderten Lage anzupassen, wobei die ersten Fälle von Subventionen für Stahlunternehmen in den Partnerländern eine Rolle spielten. Subventionen hatte es nach Art. 4 c des Montanvertrages nicht geben dürfen. Auf diesem Hintergrund entwickelte sich die Idee einer internationalen Wirtschaftsvereinigung Eisen- und Stahlindustrie, die jedoch nur mit den Niederlanden und Luxemburg zustande kam (Denelux). Aufgrund der Einsprüche der Franzosen kam es 1976 zu erneuten Verhandlungen und Bildung einer europäischen Vereinigung "Eurofer", die in Abstimmung mit der Europäischen Kommission ein Marktordnungssystem entwickeln und durchsetzen sollte, das die Lasten der Stahlkrise möglichst gleichmäßig auf alle Beteiligten verteilte.

Nach der vorangegangenen scharfen Rezession bildete eine allgemeine Erholung den konjunkturellen Hintergrund für das Geschäftsjahr 1975/76 von Thyssen. So ließ die internationale Verflechtung der meisten Volkswirtschaften das zuvor stark gedrückte Welthandelsvolumen kräftig expandieren. Auch in der Bundesrepublik gingen die stärksten Impulse vom Export aus. Nachdem zunächst die Stahlnachfrage aufgrund der allgemeinen konjunkturellen Belebung in mehreren Ländern anzog, geriet diese Entwicklung seit dem Frühsommer 1976 ins Stocken. Als Ursache wurde die weltweit nur zögernd in Gang kommende Investitionstätigkeit, die wichtigste Triebfeder für den Stahlabsatz, angenommen. Als Folge der fehlenden Expansionsmöglichkeiten auf den Binnenmärkten starteten die Stahlunternehmen einiger Länder eine aggressive Exportoffensive, wovon vor allem die Hüttenwerke in der Europäischen Gemeinschaft betroffen waren, die ihre Produktion in der zweiten Jahreshälfte 1976 wieder drosseln mußten.

Für das Geschäftsjahr 1976 berichtet Mannesmann, daß die Ertragslage zufriedenstellend war, das außergewöhnlich gute Ergebnis des Vorjahres allerdings wegen der anhaltenden Konjunkturschwäche bei einigen Hauptabnehmergruppen nicht wieder erreicht werden konnte. Erlösrückgänge verzeichneten - bezeichnenderweise - die Hütten- und Röhrenwerke im Gegensatz zu den Bereichen Maschinen- und Anlagenbau sowie Handel und Reederei. Negativ wirkten sich die infolge der Devisenknappheit verringerten Bestellungen aus dem Ausland und die Belastung des Inlandsmarktes durch Importe aus.

1977 stand unter dem Zeichen mangelnder Investitionstätigkeit. Träger des wirtschaftlichen Wachstums war primär der private Verbrauch.

Infolge der geringeren Vormaterialanforderung der Röhrenwerke in 1977 wurde die Rohstahlerzeugung in Duisburg-Huckingen um 6 % zurückgenommen.

Auch Krupp erläutert, daß nach einer leichten Besserung der Absatzlage in 1976 und in den ersten Monaten des Jahres 1977 sich die Probleme in den Stahl-Produktionszentren der westlichen Welt bei rückläufiger Beschäftigung im weiteren Verlauf des Jahres 1977 erneut verschärft haben, da durch Überkapazitäten und Wettbewerbsverzerrungen die Stahlmärkte empfindlich gestört wurden. Auf den deutschen Markt übten Stahllieferanten aus Ländern außerhalb der Europäischen Gemeinschaft besonders starken Druck aus. Es handelte sich vor allem um Anbieter aus Spanien, Südafrika sowie COMECON-Ländern. Insbesondere auf den deutschen Markt drängte auch die japanische Stahlindustrie, die bei rückläufigem Stahlverbrauch ihrer Inlandskunden verstärkt exportierte. So gelang es den ausländischen Anbietern mit Billigangeboten, teilweise zu Dumpingpreisen, Inlandsaufträge in noch größerem Umfang als 1976 zu erhalten. Die Auftragseinbußen der deutschen Stahlindustrie im Inland und den übrigen EG-Ländern konnten nicht durch verstärkte Hereinnahme von Exportaufträgen aus Drittländern ausgeglichen werden, so daß auch in diesem Absatzmarkt sich der internationale Wettbewerb erheblich verschärft hat.

Thyssen verzeichnet für das Geschäftsjahr 1977/78 zwar eine verbesserte Auftragslage, die sich jedoch wegen der teilweise langen Laufzeiten bei größeren Projekten auf den Umsatz noch nicht auswirken konnte. Andererseits stellt der vom 28.11.1978 bis 11.1.1979 dauernde Arbeitskampf in der Stahlindustrie, der im Thyssen-Stahlbereich beträchtliche Produktions- und Umsatzausfälle verursachte, eine erhebliche Vorbelastung für das Geschäftsjahr dar. Auch Mannesmann beklagt, daß durch den Streik keine Ertragsverbesserung möglich war.

Im Laufe des Jahres 1978 verlangsamte sich das wirtschaftliche Wachstum in den USA, und auch die in Japan angestrebte Konjunkturbelebung blieb trotz umfangreicher Expansionsmaßnahmen aus.

Demgegenüber wurde in Westeuropa und vor allem in der Bundesrepublik eine Besserung des wirtschaftlichen Klimas spürbar. In Deutschland lag die Ursache in der anhaltend hohen Automobilproduktion, einer Festigung der Verbrauchsgüternachfrage und dem Anziehen der Baukonjunktur. Risiken für eine weitere Belebung waren allerdings im währungs- und handelspolitischen Bereich gegeben.

Dennoch partizipierten an dem Wiederanstieg der Weltrohstahlerzeugung seit 1976 im wesentlichen der COMECON-Bereich und Länder der Dritten Welt. In den drei großen traditionellen Stahlerzeugungsregionen der westlichen Welt - EG, USA und Japan - blieb die Stahlproduktion auch 1978 noch weiter unter dem Niveau von 1974 (Abb. 10). Den größten Produktionsrückstand unter den fünf bedeutendsten Stahlerzeugungsländern der EG wies die Bundesrepublik auf. Festzuhalten ist, daß die Stahlunternehmen in der Bundesrepublik Deutschland in ihren Entwicklungsmöglichkeiten durch eine zunehmend staatlich beeinflußte und teilweise in Milliardenhöhe subventionierte Auslandskonkurrenz stark behindert war.

Von der seit Mitte 1978 einsetzenden konjunkturellen Belebung in der Bundesrepublik profitierte im Geschäftsjahr 1979 bei Mannesmann hauptsächlich der Maschinenbau, da die Geschäftsentwicklung bei Röhren und in einigen Bereichen des Anlagenbaus unbefriedigend war. Bei den Hütten- und Röhrenwerken führten die Auswirkungen des Arbeitskampfes 1978/79 und die ausgebliebene Preisstabilisierung im vierten Quartal zu einem Ergebnisrückgang. Insbesondere bei den Röhrenwerken drückte ein harter Wettbewerb die Preise. So wurde auch aufgrund der bei den Röhrenwerken aufgetretenen Beschäftigungslücken im vierten Quartal noch weniger Rohstahl hergestellt als in dem durch den Tarifkonflikt bereits stark beeinträchtigten vierten Quartal 1978. Die schlechte Lage auf dem inländischen Stahlröhrenmarkt führt auch Mannesmann auf weltweit nicht bedarfsgerechte Kapazitätserweiterungen, auf Wettbewerbsverzerrungen durch Subventionen sowie auf veränderte Währungsparitäten zurück.

Im Geschäftsbericht von Krupp wird erläutert, daß 1979 die deutschen Hüttenwerke ihre Absatzsteigerungen im EG-Raum erzielten. Vor allem die deutlich niedrigere Stahlnachfrage aus der Volksrepublik China bewirkte eine insgesamt rückläufige Entwicklung des deutschen Stahlexports in Drittländer. Die Tatsache, daß der COMECON-Bereich, die Länder der Dritten Welt und die Volksrepublik China seit 1974 ihre Produktionsanteile deutlich erhöhen konnten, ging voll zu Lasten der traditionellen Stahlerzeugungsländer der westlichen Welt, deren Anteile an der Weltrohstahlerzeugung tendenziell abnahmen.

Mannesmann[68] weist im Geschäftsbericht 1980 darauf hin, daß die nach 1973/74 im Verlauf der Jahre 1979/80 eingetretene zweite massive Ölverteuerung die Wirtschaft in einer Phase traf, in der die notwendigen strukturellen Anpassungsmaßnahmen an die in den 70er Jahren geänderten Bedingungen gerade in Angriff genommen wurden. Durch den infolge der Energieverteuerung bewirkten Kaufkraftentzug wurde der private Verbrauch erheblich gedämpft.

Wie bereits im Vorjahr litt die geschäftliche Entwicklung der Hütten- und Röhrenwerke unter den anhaltenden Wettbewerbsverzerrungen auf dem internationalen Stahlrohrmarkt, so daß die Ertragslage des Mannesmann-Konzerns durch die konjunkturelle Abschwächung und strukturellen Probleme des Hütten- und Röhrenbereichs belastet wurde.

Die Kritik der deutschen Stahlindustrie richtet sich immer wieder gegen die hohen wettbewerbsverzerrenden Subventionen in den meisten EG-Ländern.

Nennenswerte Zuwachszahlen konnten nur die Länder der Dritten Welt verzeichnen.

Erschwerend kam hinzu, daß im Drittländer-Export der Absatz in einige Länder stark beeinträchtigt wurde, so in den USA durch politische Interventionen bei den Stahlpreisen und im Nahen Osten durch militärische Auseinandersetzungen. Die dadurch auf den übrigen Absatzmärkten eingetretene Verschärfung des Wettbewerbs hatte einen Preisverfall zur Folge, der nur zum Teil durch die im zweiten Halbjahr 1980 eingetretene DM-Abwertung ausgeglichen werden konnte.

Für das Geschäftsjahr 1980/81 führt Thyssen aus, daß die Entwicklung der Stahlnachfrage in der Europäischen Gemeinschaft durch die gesamtwirtschaftliche Rezession geprägt wurde, was besonders in der Auto- und Baukonjunktur zum Ausdruck kam; später verschlechterte sich auch die Lage auf dem Investitionsgütersektor. Im Geschäftsjahr 1980 wurde der Stahlexport von Thyssen in die USA durch das im März 1980 eingeleitete Anti-Dumping-Verfahren gegen europäische Stahlhersteller erheblich behindert.

Bedeutend ist, daß nach dem Scheitern der freiwilligen Stahlmarktordnung im Sommer 1980 und dem daraufhin eingetretenen Preisverfall die Kommission der Europäischen Gemeinschaft mit Wirkung vom 1.10.1980 obligatorische Produktionsquoten gemäß Artikel 58 des EGKS-Vertrages einführte. Diese Regelung galt für alle Stahlerzeuger in der Gemeinschaft, war befristet bis zum 30.6.1981 und wurde am 1.7.1981 durch ein Mischsystem mit obligatorischen und freiwillig vereinbarten Quoten abgelöst. Die Maßnahme hatte zum Ziel, den durch die staatlich subventionierten Konkurrenten betriebenen ruinösen Preiswettbewerb zu beenden und eine Anpassung der Erlöse an die gestiegenen Kosten vorzunehmen. Es wurden im Geschäftsjahr der rückläufigen Nachfrage entsprechend die Produktionsvorgaben zurückgenommen, so daß auf dieser Grundlage die Stahlpreise in mehreren Stufen angehoben werden konnten. Gleichzeitig stiegen jedoch die Stahlherstellungskosten derartig an, daß weitere Erhöhungen der Stahlpreise unumgänglich wurden.

Die Krupp Stahl AG[69] legte seit Anfang 1980, dem von der EG-Kommission festgelegten Bezugsdatum für Marktanpassungsmaßnahmen, 13 Stahlwerks- und 11 Walzwerksanlagen still. Dieser Kapazitätsabbau war mit einer deutlichen Verminderung der Belegschaft verbunden, die in der Zeit von 1980-1984 im Stahlbereich rund 32 % betrug. Nach Aussagen des Unternehmens konnte eine erhebliche Verbesserung der Produktivität erreicht werden. Außerdem fand eine grundlegende Umgestaltung statt, indem das Unternehmen sich schwerpunktmäßig auf zukunftsträchtige Bereiche wie Flach- und Edelstahlerzeugnisse konzentrierte. Ferner wurden Maßnahmen zur Kostensenkung im Verwaltungsbereich eingeleitet.

Neben der unbefriedigenden Kapazitätsauslastung hat vor allem eine stark divergierende Entwicklung von Kosten und Erlösen die Ertragslage der deutschen Stahlindustrie in 1981 erheblich verschlechtert. Die Produktionskosten waren außerdem vor allem durch die enormen Verteuerungen von Rohstoffen und Energien, die zu einem großen Teil aus dem Kursanstieg des Dollars resultierten, drastisch angestiegen.

Der Hinweis von Krupp im Geschäftsbericht 1981, daß die deutsche Stahlindustrie von der seit Mitte der 70er Jahre bestehenden Krise in der Europäischen Gemeinschaft besonders hart getroffen wurde, da sie - im Gegensatz zur Konkurrenz in den EG-Nachbarländern - die aufgetretenen Strukturprobleme ohne staatliche Hilfe bewältigen mußte, weist auf die grundsätzlich veränderte Situation seit der Gründerzeit hin. Wollten die Firmengründer Krupp und Thyssen noch so autark wie möglich bleiben, wird der Ruf nach staatlicher Hilfe in der Gegenwart immer lauter. Auch im Geschäftsbericht 1984 fordert Krupp, daß angesichts der gravierenden Benachteiligung der deutschen Stahlunternehmen in der EG die Bundesregierung aufgerufen ist, akzeptable Wettbewerbsbedingungen herbeizuführen.

Interessant ist, daß im Gegensatz zu Thyssen und Krupp im Geschäftsjahr 1981 und 1982 Mannesmann keine Einbußen beklagt, sondern betont, daß das Unternehmen trotz der weltweit ungünstigen wirtschaftlichen Bedingungen mit Erfolg arbeitete, und das Ergebnis über dem des Vorjahres lag, wobei die Verbesserung ihre Ursache in der Belebung des Auslandsgeschäftes mit Röhren für den Energiesektor hatte. Ferner hätten die getroffenen Rationalisierungsmaßnahmen ihren Anteil dazu beigetragen. Andererseits wird jedoch in 1982 auf eine verschlechterte Auftragslage bei den Röhrenwerken hingewiesen, die auch 1983 zu beklagen war.

Die Krupp Stahl AG berichtet, daß 1982 weitere strukturelle Anpassungsmaßnahmen vorgenommen wurden, die eine wesentliche Ergebnisverbesserung des Stahl- und Walzwerkskomplexes des Werk Rheinhausen zum Ziel hatten. Im Vordergrund stand die Konzentration der Rohstahl- und Walzstahlproduktion auf wenige leistungsfähige, kostengünstige Aggregate.

Der stärkste Einbruch ist 1982 zu verzeichnen. Thyssen berichtet, daß die Stahlnachfrage innerhalb kurzer Zeit so stark fiel, daß Kurzarbeit in einem bisher noch nicht bekannten Umfang eingeführt werden mußte. Auch die mittelfristigen Aussichten seien aufgrund der allgemeinen Wachstumsschwäche und der Überkapazitäten in der Weltstahlindustrie ungünstiger geworden. Als Begründung wird wieder auf die immer größeren politischen Eingriffe, vor allem in Form hoher Subventionen, verwiesen.

Außerdem ergriffen die USA zum Schutze ihrer Stahlindustrie protektionistische Maßnahmen gegen europäische Stahllieferanten.

Immer wieder wird als Hauptursache für die negative Entwicklung der anhaltende und sich weiter verschärfende Subventionsdruck angegeben. In fast allen industriellen Schwellenländern erfolgte der in den 70er Jahren beschleunigte Aufbau neuer Hüttenwerke mit staatlichen Finanzhilfen. Nach Inbetriebnahme wurden selbst Produktion und Absatz subventioniert. Besonders verhängnisvoll wirkten sich jedoch nach Ansicht der deutschen Stahlindustrie die Subventionen in der EG aus, die aus Tab. 9 hervorgehen:.

Tabelle 9
Staatshilfen für die Stahlindustrie in der EG von 1975 - 1985

	Mrd. DM	DM/t Rohstahlerzeugung
Italien	32,6	124
Großbritannien	27,1	142
Frankreich	23,6	102
Belgien	12,7	100
BRD	7,2	16
Luxemburg	1,5	33
Niederlande	1,1	19

Quelle: UEBBING 1991, S.134

Die Befürchtung, daß die Annahme staatlicher Gelder dazu führen könnte, über den Umweg der Subventionen verstaatlicht zu werden, hielt die deutsche Stahlindustrie zunächst hiervon ab. Aufgrund der Situation in den Jahren 1982/83 war eine Inanspruchnahme öffentlicher Hilfen jedoch unumgänglich, die als Investitionszulagen und Strukturverbesserungshilfen geleistet wurden, wobei letztere zurückgezahlt werden mußten.

Thyssen weist darauf hin, daß der Konzern gegenüber den anderen deutschen Wettbewerbern eine Benachteiligung erlitt, da er nur öffentliche Mittel in Höhe von 30 % des Aufwandes für Strukturverbesserungen erhielt gegenüber 50 %, die den anderen Werken zur Verfügung gestellt wurden.

Aus heutiger Sicht wird die Subventionierung durch den Staat stark kritisiert, da diese nur zu einer Zementierung meist überholter Wirtschaftsformen und der Produktion von Überkapazitäten, wie z.B. in der Stahlindustrie, führte (VESTER 1991). Die zunehmende Subventionsmentalität hat den notwendigen Strukturwandel folglich eher behindert als gefördert (HEUER 1985).

Die bereits an anderer Stelle erwähnten Konzentrationen in konjunkturschwachen Zeiten wurden auch zu Beginn der 80er Jahre als marktstabilisierende Maßnahme in Erwägung gezogen. Eine geplante Zusammenfassung der gesamten Stahlaktivitäten von Thyssen und Krupp scheiterte an gravierenden finanziellen Problemen, d. h. an der negativen Bilanz von Krupp. In der Folge konzentrierte sich Thyssen nunmehr auf den Alleingang zur Überwindung der Stahlkrise, der organisatorisch in der Ausgründung der Stahlaktivitäten in eine rechtlich selbständige Tochtergesellschaft, die Thyssen Stahl AG, und in der Erarbeitung eines Umstrukturierungskonzeptes, "Konzept 900", mündete.

Noch vor Ausbruch der Stahlkrise und auch noch danach waren von Thyssen unwirtschaftliche Kapazitäten in großem Umfang stillgelegt worden. Das "Konzept 900", das 1985 überwiegend abgeschlossen war, erforderte weitere gravierende Einschnitte. Dazu gehörten im Raum Duisburg folgende Maßnahmen:

- Duisburg-Ruhrort: Reduzierung der Stahlwerkskapazität und Stillegung der Block- und Halbzeugstraße,

- Duisburg-Meiderich: Stillegung des Hochofenwerks Hüttenbetrieb,

- Duisburg-Süd: Stillegung des Kaltwalzwerks und des Breitflachstahlwerks.

Diese Entscheidungen werden mit den Fehlentwicklungen in der europäischen Stahlpolitik entschuldigt. Die Anpassungsprogramme führten auch zu einer Reduzierung der Inlandsbelegschaft von Thyssen Stahl von 51.000 Mitarbeiter im Geschäftsjahr 1983/84 auf 42.000 Mitarbeiter im Geschäftsjahr 1987/88. Den Erfolg der Anpassungsmaßnahmen sieht Thyssen durch den guten Gewinn im Geschäftsjahr 1989/90 bestätigt.

Im Berichtsjahr 1985 hat Thyssen noch darauf hingewiesen, daß die Produktionsmöglichkeiten weiterhin über den absetzbaren Mengen lagen. Andererseits wird der recht günstige Verlauf der Stahlkonjunktur in der Bundesrepublik und auch im Stahlbereich der Unternehmensgruppen betont.

Nach Aussagen von Thyssen blieb die Weltwirtschaft 1986 auf Wachstumskurs. In der Bundesrepublik festigte sich der Aufschwung. Konjunkturelle Impulse brachten zunehmend der private Verbrauch sowie Investitionen. Für den Unternehmensbereich Stahl war jedoch aufgrund geringerer Versandmengen und niedrigerer Stahlpreise eine Umsatzeinbuße von 8 % zu verzeichnen.

Aufgrund des Dollarkursrückgangs ergaben sich zwar spürbare Kostenentlastungen bei Rohstoffen und Energien, allerdings war das Ergebnis durch die entstandene Rückzahlungsverpflichtung von Strukturverbesserungshilfen und durch erhebliche Umstrukturierungsaufwendungen stark belastet.

Mannesmann verzeichnet für 1986 einen starken Rückgang des Auftragseingangs, für den die wesentlich geringere Nachfrage bei Röhren und im Großanlagengeschäft maßgeblich war. Insbesondere wird beklagt, daß die Umsätze der Röhrenwerke und des Handels aufgrund der anhaltenden Schwäche des Weltstahlrohrmarktes und des Kursverfalls des US-Dollars unter den Vorjahreswerten lagen. Die Röhrenwerke schlossen durch den drastischen Bedarfsrückgang und den Preisverfall bei Röhren als Folge des Energiepreiseinbruchs sowie durch die hohen Einmalaufwendungen für die eingeleiteten Anpassungsmaßnahmen mit Verlust ab.

Krupp sieht den Grund für die nachlassende Beschäftigung im Jahre 1986 in den zusätzlichen Beeinträchtigungen durch eine Zunahme der Stahleinfuhren in die Bundesrepublik und durch eine erhebliche Einschränkung der Exportmöglichkeiten der deutschen Stahlindustrie. Die ungünstige Exportentwicklung wird als eine Folge der amerikanischen Restriktionsmaßnahmen gegenüber Stahlimporten und der Höherbewertung der DM angesehen. Erschwerend kam hinzu, daß einige ausländische Stahlhersteller ihre Erzeugnisse mit staatlicher Unterstützung zu Dumping-Preisen anbieten konnten. Diese verschlechterten Marktverhältnisse bewirkten neben dem Mengenrückgang einen Preisverfall, der gegen Jahresende gravierende Formen annahm. Die EG-Kommission hatte - um dem Preisdruck entgegenzuwirken - die Produktions- und Lieferquoten gemäß Artikel 58 EGKS-Vertrag im vierten Quartal 1986 stark reduziert und von einer geplanten weiteren Liberalisierung des EG-Stahlmarktes in größerem Umfang zunächst abgesehen.

Als eine Folge dieser Situation ist die wohl einschneidenste Maßnahme im Raum Duisburg zu bewerten, als am 26.11.1987 die Absichtserklärung verkündet wurde, die Produktion des Krupp Hüttenwerks in Rheinhausen in das Hüttenwerk Huckingen der Mannesmann AG zu verlagern, die bisherige Krupp-Produktion von Profilen durch Thyssen durchführen zu lassen und das Hüttenwerk Rheinhausen zu schließen. Diese Ankündigung kam insofern unverhofft, nachdem noch im Juni 1987 Krupp das "Optimierungskonzept" verkündet hatte, das den Erhalt aller Standorte vorsah. Zum ersten Mal sollte ein voll wettbewerbsfähiger, integrierter Hüttenkomplex (Hochofen-Stahlwerk-Weiterverarbeitung) aufgegeben werden. Die Schuld an dem Dilemma wird in der verfehlten Stahlpolitik in Europa und der Subventionspolitik gesehen.

Die danach einsetzenden Kampfmaßnahmen, für die die Handelskammer offenbar wenig Verständnis aufbrachte, hatten das Ziel, die Standortgarantie zu erzwingen. Der vehemente Eiinsatz um den Standort Rheinhausen von seiten der Arbeitnehmerschaft und der sich solidarisch Erklärenden ließ deutlich werden, welche Einzelschicksale sich hinter diesem Vorhaben verbargen. Nicht zuletzt ist von einer derartig gravierenden Maßnahme ein ganzer Stadtteil betroffen, dessen Bewohner direkt und indirekt von Krupp abhängen. Darüber können auch alle sogenannten sozialverträglichen Maßnahmen nicht hinwegtäuschen. "In der Regel gehen heute betriebswirtschaftlich sinnvolle Einzelüberlegungen wie beispielsweise eine Standortvernichtung einher mit verheerenden Folgen für die Region. Durch die Dominanz des Montankapitals am Arbeitsmarkt wird mit einer betrieblich begründeten Entscheidung über das Wohl und Wehe ganzer Städte entschieden" (CZYMEK/ ARNDT 1988, S. 78).

Die geplante Stillegung des Hüttenwerks Rheinhausen stieß allerdings erwartungsgemäß auf Akzeptanz bei der Niederrheinischen Industrie- und Handelskammer. Die unternehmensübergreifenden Planungen werden als richtig erachtet, da es besser sei, wenigstens ein Stahlwerk auszulasten, statt zwei nur halb ausgelastete Unternehmen wirtschaftlich zu gefährden. "Wer mit allen Mitteln an Althergebrachtem festhalten will, wird die Zukunft verspielen" (HANDELSKAMMER-BERICHTE 1987). Man hatte bereits ein Konzept für eine Folgenutzung parat: Ankauf und Herrichtung des Krupp-Hüttengeländes in Rheinhausen. In Form eines Pilotprojektes sollte versucht werden, für dieses Gelände, unter Einbeziehung der gesamten Hafenentwicklung in Duisburg, eine optimale Verwendung zu finden (H. 23 der Schriftenreihe 1988).

Die folgende Ruhrgebietskonferenz hatte auch nicht eine Konservierung der jetzigen Struktur zum Ziel, sondern es ging um Möglichkeiten, um neue wirtschaftliche Impulse einzuleiten.

Nicht zuletzt aufgrund des massiven Drucks der Arbeitnehmer, Gewerkschaften und der Bevölkerung war es zunächst bei einer Teilstillegung geblieben. Nach der Fusion Krupp/ Hoesch erfolgte Anfang 1993 ein wochenlanges Tauziehen um die Schließung entweder des Standortes Rheinhausen oder Dortmund, das die Arbeitnehmer beider Unternehmensbereiche in eine unwürdige Konkurrenzsituation brachte. Mit der am 9. März 1993 verkündeten Entscheidung, das Hüttenwerk Rheinhausen, wenige Jahre vor seinem hundertjährigen Jubiläum, endgültig zu schließen, wird erstmalig in Duisburg ein Standort aufgegeben, von dem ein ganzer Stadtteil - vor der kommunalen Neugliederung von 1975 noch eine selbständige Stadt - betroffen ist. Für Rheinhausen wirkt sich folglich die kommunale Neugliederung von 1975 positiv aus, da die Gesamtstadt Duisburg sich der Probleme des Stadtteils annehmen muß. Die katastrophalen Folgen sind in ihrer ganzen Tragweite noch nicht abzusehen. Wenn auch die in Rheinhausen betroffenen 2.100 Arbeitnehmer angeblich durch sozialverträgliche Lösungen ausscheiden sollen, so ist doch zu berücksichtigen, daß die Beschäftigten in den von Krupp abhängigen Unternehmen und im Einzelhandel sowie Dienstleistungsbereich wohl kaum über Sozialpläne abgesichert sind. Im Gegensatz zu 1988, als die Teilstillegung erfolgte, ist keine konjunkturelle Aufschwungphase in Sicht, so daß die Übernahme von Arbeitskräften in anderen Betrieben kaum möglich sein wird. Zu kritisieren ist, daß die Zeit seit der Teilstillegung nicht mit aller Vehemenz genutzt wurde, um für Ersatzarbeitsplätze zu sorgen, die den jüngeren Arbeitnehmern Zukunftsperspektiven eröffnet hätten. Diese Strategie des "muddling-through" kann sich noch bitter rächen. Jetzt erst wird Krupp an sein seinerzeitiges Versprechen erinnert, Ersatzarbeitsplätze zu beschaffen. Ferner wird ein unabhängiges Gutachten gefordert, da auch Fachleuten die Entscheidung zu Gunsten von Dortmund nicht einleuchtet. Offenbar spielen jedoch weniger Fragen nach dem optimalen Standort eine Rolle, sondern haben rein politische Gründe den Ausschlag gegeben. Rheinhausen gilt als der bessere Standort, da das Erz kostengünstiger auf dem Rhein transportiert werden kann, und die eigene Kokerei den Koks billiger als die Ruhrkohle liefert. Verhandlungen mit der Ruhrkohle sollen ergeben, daß diese den Koks für Dortmund für einen Preis zur Verfügung stellt, der den Selbstkosten der Krupp-Kokerei entspricht. Hier bestehen jedoch insofern Schwierigkeiten, da der Hüttenvertrag eine Gleichbehandlung aller Kunden vorschreibt. Obwohl sich zur Zeit wiederum Aktionen gegen die Stillegung formieren, ist zu befürchten, daß es bei der Entscheidung bleiben wird.

Rückblickend ist die Nachkriegszeit in bezug auf die Entwicklung der Stahlindustrie in vier Phasen mit den wesentlichen Merkmalen einzuteilen:

- Die Wiederaufbauphase ab 1950 war gekennzeichnet durch hohe Wachstumsraten und hohe Kapazitätsauslastung.
- Vor allem in der Zeit von 1961 bis 1967 erfolgte ein Ausbau der Kapazitäten. Nach dem Höhepunkt im Jahre 1960 (Tab. 2) waren nur noch geringere Wachstumsraten zu verzeichnen. Gleichzeitig fanden jedoch Rationalisierungen durch technische Veränderungen statt.
- In der Konsolidierungsphase von 1968 bis 1974 nahm die Ausweitung der Stahlkapazitäten ein enormes Ausmaß an.
- Der Tiefpunkt von 1975 gilt als Einschnitt. Drastitische Produktionseinbrüche durch den Rückgang der Stahlnachfrage und ein weiterer Rationalisierungprozeß, verbunden mit einem kontinuierlichen Arbeitsplatzabbau, bestimmen diesen Zeitraum bis zur Gegenwart.

Abb. 12 und 13 zeigen die Jahresproduktion der eisenschaffenden Industrie im Kammerbezirk Duisburg in der Nachkriegszeit sowie die Anteile an der Gesamtproduktion in Nordrhein-Westfalen und in der Bundesrepublik. Die konjunkturellen Einbrüche spiegeln sich hier jeweils wider. Unabhängig davon ist jedoch das stetige Ansteigen des Anteils an der Gesamtproduktion von Nordrhein-Westfalen und der BRD bei Roheisen und Rohstahl als ein Indiz für die Standortverlagerung in den Raum Duisburg zu werten. Lediglich im Bereich der Walzwerksfertigerzeugnisse ist der Trend nach dem Höhepunkt im Jahre 1975 sinkend.

Abbildung 12

Jahresproduktion der eisenschaffenden Industrie im Kammerbezirk Duisburg 1946 - 1991 in Mill. t

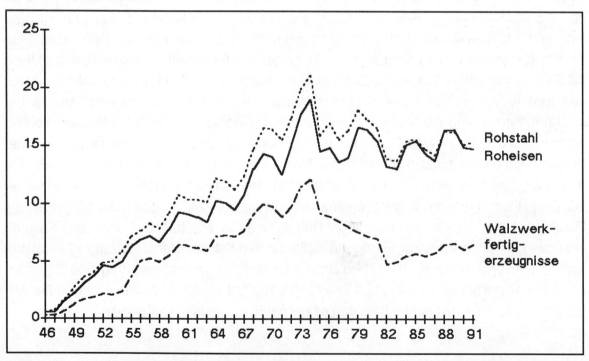

Zahlen aus: IHK Dortmund; Zahlen von der Stadt Duisburg, Amt für Statistik und Stadtforschung, zur Verfügung gestellt (ab 1960 einschließlich Saarland)

Abbildung 13
Anteile der eisenschaffenden Industrie im Kammerbezirk Duisburg an der Jahresproduktion in NRW und in der BRD in % von 1950 - 1991

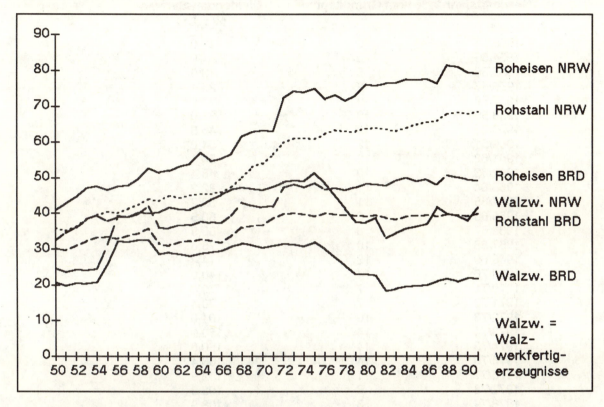

Zahlen aus: IHK Dortmund; Zahlen von der Stadt Duisburg, Amt für Statistik und Stadtforschung, zur Verfügung
gestellt (ab 1960 einschließlich Saarland)

Als ein weiterer Indikator für die wirtschaftliche Entwicklung eines Unternehmens gilt die Höhe der Dividenden-Ausschüttung eines Unternehmens. Am Beispiel von Thyssen (Tab. 10) kann gezeigt werden, daß mit einem gewissen time-lag die Dividenden den Wirtschaftsprozeß widerspiegeln, wobei in den letzten beiden Geschäftsjahren wieder niedrige Dividenden ausgeschüttet wurden.

Tabelle 10

Dividenden - Auszahlungen von Thyssen 1953/54 - 1989/90

Geschäftsjahr	% vom Grundkapital	Dividenden-Summe Mio. DM
1953/54	0	0
1954/55	0	0
1955/56	8	13,5
1956/57	9	26,1
1957/58	9	27,9
1958/59	10	31,0
1959/60	12	46,5
1960/61	12	54,0
1961/62	12	58,1
1962/63	10	48,4
1963/64	11	82,2
1964/65	11	83,2
1965/66	8	60,5
1966/67	8	60,5
1967/68	10	75,6
1968/69	12	114,4
1969/70	14	140,0
1970/71	7	70,0
1971/72	7	70,4
1972/73	10	101,0
1973/74	14	150,6
1974/75	14	150,9
1975/76	14	166,4
1976/77	11	142,9
1977/78	8	103,9
1978/79	8	103,9
1979/80	8	103,9
1980/81	4	51,9
1981/82	4	51,9
1982/83	0	0
1983/84	0	0
1984/85	10	156,4
1985/86	10	156,4
1986/87	10	156,4
1987/88	15	234,6
1988/89	20	313,0
1989/90	20[*]	340,0

[*] + 2 % Jubiläumsbonus

Quelle: UEBBING 1991, S.303

3.5 Entwicklung der unternehmensbezogenen, technischen Infrastruktur

Eng in Verbindung mit der Errichtung der Produktionsstätten ist die unternehmensbezo-
gene, technische Infrastruktur zu betrachten. Für FELDENKIRCHEN (1982) ist es nicht zuletzt August Thyssen zuzuschreiben, daß das Revier die Geburtstätte der Energieverbund-
wirtschaft wurde. WURM (1969) räumt zwar ein, daß Thyssen auf diesem Gebiet auch Be-
deutendes für die Allgemeinheit geleistet habe, er jedoch vorrangig an den unternehmerischen Nutzen und nicht an das allgemeine Wohl dachte.

3.5.1 Energie- und Wasserversorgung

Die Verwertung von Abgasen sowohl des Bergbaus als auch der Eisenhüttenwerke betrachtet HELMRICH (1950) für die unternehmensmäßige Verflechtung von Stahlindustrie und Bergbau als bedeutend. Als man die den Hochöfen entströmenden Gase den Koksöfen der Steinkohlenzechen zuführte und die hochwertigen Abgase der Kokereien in die Siemens-Martin-Öfen und Tiefziehöfen der Stahlindustrie als Brennstoff leitete, erfuhr die produktionelle Verflechtung von Bergbau, Kokerei und Stahlindustrie über die Gasverbundwirtschaft seit Anfang des Jahrhunderts eine beträchtliche Steigerung. Dieses Zusammenwirken der beiden montanindustriellen Zweige wurde durch die Möglichkeit ergänzt, die Abgase über die Stromerzeugung zum Antrieb von Walzenstraßen, Krananlagen und Gebläsen zu verwenden.

Die heutige Tochtergesellschaft der Thyssen AG, die Thyssen-Gas GmbH, geht in ihrer Gründung auf August Thyssen zurück, der die ökonomische Erkenntnis, das bei den Kokereien seiner Bergbaugesellschaften anfallende Kokereigas energiewirtschaftlich zu verwenden, in die Tat umsetzte.

TREUE (1966) berichtet, daß Thyssen mit Walsum als erster Gemeinde einen Gaslieferungsvertrag abgeschlossen hatte, der vor allem die Beleuchtung von Straßen und Plätzen vorsah, nebenbei jedoch auch die privaten Haushalte in die Versorgung einschloß.

Mit dem Aufbau der Ferngasversorgung hatte die Gewerkschaft Deutscher Kaiser bereits 1905 begonnen. In diesem Jahr wurden Verträge mit Hamborn, Dinslaken, Oberhausen und Mülheim abgeschlossen.

Diese energiewirtschaftlichen Aufgaben wurden der dafür gegründeten "Gasgesellschaft mbH", einem selbständigen Unternehmen, 1921 übertragen, das ab 1927 als "Thyssensche Gas- und Wasserwerke GmbH" firmierte (WEHRMANN 1960).

Die Gas- und Wasserwerke blieben auch nach Gründung der Vereinigten Stahlwerke selbständig und im Besitz der Familie Thyssen. Dieses Unternehmen war für die Großversorgung der Industrie und Städte zuständig, während die Kleinversorgung über die noch zuvor gegründete "Niederrheinische Gas- und Wasserversorgungs GmbH" erfolgte.

Die Verwertung von Überschußgas ist jedoch keine Erfindung von Thyssen, denn bereits Mitte des vorigen Jahrhunderts verwendete die Niederrheinische Hütte Überschußgas für die Beheizung der Öfen und Dampfkessel. Auch die Duisburger Kupferhütte hat mit dem Gichtgas der Hochöfen den Brennstoffbedarf der Hütte im wesentlichen gedeckt.

Weiterhin ist festzuhalten, daß sich bereits 1898 Thyssen an der Gründung der Rheinisch-Westfälischen Elektrizitätswerke beteiligte, die 1904 unter der Führung von Hugo Stinnes gemischtwirtschaftlich, d.h. mit Beteiligung der öffentlichen Hand, betrieben wurde.

Zur Befriedigung des ständig steigenden Wasserbedarfs von Thyssen & Co. in Mülheim hatte August Thyssen 1893 ein Wasserwerk in Styrum bauen lassen, von dem aus die benachbarten Zechen, Fabriken und Orte mit Wasser versorgt wurden. Das Thyssensche Styrumer Wasserwerk ging 1913 in die Rheinisch-Westfälische Wasserwerksgesellschaft in Mülheim ein (WURM 1969).

1907 wurde ein Wasserwerk in Hamborn errichtet, nachdem bereits 1903 aufgrund der ständig steigenden Aufgaben ein selbständiger Betrieb, die Wasserwerk Thyssen & Co. GmbH, gegründet worden war. 1912 wurde das Rheinwasserwerk in Beeckerwerth erbaut. Nach KÜPPER (1937) stellten die Thyssenschen Gas- und Wasserwerke in den 30er Jahren des 20. Jahrhunderts nicht nur das größte Gasunternehmen, sondern auch das größte einheitliche Wasserwerk Deutschlands dar.

Zu erwähnen ist noch, daß sich die Bürgermeisterverwaltung Beeck-Holten bezüglich der Wasserversorgung bereits an die Gesellschaft Phoenix gewandt hatte, von der 1871/72 für den eigenen Bedarf ein Wasserwerk errichtet wurde. Zunächst kam nur die Ortschaft Beeck, ab 1884 noch Laar in das Wasserversorgungsnetz von Phoenix (v. RODEN 1974).

3.5.2 Eisenbahn und Häfen

Weniger gesellschaftlich bedeutend, jedoch von um so größerem wirtschaftlichen Einfluß sind die von Thyssen gegründeten werkseigenen Bahnlinien und Hafenanlagen, die auf eine nunmehr über hundertjährige Geschichte zurückschauen[70] .

Im Januar 1879 wurde auf dem Schacht 1 der Gewerkschaft Deutscher Kaiser in Hamborn nach langjährigen Bemühungen um eine Bahnlinie die erste Dampflokomotive dieser Gesellschaft abgenommen. Es war jetzt ein eigener, vollwertiger Eisenbahnbetrieb auf den Gleisen der Zechenanlage sowie im Anschlußverkehr mit der Bahnstation Neumühl und der Köln-Mindener Eisenbahngesellschaft (einer privaten Vereinigung) möglich. Diese Anschlußbahn von 2,15 km Länge war der Ursprung der Werksbahn.

Dies war der Anfang des Gemeinschaftsbetriebs "Eisenbahn und Häfen", deren Gesellschafter heute die

- Thyssen Aktiengesellschaft vorm. August-Thyssen-Hütte,
- Thyssen Niederrhein AG und
- Ruhrkohle Aktiengesellschaft

sind, die seit 1919 als Betriebsabteilung geführt wird und seit 1949 eine selbständige Gesellschaft ist. Heute verfügt der Gemeinschaftsbetrieb über ein Gleisnetz von über 800 km und ist der größte Privatbahnbetrieb Europas (TRAPP 1984).

Die 1879 in Betrieb genommene Eisenbahnlinie ermöglichte es, Kohle auf kostengünstige Weise dem nächstgelegenen Bahnanschluß zuzuführen.

Weiter wurde eine Bahn zum Rhein bei Alsum und zu dem vorgesehenen zweiten Schacht der Gewerkschaft in Aldenrade geplant. Diese Bahn verlief vom Bahnhof Neumühl in nordwestlicher Richtung nach Hamborn, wobei sie die Duisburger-, Beecker-, Allee-, Harnack- und Rathaus-Straße kreuzte.

Erst als 1905 der neu erbaute Anschlußbahnhof eine Änderung des Verkehrsstromes herbeiführte, wurde diese ehemalige Hauptverbindung der Gewerkschaft von der Staatsbahn abgelöst. Von diesem Zeitpunkt an diente die Bahnstrecke Neumühl - Schacht 1 nur noch der Bedienung der an ihr liegenden Nebenanschließer, u.a. der Thyssenschen Gas- und Wasserwerke. Die Bahnstation Neumühl war noch Jahre nach dem Zweiten Weltkrieg

Stückgutstation für die Thyssenhütte und die Gemeinschaftsbetriebe Eisenbahn und Häfen. 1928 wurde zwischen Hamborn und Ruhrort-Meiderich eine Gleisverbindung in Betrieb genommen, um für die Werks- und Zechenanlagen im Hamborner, Ruhrorter und Meidericher Raum auch verkehrsmäßig zur Verbundwirtschaft zu gelangen.

Die Zechen und Kokereien der Hamborner Bergbau AG und der Friedrich Thyssen Bergbau AG sind mit den Werksanlagen der August-Thyssen-Hütte und damaligen Phoenix-Rheinrohr AG (Laar und Meiderich) und dem Hafen Schwelgern durch ein gemeinsames Werksnetz verknüpft (WEHRMANN 1960).

Hamborns erste Werkseisenbahnstrecke wurde vor einigen Jahren endgültig stillgelegt. Die alte Trasse verschwand an ihrem Anfang in Neumühl durch den Bau des Emscherschnellweges und an ihrem Ende durch die Neugestaltung der Rathaus- und Schrecker-Straße.

Die Werksbahnen der im Duisburger Raum angesiedelten Betriebe verfügen heute über ein Gleisnetz von über 1.500 km (TRAPP 1984).

In enger Verbindung zu den Werksbahngründungen ist auch die Entstehung der Hafenanlagen von Thyssen zu sehen.

Nachdem 1876 durch die Gewerkschaft Deutscher Kaiser auf Schacht 1 in Hamborn die Kohleförderung aufgenommen und die Kohlen zunächst über den Bahnhof Neumühl verfrachtet wurden, lag es nahe, an dem nicht weit entfernten Rheinstrom einen Hafen zu bauen[71].

Für bestimmte Absatzgebiete sollten die Vorteile des frachtgünstigen Schiffstransportes ausgenutzt werden. 1877 wurde bereits ein Konzessionsgesuch für die Eisenbahnlinie von Schacht 1 zum Rhein hin gestellt. Die Bauarbeiten zur Errichtung des Alsumer Hafens zogen sich bis 1882 hin. Im Juni 1882 waren die Hafenanlagen endgültig fertiggestellt. Der Hafen war an der damaligen Mündung des Emscherflusses in den Rhein angelegt worden.

Es entstand ein Hafenbecken von 400 m Länge und 30 m Breite, indem das nördliche Mündungsufer mit einer Böschung versehen und in der Mitte des Flußbettes eine durchgehende Mole aufgeschüttet wurde, deren oberes Ende eine Verbindung mit dem Ufer erhielt.

Bereits 1883 bereitete diese Hafenanlage erste Schwierigkeiten. Die Hafenmündung erwies sich für den Schiffsbetrieb als zu eng, das Böschungspflaster war schadhaft, außerdem gab es durch die Strömung bedingte Versandungen. Neben den Ausbesserungen und Ausbaggerungen der Versandungen wurde 1886 die Verbreiterung des Hafenmundes durchgeführt.

Der Hafen Alsum diente von 1882 bis Anfang der 90er Jahre vornehmlich dem Kohleversand für die Schachtanlagen 1, 2 und 3 der Gewerkschaft Deutscher Kaiser, worauf auch die Verladeeinrichtungen ausgelegt waren.

Der Hafen Alsum arbeitete bereits im ersten Betriebsjahr für fremde Rechnung. Kunde war beispielsweise die Zinkhütte in Hamborn.

Nachdem die Gewerkschaft Deutscher Kaiser 1890 in Bruckhausen das Hüttenwerk errichtet hatte, wurde nach der Inbetriebnahme der beiden ersten Hochöfen 1897 die Erzzufuhr über den Rheinhafen in Alsum getätigt. Bereits in den 90er Jahren des vorigen Jahrhunderts erkannte die Gewerkschaft Deutscher Kaiser, daß der Rheinhafen den künftigen Anforderungen des Unternehmens nicht mehr gerecht werden konnte. Wegen der Beengtheit der örtlichen Verhältnisse war eine durchgreifende Verbesserung der dortigen Situation nicht möglich, so daß die einzige Möglichkeit in dem Bau eines neuen Hafens lag.

Ein Ausbau des Hafens Alsum wäre auch aufgrund der Bedrohung durch das Rheinhochwasser im durch Bergbaueinwirkungen abgesenkten Hafengebiet nicht sinnvoll gewesen. Das große Hochwasser von 1925/26 ließ dann auch den Hafen im Wasser versinken.

Nachdem das Hafenbecken zugeschüttet und die Anlagen demontiert waren sowie ein großer Teil der früheren Hafengebäude unter dem hohen Aufschüttungsberg verschwand, der den früheren Ortsteil Alsum bedeckte, erinnert heute nichts mehr an diese ehemalige Hafenanlage.

Für die Errichtung eines neuen Hafens schien der Gewerkschaft Deutscher Kaiser das nördlich von Alsum gelegene Schwelgern - ein von größerer Bebauung freies, landwirtschaftlich genutztes Gebiet - als geeignet.

Mit dem 1903 genehmigten Bau des Hafens Schwelgern wurde 1904 begonnen. Zunächst wurde der Rheinkai gebaut, damit möglichst schnell der Betrieb aufgenommen werden konnte, so daß bereits Ende 1905 die ersten Verladungen stattfanden. Der Hafen verfügte über eine Länge von 750 m und eine Breite von 100 m. Vom Rhein aus erfolgte die Ausbaggerung der Hafenbecken-Einfahrt des Stichhafens sowie des Parallelhafens. Das Nord- und Südufer erhielt Kaimauern, während das West- und Ostufer nur mit 400 m Kaimauern ausgebaut wurde. Diese Bauarbeiten waren 1907 beendet. In diesem Jahr erfolgte auch die Abnahme der Hafenanlagen. Bereits 1909/10 erfolgte eine Erweiterung, indem der südliche Teil des Parallelhafens, der sogenannte Liegehafen, voll ausgebaut wurde. Ab 1914 konnten auch die neuen Doppelschachtanlagen Walsum, Wehofen und Lohberg den Hafen Schwelgern mit benutzen. Der Bau eines zweiten Hafenbeckens wurde jedoch aufgrund des Einspruchs der Duisburg-Ruhrorter-Häfen AG nicht genehmigt[72]. Die Kais wurden in den Folgejahren ergänzt, und 1963/64 erfolgte durch neue Umschlagsanlagen eine grundsätzliche Modernisierung zur Erhöhung der Kapazität.

Der Hafen Schwelgern ist mit einer heutigen Uferlänge von 2.265 m der größte europäische Industriehafen.

Erwähnenswert ist, daß auch die Niederrheinische Hütte über eine eigene Verladestelle verfügte, indem über eine schiefe Ebene von der Rheinfront auf das höher gelegene Gelände verladen wurde. 1898 entstand eine auf zwei Pfeilern stehende Kranverladung, die 1913 modernisiert und erweitert wurde. Aufgrund der Produktionserhöhungen wurde die Erweiterung der Verladeanlage und Uferbefestigung erforderlich.

Wie bereits erwähnt, planten Krupp und Mannesmann mit den ersten Hüttenwerks-Anlagen gleichzeitig auch die Hafenanlagen.

So hatte Krupp[73] mit der Fertigstellung des ersten Bauabschnittes 1898, der die drei Hochöfen, das Wasserwerk und die Eisenbahnanschlüsse umfaßte, auch die Hafenanlage von 750 m Länge und 60 m Breite fertiggestellt, die ständig an Bedeutung gewann. Elf Verladebrücken beförderten die Erze und Rohstoffe in die unmittelbar vor dem Hochofen liegende Bunkeranlage. Die Südseite des Beckens diente der Verladung von Roheisen, Walzwerkserzeugnissen und Schlackenprodukten. Heute weist der Entladekai auf der Hochofenseite eine Länge von 770 m und der Verladekai eine Länge von 400 m auf.

Zunächst besaß der parallel zum Rhein und Hochofenwerk verlaufende Hafen eine mittlere Breite von 70 m und eine Länge von 600 m, wurde jedoch bis 1912 auf eine Kailänge von 1.080 m gebracht.

Auch Krupp hatte frühzeitig die Bedeutung der Gleisanschlüsse der Werksbahn als Vermittler des Verkehrs erkannt und sich rechtzeitig um die Anschlüsse an alle drei seinerzeit maßgeblichen rheinischen Eisenbahnnetze durch entsprechende Geländekäufe bemüht, und zwar an die Köln-Mindener-, Bergisch-Märkische und Rheinische Eisenbahnen. Um diese Zeit wurde das Gleisnetz auf 80 km Normal- und Schmalspur erweitert und betrug im Jahre 1938/39 134 km.

Der 1921 in Angriff genommene Hafen von Mannesmann ist der jüngste unter den Hüttenhäfen. Der Hafen, der sich parallel zum Rhein hinzieht, war 1927 fertiggestellt. Die Wassertiefe ließ es zu, daß von See kommende Erzdampfer direkt im Hafen löschen konnten. Der Erzkai mißt allein 550 m. Auch diese Hafenanlagen wurden mehrfach modernisiert und dem jeweiligen Produktionsstand angepaßt. Die Kaiuferlänge beträgt 1,8 km (ACHILLES 1985).

Wie die öffentlichen Häfen sind auch die privaten Werkshäfen (Abb. 14) über das Industrie- und Hafenbahnnetz an die Fernverkehrslinien der Deutschen Bundesbahn angeschlossen.

Die Bedeutung der privaten Häfen zeigt Abb. 15. Wie die Umschlagszahlen beweisen, konnten die Werkshäfen eine stetige Aufwärtsentwicklung bis zum Ausbruch des Ersten Weltkrieges verzeichnen. Der stärkste Einbruch ist 1919 festzustellen. Die Zwischenkriegszeit weist insgesamt starke Schwankungen auf, ein Spiegelbild der allgemeinen wirtschaftlichen Lage. Wie Abb. 7 über die Produktion der August-Thyssen-Hütte zum Ausdruck bringt, ist in den letzten Vorkriegsjahren noch einmal ein Aufschwung festzustellen. Nach dem Tiefstand von 7,797 Mill. t im Jahre 1932 stieg der Umschlag auf 20,832 Mill. t in 1938 an. Von der frühen Nachkriegszeit an, ab 1947, weisen die Umschlagszahlen wieder eine steigende Tendenz auf, wobei auch hier wieder wirtschaftliche Ereignisse zu Schwankungen führten, wie z.B. die Bergbaukrise Ende der 50er Jahre. Nach dem Höhepunkt im Jahre 1974 mit 39,363 Mill. t verringerten sich die Umschlagszahlen jedoch ständig. Interessant ist, daß seit 1951 die Umschlagszahlen der privaten Werkshäfen die der öffentlichen Häfen kontinuierlich übersteigen.

Abbildung 14
Duisburg Ruhrorter Häfen und Privathäfen der Industrie

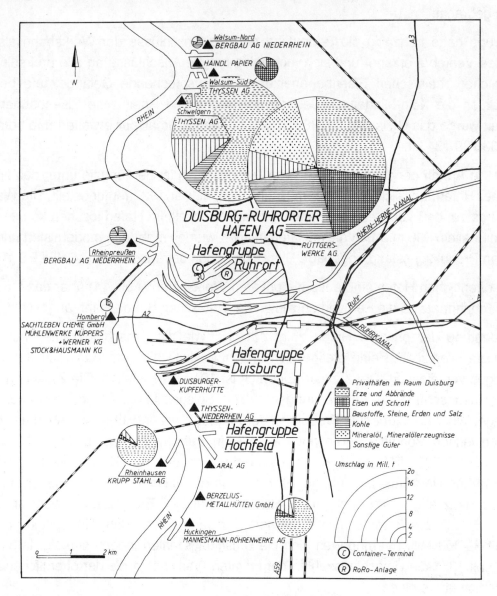

Quelle:　GLASSER; u.a.: Nordrhein Westfalen, Stuttgart 1987, S.202

Abbildung 15
Umschlagszahlen in Mill. t der privaten Werkshäfen und öffentlichen Duisburg - Ruhrorter Häfen 1880 - 1990

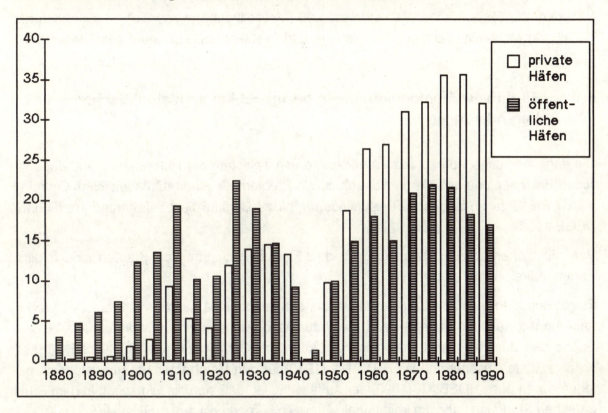

Zahlen aus: TRAPP 1984, S. 21, für 1985 und 1990 Angabe der IHK Duisburg

4 Siedlungs- und Bevölkerungsentwicklung unter dem Einfluß der Montanindustrie

Nachdem der ökonomische Wachstumsprozeß nachvollzogen wurde, soll im folgenden der Einfluß der Montanindustrie auf das Flächen- und Bevölkerungswachstum erläutert werden.

4.1 Einfluß der Montanindustrie in bezug auf kommunalpolitische Veränderungen

Die enge siedlungsgeographische Verklammerung zwischen der Hellwegzone und der südlichen Emscherzone und die damit verbundene Problematik einer städtebaulichen Ordnung waren Anlaß zu umfangreichen Neugliederungen zu Beginn dieses Jahrhunderts (DEGE/ DEGE 1983).

Von nicht unerheblicher Bedeutung für das Flächenwachstum von Städten sind folglich Kommunalreformen.

Es gilt nun die Frage zu klären, inwieweit die Montanindustrie auch Einfluß auf Gebietsveränderungen ausüben konnte, denn die Industrie bewirkte auch auf kommunalpolitischer Ebene den Zusammenschluß ehemals selbständiger Gemeinden, wie SCHOLTEN (1968) für den Rheinhausener und WEHRMANN (1960) für den Hamborner Raum ausführlich belegen, wenn auch HOEBINK (1990) der Auffassung ist, daß sich die Wirtschaft in dem Streit zwischen Stadt und Land um kommunale Grenzen bemerkenswert zurückhielt[74].

Im Gegensatz zu HOEBINK (1990) ist ROJAHN (1984) der Auffassung, daß die Großindustrie auf die Neuregelung der kommunalen Grenzen im Rheinisch-Westfälischen Industriebezirk einen nicht unerheblichen Einfluß genommen hatte, indem sich der Gesetzgeber der Argumentation der Unternehmer anschloß, wirtschaftliche Einheiten nicht durch kommunale Grenzen zu zerschneiden.

Die folgenden Ausführungen basieren auf den zur Verfügung stehenden Akten im Stadtarchiv Duisburg[75], wobei es aufgrund der Aktenlage nicht möglich war, ein abschließendes Urteil darüber abzugeben, inwieweit die industriellen Stellungnahmen letztendlich die Gebietsreformen mit beeinflußt haben. Wenn auch der persönliche Einfluß einzelner Industrieführer für die Kommunalreformen unerheblich gewesen sein mag, so haben jedoch die durch die Gründer verursachten räumlichen Gegebenheiten schließlich kommunale Änderungen erforderlich gemacht.

4.1.1 Kommunale Neugliederung von 1929: Eingemeindungs- Auseinandersetzung um die Stadt Hamborn

Der Kommunalen Neugliederung, die, soweit sie den rheinischen Teil betraf, auf Forderungen der Städte Düsseldorf, Duisburg und Essen vom April 1922 zurückzuführen ist (HOEBINK 1990), gingen, die damaligen Städte Hamborn und Duisburg betreffend, folgende Vorschläge voraus (KÜPPER 1937, S. 79 ff):

- des Regierungspräsidenten und der Preußischen Staatsregierung,
- des Verbandsdirektors des Siedlungsverbandes Ruhrkohlenbezirk,
- der Stadt Hamborn,
- der Stadt Duisburg,
- aus Industriekreisen.

Die Preußische Staatsregierung und der Regierungspräsident befürworteten eine Vereinigung von Hamborn mit Duisburg. Sie wiesen auf die enge Verflechtung dieser Städte hin und wollten vor allem einen Ausgleich aufgrund der einseitig bergbaulich ausgerichteten Wirtschaftsstruktur von Hamborn durch die Stadt Duisburg, da diese wirtschaftlich über ein breiteres Spektrum verfügte.

Die Stadt Duisburg stimmte diesem Vorschlag zu, wollte jedoch für einen Ausbau seiner Häfen und zur weiteren Entwicklung der städtischen Industrie, des Handels und Gewerbes noch Erweiterungen sowohl im Duisburger Süden als auch linksrheinisch. Es lag ihr insbesondere an einer Eingemeindung der Gemeinde Rheinhausen und der Stadt Homberg.

Im Gegensatz hierzu vertrat der Verbandsdirektor einen völlig anderen Standpunkt, da er befürchtete, daß nach einer Vereinigung Hamborn nur noch eine untergeordnete Stellung einnehme, ähnlich wie Ruhrort und Meiderich nach dem Zusammenschluß mit Duisburg 1905. Die noch nicht endgültig abgeschlossene Entwicklung von Hamborn erleide einen Abbruch. Letztlich wurde auch auf den Hafen als Trennung verwiesen. Die Stadt Hamborn schloß sich natürlich dieser Argumentation an.

Die 1925 erstellte Denkschrift, die sich auf eine einstimmige Entschließung des Hauptausschusses der Stadtverordnetenversammlung vom 3.11.1925 bezieht, forderte eine gesetzliche Änderung zu einer Grenzregulierung mit dem Ziel der Wiederherstellung eines Gebietes, das der bisherigen historischen und wirtschaftlichen Entwicklung der Stadt entspricht.

An diesem Beispiel wird beeindruckend die Notwendigkeit dargestellt, "die Verwaltungsgrenze der entrückten Wirtschaftsgrenze nachfolgen zu lassen" (ROJAHN 1984, S. 80). So sollten die kommunalen Grenzen auf der durch Thyssen bedingten Wirtschaftseinheit basieren.

Die Stadt Hamborn betonte, daß es nicht um "Eingemeindung" und "nicht um Stadterweiterung mit Rücksicht auf fehlendes Siedlungsland geht, sondern daß die Kernfrage sei: Welcher Wirtschaftsorganismus ist vorhanden? Wie wird diesem die kommunale Verwaltungseinheit am besten angepaßt?" Die Hamborner Gemarkung stelle geradezu ein Schulbeispiel dafür dar, wie eine rasch gewachsene Industriegemeinde durch Neuanpassung der Verwaltungsgrenzen an die Grenzen der Wirtschafts- und Siedlungseinheit den festen Rahmen für einen inneren Ausbau erhält, der ausreichenden Spielraum zur Lösung großer Aufgaben gewähre. Es sei somit die Aufgabe, dem unmittelbar an den Rhein sich anlehnenden, in seinen Grenzen klar umrissenen industriell einheitlich organisierten Kohlen- und Eisengebiet, dem Gebiet, das im wesentlichen vom Thyssen-Konzern beherrscht wird, dem sogenannten "Thyssen-Industrieorganismus", auch die kommunale Einheit zu geben.

Wie bereits an anderer Stelle ausgeführt, war die Entwicklung von Thyssen für den Hamborner Raum von entscheidender Bedeutung und sollte jetzt die Grundlage für eine kommunale Neuordnung darstellen.

Der Thyssensche Grundbesitz erstreckte sich nördlich von der Ruhr bis zur Lippe und vereinte nach Aussagen der Stadt Hamborn Beeckerwerth, Hamborn und Walsum zu einem geschlossenen Grundbesitz ohne Rücksicht auf dazwischen liegende Gemeindegrenzen. Er deckte sich somit wirtschaftsgeographisch mit dem Kern des Rheinufer-Industriestreifens. Ausdrücklich wird darauf verwiesen, daß die Südgrenze von dem an der Mündung der Ruhr und des Rhein-Herne-Kanals liegenden in öffentlich-rechtlicher Hand befindlichen Duisburg-Ruhrorter-Hafens liege, der aufgrund der eigenen Privathäfen für die Thyssensche Industrie nicht wesentlich sei. So müsse sich eine natürliche Siedlungs- und kommunale Einheit um die Thyssenschen Industriehäfen und Werksanlagen gruppieren. Es sei sinnwidrig, aufgrund dieser Einheit eine Gemeindegrenze zwischen Hamborn und Beeckerwerth zu legen, eine Grenze, die durch den Betrieb verlaufe. Die natürliche Verkehrsscheide zwischen Beeckerwerth und Ruhrort sei auch Verwaltungsgrenze. Diese Grenzregulierung wurde im weiteren Verlauf der Abhandlung ferner mit den in Beeckerwerth liegenden neuen Arbeiterkolonien begründet sowie der dort befindlichen Brunnen der Thyssenschen Gas- und Wasserwerke, die nicht Duisburgs, sondern Hamborns Betriebe und Bevölkerung ausschließlich beliefere.

Ferner überdecke das Thyssensche Bahnnetz mit 360 km Länge in Normalspur das Gebiet der Stadt Hamborn einschließlich der Landbürgermeisterei Walsum. Auf die Verkehrsverbundenheit der Thyssenbetriebe, deren Orts- und Verkehrslage bestimmend für die Stadtbildung war, wurde mit Nachdruck verwiesen.

Es wurde dargelegt, daß die Grenze teilweise durch Hausgrundstücke verlaufe und absonderlicherweise drei Stützen des Schachtes 8 auf Hamborner sowie eine auf Duisburger Gebiet stehe. Eine Regulierung wurde weiterhin damit begründet, daß das Bahnnetz von Thyssen und der Thyssensche Grundbesitz am Duisburg-Ruhrorter Hafengelände ende und ein Vordringen von Thyssen nach Süden nicht möglich sei, da hier kein Grund und Boden mehr zur Verfügung stehe.

Der Hafen galt als Musterbeispiel für eine natürliche Stadtgrenze, da er das Thyssensche Industrieunternehmen von einem völlig anders gearteten Wirtschaftsbereich trenne.

Die Grenzziehung wurde weiter damit begründet, daß Beeckerwerth für Duisburg ein fremder Außenvorort wäre, für das Hamborner Wirtschafts- und Kommunalleben jedoch ein lebensnotwendiger Teil des Stadtkerns, und nur rein zufällig sei dieses Süd- und Südweststück des Hamborner Bergbau- und Hüttenorganismus unter die Duisburger Verwaltung gekommen.

Außerdem wurde auf die Nachteile hingewiesen, wenn Gemeindegrenzen mitten durch ein Werk verlaufen. Hierdurch könnten leicht Unstimmigkeiten und Umständlichkeiten für Gewerbesteuerausschuß, Stadtverwaltung und Steuerpflichtige entstehen.

Da der "Thyssensche Industrieorganismus" bis zur Lippe reiche, werde dieses Wirtschaftsgebiet von einer kreisfreien Stadtverwaltung (Hamborn), einer Landkreisverwaltung (Dinslaken), einer kreiszugehörigen Stadtverwaltung (Dinslaken) und einer Landbürgermeisterei (Walsum) verwaltet.

So wurde vorgeschlagen, auch im Norden des Thyssen-Industriebereiches eine Lösung zu finden, um das kommunale Leben Hamborn - Beeckerwerth - Walsum mit dem kommunalen

Leben Dinslaken-Süd in eine gewisse organische Einheit zu bringen, da der Norden und Süden von denselben wirtschaftlichen, sozialen und betrieblichen Einrichtungen beherrscht sei.

Die Bedeutung bzw. Vorherrschaft des Industriegebietes von Thyssen wird noch damit belegt, daß Thyssen von der gesamten Fläche der Stadt Hamborn von 2.613 ha über 1.086 ha, das sind 40 %, verfüge, die Stadt Hamborn lediglich über 30 ha. Auch von dem Wohnungsbestand von 23.217 in Hamborn waren 9.230 (ebenfalls 40 %) im Besitz von Thyssen.

Im weiteren Verlauf der Auseinandersetzung um die kommunale Neuordnung wiesen die Gegner des Hamborner Vorschlages (insbesondere der Vorsitzende des Kreisausschusses Dinslaken) darauf hin, daß mittlerweile, nach Gründung der Vereinigten Stahlwerke, in die am 5.5.1926 die August-Thyssen-Hütte Gewerkschaft, Hamborn, mit anderen Werken des Thyssen-Konzerns, eingegliedert wurde, der Thyssen-Konzern überhaupt nicht mehr bestehe und unmöglich die Grundlage für einen kommunalen Zusammenschluß abgeben könne.

Der damalige Oberbürgermeister von Hamborn, Dr. Rosendahl, konterte jedoch, daß das Industriegebilde, das er in seiner Denkschrift den "Thyssenschen Industrieorganismus" genannt habe, nämlich die große Betriebseinheit Beeckerwerth, Meidericher Hütte, Meiderich-Hamborner-Kokereien, Hamborner Thyssen-Schächte, August-Thyssen-Hütte, Dinslakener Walzwerke und Lohberger Schächte, jetzt die Hamborner Industriegruppe der Vereinigten Stahlwerke sei. Dieser Industriebesitz, der bis zur Gründung der Vereinigten Stahlwerke formal zerstreut auf mehrere Gewerkschaften und Aktiengesellschaften war, deren Anteile zwar praktisch durch die Familie Thyssen zusammengehalten wurden, sei nun formal-rechtlich vereinigt und bilde einen sowohl räumlich als auch organisatorisch und betriebstechnisch immer enger sich zusammenschließenden Einheitsbetrieb. In Rede stünde nicht mehr ein Konzern, dem auch Betriebe außerhalb von Hamborn (z.B. Mülheim) angehörten, sondern die Betriebsgruppe Hamborn der Vereinigten Stahlwerke, die in abgerundeter Form die Kernwerke des alten Thyssen-Konzerns umfasse und aufgrund seiner Bedeutung auch als Kerngruppe der Vereinigten Stahlwerke gelten könne. Da es sich in Hamborn um eine fest geschlossene Betriebsgruppe handele, sei hier eine wirtschaftsgeographische Grundlage für ein kommunales Gebilde gegeben, was bei Konzernen und Trusts wie den Vereinigten Stahlwerken nicht der Fall sei.

Ferner entgegnete Rosendahl, daß diese Entwicklung des Thyssen-Konzerns zu einem fest geschlossenen Hamborner Einheitsbetrieb seine in der Denkschrift vorgebrachten Eingemeindungsgründe noch verstärkt habe. Es sei jetzt eine auf Jahrzehnte hinaus klare wirtschaftsgeographische Basis für die Gruppierung der kommunalen Grenzen festgelegt.

Bereits in den 20er Jahren - eine interessante Parallele zur Gegenwart - stieß der Vorschlag einer Angliederung von Walsum aufgrund der von Hamborn aufgezeigten bis in den Süden des Kreises Dinslaken reichenden wirtschaftsgeographischen Einheit auf wenig Gegenliebe.

Der Norden des Landkreises Dinslaken tendiere nach Wesel, der Süden nach Hamborn; die Erhaltung des Landkreises würde eine gewaltsame Zusammenbindung ungleicher Gebietsteile bedeuten. Diese Behauptung wurde auch mit verkehrstechnischen Begründungen zu beweisen versucht.

Ein weiterer Grund für die Anbindung von Walsum an Hamborn wurde in der Möglichkeit der Errichtung eines Hafens, einschließlich Hafenbahn, gesehen. Dies war in Hamborn nicht mehr möglich, da Hamborn nur über eine Rheinfront von 1,7 km verfügte und der Thyssenhafen diese bis auf eine 250 breite Lücke belegte. Da die Alt-Hamborner Rheinfront und die Beeckerwerther Rheinfront aufgrund des Grundbesitzes und der Werksanlagen von Thyssen nicht allgemein städtischen oder sonstigen privatwirtschaftlichen Zwecken zugänglich sei, könne ein öffentlicher Hafen nur in Walsum liegen, wo eine Rheinfront von 6,7 km Länge zur Verfügung stehe.

Da Hamborn Industrie- und Siedlungsgelände für Mittel- und Kleinbetriebe benötige, stelle ein derartiger Hafen das Verkehrstor für eine neue Werkstättensiedlung dar. Bislang konnte sich in Hamborn noch keine Veredelungsindustrie ansiedeln, da es an geeignetem Gelände fehlte. Es sei ein volkswirtschaftlicher Schaden, daß die günstigen Produktionsverhältnisse nicht genutzt würden. Die drei großen Hauptaufgaben: "Walsum als Teil des Thyssen-Unternehmens", "Walsum als zentraler Brückenkopf", "Walsum als Hafen- und Veredelungsindustriegelände" könnten nur von einer großen Stadtverwaltung gelöst werden.

Im weiteren Verlauf der Auseinandersetzung wehrte sich die Stadt Hamborn gegen den Vorschlag der Stadt Duisburg, Hamborn einzugemeinden mit dem bereits bekannten Hinweis auf die unterschiedlichen wirtschaftlichen Strukturen von Duisburg und Hamborn. Duisburgs Bedeutung liege in seinem Hafen, der kein örtlicher Industriehafen wie der in Hamborn sei, sondern ein Handelshafen mit weitem Einzugsbereich. Auf die "glückliche Mischung ihrer Wirtschaft" weist die Stadt Duisburg in ihrer Denkschrift vom 25.7.1928 selbst hin.

So sei Hamborns schwerindustrielle, wirtschaftliche Basis durch die günstigen örtlichen Kohlevorkommen bedingt. Auch die Begründung für eine Eingemeindung Hamborns nach Duisburg, daß durch die Gründung der Vereinigten Stahlwerke die Hamborner Werke mit den nördlichen Duisburger Randwerken zusammengeschlossen seien, erschien nicht als stichhaltig. So könne Duisburg schließlich nicht auch Bochum und Gelsenkirchen eingemeinden, weil dort auch die Vereinigten Stahlwerke vorzufinden seien. Auch die beiden Gründe für die Belassung von Beeckerwerth zu Duisburg könnten nicht akzeptiert werden. Die Argumentation, daß das südliche Rheinufer Beeckerwerths eine für Duisburg notwendige Grünfläche darstelle, und auch die Rheinpromenade einen gewissen Stellenwert besitze, sei nicht ausreichend, da man es auch bei einer Zugehörigkeit von Beeckerwerth zu Hamborn den Duisburgern nicht verböte, "hier sonntags spazieren zu gehen". Der zweite Grund, daß Beeckerwerth durch die Kreis-Ruhrorter-Straßenbahn AG jetzt eine Verbindung mit Duisburg-Beeck bekomme und über diesen Umweg auch mit Duisburg-Stadtmitte, sei nicht akzeptabel, schließlich könne Duisburg auch nicht Anspruch auf Mülheim und Oberhausen erheben, nur weil zu diesen Städten Straßenbahnverbindungen bestünden. Zu diesem Zeitpunkt war eine sachliche Auseinandersetzung offenbar nicht mehr möglich, da mittlerweile Polemik in die Argumentation eindrang.

Die Anregung, eine große abgerundete kommunale Einheit zu schaffen, ging nach Ansicht der Stadt Hamborn von den Führern der Wirtschaft aus, da die Hamborner Leitung der Thyssenbetriebe (spätere Betriebsgruppe Hamborn der Vereinigten Stahlwerke) täglich das unausgeglichene kommunale Leben dieses gemeindlich zerschnittenen wirtschaftsgeographisch einheitlichen Gebietes zu spüren bekam.

Im Gegensatz dazu behauptet die Stadt Duisburg, daß die Großwirtschaft eine Verbindung von Duisburg nach Hamborn anstrebe, was nach Aussagen der Stadt Hamborn völlig falsch war. Richtig sei vielmehr, daß in früheren sozial und politisch unruhigen Jahren der eine oder andere an Hamborn interessierte Industrieführer zweifelte, ob ein Wechsel der Hamborner Parteikonstellation für die Industrie tragbar sei bzw. von einer Linksmehrheit in der Hamborner Stadtverordnetenversammlung eine Beeinträchtigung wirtschaftlicher Interessen befürchtet wurde, und daher im Jahre 1920, durch diese Zweifel angeregt, auf Antrag des Duisburger Oberbürgermeisters eine Besprechung über eine eventuelle Zusammenlegung der beiden Städte stattgefunden hatte. Da sich Hamborn sowohl unter "bürgerlicher" als auch unter "sozialistischer" Mehrheit ruhig und positiv weiterentwickelt habe, seien auch die Bedenken der Großwirtschaft verstummt.

Ferner wurde der Stadt Duisburg vorgeworfen, daß diese ihre Nordgrenze mit ziemlich oberflächlicher Argumentation behandele, wohl aus dem Grund, daß Duisburg seine Zukunft sowohl im Süden als auch auf der anderen Rheinseite sehe.

Ende 1927 stellt auch der Regierungspräsident in Düsseldorf eine Zusammenlegung der Stadt Hamborn mit der Stadt Duisburg in Aussicht. Neben den bereits erwähnten Argumenten der Stadt Hamborn wies diese u.a. auch auf die für die ehemals selbständigen Städte sich ergebenden Nachteile, die auch der Verbandsdirektor genannt hatte, hin. Es ergebe sich außerdem, im Gegensatz zu einer vom städtebaulichen Standpunkt wünschenswerten Kreisform, ein langgezogenes Streifenstadtgebilde, das seinen Verwaltungsschwerpunkt im südlichen Teil hätte.

Durch eine Eingemeindung nach Duisburg könne sich die Situation insgesamt für Duisburg nur verschlechtern. Bei einer Verschmelzung von Hamborn mit Duisburg würde die Entwicklung von Hamborn in wirtschaftlicher und kultureller Beziehung abgedrosselt und Hamborn zu einer reinen Arbeitervorstadt von Duisburg herabsinken, eine Befürchtung, die auch eingetreten ist.

So ist es bedeutend, daß die Stadt Duisburg in einem Schreiben vom 8.10.1928 an den Ministerialdirektor Dr. von Leyden, Preußisches Ministerium des Innern, Berlin, selbst ausführt, daß eine Verschmelzung von Hamborn mit Duisburg für Duisburg aus politischer und wirtschaftlicher Sicht keine allzu große Verlockung darstelle. Da jedoch die Grenzziehung, darin stimme man mit Hamborn überein, unhaltbar sei, und sich zwischenzeitlich durch die Gründung der Vereinigten Stahlwerke eine wirtschaftliche Verbindung zwischen Hamborn, "der früheren ausschließlich Thyssenschen Domäne", und der Duisburger Wirtschaft dergestalt vollzogen habe, daß man nun von einem einheitlichen Wirtschaftsgebiet sprechen könne, sei eine Verbindung naturgegeben. Außerdem habe die Stadt Duisburg in den vergangenen Jahren ungewöhnliche Aufwendungen für seine nördlichen Stadtteile geleistet, so daß ihr unmöglich zugemutet werden könne, diese an Hamborn abzutreten.

Auf den Vorschlag des Regierungspräsidenten entgegnete Dr. Rosendahl mit dem Hinweis darauf, daß, falls nicht die große Ruhrstadt, ein Zusammenschluß von Duisburg, Mülheim, Oberhausen, Sterkrade, Hamborn, Walsum und Dinslaken, käme, maßgebliche Herren des Thyssen-Konzerns bzw. der Vereinigten Stahlwerke nicht zu diesem Vorschlag stünden, sondern Hamborn seine Selbständigkeit bewahren müsse. So habe ihm auch August Thyssen noch wenige Monate vor seinem Tod (also 1926) persönlich erklärt, daß erfreulicherweise seine Befürchtungen bezüglich Hamborn in persönlicher und wirtschaftlicher Beziehung nicht eingetreten seien und Hamborn mit Walsum und Dinslaken eine große Zukunft habe.

Im Gegensatz dazu behauptet der Oberbürgermeister von Duisburg, Dr. Jarres, in seiner Denkschrift vom 25.7.1928, daß August Thyssen schon lange vor dem Ersten Weltkrieg eine Vereinigung von Duisburg und Hamborn für angebracht hielt, weil die einseitige Wirtschaftsstruktur von Hamborn im Falle wirtschaftlicher Krisen sehr bedenklich sei, was wirklich sehr weitsichtig war.

Wie aus einer Aktennotiz vom 12.10.1928, angefertigt von Oberbürgermeister Dr. Jarres über ein Gespräch am 11.10.1928 beim Regierungspräsidenten, an dem von seiten der Wirtschaft die Herren Dr. Fritz Thyssen, Dr. Krupp von Bohlen und Halbach, Generaldirektor Dr. Reusch, Generaldirektor Dr. Vögler (Vorstandsvorsitzender der Vereinigten Stahlwerke) und Geheimrat Dr. Klöckner teilnahmen, hervorgeht, hatte sich Fritz Thyssen gegen eine Eingemeindung von Hamborn ausgesprochen.

Diese Auffassung wird auch von Dr. Vögler vertreten, wie aus einem Schreiben an Dr. Jarres vom 1.11.1928 zu entnehmen ist. Vögler bezieht sich auf das Gespräch in Duisburg und wiederholt noch einmal, daß sehr wahrscheinlich die Notwendigkeit zu einem Groß-Duisburg führe, jedoch andererseits die Einwendungen der Wirtschaft richtig seien, daß ein jetziger Zusammenschluß den kommenden Dingen vorausgreife, und man auf keinen Fall nach seiner Meinung jetzt zu Teileingemeindungen übergehen solle. Das im Interesse beider Städte, Duisburg und Hamborn, liegende Ziel einer Bereinigung der nord-südlichen Grenze sei doch auch wohl ohne Eingemeindung zu erreichen.

Einer Aktennotiz vom 5.1.1928 von Dr. Jarres ist zu entnehmen, daß am 3.11. des Jahres ein Gespräch im Hause von Generaldirektor Lenze (Thyssen), mit Dr. Rosendahl, dem Oberbürgermeister von Hamborn und Verbandsdirektor Dr. Schmidt, Essen, stattgefunden hatte. Fritz Thyssen war infolge einer Erkrankung verhindert. Die von Minister Dr. Hirtsiefer veranlaßte Unterredung hatte nach Dr. Jarres u.a. den Zweck, die Eingemeindungswünsche der Stadt Duisburg von Hamborn abzulenken und mehr auf das linke Rheinufer zu konzentrieren. Die Hamborner Herren wollten die Wünsche der Stadt Duisburg nach Angliederung von Homberg und Rheinhausen mit allem Nachdruck unterstützen. Bezüglich Hamborn wurde nachdrücklich von einer Vereinigung der beiden Städte Abstand genommen. Die Ruhrmündungsstadt sei annehmbarer als die Vereinigung von Duisburg und Hamborn.

Offenbar war sich jetzt Rosendahl bewußt, wie gering die Chancen für eine weitere Selbständigkeit von Hamborn geworden waren, denn nach Aussagen von Dr. Jarres über dieses Gespräch war Hamborn jetzt bereit, dafür auf Beeck und Beeckerwerth zu verzichten und wünschte eine unbedingt notwendige Grenzregulierung im Zuge des neuen Emscherlaufes. Jarres erklärte nunmehr, daß für Duisburg das linke Rheinufer wesentlicher sei als die Verbindung mit Hamborn. Jedoch müsse Duisburg auf dieser Vereinigung, wie sie der Regierungspräsident vorgeschlagen habe, beharren. Duisburg könne sich nur mit einem vorläufigen Verzicht einer Eingemeindung von Hamborn einverstanden erklären, wenn seine Wünsche im Süden und auf der anderen Rheinseite erfüllt würden.

78

4.1.2 Kommunale Neugliederung von 1929: Eingemeindungsvorschläge bezüglich Homberg und Rheinhausen

So wie der Vorschlag einer Vereinigung von Hamborn mit Duisburg in Hamborn auf wenig Gegenliebe stieß, wurde der Angliederungswunsch der Stadt Duisburg bezüglich Homberg und Rheinhausen zumindest unterschiedlich aufgenommen. Der Zusammenschluß der Stadt Duisburg mit Homberg und der Gemeinde Rheinhausen wird in der Denkschrift vom 25.7.1928 mit dem wirtschaftlichen und industriellen Zusammenhang zwischen Duisburg und der linken Rheinseite begründet, da u.a. ein intensiver Arbeiteraustausch zwischen Duisburg und den dort ansässigen großindustriellen Werken, insbesondere der Friedrich-Alfred-Hütte von Krupp, herrsche und außerdem Duisburg von allen großen Rheinstädten die einzige Stadt sei, deren Grenze der Rhein bilde.

Es wurde argumentiert, daß der enge Zusammenschluß mit dem linksrheinischen Wirtschaftsgebiet durch zwei Rheinbrücken gegeben sei und sich durch den Bau weiterer Brükken noch enger gestalten ließe. In jedem Fall gehörten das linke und rechte industriell entwickelte Rheinufer wirtschaftlich und verwaltungsmäßig zusammen. Eine verwaltungsmäßige Einheit bewirke, daß der - vor allem für die linke Rheinseite notwendige Brückenbau - sich eher durchführen ließe.

Im Gegensatz zu Rheinhausen begrüßte die Stadt Homberg den Vorschlag einer Eingliederung nach Duisburg. Wie aus einem Schreiben des Bürgermeisters von Homberg, als Antwort auf den Erlaß des Ministers des Inneren vom 1.11.1928, an den Regierungspräsidenten in Düsseldorf hervorgeht, hatte sich die Stadtverordnetenversammlung mit 16 Ja-Stimmen und 13 Gegenstimmen für den Anschluß an Duisburg ausgesprochen.

Begründet wurde der Wunsch eines Anschlusses an Duisburg mit den finanziellen Belastungen, die auf die Stadt Homberg durch die Stillegung der Zeche Rheinpreußen zum 1.8.1928 zugekommen seien und sich auf das hiesige Wirtschaftsleben nachteilig ausgewirkt hätten. Man sprach von einer "tragischen Entwicklung" der Stadt.

Zwar habe ein großer Teil der Belegschaft von seinerzeit ca. 3.400 Beschäftigten im großen und ganzen andere Arbeitsmöglichkeiten gefunden, jedoch seien die älteren Arbeitnehmer seither arbeitslos und fielen der Stadt zur Last. Um die Zeche entsprechend den von ihr entstandenen Lasten zur Gewerbesteuer heranziehen zu können, mußte die Gewerbe-Kapital-Steuer eingeführt werden, die die Geschäftswelt im allgemeinen stärker belaste, als wenn eine Lohnsummensteuer erhoben würde.

Es wurde noch darauf hingewiesen, daß zwar ein nicht unerheblicher Teil der hiesigen Arbeiterschaft auf den Rheinhausener Werken, vor allem bei Krupp, Beschäftigung gefunden habe, jedoch Krupp, ebenso wie die dortigen Bergwerksgesellschaften, bestrebt seien, die Arbeiter in großer Nähe des Werkes anzusiedeln, zumal in der Gemeinde Rheinhausen ausreichend Siedlungsgelände zur Verfügung stehe.

Außerdem sei zu befürchten, daß in etwa fünf Jahren, wenn die derzeitige durch die Stadt geförderte Bautätigkeit abgeschlossen und bis dahin die gegenwärtige Wohnungsnot beseitigt sei, der Mittelstand nicht mehr die Steuern aufbringen könne. Es sei nicht damit zu rechnen, daß Homberg nach Ablauf dieser Zeit, nach Ende der "Scheinblüte", sich wirtschaftlich noch auf gesunder Höhe halten könne. Nach Beendigung der Bautätigkeit müsse mit einer völligen Stagnation gerechnet werden, da Geschäfte und Handwerk auf einer gesunden Weiterentwicklung aufgebaut seien. Der Mittelstand habe ohnehin unter den großkapitalistischen Geschäften und Unternehmungen und den immer stärker werdenden Konsum-Genossenschaften sehr zu leiden.

Auch unter dem Gesichtspunkt der ungünstigen Verkehrslage von Homberg sei nicht mit einer Weiterentwicklung der Stadt zu rechnen. Homberg könne sich jedoch nur bei einem Zusammenschluß mit Duisburg fortentwickeln, zumal Homberg schon heute als Wohnstadt von Duisburg angesehen werden müsse, denn ein großer Teil der hier wohnenden Angestellten und Arbeiter arbeite in Duisburg, insbesondere in den großen Werken und Häfen, in den Duisburger Stadtteilen nördlich der Ruhr (Ruhrort, Meiderich, Beeck, Laar, Beeckerwerth), wo die Siedlungsmöglichkeiten recht ungünstig seien.

Duisburg-Nord und Homberg zusammen würden der Bewohnerschaft von Homberg ganz andere Beschäftigungsmöglichkeiten bieten als die kleineren in Homberg befindlichen Werke. Solange Homberg jedoch selbständig bliebe, verhindere die Stadt Duisburg ein Übergreifen der Entwicklung nach Homberg.

Auch aus steuerlichen Gründen wurde eine Vereinigung mit Duisburg als wünschenswert angesehen, da die Homberger Wirtschaft steuerlich mit Duisburg gleichbleiben wollte, was nur durch eine kommunalpolitische Vereinigung auf Dauer zu erreichen sei. Diese Argumentation, daß aufgrund der Abwanderung der Industrie von Homberg und hohen sozialen Belastungen der Stadt die durch untragbare Steuern und öffenliche Abgaben bedrängte Wirtschaft Hombergs nur durch einen durch die Eingemeindung nach Duisburg bezweckten Lastenausgleich eine allmähliche Belebung erfahre, schlossen sich auch die Niederrheinische-Mittelstands-Vereinigung Homberg, der Innenausschuß von Homberg und der Bürgerblock an.

Diese Begründungen der Stadt Homberg fanden ebenfalls ihren Niederschlag in einer Entgegnung an den Preußischen Staatsrat in Berlin vom Februar 1929 auf die Stellungnahmen der Industrie- und Handelskammer zu Krefeld, die vorgeschlagen hatte, die Städte Moers und Umgebung, Homberg und Rheinhausen, zu einer einheitlichen Großstadt zusammenzufassen. Es wurde klar dargelegt, daß dieser Vorschlag weder den Wünschen der hiesigen Bürgerschaft entspreche noch wirtschaftlich zu begründen sei.

Der wirtschaftliche Schwerpunkt von Homberg und Rheinhausen, die mehr Industriestädte seien, liege am Rhein, die Interessen der mehr als Behördenstadt anzusehenden Stadt Moers gingen in eine völlig andere Richtung. Auch verkehrstechnisch sei Homberg ganz nach Duisburg orientiert, was den Bau einer gemeinsamen Rheinbrücke zwischen Ruhrort und Homberg noch bekräftige. Ebenso sei der wirtschaftliche Zusammenhang von Homberg und Rheinhausen mit Duisburg größer als mit der Stadt Moers.

Während die Stadt Homberg, nicht zuletzt aufgrund wirtschaftsstruktureller Veränderungen, einen Zusammenschluß mit Duisburg wünschte, war in Rheinhausen eine völlig andere Reaktion, insbesondere von seiten Krupp, zu verzeichnen.

So legte Direktor Dorfs in einem Schreiben vom 28.8.1928 an Oberbürgermeister Jarres die Stellungnahme seines Unternehmens dar und wies darauf hin, daß Krupp aus rein sachlichen Gründen eine von der in der Denkschrift der Stadt Duisburg dargelegten Auffassung abweichende Haltung einnehme.

Am 20.12.1928 schrieb Dr. Jarres an Dr. Krupp von Bohlen und Halbach und erwähnte, daß von Bohlen und Halbach in einem kürzlich geführten Gespräch zugesagt habe, noch einmal ein Gespräch mit der Leitung des Rheinhausener Werkes zu führen, um eventuell die Bedenken, die von dieser Seite gegen die Angliederung an Duisburg bestehen, zu zerstreuen. Jarres betonte, daß die Stadt alle Garantien abgebe, um den Ausbau des Werkes und die Arbeitersiedlungspläne nicht zu behindern.

Jarres gab ferner seinem Bedauern Ausdruck, daß die Firma Krupp versuche, die Regierung in Berlin, die vorgeschlagen habe, Homberg und Rheinhausen mit Duisburg zu vereinen, umzustimmen.

Nur einen Tag später, mit Brief vom 21.12.1928, antwortete Krupp von Bohlen und Halbach dem Oberbürgermeister von Duisburg dahingehend, daß er sich seit dem Gespräch in Berlin bei den verschiedensten Stellen vertraulich über die Sachlage unterrichtet habe. Das Bild, das er dabei gewonnen hätte, entspreche - insbesondere Rheinhausen und Homberg betreffend - nicht demjenigen, welches Jarres in der damaligen Unterhaltung kennzeichnete.

Krupp von Bohlen und Halbach verwies weiterhin darauf, daß so gut wie die gesamte Bevölkerung von Rheinhausen absolut gegen eine Eingemeindung eingestellt sei. Außerdem kämen bei einer Eingemeindung höhere steuerliche Belastungen auf das Werk zu. Krupp von Bohlen und Halbach bezog sich auch auf ein Gespräch mit Direktor Dorfs, der nach wie vor, nicht nur aus grundsätzlichen, sondern vor allem aus Gesichtspunkten, die die Friedrich-Alfred-Hütte betreffen, die Auffassung vertrete, daß sich eine Eingemeindung für das Werk zu unvorteilhaft auswirken könne.

Lediglich von der Zechenleitung Diergard-Mevissen schien Jarres Unterstützung in der Eingemeindungsfrage zu erhalten. So geht aus einem Schreiben des Oberbürgermeisters von Duisburg an den stellvertretenden Vorstand des Aufsichtsrates von Diergard-Mevissen, Dr. Ott in Köln, vom 9.4.1929 hervor, Ott habe in persönlichen Gesprächen zum Ausdruck gebracht, daß die Verwaltung der Zeche sich auf den Standpunkt der Stadt Duisburg stelle und sich für eine Vereinigung mit Duisburg ausspreche. In seinem Antwortschreiben vom 15.4.1929 teilte Ott mit, daß trotz anderslautender Mitteilung in Veröffentlichungen (insbesondere des Landrates des Kreises Moers) die Zechenleitung ihre Auffassung nicht geändert habe.

Wie die Entwicklung gezeigt hat, kam eine Vereinigung von Rheinhausen und Homberg zum damaligen Zeitpunkt nicht zustande. Es ist naheliegend, daß hier der Einfluß der Firma Krupp nicht unmaßgeblich war, wenn auch das Gutachten des Verbandsdirektors des Ruhrsiedlungsverbandes, Dr. Schmidt, mit Sicherheit eine Rolle gespielt haben wird. Schmidt hielt den Zeitpunkt für eine Vereinigung noch nicht für gekommen. Er zweifelte nicht, daß die weitere Entwicklung zeigen werde, ob ein Zusammenschluß zu vollziehen sei; insbesondere, wenn die Brückenfrage von seiten der Stadt energisch vorangetrieben würde, könne sich die Situation ändern.

4.1.3 Vorschlag der Ruhrmündungsstadt

Ein weiterer Vorschlag galt der Gründung der Ruhrmündungsstadt (Abb. 16), die zunächst von seiten der Industrie präferiert wurde. Die Idee der Ruhrmündungsstadt, mit dem Ziel der Vereinigung der Städte Mülheim, Oberhausen, Sterkrade, Osterfeld und Duisburg zu einem Großgemeinwesen, war - wie aus der Denkschrift der Stadt Duisburg hervorgeht - von führenden Wirtschaftskreisen ausgegangen. Die Ruhrmündungsstadt wurde als eine "Lieblingsidee" von August Thyssen bezeichnet.

Die Stadt Duisburg, die sich für diesen Vorschlag aussprach, begründete ihn u.a. damit, daß derzeitig bzw. in Kürze die leitenden Stellen mehrerer Städte frei und sich dadurch die personellen Schwierigkeiten mindern würden. Außerdem sei das in Frage stehende Gebiet wirtschaftlich, sozial und kulturell engstens miteinander verbunden. Die gemeinsame Grundlage sei vor allem in der Schwerindustrie, dem Bergbau und der riesigen Umschlagskraft der Häfen zu finden.

Die großbetrieblichen Zusammenhänge gingen ohnehin über einzelne Stadtgrenzen hinweg, so daß kommunalpolitische Grenzen in diesem Gebiet heute schon nicht mehr maßgeblich seien. Ungefähr 40 % der Produktion der Schwereisenindustrie würden in diesem Gebiet erzeugt.

Insbesondere wurde betont, daß man bei der Ruhrmündungsstadt nicht von einem einseitig montanindustriell ausgerichtetem Gebiet sprechen könne, da das Überwiegen der Schwerindustrie in den Gebieten Hamborn, Oberhausen, Sterkrade und Osterfeld wesentlich durch die günstige wirtschaftliche Struktur von Duisburg und Mülheim ausgeglichen werden könne. Verständlich seien jedoch die Bedenken, die gegen ein solches Großgemeinwesen, eine derartige Verschmelzung bisher selbständiger und zum Teil alter Städte vom Standpunkt der Selbstverwaltung und Verwaltungspraxis erhoben würden. Jedoch sah die Stadt Duisburg in diesem Punkt keine unüberwindlichen Schwierigkeiten. Die Stadt Duisburg bemerkte in ihrem Plädoyer für die Ruhrmündungsstadt abschließend, daß es erstaunlich sei, daß die Stadt Hamborn sich mit einer Verschmelzung zu einer Ruhrmündungsstadt abfinde, jedoch nicht mit einer Vereinigung mit Duisburg.

Der Oberbürgermeister von Duisburg schrieb in einem Brief vom 13.8.1928 an den Regierungspräsidenten in Düsseldorf, unter Bezugnahme auf ein Gespräch mit Wirtschaftsführern, u.a. mit Fritz Thyssen, daß offenbar unter dem Einfluß von Thyssen zunächst noch Bedenken gegenüber der Ruhrmündungsstadt bestehen, weil man hierin keine Verbilligung der Gesamtverwaltung sehen könne und eine zweckverbandliche Regelung bevorzugt würde. In einem ausführlichen Brief vom 8.10.1928 schrieb Jarres an den Ministerialdirektor Dr. von Leyden, daß zwar die Idee der Ruhrmündungsstadt von der Wirtschaft ausgegangen sei, diese jedoch - wie sie selbst zugebe - aus rein eigennützigen Gründen den großen Plan nicht mehr offen vertrete. So führt Jarres aus, daß er diesen Vorschlag weiterhin unterstütze, obwohl ihm der Vorwurf gemacht werde, daß er hierbei persönliche Interessen, nämlich selbst an der Spitze dieser Großgemeinde zu stehen, verfolge.

Über die bereits erwähnte Besprechung beim Regierungspräsidenten am 11.10.1928 hielt Jarres in einer Notiz vom 12.10.1928 fest, daß sich, bis auf Dr. Klöckner, alle Herren der Wirtschaft gegen die Ruhrmündungsstadt ausgesprochen hätten. Von seiten der Wirtschaft war man, wie bereits erwähnt, der Auffassung, zum gegenwärtigen Zeitpunkt die kommunalen Grenzen nicht zu verändern. Es wurde nicht bestritten, daß die Ruhrmündungsstadt einmal komme, jedoch jetzt nicht der richtige Zeitpunkt sei und Teillösungen dem Problem nur schadeten. Dr. Vögler und Dr. Klöckner erklärten, daß nach ihrer Auffassung die Ruhrmündungsstadt in zehn Jahren reif sein könnte, auch Dr. von Bohlen und Halbach bestätigte, daß dann auch Rheinhausen unter Umständen mit Duisburg zusammenzulegen sei.

Abbildung 16
Geplante Ruhrmündungsstadt

Quelle: Hoebink 1990, S. 403

Der Regierungspräsident und der Ministerialdirektor sahen die Schwierigkeiten mehr von verwaltungstechnischer Seite, da sich zwar ein Verwaltungsbezirk entwickele, aber die Gefahr, daß keine wirkliche Gemeinde daraus entstehe, groß sei.

Einige Tage später, am 21.10.1928, bekräftigte Fritz Thyssen in einem persönlichen, handgeschriebenen Brief an den Oberbürgermeister der Stadt Duisburg seine bereits dargelegte Meinung über die Ruhrmündungsstadt, wenn er auch einlenkend äußerte, daß die Wirtschaft gar nicht so sehr gegen die Ruhrmündungsstadt sei, wenn es gelingen könne, "für ein derartig großes Gebilde eine Verfassung zu erstellen". So sei auch eine geeignete Person als Oberbürgermeister von Bedeutung, insbesondere unter dem Gesichtspunkt der drohenden Radikalisierung des Stadtparlaments. In diesem Zusammenhang erwähnte Thyssen noch, daß er eine Angliederung von Hamborn an Duisburg für nicht erforderlich halte, zumal, wenn Duisburg sich nach Süden und Westen ausdehnen könne[76].

4.1.4 Kommunale Neugliederung von 1975

Es ist der Begründung von HOEBINK (1990) nicht zuzustimmen, daß die Tatsache des über 40-jährigen Bestandes der 1929 vollzogenen Änderung der Gemeindegrenzen ein Indiz dafür sei, daß diese von allen Beteiligten, einschließlich den Bürgern, wenigstens als passabel betrachtet wurde, zutrifft. Vielmehr ist zu berücksichtigen, daß der Zweite Weltkrieg, der danach folgende Wiederaufbau sowie die dann einsetzende wirtschaftliche Konsolidierung zunächst einmal andere Probleme in den Vordergrund stellten als die Änderung kommunaler Grenzen. HOEBINK (1990) schränkt andererseits auch ein, daß dahingestellt sei, ob mit der Gebietsreform wesentliche Ziele erreicht und neue Impulse zur wirtschaftlichen Entwicklung und besseren Versorgung der Bevölkerung freigesetzt wurden. Es könne zwar von der Übereinstimmung wirtschaftlicher und administrativer Grenzen ein "psychologischer Effekt" ausgehen, es gebe aber keine Beweise, daß sich ein derartiger Effekt auch gewinnbringend auf wirtschaftliche Entwicklungen auswirke.

Durch die Gebietsreform von 1929 erfolgte der Zusammenschluß von Hamborn und Duisburg. Auch bei der kommunalen Neugliederung von 1975, die wiederum räumliche Erweiterungen mit sich brachte, wurde die Stadt Duisburg um den Standort eines zusätzlichen schwerindustriellen Unternehmens bereichert.

Erst bei dieser Neugliederung wurde die in den 20er Jahren zur Debatte stehende Rheinüberschreitung und auch die Gebietserweiterung nach Norden mit einigen Abänderungen - wie seinerzeit von Hamborn gewünscht - durch die Vereinigung mit Walsum vollzogen.

Allerdings stießen diese Eingemeindungen weder in den 20er Jahren noch 50 Jahre später auf Gegenliebe bei den betroffenen Städten, insbesondere die Duisburg gegenüberliegende Rheinseite sprach sich gegen die "Hambornisierung" des linken Niederrheins aus.

Offenbar hat jedoch die Stadt Duisburg vor der kommunalen Neugliederung von 1975 die Eingemeindung von Rheinhausen und Homberg nicht derartig favorisiert, wie dies in den 20er Jahren der Fall war.

Aus einem Bericht des Oberstadtdirektors vom 24.4.1972[77] geht hervor, daß Duisburg im linksrheinischen Bereich auf Eingemeindungswünsche verzichte und die notwendige Lösung des Stadt-Umland-Problems zunächst über das vom Innenministerium vorgeschlagene Verbundstadtmodell suche. Dieses Modell würde dem Ziel der Stadt Duisburg, Oberzentrum für den unteren Niederrhein zu sein, am besten gerecht werden. Regionalbezogene Lösungen, wie die Verbundstadt, seien Eingemeindungen vorzuziehen. Da der Raum Duisburg inzwischen aufs engste verflochten sei, würde Planung heute in Regionen und nicht in Gemeinden vollzogen und könne nicht mehr Einzelgemeinden bzw. Personen überlassen werden.

Eine alleinige Eingemeindung von Homberg und Rheinhausen könne die Probleme des niederrheinischen Raumes nicht lösen und neue Schwierigkeiten im südlichen Kreis Moers hervorrufen. Sollten jedoch regionalbezogene Lösungen nicht zu realisieren sein, müßte die Stadt Duisburg im Interesse des Gesamtraumes ihre Zurückhaltung gegenüber gemeindlichen Zusammenschlüssen, und zwar in Form rheinüberschreitender Eingemeindungen, aufgeben.

Einen großräumigen Zusammenschluß begründet die Stadt Duisburg mit der Notwendigkeit eines planerischen Flächenbedarfs, der nur in den linksrheinischen, schwächer besiedelten Räumen westlich und nördlich von Rheinhausen und Homberg gedeckt werden könnte. Eine siedlungsstrukturelle Verbesserung könne durch eine Eingemeindung lediglich von Rheinhausen und Homberg nicht eintreten, da diese beiden Städte eine höhere Siedlungsdichte als Duisburg aufwiesen.

Es ginge nicht an, daß aufgrund der in der Stadt Duisburg fehlenden Flächen eine weitere Entwicklung nur beschränkt möglich sei, was wiederum zu einer Stärkung des Umlandes führe, andererseits die Stadt jedoch mit Kosten für oberzentrale Infrastruktureinrichtungen belaste. Duisburg böte oberzentrale Dienstleistungen, die finanziellen Belastungen seien aber nicht gleichmäßig verteilt.

Ähnlich wie vor 1929 wurde als Grund für die Eingemeindung von Walsum die enge Verflechtung mit Duisburg angegeben, die insbesondere durch den hohen Einpendleranteil aus Walsum nach Duisburg von 36,2 % zum Ausdruck komme.

Den Vorwurf der "Hambornisierung" verwies die Stadt Duisburg mit der Begründung, daß die damalige Gebietsreform kein Modell für die gegenwärtig anzustrebende Lösung sein könne, da die wirtschaftliche und historische Situation damals eine andere als heute war. So müsse auch in Erinnerung gerufen werden, welche enormen Kosten für infrastrukturelle Einrichtungen in Hamborn auf die Stadt seit der Eingemeindung zugekommen seien und daß aufgrund dieser Investitionen in Hamborn und Neumühl ein Ausbau der City bisher nicht so erfolgen konnte, wie er wünschenswert gewesen sei. Bei der gegenwärtigen Gebietsreform gehe es nicht um Machterweiterung, sondern um Kooperation.

Es ist bei der Gebietsreform von 1975 nur indirekt der Einfluß der Großindustrie spürbar, und zwar in erster Linie aufgrund der von ihr verursachten siedlungsstrukturellen Probleme. Allerdings konnte ein direktes Sich-Einschalten von Wirtschaftsführern, wie dies vor 1929 der Fall war, nicht nachgewiesen werden[78].

Im Gegensatz zur Neuordnung von 1929, bei der industriestrukturelle Faktoren ausschlaggebend waren, spielen bei der letzten Gebietsstandsveränderung mehr zentralörtliche Kriterien eine Rolle.

Die Entwicklung hat gezeigt, daß sich das seinerzeitige Argument der ehemaligen Stadt Hamborn, der Hafen sei die Grenze, da er zwei unterschiedliche Wirtschaftsräume trenne und außerdem der "Thyssensche Industrieorganismus" hier sein Ende finde, als nicht haltbar erwiesen hat, da die Verflechtungen mittlerweile bis in den Duisburger Süden reichen.

Das Institut für angewandte Sozialwissenschaften (INFAS) stellte jedoch im Juni 1963 in einem Gutachten fest, daß die zahlreichen Verkehrsbänder - insbesondere Ruhr und Hafen - das Stadtgebiet zerschneiden und die Kommunikation der einzelnen Stadtteile erschweren.

Auch fast dreißig Jahre nach diesem Gutachten ist noch zu beobachten, daß ein gesamtstädtisches Gefühl kaum vorhanden ist, sondern sich die einzelnen Stadtteile durch eine "regionale Identität" auszeichnen.

INFAS (1963) sieht diesen Sachverhalt zunächst unabhängig von den Eingemeindungen, resümiert jedoch, daß dieser hierdurch verstärkt wurde. So sei Duisburg "eher ein geographischer Begriff als ein Symbol, mit dem sich alle Bürger voll identifizieren können. Duisburg wird deswegen so kühl und reserviert beurteilt, weil man sich der kommunalen Einheit, die mit diesem Begriff erfaßt ist, in ihrer Gesamtheit weniger verbunden fühlt" (S. 25).

Auch 1986 stellt die Stadt Duisburg aufgrund einer Befragung ein kritisches und teilweise distanziertes Verhältnis der Bewohner zu ihrer Stadt fest, wie bereits von INFAS herausgestellt wurde. Mit einem Zufriedenheitsanteil von 30,2 % liegt Duisburg weit unter den Städten vergleichbarer Größenordnung. Es wird betont, daß dieser Tatbestand zunächst einmal unabhängig von den Eingemeindungen gilt, durch diese jedoch akzentuiert wird.

Demgegenüber stehen jedoch starke Bindungen an den Stadtteil, worin auch die Erklärung für die relativ hohe Zufriedenheit mit der unmittelbaren Wohngegend liegt, für die wiederum der umfangreiche und intensive persönliche Kontakt zu Nachbarn, Freunden und Verwandten, die im Stadtteil wohnen, ausschlaggebend ist. "In den subjektiven Urteilen der Bürger spiegeln sich sowohl die objektiven Unterschiede der Qualität der Wohngegend als auch das Image einzelner Stadtteile wider. Ein wichtiger Maßstab für die Zufriedenheit mit der Wohnumgebung sind die Umweltbedingungen in der Nähe der Wohnungen (STADT DUISBURG, Daten und Information 19, 1986, S. 64).

So sind auch bis jetzt die Stimmen nicht verstummt, die wieder eine Eigenständigkeit der ehemaligen, heute eingemeindeten Städte wünschen. Hier wird deutlich, daß bei der kommunalen Neugliederung weder der Wille der Bevölkerung noch die sozialstrukturellen Verflechtungen besonders beachtet wurden. Denn als Entscheidungskriterien dominierten die Wirtschaftskraft, die Verwaltungseffizienz und die Investitionskraft (LANDWEHRMANN 1989).

Zu berücksichtigen ist ferner, daß bereits bei der Eingemeindung von Duisburg und Hamborn der Zusammenschluß zweier doch unterschiedlicher Gebilde erfolgte; auf der einen Seite, die aus einem alten Stadtkern mit alter Handels- und Verkehrstradition entstandene Stadt Duisburg und auf der anderen Seite Hamborn, eine lediglich durch die Industrie gegründete Siedlung, die im Laufe der Zeit unorganisch zusammengewachsen war und nur aufgrund ihrer Einwohnerzahl zur Stadt erhoben wurde. Letzteres gilt auch für Rheinhausen und Walsum[79].

So kann man zusammenfassen, daß die Stadt Duisburg zwar über zwei traditionsreiche Stadtkerne (Duisburg und Ruhrort) verfügt, jedoch die durch Eingemeindung hinzugekommenen heutigen Ortsteile als ehemals selbständige Städte ihre Stadtwerdung nur der großindustriellen Entwicklung der letzten hundert Jahre verdanken. Die Grundstruktur der Stadt, wie sie sich jetzt darstellt, ist folglich im wesentlichen durch Bergbau und Schwerindustrie entstanden.

Abb. 17 zeigt die Entwicklung von Duisburg nach den verschiedenen kommunalen Neugliederungen mit dem jetzigen Gebietsstand.

Abbildung 17
Entwicklung der Stadt Duisburg nach den verschiedenen kommunalen Neuordnungen

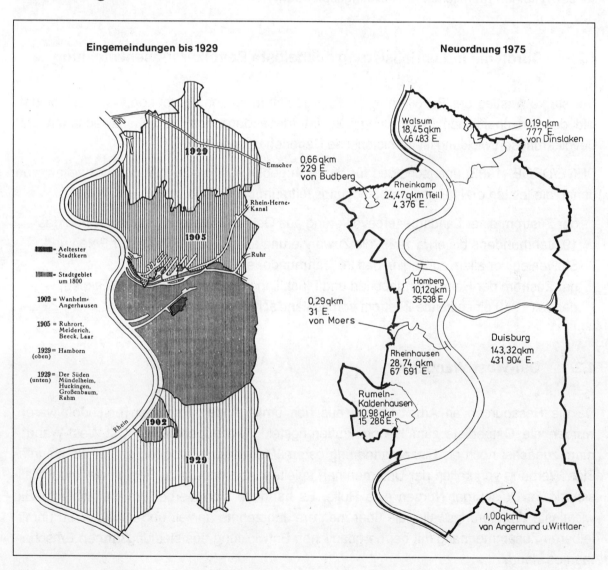

Quelle: PIETSCH 1982, S.23

Bemerkenswert ist, daß die Stadt Duisburg gut zwei Jahre nach Inkrafttreten der Neuordnung zum 1.1.1975 die Probleme der Stadt u.a. auch auf Anpassungsschwierigkeiten infolge der kommunalen Neuordnung zurückführt, da sich die Strukturprobleme der alten Stadt Duisburg und der hinzugekommenen Gemeinden nicht durch den Zusammenschluß in gewünschter Weise entzerrten. Auch habe sich die Vereinigung zunächst nicht positiv auf die Finanzen der Stadt ausgewirkt, da die Steuerkraft der Anschlußgemeinden unter der von Alt-Duisburg lag. Begründet wird diese Situation damit, daß die Übergangsregelungen bei der Angleichung von Steuern und Gebühren an das Duisburger Niveau drei Jahre zu Einnahmeminderungen führten, andererseits der Zusammenschluß verlangte, Aufgaben und Leistungsangebot sofort an das Duisburger Niveau anzupassen.

Beklagt wird fernerhin, daß Abwanderungseinflüsse auf Bewohner und Wirtschaft infolge des umfangreichen und preisgünstigen Flächenangebotes umliegender Gemeinden unverändert anhalten und die Stadt aufgrund gegebener Restriktionen (Standort der Schwerindustrie, höchste Nutzungsdichte im Stadtgebiet, Umweltverhältnisse, geringes Flächenpotential usw.) keinen räumlichen Entwicklungsspielraum hat[80].

4.2 Durch die Industrialisierung ausgelöste Bevölkerungsentwicklung

Der starke Anstieg der Bevölkerung im Ruhrgebiet im letzten Jahrhundert ist das Spiegelbild der wirtschaftlichen Entwicklung. Die Interdependenz von Wirtschaftswachstum und Bevölkerungsentwicklung ist für historische Perioden unbestritten[81].

DEGE/DEGE (1983) unterscheiden für das Ruhrgebiet fünf große Wanderungswellen, von denen die letzten drei für den Untersuchungszeitraum bedeutend sind:

- der Zustrom einer Landarbeiterbevölkerung aus Ost- und Westpreußen seit Ende des 19. Jahrhunderts bis etwa 1929; die Zuwanderung aus Galizien, Russisch-Polen und Slowenien vor allem zu Beginn des 20. Jahrhunderts,
- der Zustrom der Heimatvertriebenen und Flüchtlinge nach dem Zweiten Weltkrieg,
- der seit 1959 einsetzende Zustrom von ausländischen Arbeitnehmern.

4.2.1 Ost-West-Wanderung

Da die Ressourcen an Arbeitskräften aus den umliegenden Regionen erschöpft waren, wurden die Ostgebiete zum Hauptrekrutierungsfeld. Die zunehmende Ost-West-Wanderung, zunächst noch als Einzelwanderung ostpreußischer Landarbeiter, später als planmäßige Werbung von seiten der Unternehmer, spielte insbesondere zu Beginn der Industrialisierung im Duisburger Norden eine Rolle. Es handelte sich hierbei um die zahlenmäßig wichtigste Wanderungswelle, die über mehrere Jahrzehnte anhielt und zunächst im unmittelbaren Zusammenhang mit der bergbaulichen Entwicklung des siedlungsarmen Emscherraumes stand.

War bis 1890 noch eine langsame Bevölkerungsentwicklung zu verzeichnen, so ging die Bevölkerungszunahme durch den weiteren Ausbau der Kohlenzechen und Errichtung der Hütten- und Walzwerke schnell aufwärts. Hier ist vor allem die Gruppe der Zuwanderer polnischer Volkszugehörigkeit, "deren genaue Erfassung schwierig ist, da sie als deutsche, russische oder österreichische Staatsangehörige geführt wurden" (DEGE/DEGE 1983, S. 65) wichtig.

Nachdem 1891 das erste Siemens-Martin-Stahlwerk von Thyssen die Produktion aufgenommen hatte - zu einem Zeitpunkt, an dem anderenorts der Industrialisierungsprozeß bereits abgeschlossen war - konnte Thyssen aufgrund der späten wirtschaftlichen Erschließung des Hamborner Raumes kaum noch auf ein ortsansässiges Arbeitskräftepotential zurückgreifen. Die Arbeitskräfte aus der Umgebung deckten nur einen minimalen Anteil des Bedarfs. Die aus den agrarischen deutschen Gebieten stammenden Arbeiter, die aufgrund der dort herrschenden Erwerbsnot zugewandert waren, hatten in den schon früher entstandenen Zechen der Nachbarstädte Arbeit gefunden.

Die Gewerkschaft Deutscher Kaiser mußte vor allem auf Arbeitskräfte aus den Bergbaugebieten Ostdeutschlands und aus dem östlichen Ausland ausweichen (WEHRMANN 1960). Die Bergarbeiterbevölkerung setzte sich vorwiegend aus Menschen aus den östlichen Provinzen Ost- und Westpreußens, aus Pommern, Posen und Schlesien sowie aus der Donaumonarchie zusammen (BLUM 1933).

Die Bevölkerungsentwicklung (Tab. 11) ist in diesem Zeitraum nicht unbedingt ein Spiegelbild der wirtschaftlichen Entwicklung. FISCHER-ECKERT (1913) ist der Auffassung, daß das Heranziehen fremder Arbeiter in nicht unbedeutendem Maße lohndrückend auf den heimischen Arbeitsmarkt wirkte. Für die Gewerkschaft Deutscher Kaiser wird nachgewiesen, daß das Überangebot von Arbeitern die Löhne senkte, so daß der hierdurch erzielte Gewinn die Kosten für den Transport auswärtiger Arbeiter übertraf. Diese Gewinne würden jedoch wieder gemindert, wenn Hunderttausende von Arbeitslosen der Armenkasse zur Last fielen mit der Folge, daß Steuererhöhungen die Unternehmer wieder belasteten.

Tabelle 11
Bevölkerungsentwicklung in Hamborn 1900 - 1929

Jahr	Bevölkerung	Jahr	Bevölkerung
1900	28.000	1915	111.905
1901	34.144	1916	110.305
1902	39.124	1917	102.883
1903	45.340	1918	109.359
1904	52.668	1919	113.065
1905	61.074	1920	115.717
1906	70.356	1921	123.681
1907	77.933	1922	129.579
1908	81.891	1923	131.634
1909	87.314	1924	128.949
1910	96.127	1925	133.669
1911	102.800	1926	128.934
1912	105.996	1927	128.126
1913	110.731	1928	128.655
1914	119.347	1929	129.828

Quelle: BLUM 1933, Anl. V

Nach TENFELDE (1981) wuchs Hamborn seit 1890 zu einem Zentrum fremdsprachiger Zuwanderer, wie auch Tab. 12 belegt.

Tabelle 12
Ausländerentwicklung nach Nationalität in Hamborn 1900 - 1928

Jahr	Österreich Ungarn und Polen	Italien	Holland	sonstige Nationen	Ausländer insgesamt	Anteil der Ausländer an der Gesamteinwohnerzahl in %
1900	3.050	210	790	34	4.084	11,96
1905	13.147	1.228	1.311	147	15.833	22,50
1910	18.367	1.478	2.115	133	22.093	21,49
1914	14.105	3.011	1.850	438	19.404	18,76
1920	11.269	291	933	1.957	14.450	12,15
1925	9.806	514	958	2.623	13.901	10,43
1928	2.625	483	888	7.082	11.078	8,92

Quelle: WEHRMANN 1960, S.118

Zahlenmäßig war die Gruppe der Polen am stärksten vertreten, wobei, wie auch STORM (1979) bemerkt, methodische Schwierigkeiten in der Erfassung auftreten, da in der Statistik nicht immer der Tatsache Rechnung getragen wurde, daß trotz jahrzehntelanger Zugehörigkeit zu Preußen bzw. zum Deutschen Reich nach der Teilung von Polen, ein Teil der aus Westpreußen, Posen und Neuschlesien stammenden Bewohner sich als Polen fühlten und sich durch starkes Nationalbewußtsein auszeichneten. Ferner seien die Kriterien, nach denen die Zahl der Polen ermittelt wurden, nicht genannt. Die Polen in Hamborn waren, im Gegensatz zu den aus Ostpreußen eingewanderten protestantischen Masuren[82], fast ausnahmslos katholisch, wodurch die katholische Konfession in Hamborn immer mehr überwog, die ungefähr 60 % der Bevölkerung ausmachte (BLUM 1933). TENFELDE (1981), der auf die konfessionelle Präferenz der Großindustriellen hinweist, führt aus, daß, je intensiver und tiefgreifender sich der Industrialisierungsprozeß örtlich durchsetzte, um so größer die Zunahme der ursprünglichen Minderheitskonfession war.

Die Unterscheidung zwischen Masuren und Polen ist im Hinblick auf das politische Bewußtsein der Masuren gerechtfertigt. Auch die Tatsache, daß die Verwaltungsberichte der Gemeinde Hamborn die Masuren nicht aufführen, wird als Indiz dafür verstanden, daß diese Bevölkerungsgruppe nicht derart nationalitätenfremd empfunden wurde wie die Polen, was insbesondere mit ihrer schnellen Anpassungsfähigkeit zu begründen ist (STORM 1979).

Für KLESSMANN (1978) stellt die polnische Minderheit im Ruhrgebiet das Produkt der tiefgreifenden sozial-ökonomischen Veränderungen der ostelbischen Agrarverfassung und des stürmischen Aufschwungs der Industrie an der Ruhr dar. Der Druck des Bevölkerungswachstums sowie die unbefriedigenden Arbeitsverhältnisse im Osten und der Sog der expandierenden und materielle Verbesserungen versprechenden Industrie im Westen erzeugte, beginnend mit den "Gründerjahren", dann aber vor allem seit dem Konjunkturaufschwung in den 90er Jahren, einen ständig anschwellenden Strom östlicher Einwanderer, der sich in verschiedenen Wellen über das gesamte rheinisch-westfälische Industrierevier ergoß. Während die frühe, noch lokal begrenzte Einwanderung relativ reibungslos verlief, weil es sich um kleine Gruppen handelte, die sich leicht in die neue Umgebung einfügten und kaum Anlaß zu politischer und sozialer Diskriminierung boten, schuf erst die Masseneinwanderung seit den 90er Jahren die sozialen, politischen und nationalen Probleme.

Die Wanderung der Polen nach Hamborn setzte nach STORM (1979) frühestens 1895 ein und erreichte 1914 ihren Höhepunkt, als der Anteil der Polen ein Sechstel der Bevölkerung ausmachte und wie BLUM (1933) aus eigener Erinnerung belegt, die Polen das Stadtbild von Hamborn geradezu prägten. FISCHER-ECKERT (1913) beklagt, daß das Vordringen der ausländischen Sprachen ein Zurückdrängen der deutschen Sprache zur Folge hatte und sich außerdem der deutsche Arbeiter dem auf tieferer kultureller Stufe stehenden ausländischen Arbeiter anpaßte. Ferner wird kritisiert: "...wir sind weit entfernt davon, die Folgen, welche der tägliche Verkehr kulturell tieferstehender Elemente mit unserer eingesessenen Bevölkerung und Arbeiterschaft zeitigt, zu übersehen" (HANDELSKAMMER-BERICHTE 1906, S. 20). Die Parallele zur Gegenwart liegt auf der Hand!

Während in Alt-Duisburg die Zahl der Polen[83] relativ gering blieb, stieg sie, wie Tab. 13 zeigt, in Hamborn sehr stark an.

1910 lag nur die Stadt Recklinghausen mit 23,1 %, die Stadt Herne mit 21,6 % sowie Gelsenkirchen Land mit 17,7 % über dem Anteil der Polen in Hamborn mit 17,1 %.

KLESSMANN (1978) spricht von einer "nationalen Subkultur", die sich entwickelte, indem aus einer Vielzahl zusammenhangloser, verstreuter Immigrantengruppen eine sich ihrer Stellung und Herkunft zunehmend bewußter werdende Minderheit bildete, bedingt durch die mit der Masseneinwanderung ursächlich zusammenhängende verstärkte Diskriminierung in der Öffentlichkeit und die Verschärfung staatlicher Unterdrückungsmaßnahmen.

Tabelle 13
Zunahme der Polen in Duisburg und Hamborn 1890 - 1910

	1890		1900		1905		1910	
	abs.	%	abs.	%	abs.	%	abs.	%
Duisburg	74	0,1	484	0,5	4.224	2,2	7.199	3,1
Hamborn	27	0,6	3.055	9,4	10.493	15,6	17.432	17,1

Quelle: KLESSMANN 1978, S.267

Da die preußische Regierung alle Bestrebungen, wieder einen unabhänigen polnischen Nationalstaat zu errichten, unterbinden wollte, sollte der ständig wachsenden politischen Emanzipation - 1919 zogen beispielsweise die Polen mit 11 von 48 Sitzen in den Hamborner Stadtrat ein - der westlichen Polen und aufstrebenden wirtschaftlichen Macht Einhalt geboten werden.

Je stärker die Gruppe der Polen wurde und je länger sie im Westen lebte, um so mehr betonte sie ihre Unabhängigkeit auf politischem und wirtschaftlichem Gebiet (STORM 1979). So ist auch in Hamborn die Bildung eines polnischen Mittelstandes zu verzeichnen, dem nach KLESSMANN (1978) im Hinblick auf die zunehmenden Nationalisierungstendenzen eine wichtige Rolle zugefallen ist. Sichtbarer Ausdruck waren die in den 90er Jahren in den Zentren polnischer Einwanderung entstandenen Krämerläden[84]. Bei diesem Prozeß kam den polnischen Banken ein besonderer Stellenwert zu, im Sinne eines neuen Bindeglieds zwischen Heimat und der Fremde, denn die Polen wurden aufgefordert, durch die Abgabe von Spargeldern an die polnischen Banken die nationale Kraft des Polentums zu stärken (KLESSMANN 1978).

Waren die Polen im Westen zunächst nicht zu assimilieren[85], ergab sich aber ein indirekter Integrationszwang, der durch die politische Erschwerung des Bodenkaufs im Osten aufgrund der Ansiedlungsnovelle von 1904 ausgeübt wurde und das ursprüngliche Ziel, mit den im Ruhrgebiet erworbenen Ersparnissen, Grundbesitz in der Heimat zu erwerben, in Frage stellte. Nachdem die Möglichkeit des Ankaufs von Grund und Boden in der Heimat nicht mehr bestand, wuchs der indirekte Druck, im Ruhrgebiet zu bleiben und möglicherweise hier seßhaft zu werden, wie die steigende Zahl polnischer Hausbesitzer im Ruhrgebiet bewies (KLESSMANN 1978, 1984).

Auch der administrative Germanisierungsdruck im Schulbereich erschwerte den Ruhrpolen eine Erhaltung ihrer nationalen Identität in der zweiten und dritten Generation außerordentlich. Die Versuche, ein Minderheitenschulwesen zu bilden, scheiterten, so daß man an die Eltern appellierte, dafür Sorge zu tragen, daß die polnische Sprache und Tradition bei der nachwachsenden Generation erhalten und gefördert würde[86].

Die Polenfrage spielte nach Ende des Ersten Weltkriegs keine große Rolle mehr, nachdem viele Polen nach Selbständigwerden ihres Mutterlandes in ihre Heimat zurückkehrten bzw. aufgrund der französischen Propaganda ab 1923 in das französische Industriegebiet abwanderten.

Die noch verbliebenen Polen waren mittlerweile offenbar so weit assimiliert, daß es auch zu Loyalitätsbezeugungen von seiten der Polen gegenüber dem deutschen Staat kam (KLESSMANN 1978). So habe insbesondere die polnische Gewerkschaftsführung gegen den Einmarsch des französischen und belgischen Imperialismus gemeinsam mit deutschen Bergarbeiterverbänden protestiert. KLESSMANN (1978) zitiert aus einer Erklärung, die polnische Arbeiter der Thyssenwerke nach der Verhaftung von Fritz Thyssen durch die Franzosen am 20.1.1923 an den Düsseldorfer Regierungspräsidenten mit der Bitte, sie dem französischen Generalquartier zu unterbreiten, übersandt hatten: "Im Auftrag der polnisch sprechenden Arbeiter und Beamten der Thyssenwerke zu Hamborn sind wir gekommen, um in feierlichster Weise Ausdruck zu geben von dem Gefühl, welches die Verhaftung unseres obersten Chefs, Herrn Fritz Thyssen, durch fremde Gewalthaber in uns erregt hat. Wir erklären ausdrücklich, daß wir die Anordnungen der deutschen Regierung und unserer Werkleitung befolgen werden und uns eins fühlen mit den Arbeitern und Beamten der Thyssenwerke" (S. 163).

Als weiteren Integrations-Indikator sieht KLESSMANN (1978) die Anzahl der deutsch-polnischen Mischehen als auch die Eindeutschung slawischer Namen an. STORM (1979) berichtet, daß in der Polen- und Masurenstatistik eine Liste von 64 Namen vorliegt, die zwischen Juli 1909 und Oktober 1912 der Behörde zur Änderung eingereicht worden war. Insbesondere seit Beginn der nationalsozialistischen Zeit sei eine Zunahme von Namensänderungen und Mischehen zu verzeichnen gewesen, wobei vor allem seit 1939 diese Entwicklung einen größeren Umfang angenommen habe.

Doch nicht nur der starke Zustrom an Ausländern brachte Probleme mit sich, ebenso schwerwiegend erwies sich die hohe Mobilität, die JACKSON (1979) auch für Alt-Duisburg verzeichnen konnte. BLUM (1933) erläutert, daß die Arbeiter häufig Arbeitsstätte und Wohnsitz wechselten, nicht nur aufgrund von Wohnraummangel, sondern, weil die in der Heimat gemachten Versprechungen nicht erfüllt wurden. TENFELDE (1981) sieht jedoch die Gründe für die insbesondere durch den Arbeitsplatzwechsel bedingte hohe Mobilität als kaum erforscht an. Aus den Jahresberichten der Handelskammer in Duisburg wird jedoch die mangelnde Qualifikation als Begründung angegeben: "Es gelang auch, etwa 2.000 Arbeiter in den Bergwerken unterzubringen. Bald zeigte es sich jedoch, daß diese Arbeiter sich für den Bergbau in keiner Weise eigneten und deswegen bald wieder ihre Arbeitsplätze verließen" (HANDELSKAMMER-BERICHTE 1906, S. 20).

Ferner wird beklagt: "Der Arbeiterersatz bereitete große Schwierigkeiten: Deutschredende Arbeiter mußten ohne Auswahl eingestellt werden. Meistens waren es ungelernte Arbeiter, welche teils die ihnen übertragenen Arbeiten gar nicht verstanden, teils nicht die erforderliche Körperkraft besaßen. Darüber hinaus war man auf die Einstellung ausländischer Arbeiter, besonders Italiener und Österreicher, angewiesen. Auch Holländer gelangten zur Verwendung. Darüber schreibt ein großes Hüttenwerk: Wir können nur davon abraten, in Holland und besonders in Amsterdam Arbeiter anzuwerben. Es sind daselbst allerdings Leute genug anzuwerben, aber dies sind durchweg Gelegenheitsarbeiter, denen die Lust zu einer geregelten Beschäftigung fehlt. Hier haben sich dieselben als vollständig undiszipliniert und zur Hüttenarbeit ungeeignet erwiesen. Obwohl wir 5,20 M für Transportarbeiten und 4,25 M für die geringsten Platzarbeiten gezahlt haben, haben die in Holland angeworbenen Arbeiter fast immer schon nach ein paar Tagen die Arbeit verlassen. Die Folge dieser Verhältnisse war ein außerordentlich starker Wechsel in der Belegschaft und zurückgehende Leistungen des einzelnen Arbeiters" (HANDELSKAMMER-BERICHTE 1906, S. 24).

Abb. 18 zeigt die Wanderungsbewegungen in Hamborn von 1900 bis 1928. Bis auf den kriegsbedingten Einbruch, der sowohl bei den Wanderungen als auch bei der Gesamtentwicklung (Tab. 11) zu verzeichnen ist, verlaufen die Wanderungen im Gegensatz zur Bevölkerungsentwicklung insgesamt viel unruhiger. Von Bedeutung für den steilen Anstieg der Bevölkerung in Hamborn ist jedoch der hohe Geburtenüberschuß, der nach Blum (1933) 29,63 je 1.000 Einwohner im Jahre 1913 betrug, wodurch Hamborn an erster Stelle unter allen größeren Städten Deutschlands lag. Die Tatsache, daß Hamborn die kinderreichste Stadt war, begründet STORM (1979) mit der hohen Kinderzahl der polnischen Bevölkerung. Auch STEINBERG (1985) behauptet, daß der Bevölkerungszuwachs seit 1875 nicht mehr allein auf Zuwanderung, sondern auch auf Geburtenüberschuß beruhte, da in den wirtschaftlichen Aufschwungphasen junge, heiratsfähige Menschen eingewandert waren.

Abbildung 18
Bevölkerungsbewegung in 1.000 in Hamborn 1900 - 1928

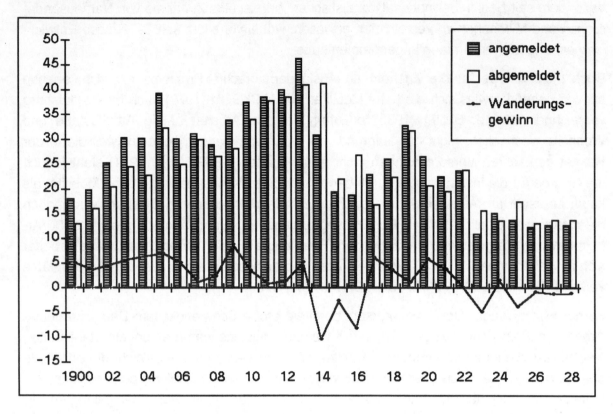

Zahlen aus: KUEPPER 1937, S.37

4.2.2   Bevölkerungsentwicklung nach 1945

Die Bevölkerung war in der Zeit von 1939 bis 1945 in den Hellwegstädten teilweise auf die Hälfte zurückgegangen. Besonders betroffen war die Stadt Duisburg, die 1950 noch nicht den Vorkriegsstand wieder erreicht hatte, wie Tab. 14 beweist:

STEINBERG (1985) räumt jedoch ein, daß ein erheblicher Teil der Bevölkerungsverluste auf Evakuierungen zurückzuführen war, wodurch auch der starke Anstieg der Einwohnerzahl von 1945 auf 1946 zu erklären ist, nachdem die evakuierten Bewohner zurückkehrten. Diese Entwicklung hielt bis 1950 an, da die Evakuierten und Vertriebenen in ihre Heimatorte zurückwanderten. So waren insgesamt die Jahre von 1950 bis 1956 von der Vertriebenenwanderung, der Fluchtbewegung aus der ehemaligen DDR und der Rückkehr der letzten Kriegsgefangenen bestimmt. Regional bedeutend war, daß die bereits vor dem Zweiten Weltkrieg einsetzende Binnenwanderung nach 1948 verstärkt den vom Wiederaufbau voll erfaßten Wirtschaftszentren zustrebte. Diese freie Binnenwanderung trat in den Folgejahren an die Stelle der staatlich gelenkten Vertriebenenwanderung und bestimmte die regionale Entwicklung in der Bundesrepublik. Die Absperrmaßnahmen der DDR unterbrachen 1961 die Flüchtlingswanderung.

Tabelle 14
Bevölkerungsentwicklung in Duisburg 1939 - 1970

Jahr	Einwohner
1939	434.646
1945	165.176
1946	356.408
1950	410.783
1956	476.523
1961	502.993
1966	456.071
1970	454.839

Quelle: STEINBERG 1985, S.121

Bereits Mitte der 50er Jahre, verstärkt ab den 60er Jahren, setzte die Anwerbung ausländischer Arbeitskräfte ein. Der Anwerbevertrag mit Italien vom 20.12.1955 kann als der Beginn einer neuen Bevölkerungsbewegung im Sinne einer Arbeitsmigration angesehen werden. Wie bereits von FISCHER-ECKART (1913) für Hamborn kritisiert, spielten auch jetzt arbeitsmarktpolitische Überlegungen eine Rolle. Die Anwerbung ausländischer Arbeitskräfte setzte nämlich zu einem Zeitpunkt, als noch eine Arbeitslosigkeit von 7 % herrschte, ein. Es war nicht die Vollbeschäftigung das Ziel, sondern es galt, diese aufgrund eines möglichen Lohndrucks zu vermeiden. Von Anfang an lag der Ausländerbeschäftigung der Rotationsgedanke, ähnlich der Saisonarbeit gegen Ende des letzten Jahrhunderts, zu Grunde. Bereits früh wurde die Funktion der Gastarbeiter als "Lückenfüller" für Tätigkeiten, für die sich keine einheimischen Arbeitnehmer mehr fanden, sichtbar, wodurch auch letztendlich eine vertikale Mobilität der einheimischen Arbeitskräfte ermöglicht wurde. Insbesondere der Bau der Berliner Mauer 1961 machte die Anwerbung der ausländischen Arbeitskräfte noch notwendiger, vor allem, da mittlerweile eine Vollbeschäftigung erreicht war. Die "Pufferfunktion" der Gastarbeiter wurde erstmals deutlich, als man bereits während der Rezession von 1966/67 durch Rückkehrhilfen versuchte, die Zahl der ausländischen Arbeitnehmer zu verringern. Im Zusammenhang mit der Erdölkrise von 1973 erfolgte die Politik der Konsolidierung der Ausländerbeschäftigung. Es folgten weitere Maßnahmen mit dem Ziel, die Zahl der ausländischen Beschäftigten abzubauen. Allerdings verlief dieses Procedere nicht gleichzeitig mit einer Verringerung der Ausländer generell, da infolge der Familienzusammenführung der Anteil an der Gesamtbevölkerung stieg (BLOTEVOGEL/ MÜLLER-TER JUNG/ WOOD 1993).

Duisburg hatte zwischen 1961 und 1970 Einwohnerverluste hinzunehmen, die in unmittelbarem Zusammenhang mit den rückläufigen Beschäftigten besonders im Bergbau standen. Die Stadt Duisburg verzeichnete einen Beschäftigtenrückgang von 45.025 Personen. Bereits zu diesem Zeitpunkt war festzustellen, daß die ungünstigen Umweltbedingungen die Abwanderung begünstigten und die Zuwanderung hemmten. Die Entwicklung wurde weiterhin begleitet von rückläufigen Geburtenüberschüssen, die von 1961 bis 1970 nicht mehr ausreichten, die Wanderungsverluste auszugleichen. Besonders in der ersten Hälfte der 70er Jahre wird wieder der enge Zusammenhang zwischen Industrie- und Bevölkerungsentwicklung sichtbar.

Der Abwanderung der deutschen Bevölkerung stand jedoch die Zuwanderung ausländischer Arbeitnehmer gegenüber, die in Duisburg zwar später einsetzte, jedoch in der Zeit von 1967 bis 1975 expandierte und wie in vielen deutschen Großstädten zu einer strukturellen Veränderung führte.

Während Thyssen für das Geschäftsjahr 1963/64 erst 500 Ausländer angibt, stieg danach die Zahl stetig an. 1974 lag der Anteil bereits bei 13,4 % an der Gesamtbelegschaft. Im September 1990 betrug die Quote, trotz des allgemeinen Beschäftigtenrückgangs, immer noch 13,7 %. Wie Abb. 19 zeigt, bildet die stärkste Gruppe mit 59 % die der Türken, gefolgt von Gastarbeitern aus Jugoslawien und Italien (UEBBING 1991). Dieser hohe Ausländer-Anteil ist ein deutliches Indiz dafür, daß die räumliche Verteilung von Ausländern ein Ausdruck der Sektor- und Branchenallokation ist. In Abb. 20 wird deutlich, daß in Nordrhein-Westfalen in Duisburg, neben Köln, mittlerweile die meisten Ausländer leben.

Abbildung 19
Herkunft der nichtdeutschen Mitarbeiter Thyssen-Inland in 1.000 am 30.9.1990

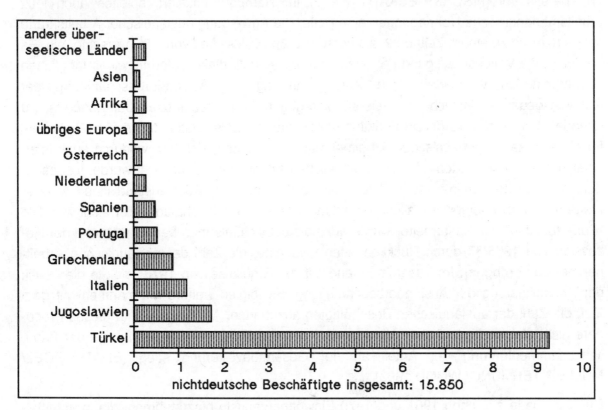

Zahlen aus: UEBBING 1991, S.282

Abbildung 20
**Räumliche Verteilung der nichtdeutschen Bevölkerung in
Nordrhein-Westfalen 1984**

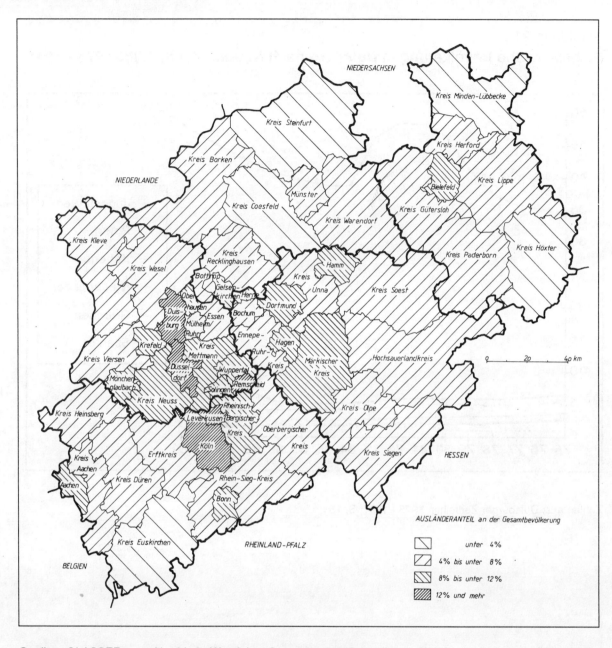

Quelle: GLASSER; u.a.: Nordrhein-Westfalen. Stuttgart 1987, S.56

Abb. 21 beweist, daß die Gruppe der Türken nicht nur bei Thyssen, sondern auch in der Gesamtstadt dominiert. Auch ESSER (1985) weist darauf hin, daß ethnische Konzentrationen in Duisburg in erster Linie Konzentrationen der türkischen Bevölkerung sind. Bedeutend ist jedoch, daß der Wanderungsverlust der letzten Jahre in Duisburg nur durch den verstärkten Zuzug von Nichtdeutschen ausgeglichen werden konnte (Abb. 22).

Durch diese Gastarbeiterzuwanderung, besonders der hohen Anzahl an Türken, und den durch die politischen Umwälzungen in Osteuropa bedingten Zustrom an Aussiedlern und

Asylbewerbern seit Ende der 80er Jahre kann man von einer neuen Ost-West-Wanderung der Nachkriegszeit sprechen.

Abbildung 21
Nichtdeutsche Bevölkerung in Duisburg nach Nationalität in 1.000 1975 - 1991

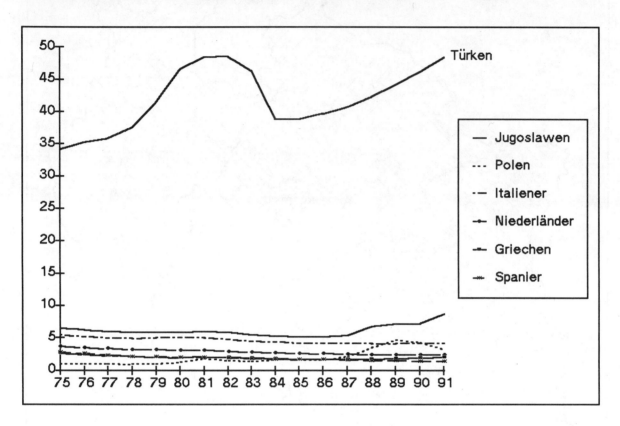

Zahlen aus: Duisburger Zeitreihen 1975 - 1991, S. 15

Abbildung 22
Deutsche und nichtdeutsche Bevölkerung in 1.000 in Duisburg 1975 - 1991

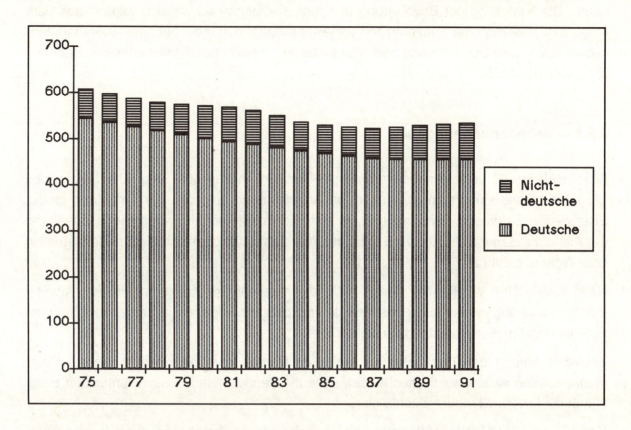

Zahlen aus: Duisburger Zeitreihen 1975 - 1991, S. 15

4.3   Siedlungsentwicklung

Maßgeblich beteiligt am Wachstum des Ruhrgebiets waren Bergbau und Industrie, die das Entstehen neuer Siedlungsbereiche zu verantworten haben und letztlich aufgrund der durch sie verursachten Wirtschaftsstrukturen über kommunale Reformen Gebietserweiterungen bewirkten.

Das Gebiet der heutigen Stadt Duisburg nahm eine unterschiedliche Entwicklung. Konnte die alte Hellwegstadt Duisburg auf einen historischen Siedlungskern zurückblicken, so waren die nördlichen, in der südlichen Emscherzone gelegenen Ortsteile hauptsächlich industriellen Ursprungs. Hier ist vor allem bedeutend, daß sich die Wohnbebauung für Arbeiter ohne Rücksicht auf eine übergeordnete städtebauliche Struktur in ein industriell bestimmtes Grundgerüst einfügen mußte, so daß diese Gebiete noch heute durch ein ungeordnetes Nebeneinander von Verkehrs-, Industrie- und Siedlungsflächen gekennzeichnet sind (DEGE/DEGE 1983).

Der Bergbau sah sich schon früh veranlaßt, zum zecheneigenen Wohnungsbau überzugehen, der aufgrund der Lagerung der Steinkohle vielfach weitab von bestehenden Siedlungen zu errichten war. Vor allem bei der Erschließung des Emscher-Bruches mußten von Anfang an Lösungen für das Wohnungsproblem einbezogen werden, da hier ausbaufähige Siedlungen fehlten und die Bergleute aus immer weiter entfernteren Gebieten angeworben werden mußten. Im Gegensatz zum Bergbau ging die eisenschaffende Industrie erst zum werkseigenen Wohnungsbau über, als die Bodenspekulation in den Städten überhand nahm. Die Verteilung der Bevölkerung und ihre Siedlungen erklärt sich folglich aus dem Gegensatz zwischen der Konzentration der eisenschaffenden Industrie am Rande der städtischen Orte und der Streuung des Bergbaus in vielfach noch unbewohnten Gebieten (STEINBERG 1985).

4.3.1   Arbeiterwohnungsbau

SCHÖBEL (1922) verzeichnet bereits für Alt-Duisburg in den 50er und 60er Jahren des 19. Jahrhunderts einen starken Zustrom an Arbeitskräften aufgrund der Errichtung großer Eisenwerke. Zu diesem Zeitpunkt drängte sich die Arbeiterschaft in den Elendsquartieren der Altstadt zusammen[87]. Erst zu Beginn der 70er Jahre wandten sich die Großindustriellen dem Wohnungsbau zu.

Nach KASTORFF-VIEHMANN (1981) hatte die massenhafte Konzentration von Arbeitskräften notwendigerweise auch Massenwohnungsbau zur Folge, ein allgemeines Charakteristikum des Arbeiterwohnungsbaus seit 1870[88].

Während Anfang der 70er Jahre in den alten Bergbaurevieren noch zahlreiche Bergmannsfamilien im eigenen Kotten lebten, sank die Zahl der Hausbesitzer unter den Bergleuten mit fortschreitender Industrialisierung.

KASTORFF-VIEHMANN (1981) sieht als Ursache für die Zuspitzung des Wohnungsproblems die absolute Untätigkeit des Staates an, da aufgrund des Primats der freien Konkurrenz und der herrschenden liberalistischen Auffassung ein dirigistischer Eingriff in die Lebensverhältnisse bestimmter Bevölkerungsschichten unterblieb.

REICHARDT (1939) begründet die Tatsache, daß die Stadt Duisburg zunächst wichtige Aufgaben, die sie nur selbst für die Allgemeinheit hätte lösen können, der privaten Tätigkeit überließ, damit, daß die starke Bevölkerungszunahme im 19. Jahrhundert an die Verwaltung Anforderungen stellte, deren Bewältigung außerordentliche Schwierigkeiten bereitete. Neben geeigneten Kräften und ausreichenden Geldmitteln fehlte auch noch die Erfahrung.

Auch HARTOG (1962) weist auf die neuen kommunalen Aufgaben hin, die das sprunghafte Wachstum der deutschen Städte nach 1860 erforderten. Die Städte mußten aus dem Nichts heraus technische Ämter erstellen, die für die Durchführung der neuen Aufgaben der Stadterweiterung erforderlich wurden. Nach KELLENBENZ (1981) wurden seit der Reichsgründung durch das Wachstum der Städte an die Stadtverwaltungen ganz neue Anforderungen gestellt, und zwar sowohl im Tiefbau, durch die Anlage von Röhrensystemen für die Kanalisation, Leuchtgas- und Elektrizitätsleitungen als auch beim Straßen- und Brückenbau und bei der Trinkwasserversorgung.

Der im Ruhrgebiet meistens von einer Bergwerksgesellschaft oder einem Betrieb der Eisen- und Stahlindustrie durchgeführte Werkswohnungsbau erfolgte in der Phase des wirtschaftlichen Liberalismus, in der der Unternehmer auf eigene Rechnung und in eigenem Namen baute, als werkseigener Wohnungsbau. Erst mit zunehmendem staatlichen Handeln und Einfluß auf den Wohnungs- und Bausektor erfolgte eine Abkehr vom werkseigenen Wohnungsbau, indem staatliche Subventionen und Vergünstigungen ausgeschöpft und der Wohnungsbau von Werkswohnungs-Baugesellschaften mit dem Status der Gemeinnützigkeit getätigt wurde[89].

Im folgenden wird das Schwergewicht auf die Behandlung des werkseigenen Wohnungsbaus gelegt, da dieser zu Beginn der Industrialisierung im Duisburger Raum im Vordergrund stand[90].

Mit Ausnahme der werkseigenen Publikationen finden sich zum Thema "Werkswohnungsbau" mehr kritische als zustimmende Meinungen, die den sogenannten Wohlfahrtscharakter in Frage stellen[91]. Insofern ist es besonders wichtig, den Arbeitersiedlungsbau in seiner historischen Dimension zu verstehen.

Wie WEISSER (1975) zutreffend ausführt, kann der werkseigene Wohnungsbau in seiner tatsächlichen historischen Bedeutung nur erfaßt werden, wenn er als Untersuchungsobjekt nicht allein auf die subjektiven Motive, d.h. die direkten Vorteile der Unternehmer reduziert wird. Erforderlich ist ein Bemühen, die Vielfalt und Ambivalenz der Wirkung unternehmerischer Entscheidungen zu erkennen.

Die werkseigenen Siedlungsanlagen stellten im allgemeinen eine ganz konkrete Verbesserung der Lebensverhältnisse der Arbeiter dar. Wenn auch die Anlage werkseigener Siedlungen von der Motivation der Unternehmer bestimmt wurde, ist nicht zu vergessen, daß die speziellen räumlichen und architektonischen Gegebenheiten in den Arbeiterkolonien Lebens- und Umgangsformen zuließen, die andere Wohnverhältnisse kaum ermöglichten. Die werkseigenen Wohnungen boten erhöhte Hygiene, eine relativ sichere Unterkunft sowie durch die Gärten und Stallungen auch die Möglichkeit der Eigenversorgung. Auch das Problem des Kostgängerwesens, auf das hier nicht näher eingegangen werden kann, trat zumindest bei Krupp aufgrund der Direktiven nur in abgemilderter Form auf

Nach KASTORFF-VIEHMANN (1981) wurden Werkswohnungen gebaut, da sie zur Aufrechterhaltung oder Erweiterung der Produktion einzelner Betriebe notwendig waren. Sie stellten eine produktive Investition dar, die in der Aussicht auf vermehrte Gewinne getätigt wurde. Die Werkswohnung sollte zunächst dazu dienen, Arbeitskräfte zu binden und durfte folglich nur von Betriebsangehörigen benutzt werden. Aus dieser Perspektive wird verständlich, daß von seiten der Unternehmer kaum Interesse an der Eigentumsbildung der Werksangehörigen bestand, denn die Eigentumsbildung widersprach dem eigentlichen Zweck des Werkswohnungsbaus.

Die als Motiv für den Werkswohnungsbau immer wieder aufgeführte Begründung der Bindung des Arbeiters an das Werk wird andererseits unter Berücksichtigung der erwähnten hohen Mobilitätsraten verständlicher.

KASTORFF-VIEHMANN (1981) weist darauf hin, daß insbesondere Krupp, der im Gegensatz zum Bergbau in der internationalen Konkurrenz stand, besonders in der Aufbauphase auf Wahrung der Produktionsgeheimnisse angewiesen war, was durch einen der Firma verpflichteten Arbeiterstamm eher realisiert werden konnte als durch ständig fluktuierende Lohnarbeiter, so daß bereits aus diesem Grund eine Förderung der sogenannten Wohlfahrtseinrichtungen notwendig wurde.

Doch nicht nur für Krupp war der feste Arbeiterstamm eine wesentliche Voraussetzung zur Absicherung der ökonomischen Ziele, denn nur dieser konnte die Erhöhung und Aufrechterhaltung der Arbeitsleistung garantieren, da eine hohe Fluktuation der Arbeitskräfte permanente Investitionen in die Anlernzeiten erfordert.

Aus zeitgenössischer Sicht kritisiert jedoch FISCHER-ECKERT (1913) die Verquickung von Arbeitsverhältnis und Wohnungsverhältnis, da der Arbeiter aus Rücksicht auf das Unterkommen seiner Familie von der Wahrnehmung seiner Arbeiterinteressen im Arbeitsverhältnis Abstand nehmen mußte, denn bei Streiks und Aussperrungen war der in den Kolonien wohnende Arbeiter absolut vom guten Willen seines Arbeitgebers abhängig. Im Mietvertrag der Gewerkschaft Deutscher Kaiser kommt dies klar zum Ausdruck: "Im Falle einer Beteiligung des Mieters an Arbeiterausständen muß die Wohnung auf Verlangen der Vermieterin ohne weiteres sofort geräumt werden" (FISCHER-ECKERT 1913, S. 31 f). Zu Recht kritisiert FISCHER-ECKERT (1913), daß die Kopplung des Arbeitsverhältnisses mit dem Wohnungsverhältnis dem Charakter einer Wohlfahrtseinrichtung im Sinne einer modernen Sozialpolitik nicht entspricht.

STEMMRICH (1981) betont, daß die hohe Einschätzung des Produktionsfaktors "Arbeiter" zum entscheidenden Motiv der Wohlfahrtspflege, insbesondere auch des Wohnungsbaus, wurde.

4.3.2   Arbeitersiedlungsbau von Krupp

Wenn auch KASTORFF-VIEHMANN (1981) den in ein Netz politischer und ideologischer Positionen der Fabrikeigner eingebundenen Werkswohnungsbau von Krupp weder von seinen besonderen Entstehungsbedingungen, noch von seiner Gestalt her als repräsentativ für den Werkswohnungsbau im Ruhrgebiet ansieht, ist er - zumindest was den Bekanntheitsgrad anbelangt - führend. Von Bedeutung ist auch, daß der Arbeiterwohnungsbau im Ruhrgebiet insgesamt gegenüber bau- und planungstechnischen Veränderungen wenig aufgeschlossen war, der Kruppsche Siedlungsbau sich jedoch offener gegenüber Experimenten zeigte[92].

Gerade der zu Beginn des Werkswohnungsbaus mangelnde staatliche Einfluß bewirkte, daß sich die sozialpolitischen Vorstellungen der Unternehmer in ihren Wohlfahrtseinrichtungen manifestieren konnten, was insbesondere in der patriarchalisch orientierten Unternehmenspolitik von Alfred Krupp zum Ausdruck kam[93].

Hier wird bereits angesprochen, daß Architektur und Städtebau die geistige Verfassung innerhalb eines bestimmten historischen Zustandes und die ideengeschichtliche Entwicklung einer Gesellschaft widerspiegeln (BUSCHMANN 1985).

Auch PFEIL (1970) vertritt die Auffassung, daß bei der Analyse der großstädtischen Bauwelt, zu der auch die Werks- und Zechensiedlungen zählen, nicht nur architektonische und wirtschaftliche, sondern auch soziologische und geistesgeschichtliche Motive zu berücksichtigen sind. Die Entwicklung des Arbeiterwohnungsbaus sei folglich vor allem auf dem Hintergrund der damaligen Gesellschaftsstruktur verständlich.

BUSCHMANN (1985) bezeichnet den nach der Reichsgründung in Deutschland einsetzenden Arbeitersiedlungsbau als einen pragmatischen Städtebau, weil hier ohne intensive und kunstkritische Durchdringung der Probleme möglichst schnelle und praktikable Lösungen für den raschen Stadtentwicklungsprozeß gefunden werden mußten. Es handelte sich zu diesem Zeitpunkt um eine Zweckarchitektur, der nicht das Gedankengut formgewandter Architekten, sondern praktisch denkender Ingenieure und Techniker zu Grunde lag. Aufgrund seiner Zweckgerichtetheit steht der von den Baubüros von Zechen und Fabriken durchgeführte Arbeitersiedlungsbau neben der Fabrikarchitektur und gibt die vom industriellen Bauherrn formulierten Ziele wieder, die sich bei Alfred Krupp zunächst als "klare Disposition, strengste Sachlichkeit und Zweckmäßigkeit, handwerklich solide Ausführung und Hygiene" (BUSCHMANN 1985, S. 45) äußern.

Stand der Arbeitersiedlungsbau bislang vorrangig unter dem Primat der Bedarfsdeckung, vollzog sich um 1890 ein Wandel, der in Abhängigkeit von den allgemeinen Veränderungen in Architektur, Städtebau und Gesellschaft, unter Berücksichtigung englischer Vorbilder[94], erfolgte. Der Arbeitersiedlungsbau wurde nun auch in der offiziellen, in der akademischen Architektur, anerkannt und gewann als ästhetisches Betätigungsfeld erheblich an Gewicht[95]. Es erfolgte zu Beginn des 20. Jahrhunderts eine Absage an die geometrisch-starren Bebauungspläne der vorangegangenen Entwicklungsphase zu Gunsten der Beachtung von mehr künstlerischen Gesichtspunkten. In der Folge wurden die ehemals starr-geometrischen Siedlungsgrundrisse in weich geschwungene Wegeführungen aufgelöst und die gerade Straßenflucht zugunsten zurückspringender Häuser und Hausteile aufgegeben. Ferner erfolgte ein Verzicht auf die ehemals klaren kubischen Hauskörper und eine Neuorientierung in bezug auf vielfältig gegliederte Baumassen.

BUSCHMANN (1985) sieht in der Architektur der Häuser, bei denen nun eine reiche Verwendung von Holz und Fachwerkkonstruktionen stattfand, eine Reduktion der bürgerlichen Villenarchitektur auf die Größe des Arbeiterwohnhauses, die die sozialpolitische Zielsetzung, der Arbeiterschaft den proletarischen Charakter zu nehmen, sichtbar werden läßt. Diese parkartigen Siedlungen mit ihrer romantischen Formenarchitektur würden das Streben zur Flucht aus der rußenden und lauten Industriegesellschaft in das Idyll einer besseren vorindustriellen Zeit zeigen. Diese Aussage findet keine nähere Begründung und scheint etwas weit hergeholt zu sein. Naheliegender ist, daß lediglich das neue architektonische Gedankengut übernommen wurde, ohne damit soziologische Intentionen zu verbinden.

Bereits kurz nach der Jahrhundertwende setzte der Beginn einer weiteren Entwicklungsphase im Arbeitersiedlungsbau ein mit dem Ziel, den überkommenen Historismus zugunsten sachlicher Formen zu überwinden. Der Arbeitersiedlungsbau fand sowohl in der Architektur als auch in den Stadterweiterungsämtern der Städte zunehmende Beachtung. Die gestalterischen Leitbilder dieser Zeit gingen von größeren städtebaulichen Einheiten, unter deutlicher Unterordnung des Einzelobjektes in einen größeren Gesamtzusammenhang, aus. Der in der Fachwerkarchitektur zum Ausdruck kommende Romantizismus wurde jetzt scharf kritisiert.

BUSCHMANN (1985) erläutert, daß die neuen Siedlungen seit etwa 1905 durch zusammenhängende Straßen- und Platzbilder gekennzeichnet waren, die dadurch entstanden, daß das Einzel- und Doppelhaus durch Hausgruppen von vier und mehr aneinandergereihten Hauseinheiten abgelöst wurde. Diese Gruppenbildung sollte die einförmig sich wiederholenden Einzel- und Doppelhäuser vermeiden und harmonische Raumzusammenhänge erzielen.

Die seit 1903 nach dem Entwurf von Robert Schmohl[96] in Duisburg-Rheinhausen entstandene Krupp-Siedlung "Margarethenhof" war nach BUSCHMANN (1985) eine der ersten Siedlungen, die sich dieser neuen Formvorstellung annäherte[97]. Der alte Kern der Arbeitersiedlung liegt in einer etwas größeren Distanz zum Werksbereich. In der Zeit von 1903 bis 1906 erfolgte zunächst die Bebauung der Margarethenstraße von der Höhe Rosastraße im Osten bis zur Friedrich Alfred-Straße einschließlich der Nebenstraßen (Abb.23).

Wie KLAPHECK (1930) betont, hatte sich das Einzelhaus jetzt einem wohldurchdachten Gesamtplan unterzuordnen. So gab es breitere Durchgangsstraßen und schmalere gewundene Wohnstraßen, die sich an historische Wegrouten zwischen den einzelnen Gehöftanlagen anlehnten.

Zur städtebaulichen Orientierung waren an den Straßenkreuzungen der größeren Verkehrsstraßen breitere und höhere Baukörper, wie z.B. die Bierhalle und Konsumanstalt Ecke Schwarzenberger- und Atroper Straße oder im Verlauf der Margarethenstraße der rechteckige Krupp-Platz, angeordnet. Dieser Markt- und Treffpunkt ist in allen Siedlungen vorhanden.

Unter Berücksichtigung des städtebaulichen Grundziels der Unterordnung des Einzelteils unter den Gesamtzusammenhang wurde die Hausarchitektur sehr einfach gehalten und anstelle der formenreichen Fachwerkarchitektur traten schlichte Putzhäuser mit leichten Anklängen an die Formensprache des Barocks. Wenn Fachwerk verwendet wurde, geschah dies in stärker stilisierten Formen.

Beim Margarethenhof ist die Geschlossenheit einer Siedlung mit der Privatheit von Einfamilienhausbauten gepaart worden. Andererseits räumt STEMMRICH (1981) ein, daß sich der städtebauliche Grundriß noch in der Entwicklung befand. Allerdings wurde schon deutlich, daß er sich in wesentlichen Merkmalen von älteren Anlagen unterschied, vor allem durch das dem Gelände angepaßte In-Sich-Kreisen der Straßen und Wege.

Der sogenannte Dorfcharakter der Siedlungen ergab sich besonders aus der Wiederaufnahme landwirtschaftlicher Bauformen, wie beim Margarethenhof der angesetzte kleine Stall und die Anlage von Gartenhöfen sowie die intensive Begrünung der Straßen durch Vorgärten und Baumpflanzungen.

Planungsideologisch bedeutsam ist, daß der Dorfcharakter einen Höhepunkt der Siedlungsentwicklung unter der Zielsetzung der Identifikation der Bewohner mit der Siedlung und dem Werk darstellt, da sich das Dorf in die Idee von enger, kontinuierlicher und traditioneller Zusammengehörigkeit mit der Vorstellung von individuellem und ungestörtem privaten Wohnen verbindet. Diese Anlageform nimmt den Siedlungen den Charakter von aus dem Boden gestampften Massenquartieren und verbürgt sich, wie STEMMRICH (1981) betont, "in den Anspielungen auf traditionelle Bauformen für die Langlebigkeit und Sicherheit des Unternehmens Krupp, dem sie im Traditionsverweis einen zusätzlichen Legitimationsnachweis gibt" (S. 257).

Abbildung 23
Lageplan der Kolonie Margarethenhof Rheinhausen:
Bauabschnitt 1903/ 06 und 1912/ 13

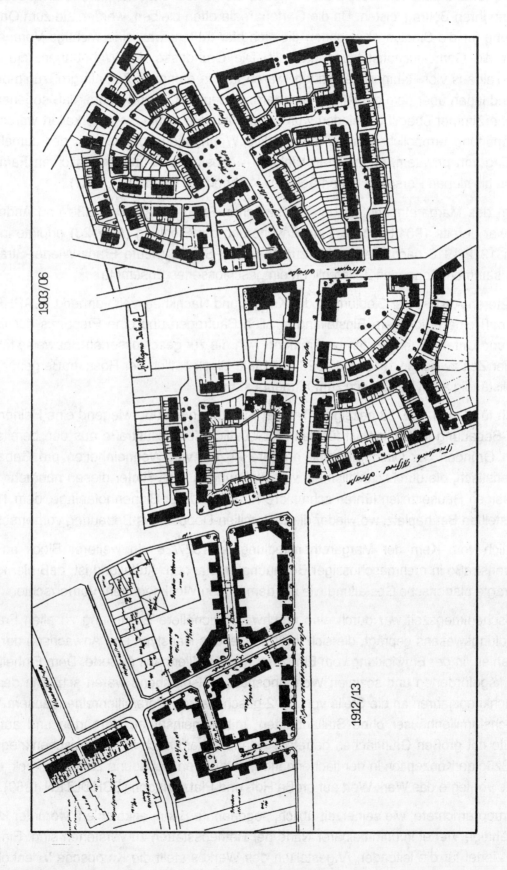

Quelle: HECKER 1916, S. 19

Die Art der Hausanlagen soll die Bewohner leicht und rasch an die Siedlung binden. Die vorrangige Errichtung von Einfamilienhäusern komme dem Bedürfnis nach Privatisierung entgegen, andererseits fördere die Siedlung das Gemeinschaftsgefühl, wozu insbesondere die Gärten ihren Beitrag leisten. Da die Gartenareale offen bleiben, werden sie zum Ort der Begegnung für die Siedlungsbewohner, die sich hier treffen, was eine wichtige Voraussetzung für die Gemeinschaftsbildung darstellt. Die Grundrisse der Wohnungen, die zum größten Teil aus vier Räumen bestanden, waren für die damalige Zeit als großzügig anzusehen und lagen über dem damaligen Standard. Bedeutend ist außerdem, daß sogenannte gefangene Zimmer überall vermieden wurden und alle Hausanlagen unterkellert waren sowie Querlüftung ermöglicht werden konnte. Die Wohnungen entsprachen der damaligen Vorstellung von privatem, ungestörten Wohnen weitestgehend und ermöglichten Familien mit sechs bis sieben Personen ein erträgliches Wohnen (STEMMRICH 1981).

Der Kern des Margarethenhofes, der Teil zwischen Friedrich Alfred-Straße und Andreasstraße, war bereits 1904 beendet. Eine Erweiterung der Siedlung (Abb. 23) erfolgte in der Zeit von 1912-1913 nach Westen bis zur A- und B-Straße (heute Franz-Wieder-Straße). Diese zusammenhängenden Zeilen bilden ein geschlossenes Ensemble.

Zum späteren Ausbau der Siedlung in der Kriegs- und Nachkriegszeit vermerkt KLAPHECK (1930), daß eine rationellere Einstellung in allen Baufragen und eine Ersparnis der Bau-, Neben- und Unterhaltungskosten bestimmend war, die zur geschlossenen Bauweise führte. Der in der Zeit zwischen 1916 und 1923 errichtete Block östlich der Rosastraße gehört nahezu vollständig auch heute noch zum Firmenbestand.

Läßt sich für den in Abb. 23 gezeigten Teil der Siedlung noch überwiegend eine Reiheneinzelhaus-Bebauung feststellen, ist für den Block östlich der Rosastraße aus den bereits erwähnten Gründen der Ökonomie eine größere Anzahl von Wohneinheiten pro Gebäude charakteristisch, die durchschnittlich bei vier Wohnungen liegt. Hinter diesen nunmehr viergeschossigen Häuserzeilen führen schmalere Straßen zu der Binnenhofanlage, dem 1922-1923 erstellten Berthaplatz, wo wieder die Einfamilien-Doppelhaus-Bebauung vorherrscht.

Nordöstlich vom Kern der Margarethensiedlung ist 1927/28 ein weiterer Block an der Gillhausenstraße in mehrgeschossiger Bebauung entstanden. Auffallend ist, daß hier keine ausgeprägte planerische Gestaltung wie vor dem Ersten Weltkrieg mehr vorherrschte.

Die Zwischenkriegszeit war durch eine durchweg rationellere Einstellung zu allen Fragen des Siedlungswesens geprägt, die sich im Wechsel des Haustyps und Anwachsen der Geschoßzahlen, in der Entwicklung vom Ein- zum Mehrfamilienhaus äußerte. Dem Einheitstyp des werksgeförderten und sozialen Wohnungsbaus entsprechend waren schon in den ersten Nachkriegsjahren an die Stelle von 1 1/2-geschossigen Einfamilienreihenhäusern Vier- und Sechsfamilienhäuser ohne Stallanbauten, mit gemeinsamen Vorgärten und auf der Rückseite mit großen Grünflächen getreten. Dennoch kam auch in der Zwischenkriegszeit die großzügige Konzeption in der flächenhaften, extensiven Bebauung zum Ausdruck, denn nach wie vor legte das Werk Wert auf große Hof- und Platzanlagen (SCHOLTEN 1969).

Auch Krupp errichtete, wie seinerzeit üblich, sogenannte Beamtenkolonien, worunter kleine eigenständige Viertel in unmittelbarer Nähe der Betriebsstätten zu verstehen sind. Ein derartiges Viertel für die leitenden Angestellten des Werkes stellt die Kruppsche Villenkolonie in Bliersheim (Karte 11) dar, die aufgrund der Lage und Funktion als Bereitschaftssiedlung anzusehen war.

Wie aus dem "Führer durch die Friedrich-Alfred-Hütte" von 1911 zu entnehmen ist, wurde mit dem Bau der Beamtenkolonie ebenfalls 1903 begonnen und die Häuser, die aus Einzel-, Doppel- und Vierfamilienhäusern mit separaten Eingängen und Garten bestanden, im Villenstil gehalten. Die Wohnflächen entsprachen den hierarchischen Abstufungen. Das Haus des Betriebsdirektors war am weitläufigsten angelegt, es folgte das Betriebsführerhaus und danach das Assistentenwohnhaus. Zur Kolonie gehörte auch das Beamtenkasino.

Die Beamtenkolonie, die in der Zwischenkriegszeit nur noch geringfügig erweitert wurde, entwickelte sich aufgrund der zunehmenden Werksausdehnungen immer mehr zu einer Enklave im Werksgelände[98].

Tab. 15 zeigt die Entwicklung der Wohnungsbestandes der Friedrich Alfred-Hütte in Rheinhausen in der Zeit von 1905 bis 1930. In den Statistischen Angaben der Fried. Krupp AG (1912, S.133) ist vermerkt, daß die Kolonie Margarethenhof 469 Wohnungen umfaßt. Die in Verbindung mit der Johanneshütte in Wedau errichtete Siedlung bestand nochmals aus 40 Wohnungen[99]; dazu kamen noch 20 Wohnungen der bereits erwähnten Beamtenkolonie in Bliersheim. 1930 verfügte die Hütte mittlerweile über 1.766 Wohnungen.

Tab. 6 läßt deutlich werden, daß in der Zeit von 1905 bis 1913 die Entwicklung des Wohnungsbestandes nicht mit der Belegschaft und der steigenden Einwohnerzahl von Hochemmerich und Bliersheim, die ziemlich parallel zur Belegschaftsentwicklung verlief, Schritt halten konnte. Erst für die Zeit nach dem Ersten Weltkrieg ist im Zusammenhang mit der Zunahme an Wohneinheiten pro Gebäude auch ein verstärkter Anstieg des Wohnungsbestandes festzustellen.

Tabelle 15
Entwicklung des Wohnungsbestandes der Friedrich-Alfred-Hütte in Rheinhausen 1905 - 1930

Jahr	Anzahl der Wohnungen	Jahr	Anzahl der Wohnungen
1905	531	1918	956
1906	541	1919	1.033
1907	576	1920	1.161
1908	576	1921	1.176
1909	642	1922	1.238
1910	665	1923	1.331
1911	682	1924	1.401
1912	698	1925	1.507
1913	839	1926	1.525
1914	833	1927	1.521
1915	884	1928	1.669
1916	884	1929	1.756
1917	887	1930	1.766

Quelle: KLAPHECK 1930, S.162

4.3.3 Werkswohnungsbau von Thyssen

Stellt SCHOLTEN (1969) bei den durch Krupp errichteten Gebäuden des Margarethenhofs eine höher qualifizierte Bauweise als bei der Eisenbahnersiedlung Hohenbudberg und der Zechenkolonie in Rheinhausen fest, was nicht nur mit der ungleichen Wirtschaftskraft dieser Unternehmen zusammenhängt, sondern mit dem sozialen Unterschied zwischen dem Eisenbahner, Bergmann und dem besser geschulten sowie bezahlten Kruppschen Hüttenarbeiter erklärt wird, so ist genau die umgekehrte Feststellung für den Wohnungsbau von Thyssen nachzuweisen, der den Duisburger Norden prägt.

In der vom Thyssen-Bergbau 1922 herausgegebenen Schrift über das Siedlungswesen wird darauf hingewiesen, daß es sich in Hamborn um ausschließlich dem Industriezweck dienstbar gemachtes Gelände, in dem der Wohnungsbau eine zweite Rolle spielte, gehandelt habe. Da die Häuser in der Nähe der räumlich ziemlich voneinander getrennten Schachtanlagen liegen mußten, "entstand jene Dezentralisation des Städtebildes, dessen einwandfreie Lösung durch die Schnelligkeit des Wachstumsprozesses einerseits und die Aufteilung des Geländes durch die Werksbahnen andererseits sehr erschwert wurde"[100].

Interessant ist der Hinweis auf das Baumaterial der Bergmannshäuser, dem in den Ziegeleien des Werkes selbst gewonnenen Backstein, da sich dieses Material gegenüber den Einflüssen der Industrie als dauerhafter erwiesen habe, so daß eine gewisse Eintönigkeit gegenüber Natursteinen in Kauf zu nehmen sei. Auch in diesem Punkt kommt die reine Zweckbestimmtheit des Wohnungsbaus zum Ausdruck.

Die Gewerkschaft Deutscher Kaiser errichtete die ersten zehn Bergmannshäuser mit Stall und Garten inmitten des Hamborner Waldes, unweit der alten Abtei (Klosterstraße) im Jahre 1880[101]. 1884 folgten weitere sieben Häuser in der Bremenstraße, in unmittelbarer Nähe des Schachtes 1, mit jeweils vier Wohnungen. 1890 wurde der Hausbau an der Bremenstraße fortgesetzt, indem 18 Häuser mit 144 Wohnungen errichtet wurden. Gleichzeitig entstanden in der Josefstraße (spätere Steigerstraße) 15 Neubauten mit 106 Wohnungen[102].

Die Schrift des Thyssen-Bergbaus von 1922 weist darauf hin, daß man trotz vollster Anerkennung der unüberbietbaren Vorteile des Einzelhauses beim Bau dieser Gruppe die Geländeausnutzung in den Vordergrund stellen mußte. Außerdem würden die zweigeschossigen Stockwerkhäuser neben einer optimaleren Ausnutzung des Grundstücks eine größere Wärmehaltung der Einzelwohnung ermöglichen. Betont wird, daß jede Wohnung in sich abgeschlossen sei und in besonders günstigen Fällen sogar jedes Stockwerk einen eigenen Zugang besitze. Gartenland für die in mehrgeschossigen Häusern untergebrachten Familien befinde sich außerhalb der Siedlung in Schrebergärten.

Im Gegensatz zu der geschlossenen Blockrandbebauung, die ab 1890 im Bereich Bremenstraße bis Dr. Heinrich Laakmann-Straße errichtet wurde (Karte 2), entstanden 1895/96 in der Knappenstraße (Karte 3) und Feldstraße (Karte 2) insgesamt 292 Wohnungen. Die in Alt-Hamborn zu verzeichnende "Serialität" wurde hier zu Gunsten einzeln stehender Baublöcke aufgehoben.

Tab. 16 zeigt die Entwicklung des Werkswohnungsbestandes von Thyssen-Bergbau für die Zeit von 1880 bis 1918. Korrelierten bei Krupp noch Belegschafts-, Einwohner- und Wohnungsbestandsentwicklung, so steigt im Gegensatz zur Belegschaftsentwicklung der Wohnungsbestand stetig an, allerdings mit einer beschleunigten Zunahme ab der Jahrhundertwende. Der Grund wird darin liegen, daß aufgrund der ein bis zwei Jahre dauernden Realisierung großer Bauobjekte, die in Aufschwungzeiten geplanten und in Angriff genommenen Projekte oftmals erst in Krisenjahren fertiggestellt werden konnten. Durch den Belegschaftsabbau während der Kriegsjahre kam 1918 rein rechnerisch auf jedes Belegschaftsmitglied eine Wohnung.

Tabelle 16

Steigerung der Belegschaft im Verhältnis zu den errichteten und angekauften Wohnungen des Thyssen-Bergbaus 1880 - 1918

Jahr	Belegschaft	Häuser je Jahr	Häuser insgesamt	Wohnungen je Jahr	Wohnungen insgesamt
1880	390	10	10	20	20
1881	470	-	-	-	-
1882	590	-	-	-	-
1883	720	-	-	-	-
1884	680	12	22	36	56
1885	670	-	-	-	-
1886	670	-	-	-	-
1887	720	-	-	-	-
1888	740	-	-	-	-
1889	790	-	-	-	-
1890	940	23	45	184	240
1891	930	-	-	-	-
1892	930	-	-	-	-
1893	940	-	-	-	-
1894	1.030	-	-	-	-
1895	1.300	1	46	6	246
1896	1.700	48	94	256	502
1897	2.230	17	111	84	586
1898	2.910	62	173	380	966
1899	3.140	37	210	112	1.078
1900	3.600	101	311	514	1.592
1901	4.520	355	355	1.840	1.840
1902	5.260	103	458	413	2.253
1903	5.860	298	756	635	2.888
1904	6.890	207	963	549	3.437
1905	7.793	223	1.186	711	4.148
1906	8.850	285	1.471	768	4.916
1907	9.350	172	1.643	407	5.323
1908	11.000	88	1.731	276	5.599
1909	15.700	215	1.946	477	6.076
1910	14.200	52	1.998	210	6.286
1911	13.345	62	2.060	298	6.584
1912	13.624	39	2.099	199	6.713
1913	13.919	6	2.105	49	6.762
1914	12.110	41	2.146	148	6.910
1915	8.010	14	2.160	72	6.982
1916	7.278	238	2.398	535	7.517
1917	7.883	69	2.467	187	7.704
1918	7.874	40	2.507	150	7.854

Quelle: THYSSEN-Bergbau 1922, S.21/23

KASTORFF-VIEHMANN (1981) weist darauf hin, daß das flächenökonomische System der Blockrandbebauung planmäßig und in großem Maßstab für den Werkswohnungsbau von der Thyssenhütte und dem Thyssenbergbau in Hamborn bis zum Beginn des Ersten Weltkrieges angewendet wurde. Kritisch wird vermerkt, daß die konsequente Weiterentwicklung der aufgelockerten Blockrandbebauung bis hin zu zwei- bis dreigeschossigen Mehrfamilienhäusern, wie sie in Hamborn erfolgte, den Kolonien den Charakter einer Werkssiedlung mit Kleinhäusern nahm und vom Erscheinungsbild her eher dem Arbeiterquartier mit privaten Miethäusern zuzuordnen war.

Das auch von STEMMRICH (1981) kritisierte Strukturprinzip der einfachen Reihung und Addition von Reihen hatte den Vorteil, daß Kolonien, die zunächst nur einen einzigen Straßenzug umfaßten, sich durch eine ergänzende Bebauung auch zu Straßenrechtecken oder -vierecken erweitern ließen. Im Gegensatz zum Kern des Margarethenhofs mit seinen geschwungenen Straßen wirkt die Regelmäßigkeit dieser Gebäudeanordnung sehr monoton.

Der dem Thyssenschen Siedlungswesen eigene streng gerasterte Siedlungsgrundriß findet sich auch in der ab 1912 errichteten Siedlung in Wehofen wieder (Karte 1, östlicher Teil), der nach MILKEREIT (1987) zunächst einzigen auf dem Reißbrett entworfenen Siedlung mit durchdachter Infrastruktur. KASTORFF-VIEHMANN (1981) läßt zwar bei dieser Siedlung eine Verwandschaft mit dem Heimatstil gelten, räumt jedoch ein, daß hier eine weitgehende Zuwendung zu einer zweckverhafteten Baugestalt vorherrscht. Auch in Wehofen dominiert der Ziegelrohbau. Wenn auch im großen und ganzen der Gruppenhausbau gewählt wurde, so ist doch jedes Haus mit seperatem Eingang für die einzelnen Wohnungen versehen.

Tab. 17 zeigt die Entwicklung der Belegschaft der Zeche Wehofen und die der Wohngebäude bzw. Wohneinheiten, wobei festzustellen ist, daß bereits 38 Wohneinheiten für das Jahr 1912 zu verzeichnen sind, jedoch die erste Angabe über die Belegschaft für das Jahr 1913 536 Arbeiter aufführt. Berücksichtigt man, daß für 1918 1.545 Arbeitskräfte angegeben sind und gleichzeitig ein Wohnungsbestand von 877 Wohnungen verzeichnet wird, ist davon auszugehen, daß nahezu jedes zweite Belegschaftsmitglied in einer zecheneigenen Wohnung lebte. Der Wohngebäude- bzw. Wohneinheitenbestand verdeutlicht, daß größtenteils pro Haus nur eine Wohnung vorhanden ist[103].

Tabelle 17

Steigerung der Belegschaft im Verhältnis zu den errichteten Werkswohnungen der Zeche Wehofen 1912 - 1918

Jahr	Belegschaft	Häuser je Jahr	Wohnungen insgesamt	je Jahr	insgesamt
1912	-	38	38	60	60
1913	536	168	206	230	290
1914	1.353	156	362	214	504
1915	1.454	95	457	132	636
1916	1.722	72	529	108	744
1917	1.830	37	566	62	806
1918	1.545	50	616	71	877

Quelle: THYSSEN-Bergbau 1922, S.29

Wie aus der Schrift des Thyssen-Bergbaus von 1922 hervorgeht, wurden in den Jahren 1919/20 lediglich infolge des Krieges nicht fertiggestellte Bauten vollendet.

Ende des Jahres 1920 betrug der Bestand an Wohnungen von der Gewerkschaft Friedrich-Thyssen und der Gewerkschaft Rhein I (Wehofen) insgesamt 3.645 Wohngebäude mit 9.148 Wohneinheiten. Bedenkt man, daß allein der Anteil der Gewerkschaft Friedrich-Thyssen 8.044 Wohnungen in 2.652 Häusern ausmachte, so wird deutlich, daß im Gegensatz zu Wehofen hier eine höhere durchschnittliche Anzahl an Wohneinheiten pro Gebäude besteht (durchschnittlich drei Wohneinheiten). In der Schrift des Thyssen-Bergbaus (1922) wird hierzu erläutert, daß daraus zu ersehen ist, "daß die Häuser mit ein oder zwei Wohnungen (Landhaussystem) in den neuen Siedlungen gegenüber den im Weichbild der Stadt Hamborn gelegenen bedeutend vorherrschen, dann auch, daß mit der fortschreitenden Entwicklung des Werkes die drei- und mehrräumigen Wohnungen zugenommen haben" (S.33).

Die Gewerkschaft Friedrich-Thyssen hat 1922 mit dem Bau einer Siedlung (unter dem Namen "Rheindeich") mit 778 Wohnungen bei der neuen Schachtanlage Beeckerwerth begonnen (Karte 7). Die Siedlung entstand auf einem bis dahin völlig unbebauten Geländestreifen am Rhein "nach einem großzügig angelegten Plane, der neben den Wohnhäusern auch Geschäftshäuser, Konsumanstalten, Kirchen und Wohlfahrtseinrichtungen vorsieht und ... bis ins Einzelne nach einer Idee durchdacht" ist. "Die Haustypen sind malerisch gruppiert, die stillen Wohnstraßen durch kleine Platzerweiterungen belebt, die breiteren Verkehrsstraßen geradlinig, den Weg zur Schachtanlage weisend. Ein mächtiger Bahndamm scheidet gleichsam wie ein Schutzwall die stille Siedlung von der Arbeitsstätte. Durch diese günstige Trennung wird es im Verein mit der ländlichen Gegend möglich sein, den Charakter einer kleinen rheinischen Gartenstadt zu wahren. Die Straßen werden von Bäumen gesäumt und mit kleinen Vorgärten geschmückt" (THYSSEN-BERGBAU 1922, S. 39). Auch hier werden Einzelhäuser in Gruppen unter einem Dach zusammengefaßt.

Allerdings muß nochmals darauf hingewiesen werden, daß der Thyssen-Bergbau nicht nur den Einfamilienreihenhaus-Typus verwendet hat, sondern auch Kolonien[104] erstellte mit mehrgeschossigen, in Blöcken zusammengefaßten Gebäuden, die bis zu sechs Wohneinheiten umfaßten. Es handelt sich einmal um das sogenannte Dichterviertel (Karte 3), das, wie das bereits erwähnte Viertel um die Bremenstraße, für die Bergleute des ehemaligen Schachtes 1/6 errichtet war und das zum Schacht 2/5 gehörende Viertel in Marxloh (Karte 2).

WEHRMANN (1960) charakterisiert das Dichterviertel als eine dreigeschossig in Reihenhäusern erbaute Siedlung[105], die äußerlich mit den kahlen, von keiner freundlichen Grünfläche oder von Vorgärten unterbrochenen Straße einen wenig einladenden Eindruck vermittelt.

Ähnelt die vom Thyssen-Bergbau errichtete Siedlungsbauweise teilweise aufgrund seines Anteils an Einfamilienreihenhäusern und seiner Geschlossenheit noch der für Hüttenarbeiter erstellten Kolonie Margarethenhof in Rheinhausen, so bestehen doch gravierende Unterschiede zu dem von Thyssen für Hüttenarbeiter durchgeführten Wohnungsbau[106].

Wenn auch der von KASTORFF-VIEHMANN (1981) verwendete Begriff der "Kaserne"[107] für die großen Wohnhauszeilen nicht ganz zutrifft, so wird doch deutlich, daß hier ein zweckbestimmter quantitativ ausgerichteter Wohnungsbau im Vordergrund steht, wie er auch der Anfangsphase des Kruppschen Siedlungswesens zu eigen war.

WEHRMANN (1960) erläutert, daß in der Bauperiode 1882 bis 1900 die Bebauung des heutigen Südostteils von Bruckhausen vorgenommen wurde, und zwar die westlich vom Stadtwald und südlich der Dieselstraße gelegene Fläche. Dieses Viertel sei in der Zeit von 1900 bis 1914 an der Kaiser-Wilhelm-Straße ergänzt worden (Karte 2).

Die in unmittelbarer Nachbarschaft zu den industriellen Anlagen von Thyssen errichteten Häuser zeichnen sich durch dreigeschossige, geschlossene Bauweise aus. Auch hier trifft die von STEMMRICH (1981) bereits bei dem frühen Kruppschen Wohnungsbau ausgespro- chene Kritik zu, daß aus Gründen der Ökonomie die "Serialität" das prägende Merkmal der Architektur darstellt. Offenbar ist dieser Massenmietwohnungsbau schon von Zeitgenossen kritisiert worden, da die Stadtverwaltung bereits Thyssen bat, den Bebauungsstil, der in Neumühl Anwendung gefunden hatte, zu präferieren (Hamborner Bürgerverein, 1979).

Auch FISCHER-ECKERT (1913) kritisiert den zwei- bis dreigeschossigen Wohnungsbau der Gewerkschaft Deutscher Kaiser nach der Jahrhundertwende, da auf jeder Etage zwei Familien wohnen, "so daß im Verhältnis zu den Häusern alten Stils die Bewegungsfreiheit des Einzelnen ziemlich eingeschränkt ist" (S. 24 f). Bedauert wird ferner, daß die vor 1900 errichteten Häuser einen Gartengrund unmittelbar in der Nähe des Hauses liegen haben, während den in den neu erbauten Häusern wohnenden Mietern nur ein Stück Land in weite- rer Entfernung zur Verfügung stehe.

FISCHER-ECKERT (1913) räumt zwar ein, daß die Koloniehäuser den großen Vorteil besit- zen, den heranströmenden Arbeitermassen eine schnelle und menschenwürdige Unterkunft zu billigem Mietpreis zu bieten, jedoch auch nicht unerhebliche Nachteile bestehen. Es wird vor allem die Gleichförmigkeit sowohl der sozialen Schicht als auch der Lebensart kritisiert, die keine Möglichkeit der Übernahme anderer Verhaltensweisen ermögliche. "Man mag die Häuser noch so schön ausstatten und noch so schöne freie Plätze anlegen, solange man sich nicht entschließt, die Wohnungen der Beamten und Ärzte in die gleiche Gegend zu le- gen, solange werden auch die Kolonien nicht gewürdigt werden, und das mit Recht, denn solange töten sie das Selbstbewußtsein des Arbeiters, der in seinem Abgesondertsein von anderen Gesellschaftsklassen und in seiner Abhängigkeit von seinem Arbeitgeber den Glauben an seine eigene Kraft immer mehr einbüßt" (S. 29 f). Diese Aussage wird durch die mit Arbeiterfrauen geführten Interviews erhärtet, die offenbar seinerzeit bereits das Leben in den Kolonien weniger positiv empfunden haben als es gemeinhin dargestellt wird, wie die Bemerkung einer aus Westfalen hinzugezogenen Bewohnerin beweist: "Dann wohnten wir zum Glück ganz am Anfang der Kolonie, da merkt man es nicht so stark, daß man in einer Kolonie wohnt, man kommt mit den anderen nicht so in Berührung" (in FISCHER-ECKERT 1913, S. 86).

Im übrigen weist FISCHER-ECKERT (1913) auf die katastrophalen Verhältnisse der nicht zuletzt aufgrund der hohen Kinderzahl ständig unter dem Existenzminimum lebenden Kolo- niebewohner und vor allem auf die durch das "wachsende Nomadentum unserer Industrie- bevölkerung" (S. 133) bedingte Isolation des Einzelnen hin. In den geführten Interviews be- stätigten die befragten Frauen auch durchweg den Mangel an Heimat, denn viele betrach- teten Hamborn nur als "Durchgangsstation".

112

Im Zusammenhang mit der 1902 erfolgten Gründung der AG für Hüttenberieb in Meiderich wurde die Werkssiedlung am Wasgau-Platz errichtet. Zuerst entstanden die Häuser an der Neubreisacher Straße, die bis 1938 Elsässer Straße hieß, und an der Hagenauer Straße. Diese Straßen waren 1909 bzw. 1911 voll bebaut. Erweiterungen erfolgten 1910 an der Sundgau- und 1912 an der Wasgau-Straße. Wie auch in den anderen Thyssen-Siedlungen handelte es sich hier um nüchterne Zweckbauten, die nach einem einheitlichen Grundriß geplant und in flächenökonomischer Blockrandbebauung mit zwei bis drei Geschossen erstellt waren. Durch diese platzsparende Bebauung konnten allein in der Neubreisacher Straße 132 Familien in 22 Häusern untergebracht werden. Für 1912 werden 585 Wohnungen in 161 Häusern angegeben. Die Hierarchie im Betrieb setzte sich auch bei den Wohnungen fort, indem in der Wasgaustraße Meister und Vorarbeiter, in der Sundgau- und Wasgaustraße Hütten- und Gießereiarbeiter und in der Neubreisacher und Hagenauer Straße Bergleute und Kokerei-Arbeiter wohnten. Die Siedlung selbst war seinerzeit, vor allem durch die 1907 errichtete Konsumanstalt an der Neubreisacher Straße, den 1914 zur Verfügung gestellten werkseigenen Kindergarten und die durch das Werk gelieferte Strom-, Gas- und Wasserversorgung, weitgehend autark und zeichnet sich auch heute noch durch seine abgeschiedene Lage aus.

Es ist noch zu bemerken, daß für die später zum Thyssen-Konzern gehörende Phoenix-Hütte der Bau von Werkswohnungen nicht, wie für viele Bergbauunternehmen, eine unbedingte Notwendigkeit darstellte. Im wesentlichen erfolgte der Bau von Wohnungen nur in der Gründungsphase, da aufgrund der Zielsetzung, möglichst schnell die Produktion aufnehmen zu können, kurzfristig Unterbringungsmöglichkeiten für die große Zahl der zugezogenen Arbeiter, die zum Teil aus Belgien angeworben waren, geschaffen werden mußten. Das Unternehmen errichtete einige Arbeiterwohnhäuser in unmittelbarer Werksnähe und besaß 1875 76 Wohnhäuser mit 215 Wohnungen. Doch je länger das Werk bestand und je weniger sprunghaft die Belegschaft anstieg, um so weniger sah sich das Unternehmen veranlaßt, Werkswohnungen zu errichten, was mit der mangelnden patriarchalischen Unternehmensphilosophie des Kruppschen Typus begründet wird (ZUMDICK 1991).

Diese Handlungsweise ist insofern beachtenswert, da die Wohnverhältnisse gerade in Laar aufgrund des ständigen Wohnungsmangels sehr schlecht waren. Laar wies seit der Gründung der Phoenix-Hütte sehr hohe Behausungsziffern auf, was zwar auch mit der Vergrößerung der Häuser zusammenhing, jedoch auch mit der hohen Belegungsdichte der einzelnen Wohnungen erklärt wird. ZUMDICK (1991) schildert eindrucksvoll die katastrophalen Verhältnisse, unter denen die Arbeiterschaft lebte.

4.3.4 Werkswohnungsbau von Mannesmann

Vermerkt SCHÖBEL (1922) noch, daß die Stadt Duisburg gegenüber der Industrie großes Entgegenkommen zeigte, indem sie in den Jahren 1910-1914 einzelnen Werken in Wanheim und Meiderich wertvolle Grundstücke zu niedrigen Preisen überlassen hatte, so war zumindest der Bau der Arbeitersiedlung in Hüttenheim nicht ohne Widerstand vonstatten gegangen, wie dem Aktenstudium im Stadtarchiv Duisburg zu entnehmen ist.

Nachdem die Schulz-Knaudt AG in der Gemarkung Mündelheim ein Gelände von 32 Morgen zum Zwecke der Erbauung von 550 Arbeiterwohnungen erworben hatte (Akte 17/756), lehnte der Gemeinderat, wie aus dem Auszug des Protokollbuches vom 28.5.1910 (Akte 17/711) ersichtlich wird, den Bebauungsplan der Firma Schulz-Knaudt AG mit der Begründung ab, daß mit der Errichtung einer Arbeiterkolonie der Gemeinde erhebliche Mehrkosten für Armen- und Schulzwecke entstehen würden, vor denen sich die Gemeinde bewahren müsse. In dem daraufhin erfolgten Schreiben der Schulz-Knaudt AG vom 11.7.1910 an den Vorsitzenden des Kreisausschusses für den Landkreis Düsseldorf weist das Unternehmen darauf hin, daß bei weiteren Verzögerungen des Baubeginns aus Mangel an Arbeitern der Fabrikbetrieb nicht ordnungsgemäß aufgenommen werden könne, wodurch ein enormer Schaden entstehe. Am 13.7.1910 erläutert der Gemeinderat Mündelheim in einem Schreiben an den Kreisausschuß seine ablehnende Haltung, indem er eine Kostenberechnung erstellt, durch die er belegen will, daß die Gemeinde sich außerstande sieht, die durch den Koloniebau entstehenden Kosten zu tragen. Dies wird insbesondere unter dem Gesichtspunkt verständlich, daß einerseits die Gemeinde Huckingen, auf deren Gelände das Werk errichtet wurde, durch die Schulz-Knaudt AG eine bedeutende Steuereinnahmequelle erhielt, andererseits die Gemeinde Mündelheim die Kolonielasten tragen sollte.

Dem weiteren Schriftverkehr ist zu entnehmen, daß eine Einigung dahingehend erfolgte, indem die Gemeinde Huckingen der Gemeinde Mündelheim Zuschüsse zu den Armen-, Schul- und Polizeilasten gewährte (vgl. Beschluß des Kreisausschusses des Landkreis Düsseldorf vom 7.10.1910).

Auch bezüglich der Konzeption der Kolonie finden sich bereits vor Baubeginn kritische Stimmen. Der Regierungspräsident gab zwar am 4.3.1911 die Einwilligung, daß das Planfeststellungsverfahren fortgeführt werden kann, um der Schulz-Knaudt AG bis zum Herbst 1911 in der Kolonie die Unterbringung von 200 Arbeitern zu ermöglichen, äußerte jedoch in diesem Zusammenhang Einwände bezüglich der Lage, da die meisten Häuser an Straßen, die von Osten nach Westen verlaufen, angeordnet werden sollten, so daß entweder die Vorder- oder Hinterfronten nicht besonnt würden. Diese Straßenführung habe sich nach Meinung des Regierungspräsidenten vermeiden lassen. Es wurde noch gefordert, die Pläne dahingehend zu ergänzen, daß ein Eintrag erfolge, wo die Kirche, das Rathaus und der Marktplatz plaziert werden. Auch der Landrat von Düsseldorf kritisiert im Schreiben vom 24.6.1912 (Akte 17/189) die architektonische Gestaltung. Mit Rücksicht auf die ländliche Umgebung habe er den Bau von mehreren einzeln stehenden Zwei-, Drei- und Vier-Familienhäusern an Stelle dieser "Mietskasernen" gewünscht. Diese Vorstellung sei der Schulz-Knaudt AG und der bauausführenden Firma sehr eindringlich dargelegt worden. Da jedoch seine Einwände keine Berücksichtigung fanden, habe er bewirkt, daß seine Kreissparkasse die für diesen Bau beantragten Hypothekengelder ablehne. In einer Entgegnung vom 13.9.1912 wird die vom Landrat kritisierte "Mietskasernen-Bauweise" damit begründet, daß die aus der alten Kolonie Hüttenheim in Essen kommenden Arbeiter an städtische Verhältnisse (WC, Bad etc.) gewöhnt seien und auch diesen Komfort in der neuen Kolonie vorfinden sollten, was jedoch bei einer weiträumigen Bauweise zu erhöhten Kosten führe.

Allen Einwänden zum Trotz entstand die Siedlung 1911/12 in dem Gebiet "An der Batterie", "Hasendong", "Förkelstraße", "Ungelsheimer Straße", "Am Himgesberg", "Rosenbergstraße", "An der Steinkaul" (Karte 10), und zwar in Form von fünf großen geschlossenen Blökken mit Innenhöfen und zwei halboffenen Blöcken. Nach Übernahme der Schulz-Knaudt AG durch die Mannesmann-Röhrenwerke erfolgte in der Zwischenkriegszeit ab 1919 eine Erweiterung der Siedlung nach Osten. Auffallend ist hier, daß von der wuchtigen Blockrandbebauung Abstand genommen und zu kleineren Gebäudeeinheiten übergegangen wurde. Allein auf der Ungelsheimer Straße wurden 1923 71 Einfamilienhäuser, die teilweise in Reihen zusammengefaßt sind, errichtet[108].

Auch aus der Zwischenkriegszeit stammt der ebenfalls in Werksnähe gelegene Gebäudeteil im nordöstlichen Siedlungsbereich (nördlich der Mündelheimer Straße, vgl. Karte 10). In diesem Bereich wurde 1911/12 die Beamtensiedlung mit Direktionsvillen und Beamtenhäusern (z.B. Angerorter Straße) errichtet. Die jüngste Siedlung ist die 1938/41 entstandene sogenannte Apotheken-Siedlung.

4.3.5 Im Zusammenhang mit den Werkssiedlungen entstandene infrastrukturelle Einrichtungen

Bekanntermaßen erschöpft sich das sogenannte Wohlfahrtssystem, das STEMMRICH (1981) als den Versuch kennzeichnet, "möglichst alle Grundbedürfnisse der Arbeiter und ihrer Angehörigen - bezeichnenderweise in ihrer Gesamtheit als Werksangehörige angesprochen - zu befriedigen" (S. 31), nicht in dem Bau von Werkswohnungen, sondern umfaßt eine Vielzahl von Versorgungs- und infrastrukturellen Einrichtungen.

Bezogen auf das Wohlfahrtswesen von Krupp ist nach STEMMRICH (1981) als Ausgangspunkt des Aufbaus die Krankenkasse anzusehen, die nachgewiesenermaßen schon 1836 bestand, jedoch erst ab 1853, da der Beitritt an die Anstellung geknüpft war, alle Arbeiter der Fabrik erfaßte. Gleichzeitig entstanden der Pensionsfond und im Laufe der Zeit eine Fülle von Zusatzkassen und Hilfsfonds bzw. Stiftungen, die dem Kruppianer neben den seit 1865 durch die Sozialgesetzgebung garantierten Leistungen eine Reihe von zusätzlichen Sicherheiten boten.

Als zweite wesentliche Versorgungseinrichtung ist der Kruppsche Konsum zu nennen, der ab 1868 entstanden ist. Diese Einrichtung macht einen Teil der Motive und Ziele der Kruppschen Sozialpolitik sichtbar[109]. Die bessere Versorgung der Arbeiterschaft sei nicht letztlich sozialem Denken entsprungenes Anliegen, sondern firmenpolitischem Kalkül entstammendes Mittel zum Zweck: eine größere Zufriedenheit und bessere physische Kondition der Arbeiter bewirke einen regulierenden Einfluß auf Löhne und Preise. Außerdem beabsichtigte Krupp durch die Übernahme des Konsums[110], die Arbeiterfamilien aus der Abhängigkeit von Kaufleuten, bei denen sie aufgrund der hohen Preise auf Kredit kauften, zu befreien. Dem Ziel, die Familien zu einer rationellen und sparsamen Haushaltsführung zu erziehen, galt auch die Einrichtung von Haushaltsschulen. Durch preiswerte Versorgung sollte zwar der Verelendung der Arbeiter begegnet werden, jedoch bei gleichen oder niedrigeren Löhnen; ein Vorgehen, das wiederum Rückwirkungen auf die Ertragslage der Firma ausübte (STEMMRICH 1981).

Wie STEMMRICH (1981) erläutert, äußert sich der Erziehungsgedanke besonders deutlich in der Errichtung verschiedener Schulen, wie den 1860 und 1874 entstandenen Fortbildungsschulen für Arbeiter und Beamte des Werkes, der 1875 gegründeten Industrieschule, in der Töchter aus Kruppschen Arbeiterfamilien rationelle Haushaltsführung und andere Tätigkeiten erlernen sollten. Besondere Bedeutung wird der 1877 errichteten simultanen Volksschule[111] beigemessen, die für die damalige Zeit äußerst ungewöhnlich war, jedoch von Krupp mit dem Hinweis eingeführt wurde, daß in seiner Fabrik verschiedene Religionen vertreten seien, und schon die Kinder die notwendige Toleranz erlernen sollten, damit die Betriebsgemeinschaft nicht leide.

Zusammenfassend ist STEMMRICH (1981) zuzustimmen, daß das Gefühl persönlicher Verbundenheit mit dem Werk gepflegt und verstärkt wurde "durch die alle Lebensabschnitte begleitende Fürsorge der Firma, angefangen bei der Ausbildung, über Darlehen bzw. Sparbeiträge zur Anschaffung von Hausrat, über umfangreiche Gesundheitspflege - Krankenhaus, Arnoldhaus für Wöchnerinnen, Erholungshäuser, Badeanstalten, Sporteinrichtung - über Versorgung mit allen lebensnotwendigen Waren zu billigen Preisen, über Altersvorsorge bis hin zur Beschaffung von Wohnungen" (S. 43).

Auch unter Akzeptanz der rein firmenpolitischen Motive für die Entwicklung des Wohlfahrtswesens bleibt der Wert dieser Einrichtungen ungeschmälert, wenn man berücksichtigt, daß die großen Einwandererströme und kinderreichen bergmännischen Familien bewirkten, daß zu keinem Zeitpunkt im Revier eine ausreichende Versorgung mit Bildungseinrichtungen gewährleistet war, ein Zustand, der nicht zuletzt der mangelnden Verantwortung von Magistrat und Stadtverordneten zugeschrieben wird (TENFELDE 1981).

Gemäß den von der Firma Krupp seit jeher befolgten Grundsätzen wurden auch auf der Friedrich-Alfred-Hütte umfangreiche Wohlfahrtseinrichtungen[112] geschaffen: "Wohnsiedlungen für Arbeiter und Angestellte, Schlaf- und Speisehäuser für Unverheiratete, Konsumanstalten, eine Bücherhalle sowie das große, neuzeitlich eingerichtete Bertha-Krankenhaus" (KRAFT 1942, S. 11 f), das 1938 vergrößert und um eine medizinische Bäderabteilung für die Belegschaft erweitert wurde. SCHOLTEN (1969) berichtet, daß das Bertha-Krankenhaus über seine ursprüngliche Zweckbestimmung hinauswuchs und seit 1927 der gesamten Bevölkerung zur Verfügung stand.

Inwieweit das Kruppsche Wohlfahrtswesen die späteren Wohlfahrtseinrichtungen anderer Werke beeinflußt hat, ist nicht zu beweisen, fest steht jedoch, daß auch vom Thyssen-Bergbau "ein wohldurchdachtes und klar organisiertes System geschaffen werden mußte, um die Fülle sozialer Hilfsarbeit leisten zu können, welche die Vielzahl der vom Thyssen-Bergbau beschäftigten Menschen verlangt" (THYSSEN-BERGBAU 1922, S. 49). So sei die Verbilligung beim gemeinsamen Einkauf vornehmlich der Grund zur Anlage von Konsumanstalten gewesen, die schon frühzeitig vom Thyssen-Bergbau in den wichtigsten Siedlungsbereichen und in den Kolonien, wie Tab. 18 zeigt, gegründet wurden, um der Belegschaft die Möglichkeit zu geben, Lebensmittel und tägliche Bedarfsgegenstände zu einem annehmbaren Preis zu erwerben[113]. Wichtig erscheint der Hinweis, daß Einnahme-Überschüsse an die Käufer verteilt, erforderliche Zuschüsse jedoch vom Werk getragen wurden.

Aufgrund der abseitigen Lage der teilweise in größerer Entfernung von Städten liegenden Siedlungen war eine durch das Werk errichtete bzw. initiierte Infrastruktur durchaus erforderlich, wie der Hinweis des Thyssen-Bergbaus (1922) bestätigt, daß aufgrund dieser Tatsache bei den neuen Konsumanstalten eine Ausdehnung auf solche Warengattungen vorgesehen war, die sonst nicht geführt wurden.

Tabelle 18
Konsumanstalten des Thyssen-Bergbaus

Ort	Straße	gegründet
Duisburg-Hamborn	Bremenstraße	1897
Duisburg-Beeck	Ostackerweg	1900
Duisburg-Hamborn	Marienstraße	1905
Duisburg-Meiderich	Wasgaustraße	1907
Duisburg-Hamborn	Goethestraße	1907
Duisburg-Hamborn	Weseler Straße	1909
Duisburg-Hamborn	Kalthoffstraße	1910
Duisburg-Hamborn	Kreyenpothstraße	1911
Duisburg-Hamborn	Buschstraße	1912
Duisburg-Wehofen	Holtener Straße	1913

Quelle: Wohnungs- und Wohlfahrtseinrichtungen des Thyssen-Bergbaus, 1922, S.55

Der Schrift des Thyssen-Bergbaus (1922) ist ferner zu entnehmen, daß die Pflege der heranwachsenden Jugend als eine Grundaufgabe des Wohlfahrtswesens angesehen wurde, die in Städten wie Hamborn, die über eine fast ausschließlich werktätige Bevölkerung verfüge, "schon allein deshalb wichtig (sei), weil nur ein von Kind an körperlich gesunder und starker Menschenschlag mit frohem Sinn seine Lebensaufgabe erfüllen kann" (S. 59). So sei in der Marienstraße in Hamborn, in der Nähe der Schachtanlage 2/5, vom Thyssen-Bergbau ein Säuglingsheim für 38 Kinder eingerichtet worden. Ferner wird darauf verwiesen, daß im Bereich des Thyssen-Bergbaus allein sieben Kleinkinderschulen gegründet wurden.

Der aufgrund des schnellen Anwachsens der Siedlungen erforderliche Bau von Kirchen und Schulen wird begründet, "um in jeder Weise die Entwicklung eines auch moralisch gesunden Arbeiterstandes nach Möglichkeit zu sichern. So stiftete das Werk zum Bau der Kirchen namhafte Beträge, und ebenso auch zum Bau der Schulen" (S. 63).

Die im weiteren aufgeführten "Wohlfahrtseinrichtungen" ähneln dem Kruppschen System sehr, ebenso die hiermit verbundene Zielsetzung: "Und gleich dem großen Bau des gesamten Siedlungswesens werden auch die sozialen Einrichtungen für das geistige und leibliche Wohl der Werksangehörigen, ihrer Frauen und Kinder eine Hauptsorge des Thyssen-Bergbaus sein und bleiben, damit hier, wie im Wohnungswesen, die sicherste Grundlage des Gedeihens des Werkes gegeben ist: Ein gesunder, zufriedener, seßhafter und treuer Stamm von Mitarbeitern" (S. 75).

Im Laufe der Zeit wird jedoch der Anteil der Wohlfahrtsleistungen von seiten der Unternehmen geringer. Wie aus dem umfangreichen Schriftwechsel zwischen dem Bürgermeister von Angermund und den Mannesmann-Röhrenwerken, Abt. Schulz-Knaudt AG, aus dem Jahre 1916 (Akte 17/227) hervorgeht, wurde der in Hüttenheim, Gartenstraße, errichtete Kindergarten jeweils zur Hälfte vom Unternehmen und von der Gemeinde getragen. Das

Werk stellte die Räume zur Verfügung, da es auch an einer derartigen Einrichtung aufgrund der Tatsache, daß zahlreiche Frauen in dem Unternehmen beschäftigt waren, interessiert sein mußte.

Wurde bislang die Siedlungstätigkeit der Montanindustrie in den Vordergrund gestellt, so soll nicht unerwähnt bleiben, daß diese auch private Bautätigkeit und Infrastruktur-Einrichtungen nach sich zog (KASTORFF-VIEHMANN 1981, ROTHERT 1976 und BLUM, 1933). So hat nicht zuletzt, wie SCHOLTEN (1969) für Rheinhausen und WEHRMANN (1960) für Hamborn nachgewiesen haben, die Industrie den Anstoß zur städtischen Entwicklung gegeben, was allerdings weniger für den Duisburger Süden zutrifft.

4.3.6   Werkswohnungsbau nach 1945

Im Zusammenhang mit der kommunalen Neuordnung von 1975 wurde als Argument für die Forderung nach einem großräumigen Zusammenschluß aufgeführt, daß der planerische Flächenbedarf aufgrund der Intention, eine Verbesserung des Wohnwertes herbeizuführen, nur in den linksrheinisch schwächer besiedelten Räumen westlich und nördlich von Rheinhausen und Homberg gedeckt werden könne[114].

Diese Begründung wird einleuchtend, wenn man berücksichtigt, daß die heutigen Siedlungsstrukturen schon weitestgehend zu Beginn dieses Jahrhunderts festgelegt und die vorhandenen Flächen größtenteils bis zum Zweiten Weltkrieg besiedelt waren.

Um zu verdeutlichen, wie groß der Einfluß der Montanindustrie auch auf dem Wohnungssektor ist, wurde aufgrund der von Thyssen, Rhein-Lippe, Krupp und Mannesmann zur Verfügung gestellten Listen der gesamte hieraus zu ermittelnde Wohnungsbestand kartiert (Karten 1-11, S. 266 ff)[115]. Da die Wohnungsbestandslisten lediglich nach Straßen eingeteilt waren, mußte für jedes Gebäude das betreffende Baujahr herausgesucht werden[116].

Insgesamt wurde an werkseigenen und werksverbundenen Wohnungen ein Bestand von 35.770 Wohneinheiten in 8.828 Wohngebäuden ausgezählt[117]. Legt man den gesamten Wohnungsbestand der Stadt Duisburg, der 1983 246.000 Wohneinheiten in 67.692 Wohngebäuden betrug[118], zu Grunde, so ergibt sich immerhin ein ermittelter Anteil von 14,5 %, der auf die Unternehmen Thyssen[119], Rhein-Lippe, Krupp und Mannesmann entfällt.

Durch die vorgenommene Kartierung konnte eindrucksvoll nachgewiesen werden, daß sich der montanindustrielle Wohnungsbestand nahezu auf das gesamte Stadtgebiet verteilt, was wiederum beweist, wie abhängig die Stadt Duisburg auch auf siedlungsstrukturellem Gebiet von den montanindustriellen Unternehmen in ihrer Funktion als Großeigentümer bzw. deren Entscheidungen auf dem Wohnungssektor ist, worauf noch näher eingegangen wird.

Wie bedeutend der Werkswohnungsbau in Duisburg ist, belegt allein schon die Tatsache, daß in den 35.770 ermittelten Werkswohnungen ca. 46.000 Haushaltungsvorstände und Personen über 18 Jahre leben (davon ca. 17 % Ausländer), was in Relation zu den laut Adreßbuch der Stadt Duisburg insgesamt in Duisburg lebenden Haushaltungsvorständen und Personen über 18 Jahren von 324.611 Einwohnern einem Prozentsatz von rund 14 % entspricht[120].

Abb. 24 zeigt, wie sich der Wohnungsbestand der einzelnen Unternehmen auf die verschiedenen Bauphasen verteilt, wobei das Ende des Ersten sowie des Zweiten Weltkrieges jeweils als Zäsur festgesetzt wurde.

Auch JANSSEN (1976) teilt die Geschichte des Werkswohnungsbaus in drei große Entwicklungsperioden ein:

In der Zeit bis 1920 waren die Wohnungen unmittelbarer Teil der Unternehmensinvestitionen zur Unterbringung der Arbeitskräfte. Insbesondere der Bergbau führte den Wohnungsbau in eigener Regie und mit eigener Finanzierung ausschließlich für die Beschäftigten der Zechen durch.

Abbildung 24
Wohnungsbestand in 1.000 von Thyssen, Rhein-Lippe, Krupp und Mannesmann

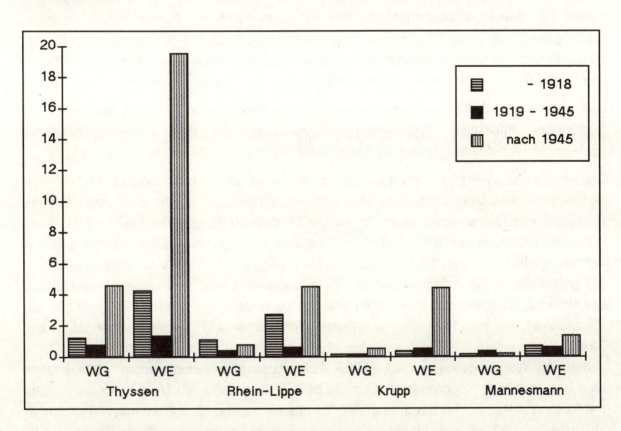

Zahlen aus: Wohnungsbestandslisten, Stand 1982/83/87 (eigene Auszählungen)

In der zweiten Entwicklungsstufe (1920 - 1948) entstanden die "gemeinnützigen Unternehmen", da die durch den Ersten Weltkrieg von Rohstoffen und Märkten abgeschnittene Ruhrindustrie staatliche Hilfe, u.a. durch Subventionen für den Wohnungsbau erhielt, die jedoch nur an gemeinnützige Unternehmen gezahlt wurden. Die Wohnungen der gemeinnützigen Wohnungsunternehmen, staatliche als auch Tochterfirmen der großen Montanunternehmen, wurden weiterhin, gesichert durch Belegrechte, für die Beschäftigten der jeweils am Kapital beteiligten Unternehmen gebaut.

119

In der Zeit nach 1949 entwickelte sich das von der Entflechtung verschont gebliebene Immobilienkapital weitgehend selbständig. Kritisch merkt JANSSEN (1976) an, daß die kapitalmäßig den Unternehmen der Montanindustrie untergeordneten Wohnungsunternehmen sich "gemeinnützig" verhalten, solange daraus Finanzierungs- und Steuervorteile erwachsen und "eigennützig", sobald die aus der Gemeinnützigkeit folgenden sozialen Aufgaben der Ausweitung des Geschäftes entgegenstehen.

JANSSEN (1976) erläutert, daß die nach dem Ersten Weltkrieg gegründeten gemeinnützigen Gesellschaften auch Träger des "sozialen Wohnungsbaus" nach dem Zweiten Weltkrieg wurden[121].

Im Zusammenhang mit der öffentlichen Förderung von Wohnungen führt JANSSEN (1976) aus, daß die Entwicklung der Wohnungsneubauleistung der industrieverbundenen gemeinnützigen Unternehmen in Duisburg die weitgehende Identität von gemeinnützigem, öffentlich gefördertem und industrieverbundenem Wohnungsbau belegt, wobei eine dominierende Position der Wohnungsbau für die Beschäftigten der Hochofen-, Stahl- und Walzwerke einnimmt. Der Bergarbeiterwohnungsbau, der vor allem durch das Bergarbeiter-Wohnungsbauprogramm von 1948 öffentlich gefördert wurde, hat nach der Bergbaukrise Ende der 50er Jahre an Bedeutung verloren, während der Stahlarbeiterwohnungsbau durch öffentliche Förderung (Stahlarbeiter-Wohnungsbauprogramm) unterstützt wurde[122].

Die größten gemeinnützigen, industrieverbundenen Bauträger in Duisburg sind die 1933 gegründete Rheinische Werkswohnungsgesellschaft, die Rhein-Lippe Wohnstätten (Belegrechte Ruhrkohle AG) und die Krupp Wohnungsbau GmbH.

Die Rheinische Werkswohnungsgesellschaft übernahm von den Vereinigten Stahlwerken den Wohnungsbestand, an dem die Mitgliedsunternehmen des westlichen Ruhrgebiets ein Belegunsrecht hatten, wozu auch die August-Thyssen-Hütte gehörte. Der weitere Wohnungsbedarf konnte nur mit öffentlicher Förderung über gemeinnützige Wohnungsunternehmen gedeckt werden. 1933 wurden folglich drei gemeinnützige Wohnungsgesellschaften gegründet, in die, entsprechend den Belegungsrechten der Gründungsgesellschaften, der Wohnungsbestand der Vereinigten Stahlwerke eingebracht wurde. 1945 verfügte die Gesellschaft, die seit 1937 als "Rheinische Wohnstätten AG" firmierte, über insgesamt 22.603 Wohnungen, die jedoch teilweise erhebliche Mängel aufwiesen. Von 1948 bis 1974 konnte der Wohnungsbestand auf 39.299 Wohnungen aufgestockt werden. 1974 erfolgte eine entscheidende Neuordnung, indem die beiden Hauptaktionäre (August-Thyssen-Hütte mit 51 % und Hamborner Bergbau mit 40 %) überein kamen, den Wohnungs- und Grundstücksbestand entsprechend ihren Belegungsrechten real aufzuteilen. Diese Realteilung ist auf dem Hintergrund zu verstehen, daß die bis zur Gründung der Ruhrkohle AG gleichgelagerten Interessen nicht mehr vorlagen, da die Belegschaft der Hamborner Bergbau AG zur Ruhrkohle übergewechselt war. Die seit 1974 bei "Thyssen bauen und wohnen" zusammengefaßten Gesellschaften bildeten die Wohnungsbaugruppe des Thyssen-Konzerns. Seit der Übernahme von Rheinstahl 1979 gehört auch dieser Wohnungsbestand zu "Thyssen bauen und wohnen" (THYSSEN aktuell 1983/12, o.S.).

JANSSEN (1976) weist jedoch darauf hin, daß die Industrie in Zeiten rückläufiger öffentlicher Förderung und wachsenden Bedarfs an Wohnungen auch mit Hilfe ihrer nicht gemeinnützigen Unternehmen, z.B. der Thyssen Wohnbau und freien Bauträgern, frei finanzierten Wohnungsbau betrieben habe.

Durch die Trennung von Kohle und Stahl sind zwei ungleiche Teilregionen und Teilmärkte auch innerhalb der Wohnungswirtschaft entstanden, wobei der eine überwiegend von der Stahlindustrie und der andere vorwiegend von Kohle und Petrochemischer Industrie abhängig ist. So dominieren in dem Teil des Ruhrgebiets, der der Rheinschiene zuzuordnen ist, Thyssen, Mannesmann und Krupp und im östlichen Teil der VEBA-Konzern. Folglich ist die Mehrheit - oder zumindest ein großer Teil - der Bevölkerung direkt oder indirekt am Arbeitsplatz wie in der Wohnung von den Stahlkonzernen abhängig (JANSSEN 1976).

Die Rhein-Lippe Wohnstätten GmbH ist ihrem Ursprung nach ein Unternehmen der Bestandsverwaltung von Bergmannswohnungen im Raum der Hamborner Bergbau AG, an denen die Ruhrkohle AG Belegrechte ausübt (JANSSEN 1976).

Wie hoch der Anteil der öffentlich geförderten Wohnungen nach dem Zweiten Weltkrieg bei den großindustriell verbundenen Wohnungsunternehmen ist, kann am Beispiel Krupp belegt werden:

Die von der Krupp Wohnungsbau GmbH für Duisburg angegebenen 5.446 Wohneinheiten (WE) verteilen sich wie folgt[123]:

Krupp Wohnungsbau (Bereich Fried. Krupp GmbH)

Eigene Wohnungen	1.174 WE
Pachtbereich	59 WE

Hiervon sind allein in der Zeit von 1949 bis 1956 344 WE, ab 1957 783 WE öffentlich gefördert worden und steuerbegünstigt/ freifinanziert 102 WE.

Die übrigen WE entfallen auf die Krupp Hüttenwerke Wohnungsbau (Bereich Krupp Stahl AG) mit

Eigene Wohnungen	3.835 WE
Pachtbereich	378 WE

Von diesem Bestand wurden 408 WE bis 1918 und zwischen 1919 und 1948 548 WE errichtet. Öffentlich gefördert wurden von 1949 bis 1956 1.030 WE und ab 1957 2.077 WE sowie steuerbegünstigt/ freifinanziert 150 WE.

Abb. 24 beweist, daß von den vier untersuchten Wohnungs-Unternehmen der Hauptanteil des Bestandes auf Thyssen bauen und wohnen entfällt.

Wie Abb. 24 weiterhin zeigt, unterscheiden sich die vier Unternehmen jedoch bezüglich der Verteilung ihres Wohnungsbestandes auf die drei Bauperioden. So weisen die Rhein-Lippe und Mannesmann den geringsten Bestand an Wohneinheiten aus der Zeit nach 1945 auf. Auffallend ist vor allem der sehr hohe prozentuale Anteil an Wohneinheiten in der Zeit nach dem Zweiten Weltkrieg (Abb. 25), der insbesondere bei Krupp die Erklärung in der Zunahme an Gebäuden mit überdurchschnittlich hoher Anzahl an Wohneinheiten (Tab. 22) findet. Das extremste Beispiel weist 91 Wohneinheiten auf (Beethovenstraße in Duisburg-Rheinhausen). SCHOLTEN (1969) erläutert für Rheinhausen, daß unter dem Druck der Wohnungsnot die vier- und fünfgeschossige Bauweise erforderlich geworden sei, im Gegensatz zu der bis dahin vorherrschenden ein- bis zweigeschossigen Bebauungsart.

Abbildung 25
Wohnungabestand in % von Thyssen, Rhein-Lippe, Krupp und Mannesmann

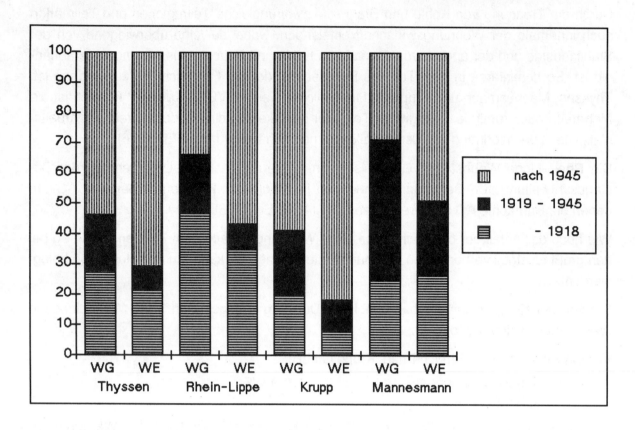

Zahlen aus: Wohnungsbestandslisten, Stand 1982/83/87 (eigene Berechnungen)

Ein nicht unerheblicher Teil an Wohnungen wurde in der Zeit des Wiederaufbaus zwischen 1950 und 1956 errichtet und ist, bedingt durch den erhöhten Bedarf in der Nachkriegszeit[124], von schlechter Qualität.

In diese erste Wiederaufbauphase fallen u.a. die Siedlungsbereiche von Thyssen in Mittelmeiderich (Tab. 19) und Krupp (Tab. 20, 21 und 22).

In diesem Zusammenhang ist auf die Tatsache zu verweisen, daß die neuen Wohngebiete für leitende Angestellte (Tab. 21) nicht mehr, wie in der Anfangsphase des Werkswohnungsbaus üblich, in unmittelbarer Werksnähe errichtet wurden, sondern in zunehmendem Maße an der Peripherie, fernab von den umweltbeeinflussenden Störungen des Werkes (SCHOLTEN 1969). Aufgrund des veränderten Mobilitätsverhaltens ist das Wohnen in unmittelbarer Werksnähe nicht mehr erforderlich. Die Funktion dieses Viertels erklärt auch den äußerst niedrigen Ausländer-Anteil.

Die umfangreiche Bautätigkeit von Krupp, die größtenteils in die Phase der Expansion zwischen 1960 und 1968 fällt, gibt Tab. 22 wieder, aus der hervorgeht, daß das Unternehmen in wenigen Jahren weit über 2.000 Wohneinheiten errichtet hat.

Hier sind, wie in allen deutschen Großstädten zu diesem Zeitpunkt, die ersten Großsiedlungen auf der grünen Wiese entstanden. Das neue städtebauliche Leitbild "Urbanität durch

Dichte", das auf überzogenen Erwartungen hinsichtlich des Wirtschafts- und Bevölkerungswachstums aufbaut, kommt klar zum Ausdruck (GÜLDENBERG 1982)[125].

Tabelle 19
Nachkriegssiedlung von Thyssen in Mittelmeiderich (Karte 6)

Straße	Baujahr	Anz. WG	Anz. WE	Ausländer abs.	in %	Deutsche abs.	in %
Westender Straße	1956/57/58	9	62	-	-	72	(100)
Skrentynstraße	1957/58	34	78	-	-	99	(100)
Weizenkamp	1952	9	36	-	-	11	(100)
Welschenkamp	1953/54	33	72	2	(2)	82	(98)
Zoppenbrückstraße	1952/53/54/58/59	22	92	1	(1)	122	(99)
In den Groonlanden	1952/53/57/77	26	87	-	-	92	(100)
Kornstraße	1952/53	10	44	-	-	50	(100)
		---	---	-		---	
Summe:		143	471	3	(1)	528	(99)

Quelle: Eigene Auszählungen aus der Wohnungsbestandsliste von Thyssen und des Adreßbuches der Stadt
Duisburg, Stand 1983

Tabelle 20
Facharbeitersiedlung von Krupp (Karte 11)

Straße	Baujahr	Anz. WG	Anz. WE	Ausländer abs.	in %	Deutsche abs.	in %
Kruppstraße	1953	4	21	1	(4)	24	(96)
Kronprinzenstraße	1953	4	24	1	(3)	33	(97)
Moltkestraße	1953	2	12	2	(10)	18	(90)
Erlinghagenplatz	1952/53	7	39	4	(9)	41	(91)
		--	--	-		---	
Summe:		17	96	8	(6)	116	(94)

Quelle: Eigene Auszählungen aus der Wohnungsbestandsliste von Krupp und des Adreßbuches der Stadt
Duisburg, Stand 1983

Tabelle 21
Wohngebiet für leitende Angestellte von Krupp (Karte 11)

Straße	Baujahr	Anz. WG	Anz. WE	Ausländer abs.	in %	Deutsche abs.	in %
Am Kruppsee	1955	11	18	1	(4)	24	(96)
Karpfenweg	1955/62	12	14	-	-	29	-
Ackerstraße	1954	1	1	-	-	1	-
Wilhelmstraße	1962	2	4	-	-	8	-
Bachstraße	1950/51/57	6	7	-	-	11	-
		--	--	-		--	
Summe:		32	44	1	(1)	73	(99)

Quelle: Eigene Auszählungen aus der Wohnungsbestandsliste von Krupp und des Adreßbuches der Stadt
Duisburg, Stand 1983

Tabelle 22
Stark verdichtete Siedlung von Krupp in Rheinhausen (südwestlich der Margarethensiedlung, vgl. Karte 11)

Straße	Baujahr	Anz. WG	Anz. WE	Ausländer abs. in %		Deutsche abs. in %	
Eichendorffstraße	1965	28	210	8	(2)	333	(98)
Stormstraße	1965/68	2	86	2	(2)	87	(98)
Lessingstraße	1962	10	88	-	-	112	(100)
Hölderlinstraße	1965	21	199	3	(1)	260	(99)
Gerh.-Hauptmann-Str.	1965/77/79	19	250	6	(2)	323	(98)
Lindenallee	1962/65/73/74/75	17	260	2	(1)	311	(99)
Richard-Wagner-Str.	1963/66/68	22	176	28	(12)	204	(88)
Franz-Schubert-Str.	1955/56/59/63	27	244	39	(12)	275	(88)
Mozartstraße	1958/59/61/63	39	280	12	(3)	361	(97)
Händelstraße	1962	11	88	1	(1)	138	(99)
Lortzingstraße	1959	28	244	-	-	310	(100)
Brucknerstraße	1958/59	28	244	4	(1)	295	(99)
Beethovenstraße	1958/59/60/61/72	17	382	-	-	307	(100)
Insgesamt:		271	2.751	105	(3)	3.316	(97)

Quelle: Eigene Auszählungen aus der Wohnungsbestandsliste von Krupp und des Adreßbuches der Stadt Duisburg, Stand 1983

Besonders erwähnenswert ist ferner die in der ersten Nachkriegszeit begonnene Mannesmann-Siedlung, die zur Gründung eines neuen Stadtteils "Ungelsheim" führte (Tab. 23).

Tabelle 23
Siedlung Ungelsheim von Mannesmann (Karte 10)

Straße	Baujahr	Anz. WG	Anz. WE	Ausländer abs. in %		Deutsche abs. in %	
Am Grünen Hang	1954/58	13	30	-	-	37	(100)
Am Neuen Angerbach	1955	3	12	-	-	20	(100)
Zur Dieplade	1954/58	10	42	-	-	47	(100)
Harzburger Straße	1954/56	35	155	5	(2)	203	(98)
Blankenburger Str.	1954/61	14	88	-	-	95	(100)
Clausthaler Straße	1955/64	12	129	74	(42)	103	(58)
Am Finkenacker	1954/60	18	125	2	(2)	117	(98)
Osteroder Straße	1955/58	18	108	-	-	152	(100)
Sandmüllersweg	1954/58	20	135	4	(3)	156	(97)
Hahnenkleestraße	1958/60	4	44	-	-	77	(100)
Insgesamt:		156	870	85	(8)	1.010	(92)

Quelle: Eigene Auszählungen aus der Wohnungsbestandsliste von Mannesmann und des Adreßbuches der Stadt Duisburg, Stand 1983

Die Entstehung der Siedlung Ungelsheim datiert VON RODEN (1974) auf den 2.2.1952, als aus einer Zeitungsmeldung zu entnehmen war, daß das Hüttenwerk Huckingen der Mannesmann AG Gelände für 1.500 Wohnungen erschließen wollte. Aus einer Niederschrift über eine Sitzung des Rates der Stadt Duisburg vom 26.7.1952 geht hervor, daß der Verkauf von Land zwischen dem verlegten Angerbach und der Straße "Am Ungelsheimer Graben" an die Mannesmann-Hüttenwerke erfolgt sei. Der Name "Ungelsheim-Siedlung" taucht nach VON RODEN (1974) erstmalig in einer Niederschrift über eine Sitzung des Rates der Stadt Duisburg vom 21.5.1953 auf. 1954 sei die Bezeichnung "Mannesmann-Stadt" oder "Siedlung Wohnungsgesellschaft Ungelsheim" vorgekommen. Der Name "Ungelsheim" wurde für die Siedlung erst durch Beschluß des Rates der Stadt vom 14.9.1959 verbindlich, da die Siedlung bereits im Volksmund den Namen "Ungelsheim" erhalten habe.

Auch in diesem Wohngebiet fällt der höhere Anteil an Wohneinheiten pro Haus mit durchschnittlich 5,58 Wohneinheiten auf. Bedingt durch die relativ hohe Zahl an Ausländern in der Clausthaler Straße liegt der Ausländeranteil mit 7,76 % etwas höher als in den anderen Neubaugebieten.

Für die Zeit nach dem Zweiten Weltkrieg ist - wie bereits am Wohnviertel für leitende Angestellte von Krupp belegt wurde - ferner festzuhalten, daß von seiten der Großindustrie eine zunehmende Tendenz besteht, in die Peripherie auszuweichen, was zum einen in dem nicht mehr ausreichenden Grundstücksangebot, zum anderen in der Tatsache begründet liegt, vermehrt Werkswohnungen in weniger umweltbelasteten Gebieten anzusiedeln, wie auch die in den 60er Jahren von Thyssen errichteten Siedlungsbereiche in Duisburg-Rumeln und Duisburg-Röttgersbach (Tab. 24 und 25) beweisen, in denen auch wiederum der niedrige Ausländeranteil auffällt.

Tabelle 24
Nachkriegssiedlung von Thyssen in Duisburg-Rumeln (Karte 9)

Straße	Baujahr	Anz. WG	Anz. WE	Ausländer abs.	in %	Deutsche abs.	in %
Annastraße	1966/67	8	32	-	-	42	(100)
Barbarastraße	1966	4	24	-	-	41	(100)
Marienstraße	1965	2	16	-	-	24	(100)
Klosterstraße	1965/66/67/69	9	60	-	-	86	(100)
Stettiner Straße	1962/63	12	66	4	(4)	90	(96)
Am Lepelsbusch	1962	5	30	1	(2)	45	(98)
Am Lohkamp	1975	2	24	-	-	29	(100)
Am Ziegelkamp	1964	9	54	3	(4)	69	(96)
Heinrichstraße	1960	13	52	-	-	72	(100)
Wilhelmstraße	1960/61/63	16	68	1	(1)	90	(99)
Insgesamt:		80	426	9	(2)	588	(98)

Quelle: Eigene Auszählungen aus der Wohnungsbestandsliste von Thyssen und des Adreßbuches der Stadt Duisburg, Stand 1983

Tabelle 25
Nachkriegssiedlung von Thyssen in Duisburg-Röttgersbach (Karte 3)

Straße	Baujahr	Anz. WG	Anz. WE	Ausländer abs.	in %	Deutsche abs.	in %
Schlachthofstraße	1957/58/59/60/65	31	187	-	-	229	(100)
Am Bischofskamp	1958	3	18	-	-	23	(100)
Waldecker Straße	1967/70	20	168	-	-	261	(100)
Coburger Straße	1967/68/70	16	100	-	-	153	(100)
Obere Holtener Str.	1965/68	6	41	3	(5)	59	(95)
	Insgesamt:	76	514	3	(0)	725	(100)

Quelle: Eigene Auszählungen aus der Wohnungsbestandsliste von Thyssen und des Adreßbuches der Stadt Duisburg, Stand 1983

Auf diese Situation weist auch - bereits vor der Neuordnungs-Diskussion von 1975 - der Geschäftsbericht von 1962/63 hin, in dem erläutert wird, daß die Bereitstellung von Baugrundstücken zunehmende Sorge bereite, da kaum noch ungenutzte und für Wohnungen geeignete Bauflächen im Besitz des Unternehmens seien. Da die Stadt Duisburg ebenfalls unter Raumnot leide, hoffe man auf Unterstützung der Nachbarkreise und -städte.

Bei der Errichtung von Neubauten während der Zeit nach dem Zweiten Weltkrieg wurde Wert darauf gelegt, die Wohngebäude möglichst von den Verkehrsstraßen abgelegen anzuordnen, was u.a. durch die Anlage von Sackgassen bzw. Stichstraßen gewährleistet werden sollte, an denen sich die einzelnen Baublöcke befinden.

Konnte im ersten Teil dieser Untersuchung nachgewiesen werden, daß die Industrie auf dem Wohnungssektor parallel zum Aufbau und zur Erweiterung ihrer Werksanlagen tätig wurde, so ist für die 60er Jahre dieses Jahrhunderts festzustellen, daß zur Befriedigung der gestiegenen Nachfrage nach Wohnraum, einmal bedingt durch den Ersatzbedarf der kriegszerstörten Gebäude und zum anderen aufgrund der zunehmenden Nachfrage nach größeren und besser ausgestatteten Wohnungen, für die aufgrund des höheren Lohnniveaus auch entsprechend zahlungskräftige Mieter vorhanden waren, auch der Industrie ein gebührender Anteil zukommt. Doch im Gegensatz zur Periode der Industrialisierung ist ein immer stärkeres Zusammenwirken von staatlichen und kommunalen Instanzen zu verzeichnen.

Wesentlich ist, wie SCHOLTEN (1969) am Beispiel Rheinhausen nachweist, daß das in Verbindung mit der Errichtung der Produktionsstätten entstandene dezentralisierte, durch unzusammenhängende Bebauung gekennzeichnete Siedlungsgefüge in der Zeit nach 1945 durch die Erschließung neuer Wohngebiete zu einem Zusammenwachsen der Siedlungen führte.

5 Hundert Jahre Montanindustrie in Duisburg: Folgen und Probleme

Die Entwicklung der letzten hundert Jahre hat deutlich gemacht, wie sehr die Stadt Duisburg vom Auf und Ab der hier ansässigen montanindustriellen Unternehmen beeinflußt wird. Dies gilt nicht nur für die wirtschaftliche Entwicklung, sondern auch für die Bevölkerung sowie die Siedlungsstruktur. Nicht zuletzt haben kommunalpolitische Reformen zu der heutigen Situation beigetragen. Hat die Kommune in konjunkturstarken Zeiten die Neugliederungen begrüßt, da man sich ein hohes Steueraufkommen von den durch die Eingemeindung zugehörigen Werken versprach, so mußte festgestellt werden, daß in Krisenzeiten sich hieraus Probleme ergeben. Nicht nur geringe Steueraufnahmen, auch höhere Sozialaufwendungen aufgrund der gestiegenen Arbeitslosenzahlen und letztendlich siedlungsstrukturelle Defizite, für deren Lösung weder die Kommune noch die Industrie über ausreichende finanzielle Mittel verfügen, lassen jetzt erkennen, daß man sich zu lange von der Montanindustrie abhängig gemacht hat.

5.1 Siedlungsstrukturelle Probleme

Mit Beginn der Industrialisierung im Ruhrgebiet wurde der Bau von Werkswohnungen notwendig, um die immer zahlreicher herbeiströmenden Arbeitskräfte unterzubringen[126].

Die Entwicklung des Werkswohnungsbaus läßt sich, wie die Untersuchung gezeigt hat, in verschiedene Phasen gliedern.

Die in Verbindung mit der Gründung von Produktionsstätten in räumlicher Nähe zu diesen errichteten Siedlungen wurden aufgrund der hohen Wohnungsnachfrage und zur besseren Ausnutzung des Geländes in der Regel zweigeschossig, teilweise dreigeschossig, mit kurzen Bauabständen, wenn nicht gar in Reihung erbaut (z.B. Josefskolonie in Alt-Hamborn, Dichterviertel in Obermarxloh, Siedlung Alt-Hüttenheim). Vorherrschend war eine zweckrationale Bebauung. Eine Ausnahme stellte zunächst lediglich der ältere Teil der Margarethensiedlung aufgrund des Einfamilienhaus-Charakters in Rheinhausen dar, während die Erweiterungen dem erwähnten Bautyp entsprachen. Strukturprinzip war bei allen Siedlungen die räumliche Verbindung von Wohnen und Arbeiten.

Die von HOWARD (1968) abgeleiteten Ideen der gartenstadtähnlichen Werkssiedlungen, die der Margarethensiedlung zu Grunde liegen, finden im Duisburger Norden ansatzweise in Beeckerwerth und Wehofen ihren Niederschlag. Die auch in räumlicher Nähe zu den Produktionsstätten errichteten peripher gelegenen Kolonien weisen aufgrund ihrer abseitigen Lage eine persistente Infrastruktur auf. Bedeutend ist in diesem Zusammenhang auch, daß die Siedlung Beeckerwerth nach Stillegung des Bergwerks 1963 und Errichtung des Oxygenstahlwerks Anfang der 60er Jahre einen Funktionswandel von einer Bergarbeiterkolonie zur Stahlarbeitersiedlung vollzogen hat. Die Siedlung Wehofen weist nach der Stillegung des Bergwerks, die bereits 1928 erfolgt ist, nicht mehr die siedlungsimmanente Struktur der Verbindung von Wohnen und Arbeiten auf.

Erst die Stadtplanung der Nachkriegszeit, die sich auch in der Anlage neuerer Werkssied-lungen niederschlägt, vollzieht eine bewußte Trennung der Funktionen Wohnen, Arbeiten und Versorgen. Der soziale Wohnungsbau erfolgte wiederum unter zweckrationalen Ge-sichtspunkten in zumeist offener Zeilenbauweise (HEINEBERG 1986).

Diese beiden hauptsächlichen Entwicklungsströmungen im Werkswohnungsbau, einmal die in der Regel als Blockrandbebauung in unmittelbarer Werksnähe errichteten Siedlungen sowie zum anderen der Mietwohnungsbau mit im allgemeinen acht Wohneinheiten, der nunmehr in einzelnen Blöcken fernab von den Produktionsstätten erstellt wurde, prägen im wesentlichen die durch die Montanindustrie initiierte Siedlungsstruktur[127].

Wenn auch die Wohnungsunternehmen in der Regel nicht über die drei- bis viergeschos-sige Bebauung hinausgingen, muß jedoch festgestellt werden, daß Krupp in Rheinhausen die neuen Leitbilder der städtebaulichen Verdichtung aufnahm und seit Mitte der 50er Jahre umfangreiche Planungsvorhaben im Kontext eines Wettbewerbs, den die Stadt Rheinhausen zur Bebauung des Stadtgebietes ausschrieb, durchführte (Tab. 22).

In der jüngsten Gegenwart ist nach der Abkehr von der Flächen- bzw. partiellen Sanierung aufgrund der veränderten Förderungsbedingungen eine Hinwendung zur Objektsanierung zu verzeichnen. Erstmals spielt die Neubautätigkeit keine Rolle mehr. Es ist also eine Ver-lagerung des Schwergewichts der Wohnungspolitik der werksverbundenen Wohnungsun-ternehmen von der Neubautätigkeit zur Bestandspflege festzustellen, wobei die geänderten Förderungsbedingungen für die Planung der Wohnungsgesellschaften grundlegend sind.

So ist auch für den Duisburger Raum ein hohes Maß an räumlich-zeitlicher Persistenz im Werkswohnungsbau zu registrieren. Allerdings hat sich innerhalb der jüngsten Nachkriegs-zeit ein Bewertungswandel vollzogen, der, grob skizziert, in der Divergenz von Abriß und Denkmalschutz zum Ausdruck kommt.

Andererseits ist im Werkswohnungsbestand auch eine Persistenz hinsichtlich der sozialen Struktur seiner Bewohner erkennbar, da insbesondere in den produktionsstättennahen Ge-bieten die einkommensschwächeren Schichten vorherrschen bzw. eine Stratifizierung hin-sichtlich der ethnischen Zugehörigkeit vorzufinden ist. So weist das Institut für angewandte Sozialwissenschaft (INFAS) in einer Studie 1975 darauf hin, daß die un- und angelernten Arbeiter besonders schlecht versorgt sind, insbesondere in bezug auf die Ausstattung der Wohnung.

Abb. 26 zeigt deutlich, daß sich die höchste Konzentration von Ausländern in der Nähe in-dustrieller Anlagen nachweisen läßt.

Ferner liegt eine Korrelation von Altbaubestand und hohen Ausländer-Anteilen vor, der hauptsächlich in dem schwerindustriellen Altbau-Wohnungsbestand seine Begründung fin-det. Wie noch aufzuzeigen ist, hat die Belegungsstrategie der Unternehmen teilweise Ein-fluß auf die Konzentration und Segregation von Nichtdeutschen.

"Für die Städte des Ruhrgebiets (aber auch für andere, von Industrieansiedlung besonders geprägte Teilregionen) tritt als ein besonders stark wirkender selektiver Faktor die Bele-gungspolitik der Großbetriebe hinzu, die systematisch solche Werkswohnungen und Sied-lungen mit Ausländer belegten, die für die deutsche Belegschaft nicht mehr zumutbar wa-ren" (ESSER 1985, S. 139). Von seiten der Wohnungsunternehmen war zu erfahren, daß diese Mischstrategien, wie sie bereits von FISCHER-ECKERT (1913) gefordert wurden, für utopisch halten. Einzuschränken ist jedoch, daß zumindest vereinzelt in dieser Hinsicht Anstrengungen unternommen wurden (Kap. 5.1.3.1). Zur Vermeidung sozialen Konfliktpotentials sind jedoch Segregationen zu vermeiden, wozu auch die Großindustrie aufgefordert ist.

Abbildung 26
Räumliche Verteilung der nichtdeutschen Bevölkerung in Duisburg 1991

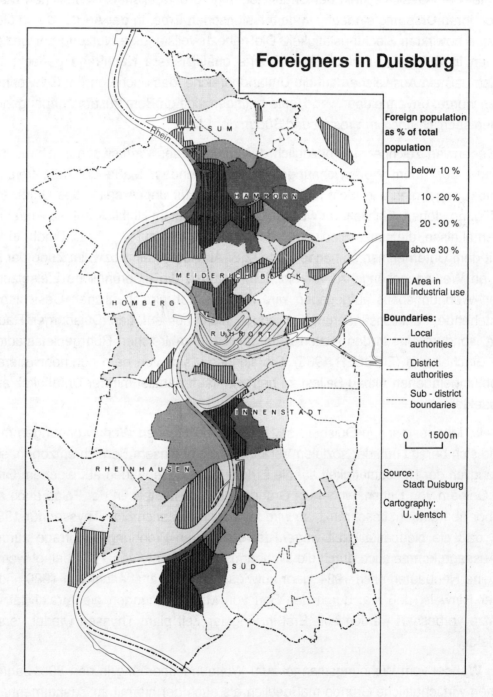

Quelle: BLOTEVOGEL; MÜLLER-TER JUNG; WOOD 1993, S. 93

Mittlerweile hat sich auch ein Wandel der ehemaligen, in unmittelbarer Nähe von Produktionsstätten liegenden, sogenannten Beamtensiedlungen für in leitender Funktion stehende Mitarbeiter vollzogen, deren Wohngebiete nunmehr in weniger umweltbelasteten peripheren Gegenden errichtet wurden, eine Tendenz, die generell für einkommensstärkere Gruppen zu verzeichnen ist, die willens und in der Lage sind, ein höheres Mietpreisniveau zu akzeptieren. Insofern kann festgehalten werden, daß der Boden-[128] und Mietpreis einen wichtigen Indikator sozialer und ökonomischer Differenzierung darstellt.

Diese unter dem Gesichtspunkt der Stratifizierung zu beurteilenden räumlichen Disparitäten haben ihren Ursprung eindeutig in dem historischen Erbe, in der Art der durch die Montanindustrie bewirkten Siedlungstätigkeit. Die nahezu vollständige Nutzung der geeigneten Bauflächen in Duisburg verhinderte, daß eine qualifiziertere Nachfrage gedeckt werden konnte, so daß ein Ausweichen auf die Umlandbereiche, das auch von der Schwerindustrie vollzogen wurde, unvermeidbar war. Heute befinden sich größere zusammenhängende Gebiete hauptsächlich noch im Westen und Süden der Stadt.

In der Gegenwart zeichnet sich bezüglich der Funktion des Werkswohnungsbaus insofern ein Wandel ab, indem Werkswohnungen in zunehmendem Maße auf dem freien Wohnungsmarkt angeboten und nicht mehr ausschließlich für den Arbeiter des Unternehmens zur Verfügung stehen. Ein weiterer wesentlicher Aspekt ist im Hinblick auf die Änderung der Besitzverhältnisse, die ganze Siedlungen betrifft, durch Verkauf[129] an nicht mehr in Verbindung mit dem Unternehmen stehende Dritte (z.B. Alt-Hüttenheim) bzw. im Zuge der Privatisierung an Werksangehörige zu verzeichnen, wodurch die ursprüngliche Zielsetzung des "Arbeiter"-Wohnungsbaus aufgegeben wird. Diese unter wirtschaftlichen Gesichtspunkten zu verstehende Funktionsänderung ist jedoch nicht nur auf den Duisburger Raum beschränkt, sondern eine in den letzten zehn Jahren in zahlreichen Ruhrgebietsstädten verbreitete Erscheinung (ZIEGLER 1983). Die Tendenz, sich von dem nunmehr überalterten und problembeladenen Altbau-Ballast zu befreien, läuft parallel mit der Untätigkeit auf dem Neubausektor.

Hat bereits Mannesmann in Duisburg seit 1966 keine eigenen Werkswohnungen mehr erstellt und sich bereits früh der sozialen Verantwortung in diesem Bereich entzogen, sondern sich bezüglich der Neubautätigkeit auf die Errichtung von Gebäuden auf eigenem Grundbesitz mit Geldern von Dritten, wobei die Grundstücke größtenteils in der Folge auch auf den Geldgeber übergingen, beschränkt, so wird im Geschäftsbericht von Thyssen für 1984 ausgeführt, daß die Neubautätigkeit wegen der schlechten Wohnungsnachfrage zurückging. Diese Aussage konnte auch durch die Wohnungsbestandsliste von 1987 belegt werden, da diese keine Neubauten nach 1984 mehr aufwies. Im Geschäftsbericht von 1980 findet sich noch der Hinweis, daß u.a. durch den Bau von Miet-Wohnungen die Atraktivität der Arbeitsplätze verbessert werden soll. Erst in jüngster Zeit plant Thyssen wieder vereinzelte Bauprojekte.

Für den Wandel vom Wohnungsmangel zum Wohnungsüberhang in den 80er Jahren sind zum einen wirtschaftliche Gründe maßgeblich als auch der hiermit im Zusammenhang stehende Bevölkerungs- und Beschäftigten-Rückgang.

Auch in der von der Stadt Duisburg herausgegebenen Schrift "Wohnungsmarkt im Umbruch" (1985) wird von einer Mitte 1984 einsetzenden Wende auf dem Wohnungsmarkt gesprochen. Bemerkenswert ist der Hinweis, daß sich die Krise im Stahlbereich insbesondere im Werkswohnungsbau niederschlägt, der als ein sehr wichtiger Teil des Duisburger Wohnungsmarktes angesehen werden muß. Es wird festgestellt, daß rein rechnerisch die Zahl der ermittelten Wohnungen die Zahl der Haushalte leicht überschritten habe, so daß bei der Annahme eines weiteren Bevölkerungsrückgangs der Schluß nahe liege, daß kein Wohnungsbedarf mehr zu verzeichnen sei, sondern, im Gegenteil, die Leerstände wachsen werden. Die Gegenargumentation geht jedoch davon aus, daß - trotz Leerständen - ein Wohnungsbedarf vorhanden sei, was durch die Tatsache belegt werde, daß zur Jahreswende 1983/84 6.000 Haushalte eine Wohnung suchen, davon 4.200 als "dringend Wohnungssuchende" einzustufen waren. Insbesondere sei die Nachfrage nach preisgünstigeren Mietwohnungen gestiegen[130]. Außerdem würden sich die Leerstände auf Wohnungen mit zu hohen Mieten in Lagen, die die Bevölkerung nicht oder nur in geringem Umfang akzeptiere, konzentrieren[131].

Es wird vor allem kritisiert, daß keine bzw. eine nur geringe Neubautätigkeit stattfinde, da diese Situation nur zu einer erhöhten Nachfrage im Umland führe. Zur Lebensfähigkeit eines Stadtteils gehöre jedoch die ständige Erneuerung seiner Bausubstanz, und zwar durch Bestandspflege und Neubau, denn eine Stadtteil, in dem kein neues Haus mehr entstehe, würde Niedergangssymptome zeigen. Resümierend wird ausgeführt, daß eine jährliche Neubaurate von etwa 0,5 %[132] des derzeitigen Bestandes an Sozialwohnungen (für Duisburg 500 Sozialwohnungen pro Jahr) auch für die nächsten 10 Jahre unverzichtbar sei. Dieses Plädoyer ist auf dem Hintergrund der Kritik der "Vereine der Haus- und Grundeigentümer in Groß-Duisburg e.V." zu sehen, die aufgrund des nach ihrer Meinung erheblichen Leerstandes[133] fordern, den 1980 von seiten des Rates der Stadt gestellten Antrag, Duisburg zum Gebiet mit erhöhtem Wohnungsbedarf zu erklären, rückgängig zu machen, was allerdings zum Resultat hätte, daß Duisburg auch keine Fördermittel mehr erhielte. Da Duisburg nach Auffassung der Vereine nicht zum Gebiet mit erhöhtem Wohnungsbedarf gehört, müßte auch die Zweckentfremdungs-Verordnung aufgehoben werden. Diese letztgenannte Forderung würde bedeuten, daß gerade die Montanindustrie, in deren Besitz ein hoher Altbaubestand ist, der - und das muß kritisiert werden - lange Zeit vernachlässigt wurde, sich schneller hiervon in Form von Abbrüchen trennen könnte. Da diesem Vorgehen von seiten des Denkmalschutzes größtenteils Einhalt geboten wurde, konnte die Vernichtung von preisgünstigem Wohnraum verhindert werden.

Auch in der jüngsten Gegenwart hat sich das Wohnungsproblem - nicht zuletzt aufgrund der Zunahme "neuer Haushaltstypen" - keineswegs entschärft. Es wird darauf hingewiesen, daß inzwischen auch mittlere Einkommensschichten Schwierigkeiten haben, eine Wohnung zu finden und folglich in die preiswerten Bestände drängen, so daß das Angebot für Einkommensschwächere weiter schrumpft (Stadt Duisburg: Wohnungsbericht 1991, Drucksache 3625/1).

Die Situation auf dem Wohnungsmarkt wird damit begründet, daß die Wellenbewegungen von Wohnungsnot und Wohnungsüberhang zwar von positiven oder negativen ökonomischen Prozessen überlagert wurden, jedoch die Lösung der Probleme nicht rechtzeitig durch gezieltes Handeln erfolgte. "Der ständige Wechsel zwischen Leerstands-Diskussion und Wohnungsnot hat dem Wohnungsmarkt geschadet und in Verbindung mit einer Fehleinschätzung der Einwohnerentwicklung zu der derzeitigen unbefriedigenden Situation geführt" (DS 3625/1, S. 6 f). Außerdem muß zwischen Bedarf und Nachfrage unterschieden werden, wobei, wie erwähnt, wirtschaftliche Entwicklungen die Nachfrage steigen oder sinken lassen können.

Unabhängig von den ökonomisch bedingten Wellenbewegungen ist in den letzten Jahren eine Nachfragesteigerung durch Aussiedler und Asylbewerber sowie Problemgruppen wie Frauen aus Frauenhäusern, Alleinerziehende, Obdachlose etc. eingetreten, wobei auch hier wieder das preiswerte Wohnungsangebot im Vordergrund steht.

Da die insgesamt genehmigten Sozialwohnungen bei weitem nicht ausreichen, wird bedauert, daß auch aufgrund der gestiegenen Kosten und geringen Renditeerwartungen Privatinvestoren ausbleiben.

Insofern sind gerade in Duisburg die bestandserhaltenden Maßnahmen von Bedeutung und genießen hohe Priorität. "Angesichts von über 100 Arbeitersiedlungen sind hier erhebliche Investitionen zur Modernisierung, zum Um- und Ausbau und zu Wohnumfeldverbesserungen nötig, um die Wohnstruktur zu verbessern und städtebauliche Mißstände zu beheben" (Drucksache 3625/1, S. 31).

In Verbindung hiermit ist auf das 1991 für den Duisburger Norden von der Stadt Duisburg beschlossene Entwicklungskonzept zu verweisen, daß aufgrund des hohen Anteils an Werkswohnungen auch Aktivitäten von seiten der Industrie voraussetzt, die zwar bereits stattfanden, jedoch nicht in dem wünschenswerten Tempo, um eine Gesamtkonzeption durchzuführen. Das Umweltentlastungskonzept Duisburg-Nord, das der Rat der Stadt am 4.11.1991 beschlossen hat, beinhaltet Strategien für eine Verbesserung der Lebens- und Wohnverhältnisse im Duisburger Norden, da hier besonders viele Bereiche in direkter Nähe zur Industrie liegen und folglich stark mit Immissionen belastet sind. Handlungsbedarf wird in der Verminderung des Hausbrandes, d. h. Verringerung der umweltbelastenden Kohleöfen, gesehen. Die Thyssen Stahl AG habe der Stadt angeboten, zur Beheizung von Wohnungen, Abwärme mit niedrigem Temperaturniveau aus ihren Industrieanlagen zur Verfügung zu stellen. Thyssen und Krupp versorgen bereits seit Beginn der 80er Jahre einen erheblichen Wohnungsanteil mit Fernwärme aus industrieller Abwärme.

Eine Bestandssicherung von Altbaubeständen erscheint jedoch auch aus anderen Gründen als nur aufgrund des preiswerten Mietniveaus sinnvoll. So stellen die Neubauwohnungen, insbesondere aus den 50er und 60er Jahren nicht unbedingt eine Alternative zu manchen Altbausiedlungen, vor allem denen mit Einfamilienhauscharakter, dar.

In diesem Zusammenhang muß auf die Problematik der Hellhörigkeit von Neubauwohnungen hingewiesen werden, die vor allem den Bedürfnissen von Schichtarbeitern, die auf Tagesschlaf angewiesen sind, nicht entsprechen. Aus diesem Grund sieht KRAU (1980) in den Siedlungsformen wie beispielsweise Wehofen einen besondern Wert, da allein die durch zwei Ebenen bewirkte räumliche Trennung von Wohnen und Schlafen den besonderen Lebensbedingungen des Wechselschichtlers entgegenkomme. Daß auch Thyssen die erschwerten Bedingungen, unter denen ein Schichtarbeiter zu leben hat, erkannte, geht aus dem Hinweis im Geschäftsbericht 1980 hervor, man bemühe sich um eine höhere Wohnqualität für Schichtarbeiter.

132

Wie bereits an mehreren Stellen erwähnt, ist eine verstärkte Nachfrage nach Wohnungen in der Preislage bis zu DM 5,--/m² zu verzeichnen[134]. Es verwundert insofern nicht, daß die Wohnungsunternehmen teilweise Schwierigkeiten haben, ihren im Mietpreis höher liegenden (Neubau-)Wohnungsbestand zu vermieten. Aus der von Thyssen bauen und wohnen herausgegebenen Mieterzeitschrift "Mieterecho" (Heft 1, März 1987) geht hervor, daß die durchschnittliche Miete zu diesem Zeitpunkt bei DM 7,--/m² lag, wobei auch Wohnungen mit einem m²-Preis von DM 8,-- und DM 9,-- inseriert waren. Mittlerweile werden Wohnungen zu einem m²-Preis von DM 10,-- angeboten. Für renovierte Altbau-Wohnungen wurden DM 6,--/m² gefordert. Die zunehmenden Vermietungsschwierigkeiten haben Thyssen bauen und wohnen veranlaßt, im März 1987 eine sogenannte Mieterberatungsstelle in Duisburg-Hamborn zu eröffnen. Die Tendenzwende wird sichtbar: Der Vermieter kommt zum Mieter und nicht mehr umgekehrt wie dies jahrzehntelang der Fall war. Wesentlich ist auch die Zunahme an Fremdbelegung, die Aufgabe der Werksgebundenenheit als spezifisches Kriterium des Arbeiter-Siedlungsbaus. Jetzt spielt nicht mehr nur die Quantität eine Rolle, sondern die Qualitätsanforderungen geraten zunehmend in den Mittelpunkt.

Diesen divergierenden Ansprüchen, einerseits möglichst eine geringe Miete zu zahlen und andererseits einen gewissen qualitativen Ausstattungsstandard zu fordern, versucht die Objektsanierung entgegenzukommen. Diese gilt jedoch nicht nur für den Wohnungsbestand, der bis 1945 errichtet wurde, sondern bereits auch schon für Gebäude, die aus den 50er Jahren stammen, wie in Gesprächen mit Wohnungsgesellschaften zu erfahren war und wurde bereits in den 70er Jahren begonnen. Neben Fassadenerneuerungen und dem Einbau von Isolierglasfenstern standen Modernisierung von Bad und Küche im Vordergrund.

Auch die in den 50er Jahren von Krupp in Rheinhausen errichteten Gebäude mußten bereits renoviert werden, wobei sich die Hauptmaßnahmen jedoch auf die Erneuerung von Fenstern und des Fassadenanstrichs beschränkten. Ferner wird seit Jahren der Altbaubestand um den Margarethenhof herum renoviert.

Wie an Beispielen im Duisburger Norden noch zu erläutern ist, besteht das Problem darin, daß aufgrund begrenzter finanzieller Mittel nur sukzessive renoviert werden kann, wodurch die Gefahr besteht, daß vor Abschluß der Gesamtmaßnahmen die zuerst sanierten Wohnblöcke bereits wieder unansehlich geworden sind. Nach einer Erhebung aus dem Jahre 1976 existieren in Nordrhein-Westfalen 487 Arbeitersiedlungen mit 84.159 Wohnungen, von denen ca. 60.000 Wohnungen modernisiert werden müßten (ERNST u.a. 1977), was zur Folge hat, daß nur Einzelmaßnahmen bezuschußt werden.

Dennoch ist und bleibt die Objektsanierung[135] eine bedeutende städtebauliche Maßnahme, und zwar

1. als Gegensteuerung zur Randwanderung:
   Die Ziele zur Stadtentwicklung (1979) fordern die Verbesserung der Lebensbedingungen der Bewohner in der Hoffnung, eine Identifikation mit der Stadt zu erreichen. Durch eine adäquates Wohnangebot soll versucht werden, den Bevölkerungsrückgang zu verringern;

2. zur Verhinderung eines weiteren "residential blight":
   Es würde ansonsten zu einem baulichen und sozialen Verfall ganzer Stadtteile kommen;

3. zur Vermeidung einer ethnischen Segregation:

   Diese ist wesentlich von den baulichen Strukturen abhängig. Anzustreben ist eine bessere Durchmischung der sozialen Schichten, um soziale Konfliktbereiche nicht auftreten zu lassen;

4. zur Regulierung des Mietpreisniveaus:

   Da damit zu rechnen ist, daß in zunehmendem Maße aufgrund der verschiedenen Aktivitäten der Wohnungsunternehmen (Abriß, Verkauf, Privatisierung) der Bestand an preisgünstigem, dem heutigen Mindeststandard entsprechend ausgestatteten Wohnraum verringert wird, sind diese Maßnahmen unter wohnungsmarktpolitischen Gesichtspunkten besonders kritisch zu bewerten.

5.1.1 Von der Flächensanierung zur "Stadterneuerung der kleinen Schritte"

Die Zeit nach dem Zweiten Weltkrieg ist - wie an Beispielen erläutert - auf der einen Seite durch eine intensive Neubautätigkeit gekennzeichnet, andererseits jedoch auch durch eine Vernachlässigung des Altbaubestandes.

Diese Tatsache ist besonders unter dem Gesichtspunkt zu sehen, daß noch heute 56 % des ermittelten Wohngebäude-Bestandes[136] der Unternehmen Thyssen, Rhein-Lippe, Krupp und Mannesmann aus der Zeit bis 1945 stammen. Dieser Anteil wäre noch höher, wenn zum Zeitpunkt des Wiederaufbaus nach dem Zweiten Weltkrieg nicht häufig dem Abbruch und dem darauf folgenden Neubau der Vorzug gegeben worden wäre.

Die seinerzeitige Zielsetzung der höheren Dichte, größeren Nutzfläche für Dienstleistungen und Einzelhandel hatte zur Folge, daß alte Bausubstanz abgerissen[137], billige Wohnungen beseitigt, Gewerbe- und Industriebetriebe verlagert wurden und die damit verbundenen Kosten für den Erwerb der Grundstücke, die Entschädigung der Gebäude sowie für die Neuerschließung als sogenannte unrentierliche Kosten von der öffentlichen Hand zu übernehmen waren.

Die spekulative Herabwirtschaftung bis zum Abriß, Zweckentfremdung, lukrative Umwandlung in teure Eigentumswohnungen und Luxusmodernisierung führte zu umfangreichen sozialen Verdrängungsprozessen (GANSER 1984).

Ein Beispiel für die Stadterneuerung nach dem Prinzip der Flächensanierung stellt die ehemalige Bergarbeitersiedlung in Duisburg-Neumühl dar, die nach Abriß Anfang der 70er Jahre durch gesichtslose Hochhäuser ersetzt und somit zu einem unbeliebten Wohngebiet wurde.

Die neue Zielsetzung staatlicher Wohnungs- und Städtebaupolitik setzte etwa 1973 ein; die Tendenzwende kam u.a. mit der Verabschiedung des Wohnungsmodernisierungsgesetzes von 1976 sowie dem Wirksamwerden verschiedener steuerlicher Erleichterungen.

Beschränkte sich in den frühen 70er Jahren das Verständnis von Stadterneuerung im wesentlichen auf die Sanierung der Stadtzentren und die Erhaltung historisch bedeutsamer Städte, wobei die ausgedehnten Wohngebiete am Rande der Stadtzentren mit den alten, dichten und stark belasteten Baubeständen sowie Gewerbe- und Industriebetrieben mit ihren besonderen Standortproblemen in Gemengelagen weitgehend unbeachtet blieben, war das Ziel der Stadterneuerung der 80er Jahre, sich der Revitalisierung dieser Gebiete zuzuwenden.

Das Dilemma der derzeitigen städtebaulichen und wohnungswirtschaftlichen Bestandspolitik ergibt sich jedoch aus den divergierenden Zielsetzungen:

Auf dem Hintergrund der Haushaltslage der öffentlichen Hand und der starken Reduktion des sozialen Wohnungsbaus stellt sich die Notwendigkeit, die Wohngebiete aus der Gründerzeit zu erhalten. In diesen erneuerungsbedürftigen Gebieten sind jedoch Leistungen zu erbringen, zu denen die Kommunen aufgrund der gesamtwirtschaftlichen Entwicklung und demzufolge ihrer eigenen Finanzkraft nicht in der Lage sind.

Ein weiterer Konflikt ergibt sich daraus, daß sich Art und Umfang der Gebrauchswertverbesserung u.U. an den erzielbaren Mieten und möglichen steuerlichen Vorteilen usw. orientieren.

Da gerade bei hohem Instandsetzungsbedarf aufgrund der derzeitigen Förderungsregularien sich eine umfassende Modernisierung empfiehlt, könnte ein Überschreiten der Mietzahlungsfähigkeit der derzeitigen Mieter die Folge sein mit dem Resultat, daß Verdrängungsprozesse, die denen von Flächensanierungen gleichen, bewirkt werden.

Die Mehrzahl der Gründerzeitgebiete weisen jedoch trotz der vielfältigen Belastungen Qualitäten auf, die eine Erhaltung und Erneuerung dieser Gebiete insbesondere auch unter Berücksichtigung der Blockstruktur mit der klaren Trennung von öffentlichem Straßenraum und einer halböffentlichen bis privaten Hofzone lohnend erscheinen lassen.

Die Grundsätze für die Städtebauförderung des Landes Nordrhein-Westfalen vom 7.7.1981, die am Konzept der erhaltenden Stadterneuerung orientiert sind, haben folglich eine veränderte Schwerpunktsetzung eingeleitet.

In die Wohnungsbauförderung des Jahres 1983 wurde die Regelung aufgenommen, daß öffentliche Fördermittel grundsätzlich nicht mehr für Maßnahmen eingesetzt werden, bei denen Wohnungen abgerissen werden. Priorität genießen jetzt die Gebiete oder Gebäude, die aus der Zeit vor 1918 stammen, da bislang der größte Anteil der Modernisierungszuschüsse dem Wohnungsbestand großer Gesellschaften aus der Nachkriegszeit zu Gute kam (GANSER 1984).

In Abkehr von der Flächensanierung geht es jetzt um eine stärker sozial- und umweltpolitische Ausrichtung der Stadterneuerung, insbesondere der alten Industrielandschaften, wobei die behutsame Verbesserung der Wohnbedingungen in den dicht bebauten und stark belasteten Wohnvierteln vorrangig ist.

Im Sinne einer flächenwirksamen städtebaulichen Aufwertungsstrategie[138] dürfen gegenwärtig nicht mehr im Mittelpunkt des Interesses wenige städtebauliche Problemgebiete stehen, sondern die gesamte Planungs- und Investitionstätigkeit sollte sich auf die überalterten Stadtgebiete in ihrer Gesamtheit konzentrieren. Erforderlich ist hierfür die Ausarbeitung eines tragfähigen Rahmenkonzeptes für die Erhaltung dieser Wohngebiete, die Durchführung von städtebaulichen Einzelmaßnahmen zur Wohnumfeldverbesserung und Verkehrsberuhigung im öffentlichen und privaten Raum als Initialzündung für private Investitionen, stufenweise Erneuerung der Altbausubstanz (mit altbaugerechten Standards) sowie die Beratung, Betreuung und Beteiligung der betroffenen Mieter und Eigentümer an den Erneuerungsmaßnahmen.

Diese flächenwirksame Stadterneuerung der kleinen Schritte stellt keine einmalige Aufgabe dar, sondern es handelt sich um einen kontinuierlichen Prozeß, eine Daueraufgabe für die Städte und Gemeinden, die allerdings nicht mehr mit den Standards für städtebauliche Einzelmaßnahmen und der Althausmodernisierung durchgeführt werden kann, wie dies in den Wachstumsjahren der Fall war.

Immer wieder wird darauf hingewiesen, daß die Modernisierungsmaßnahmen so behutsam angegangen werden sollten, daß die daraus resultierenden Mieterhöhungen in einem tragbaren Rahmen bleiben, um eine Verdrängung der hier lebenden Bevölkerung zu vermeiden, und sich die Ausbaustandards an den unteren Grenzen bewegen müssen.

Betont wird, daß nunmehr in der Instrumentierung eine Abkehr von den kostenaufwendigen und planungsrechtlich intensiv geregelten Maßnahmen beabsichtigt ist. Die bisherige Dominanz der Förderung auf entschädigungsrechtlicher Grundlage soll in Richtung auf mehr Anreizförderung[139] umorientiert werden.

Besondere Bedeutung ist dem Tatbestand beizumessen, daß in den Planungsverfahren eine weitreichende Abstimmung der Maßnahmen mit den Bewohnern und den Betrieben vorgesehen ist, wobei vermehrt von der bloßen Beteiligung zur eigenen Initiative und Selbsthilfe übergegangen werden soll.

Diese Prinzipien werden mit dem Begriff der "erhaltenden Stadterneuerung" umschrieben, die sich von den Sanierungsmaßnahmen nach dem ehemaligen Städtebauförderungsgesetz unterscheiden und im wesentlichen drei Maßnahmebereiche umfassen:

1. Instandsetzung und Modernisierung von Wohnungen:
   Als sozialpolitische Aufgabe ist zu verstehen, daß die preiswerten Altbauwohnungen für die einkommensschwächeren Bevölkerungsgruppen erhalten bleiben und behutsam verbessert werden.

2. Verbesserung des Wohnumfeldes:
   Diese umweltpolitische Aufgabe besteht darin, die Immissionen in den Problemgebieten zu reduzieren und gleichzeitig mehr Grün-und Freiflächen zu schaffen.

3. Standortsicherung von Betrieben:
   Diese strukturpolitische Aufgabe hat das Ziel, die große Zahl der Gewerbe- und Industriebetriebe in Gemengelagen in die Lage zu versetzen, Produktionsanlagen zu erneuern und die Produktion zu erweitern.

Diese Aufgabenstellung verdeutlicht den Unterschied der "erhaltenden Stadterneuerung" im Gegensatz zur herkömmlichen Sanierung, der nicht nur in den Zielen, sondern auch in den Instrumenten und Planungsverfahren zum Ausdruck kommt.

Die Hinwendung zu einer "erhaltenden Stadterneuerung" begründet die Landesregierung von Nordrhein-Westfalen (Aktionsprogramm Ruhr, Zwischenbericht 1983) insbesondere damit, daß die Sanierungsmaßnahmen in den Großstädten, die sich vor allem auf den Ausbau des engeren Bereiches der Stadt und Stadtteilzentren konzentriert haben und die überalterten Stadtquartiere der Gründerzeit im wesentlichen unberücksichtigt ließen, meist einen großflächigen und völligen Umbau des Stadtbildes zur Folge hatten, der vielfach mit hohem Zeitaufwand und Belastungen für die Bürger verbunden war. Diese Erkenntnisse und auch der abnehmende finanzielle Spielraum des Landes führten zu der Neuorientierung im Sinne einer "erhaltenden Stadterneuerung", der Leitgedanke der zukünftigen Städtebauförderung ist.

Das mit dem Aktionsprogramm Ruhr[140] eingeleitete besondere Wohnungsmodernisierungsprogramm schließt eine Förderungslücke zwischen den bestehenden Modernisierungsprogrammen und der Wohnungsausbauförderung durch Aufstockung des Förderungsrahmens und Zusatzförderung der Wohnumfeldverbesserung. Die Modernisierungsförderung betrug 1983 DM 50.000.-- pro Wohnung.

Jedoch reichen Modernisierungsmaßnahmen in innerstädtischen Altbaugebieten allein für die Erhaltung und Erneuerung nicht aus, sondern die Wohnqualität, die durch Verkehr, betriebliche Emissionen und einen starken Mangel an Freiräumen stark eingeschränkt ist, muß auch in diesen Punkten verbessert werden.

Kommunal eingeleitete Wohnumfeldverbesserungsmaßnahmen mit dem Ziel der Lagewertverbesserung sollen besonders in Gebieten, die schon zu ihrer Entstehung negativ belastet waren (z.B. Industrienähe), eine Änderung des Investorenverhaltens einleiten, d.h. für die Eigentümer Anreiz- und Motivationscharakter haben, da gerade in diesen Gebieten aufgrund einer Verkettung ökonomischer, baulicher und sozialer Faktoren private Investitionen unrentabel erscheinen.

Im Laufe der normalen innerstädtischen Wanderungsbewegungen bleiben in den Altbauquartieren weniger zahlungsfähige Gruppen zurück, es findet ein Segregationsprozeß[141] statt. Ferner ist der Lagewert des Gebietes so gering, daß umfangreiche Investitionen, die auf Umnutzung oder Rückgewinnung zahlungsfähiger Mieter gerichtet sind, unterbleiben. Das sinkende Durchschnittseinkommen der Mieter bewirkt, daß höhere Mieten nicht mehr aufgebracht werden können mit der Folge, daß auch die Instandhaltungsaufwendungen von seiten der Hauseigentümer nachlassen. Das Resultat ist eine zunehmende Verschlechterung des Gebäudezustandes und Beschleunigung des "filtering down"-Prozesses. Auch wenn einzelne Eigentümer instandsetzen und modernisieren möchten, wären diese Wohnungen aufgrund der Gesamtsituation des ökologisch belasteten und infrastrukturell schlecht ausgestatteten Gebietes unvermietbar, so daß es zu einem "residential blight" kommen kann.

Jedoch werden die zur Vermeidung dieses Ablaufs kommunal eingeleiteten Maßnahmen teilweise als nicht unproblematisch angesehen.

Da die meist aus der Gründerzeit stammenden Altbaugebiete einem erheblichen Verkehrsaufkommen ausgesetzt sind, ist eines der Ziele die Verkehrsberuhigung mit Fußgängerzonen, Spielstraßen usw., was aufgrund der Lagebedingungen und Struktur des Gebietes teilweise gar nicht oder nur auf Kosten der benachbarten Gebiete durchführbar ist.

Problematisch sind die produzierenden Gewerbebetriebe, Großhandelseinrichtungen und Lager mit teilweise direkt oder indirekt durch sie verursachenden Emissionen (Abgase, Lärm), die einer Wohnumfeldverbesserung im Wege stehen können. Die dann einsetzende

Verdrängungs- und Verlagerungspraxis fördert jedoch eine der sozialen Segregation vergleichbare Entwicklung: die investitionsstarken Betriebe lassen sich mit öffentlicher Hilfe verlagern, während die wirtschaftlich schwächeren Betriebe in den Gebieten zurückbleiben bzw. bei erzwungener Verlagerung existenzunfähig werden, denn nicht gerade selten dient ein Teil der Betriebe (vor allem kleinere Handwerksbetriebe) der unmittelbaren Versorgung für die umliegenden Wohnbereiche.

Von besonderer Bedeutung und somit zentraler Aspekt der Wohnumfeldverbesserungsmaßnahmen ist die qualitative Verbesserung und Erweiterung der nutzbaren Freifläche, die nicht abgekoppelt von den Maßnahmen zur Verkehrsberuhigung angegangen werden darf.

Am Beispiel Duisburg-Hochfeld wird darauf hingewiesen (vgl. Bd. 3.016 der Schriftenreihe des Landes NRW, 1981), daß die dort zur Verfügung stehende NFF/E (Nutzbare Freifläche/Einwohner) von 2,7 m^2 weit unter den Werten im heutigen Geschoßwohnungsbau liegt, die zwischen 15 und 30 m^2 NFF/E streuen. Außerdem wird dieser gravierende Ausstattungsmangel von zusätzlichen Problemen überlagert wie betriebliche Emissionen, Fahrverkehrsaufkommen und Stellplatzdefizite, deren Beseitigung vielfach eine unabdingbare Voraussetzung für die Erweiterung der NFF darstellt, eine Situation, wie sie in Duisburg nicht nur in Hochfeld anzutreffen ist. Problematisch stellt sich die Situation insofern dar, da ohne die Beseitigung baulicher Anlagen eine nennenswerte Erweiterung der nutzbaren Freifläche nicht zu erzielen ist.

Bemängelt wird auch die schlechte Erreichbarkeit öffentlicher Grünflächen. In Duisburg-Hochfeld (Untersuchungsgebiet Tersteegenstraße) sind die nächstgelegenen Parkanlagen nur nach längerem Fußweg erreichbar. Ferner sind Freizeitaktivitäten unter freiem Himmel im Wohnungsnahbereich für die Gebietsbevölkerung bei den zugleich stark überbauten Blockinnenhöfen nahezu ausgeschlossen.

Erschwerend kommt in Duisburg-Hochfeld noch das Problem der Belichtung und Besonnung hinzu. Bei den dominierenden Gebäudetypen kommt es aufgrund der Seitenflügel zu einer zusätzlichen Verschattung der Wohnungen. Auch diese Problematik weisen zahlreiche andere Wohnungsgebiete im Duisburger Raum auf.

Die übergeordnete Zielsetzung ist, im Sinne des Bundesraumordnungsgesetzes und des Landesentwicklungsprogramms "gleichwertige Lebensbedingungen" zu schaffen[142].

Da die Montanindustrie im Duisburger Raum in erster Linie als der Verursacher für die siedlungsstrukturellen Probleme anzusehen ist, interessiert insbesondere, welche Position die Großindustrie in bezug auf die Verbesserung der Lebensqualität einnimmt.

Vor allem im Bereich der Wohnumfeldverbesserung ist die Zusammenarbeit mit der Industrie erforderlich, da sich ein nicht unerheblicher Bestand an Wohnungen in Problemgebieten in Industriebesitz befindet.

5.1.2 Renovierungs- und Wohnumfeldverbesserungs-Maßnahmen im Duisburger Norden unter Mitwirkung von Thyssen und Rhein-Lippe

Da in größeren Städten möglichst mehrere Stadtviertel gleichzeitig verbessert werden sollen und die Maßnahmen innerhalb eines Stadtviertels ausgewogen zu verteilen sind, die stadtstrukturellen Probleme sich jedoch auf den Duisburger Norden und das Industrieband entlang des Rheins mit den Nahtlagen zwischen Wohnbereichen und emissionsträchtigen Industrieansiedlungen konzentrieren, sind insbesondere Bruckhausen, Marxloh, Obermarxloh, Alt-Hamborn, Meiderich-(Berg), Laar und Ruhrort verbesserungsbedürftig.

Die gebietsbezogenen Wohnumfeldprogramme beziehen sich auf ein aufgrund der nachbarschaftlichen und sozialen Zusammenhänge begrenztes Wohnviertel, in dem Maßnahmen wie Veränderung von Straßen und Plätzen, Gestaltung und Öffnung von sonstigen Flächen (vor allem Renaturierung) sowie Gestaltung und Öffnung von privaten Flächen, insbesondere innenliegenden Höfen, durchgeführt werden sollen[143].

Im folgenden werden einige Beispiele, an denen Konzeption und auch Problematik der Revitalisierungsbemühungen sichtbar werden, dargestellt.

5.1.2.1 Renovierung und Wohnumfeldverbesserung in Duisburg-Bruckhausen

In der "Konzeption der erhaltenden Stadterneuerung in Duisburg" wird Bruckhausen als eine der markantesten Stellen des Stadtgebietes beschrieben, an der das Aufeinandertreffen von emittierender Großindustrie und Wohnbereich deutlich wird.

Als besonders problematisch werden für diesen Stadtteil der sehr hohe Ausländeranteil in der Bevölkerung[144] und die starke Überalterung und relativ schlechte Ausstattung des Wohnungsbestandes angesehen. Hinzu kommen, bedingt durch die Industrienahtlage, starke Umweltbelastungen. Bei einer weiteren negativen Entwicklung der derzeitigen Situation besteht die Gefahr, daß Bruckhausen auf Dauer verslumt und damit in weit größerem Maße als heute zum Problemgebiet in Duisburg wird.

Aufgrund der vom Rat der Stadt Duisburg 1980 für Bruckhausen ausgesprochenen Bestandsgarantie ergibt sich, daß der Wohnbereich in seinem heutigen Umfang durch geeignete Maßnahmen wie Instandsetzung und Modernisierung des Baubestandes und umfangreiche Ortsbildverbesserung sowie Wohnumfeldverbesserungen erhalten bleibt. Folglich müssen besondere Anstrengungen für eine weitergehende Senkung der Nahbereichsemissionen sowie ergänzende Maßnahmen (z.B. passiver Schallschutz) unternommen werden[145].

Der Drucksache 6688/2 ist zu entnehmen, daß für das Maßnahmenprogramm zur Wohnumfeldverbesserung in Bruckhausen Gesamtkosten in Höhe von DM 7.155.000,-- veranschlagt wurden. Der Hauptanteil entfällt auf die Verkehrsberuhigung sowie die Gestaltung der öffentlichen und privaten Grün- und Freiflächen.

Tab. 26 stellt den Anteil des Wohnungsbestandes von Thyssen in Bruckhausen dar, wobei ersichtlich wird, daß allein 52 % der Wohngebäude während der Bauphase bis 1918 errichtet wurden.

Tabelle 26
Wohnungsbestand von Thyssen in Bruckhausen (Karte 2)

Straße	Anz. WG	Anz. WE	Ausländer abs.	Ausländer in %	Deutsche abs.	Deutsche in %	WG bis 1899	WG 1900 -1918	WG 1919 -1945	WG nach 1945
Ulrich v. Hutten-Straße	10	30	26	(74)	9	(26)	-	10	-	-
Papiermühlenstraße (1)	5	15	13	(81)	3	(19)	-	5	--	
Overbruchstraße (1)	6	24	17	(61)	11	(39)	-	4	-	2
Dieselstraße (2)	73	263	203	(57)	155	(43)	20	34	31	6
Heinrichstraße (2)	23	70	63	(54)	54	(46)	-	13	7	3
Kronstraße (2)	25	96	25	(20)	103	(80)	-	7	5	13
Kaiser-Wilhelm-Str. (2)	12	89	52	(26)	150	(74)	-	7	-	5
Kringelkamp (2)	5	30	12	(29)	29	(71)	1	-	-	4
Bayreuther Straße (2)	14	100	21	(21)	81	(79)	-	1	-	13
Ottokarstraße (2)	28	95	72	(51)	68	(49)	-	19	4	5
Eitelstraße (2)	7	22	13	(38)	21	(62)	-	7	-	-
Reinerstraße (2)	1	4	4	(100)	-	-	1	-	-	-
Schulstraße (2)	8	35	33	(63)	19	(37)	1	7	-	-
Wernerstraße (2)	16	64	52	(74)	18	(26)	-	11	-	5
Insgesamt:	233	937	606	(46)	721	(54)	23	125	19	66
In %:							(10)	(54)	(8)	(28)

(1) nördlich des Emscherschnellwegs
(2) Straßen, in denen Wohnumfeldverbesserungs-Maßnahmen durchgeführt werden sollen

Quelle: Eigene Auszählungen der Wohnungsbestandsliste von Thyssen und des Adreßbuches der Stadt Duisburg, Stand 1983

Es handelt sich vornehmlich um den Block Dieselstraße/ Eitelstraße/ Heinrichstraße/ Ottokarstraße, den östlich hiervor gelegenen Block bis zur Schulstraße, die Blöcke westlich und östlich der Wernerstraße sowie um die Blöcke südlich der Heinrichstraße bis zur Kronstraße, im Westen begrenzt von der Kaiser-Wilhelm-Straße und im Osten von der Ottokarstraße (Karte 2).

Modernisierungsmaßnahmen sind bis Ende der 80er Jahre von seiten Thyssen bisher im wesentlichen um den Heinrichplatz durchgeführt worden, wobei bedauert wird, daß die erhoffte Initialwirkung für Privateigentümer ausblieb. Die tatsächliche Entwicklung sei hinter den Erwartungen der Politiker zurückgeblieben (WAZ v. 15.7.1988).

5.1.2.2 Wohnumfeldverbesserung in Duisburg-Untermeiderich (Meiderich-Berg)

Der Ortsteil Meiderich-Berg ist von drei Seiten von großindustriellen Anlagen eingeschlossen. Auch hier ist die für die Ruhrgebietsstädte typische extrem enge Nahtlage zwischen Wohn- und Industriegebieten zu verzeichnen.

Ferner wird auch dieses Gebiet durch eine negative Einwohnerentwicklung, hohen Ausländeranteil und schlechte Bausubstanz in bestimmten Bereichen sowie hohe Immissionsbelastung der Wohnbereiche durch Industrie und Verkehr geprägt[146].

Nach BUCHHOLZ (1970)[147] sind 40,6 % der Gebäude bis 1918 fertiggestellt worden und 40,1 % in der Zeit zwischen 1949 und 1957. Betrachtet man Tab. 27 über den Wohnungsbestand von Thyssen in Meiderich-Berg, so wird ersichtlich, daß der Bestand sich zu 32 % aus Wohngebäuden bis 1918 zusammensetzt und auf die Zeit nach 1945 68 % entfallen, wovon jedoch 31 % in der Zeit bis 1957 erstellt wurden.

Tabelle 27

Wohnungsbestand von Thyssen in Untermeiderich (Meiderich-Berg) im Programmgebiet zur Wohnumfeldverbesserung (Karte 5)

Straße	Anz. WG	Anz. WE	Ausländer abs.	in %	Deutsche abs.	in %	WG bis 1899	WG 1900 -1918	WG 1919 -1945	WG nach 1945
Horststraße	6	30	9	(23)	30	(77)	2	-	-	4
Suermondstraße	7	35	2	(5)	35	(95)	-	-	-	7
Sonderburger Straße	1	7	8	(100)	-	-	-	1	-	-
Michelshof	5	27	-	-	36	(100)	-	-	-	5
Düppelstraße	9	37	-	-	44	(100)	-	-	-	9
Spichernstraße	5	27	1	(3)	31	(97)	-	1	-	4
Straßburger Straße	9	48	4	(7)	55	(93)	-	-	-	9
Im Binnendahl	4	26	28	(100)	-	-	-	4	-	-
Bruchfeldstraße (1)	11	58	60	(92)	5	(8)	-	10	-	1
Katzbachstraße (2)	3	11	11	(79)	3	(21)	-	3	-	-
Mühlenstraße	13	72	8	(7)	99	(93)	-	2	-	11
Insgesamt:	73	378	131	(28)	338	(72)	2	21	-	50
In %:							(3)	(29)		(68)

(1) Bruchfeldstraße 21/23 abgerissen laut Wohnungsbestandsliste von 1987
(2) Katzbachstraße 1, 2, 3

Quelle: Eigene Auszählungen der Wohnungsbestandsliste von Thyssen und des Adreßbuches der Stadt Duisburg, Stand 1983

Der in dem Wohnungsbestand von Thyssen ermittelte Ausländeranteil von durchschnittlich 28 % deckt sich nicht mit den im Statistischen Monatsbericht 4/1982 ermittelten Wert von 7,62 % für den gesamten Ortsteil Untermeiderich. Als Erklärung liegt nahe, daß sich der Ausländeranteil aufgrund der Beschäftigungsstruktur auf den Wohnungsbestand von

Thyssen konzentriert, der hier jedoch nicht wie anderenorts stadtteilprägend ist, sondern nur vereinzelt auftritt (Karte 5).

Auch BUCHHOLZ (1970) verweist darauf, daß 70 % des Wohnungsbestandes (ohne den Anteil des industriellen Großeigentums) in Privatbesitz ist, so daß in diesem Gebiet keine großflächigen Modernisierungsmaßnahmen zu erwarten sind und der Initialwirkung besondere Bedeutung zukommt.

Andererseits heißt es in der Anlage 3 zur Drucksache 6688/2, daß durch geeignete Maßnahmen der Ortsteil Meiderich-Berg, der ursprünglich mit großflächigen Maßnahmen nach dem Städtebauförderungsgesetz saniert werden sollte, lebensfähig bleiben und seine Umweltsituation zu verbessern ist. Wenn auch in bezug auf die Wohnungsmodernisierung und -instandsetzung der Schwerindustrie in diesem Ortsteil weniger Bedeutung beizumessen ist, spielt sie eine um so größere Rolle hinsichtlich der Verbesserung der Umweltsituation. So sollte beispielsweise ein Immissionsschutzwall eine wesentliche Umweltverbesserung herbeiführen. Da sich aufgrund der Stillegung von Betriebsanlagen der Thyssen Stahl AG (Sinteranlage, Verlagerung der Schlackenbrech- und Siebanlage, Schlackenbeete, Wiegeanlage) insbesondere die Lärmimmissionen in Untermeiderich verringert hat, wird der Wall in der zunächst geplanten Konzeption (Wallhöhe bis zu 16,0 m) nicht mehr für notwendig erachtet.

Die weitere Planung sah vor, die Trennung zwischen Werk und werksabhängigen Nutzungen einerseits sowie bewohnten Gebieten mit zugehörigem Erholungsraum andererseits durch eine Grünzone mit Wallaufschüttung zu erreichen. Zwischen Helmholtzstraße und Bredowstraße wird eine max. Höhe von 3 m als ausreichend angesehen, da die Lärmemissionen vom Michelshof und den Werksparkplätzen damit eingeschränkt werden können. Allerdings müßte die Wallaufschüttung zwischen Bredowstraße und Kronprinzenstraße bis auf 8,0 m erfolgen, um den Lärmemissionen der bereits hoch über Niveau liegenden Werksstraßen entgegenzuwirken. Ferner soll mit einer intensiven Begrünung der Wallaufschüttung, die neben der Verbesserung des Ortsbildes vor allem zur Staubbindung wirksam ist, Vorkehrungen zum Schutz vor schädlichen Umwelteinwirkungen erreicht werden. Aufgrund der Betriebsstillegungen kann im nordwestlichen Bereich entlang der Straße Michelshof und der Sonderburger Straße auf eine Wallaufschüttung verzichtet werden. Die Trennung zwischen Industriegelände und Wohnbebauung wird auch durch intensiv bepflanzte Grünflächen erreicht.

So dient auch die Schaffung von öffentlichen Grünflächen zwischen Wall und Baugebieten neben dem Ausbau von Erholungs- und Spielangeboten zugleich der intensiveren Bepflanzung der Trennzone. Die wirksamen Maßnahmen in der Trennzone sollen durch umfangreiche Pflanzungen in den Randlagen der Industriegebiete sowie für die Werksstellplätze unterstützt werden.

Wie aus dem Auszug aus der DS 6688/2 mit Abänderungen entsprechend der Drucksache 1437/2 zu entnehmen ist, konnten aufgrund der veränderten Planung 4,7 Mio. DM eingespart werden. Im Mai 1987 wurde von seiten des Oberstadtdirektors der veränderten Konzeption zugestimmt. Eine Beteiligung an den Maßnahmen in Meiderich-Berg durch Thyssen sah dahingehend aus, daß die Stadt die für die Durchführung der Planung notwendigen

Grundstücke von Thyssen kostengünstig erwerben konnte[148]. Von Thyssen wurden bereits Gebäude-Abbrüche im Bereich Bruchfeldstraße/ Katzbachstraße vorgenommen.

Eine indirekte Beeinflussung des Unternehmens ergab sich durch die erfolgten Betriebsstillegungen, die zur Änderung der ursprünglichen Konzeption und dadurch zu einer Kostenersparnis führten. Dennoch darf nicht übersehen werden, daß die noch auf die Stadt zukommenden finanziellen Belastungen von über 10 Mill. DM nicht zuletzt aufgrund der durch die Industrie verursachten städtebaulichen Mißstände erforderlich sind.

5.1.2.3 Renovierung und Wohnumfeldverbesserung in Alt-Hamborn/ Obermarxloh

Auch für das zur Förderung anstehende Gebiet in Alt-Hamborn, in dem ca. 23.000 Menschen leben, wird auf die Gemenge- und Nahtlagen von Industrie- und Wohnbereichen, negative Einwohnerentwicklung, hohen Ausländeranteil, Umweltbelastungen durch Industrie- und Straßenverkehr sowie überalterte Bausubstanz verwiesen. Erschwerend kommt noch hinzu, daß durch den Bau der Nord-Süd-Stadtautobahn (A 59) und des Emscherschnellweges (A 42) bestehende Verbindungen, insbesondere zum Stadtwald, Botanischen Garten, Krankenhaus, Schulen und Abtei abgeschnitten sind (Drucksache 7711/1).

In der Drucksache 7711 wird ausdrücklich hervorgehoben, daß trotz der Zäsur durch die B 8 zwischen den beiden Ortsteilen starke Verflechtungen bestehen, da in Obermarxloh Infrastruktureinrichtungen liegen, die von den Einwohnern aus Alt-Hamborn benutzt werden, andererseits sich in Alt-Hamborn Haupteinkaufsmöglichkeiten für die Einwohner des "Dichterviertels" in Obermarxloh befinden.

Als Ziele zur Wohnumfeldverbesserung werden genannt:

- Immissionen senken, die durch die naheliegende Industrie verursacht sind,
- Trennzonen zwischen Industrie und Wohnen mit Schutzpflanzungen versehen,
- investieren, um den Bestand an Stadtqualität in allen Bereichen zu sichern und zu verbessern,
- Privatinitiative aktivieren, um die Zentren zu stützen und zu arrondieren,
- Arbeitsplatzangebot im tertiären Sektor verbessern.

Auf die von der Gewerkschaft Deutscher Kaiser errichtete "Josefskolonie" (Abb. 27) wurde bereits näher eingegangen. Wie ergänzend zu bemerken ist, sind die ersten Gebäude als freistehende Doppelhäuser errichtet worden. Die zwei- bis dreigeschossige, teils offene, teils geschlossene Blockrandbebauung weist sehr große unbebaute Innenhöfe auf, deren Flächen je Geviert zwischen 13.000 und 18.000 m² liegen. Die vier Baublöcke setzen sich aus verschiedenen Haus- und Fassadentypen der aufeinanderfolgenden Bauperioden zusammen. Neben den Blockinnenhöfen fallen die schachbrettartig angelegten baumbestandenen breiten Straßen auf.

Die Siedlung zeichnet sich durch eine optimale Verkehrsanbindung und fußläufige Erreichbarkeit des Subzentrums Alt-Hamborn aus.

Erwähnenswert ist, daß der historische Zusammenhang zwischen der Siedlung und dem ehemaligen Schacht 1/6 noch heute durch das in der Nähe stehende Fördergerüst sichtbar wird (Drucksache 7711).

Abbildung 27
Josefskolonie in Alt-Hamborn

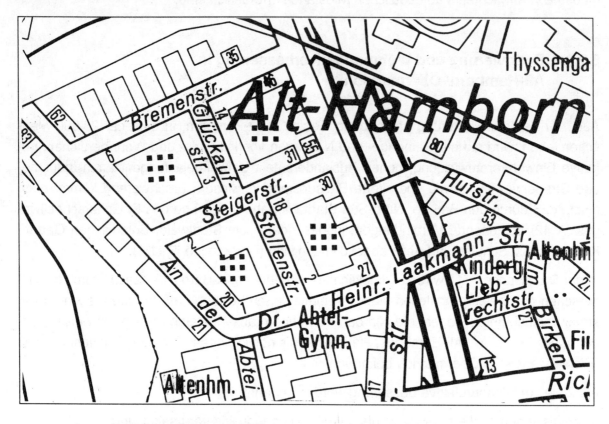

■   modernisierter Bereich

Quelle: Ausschnittsvergrößerung aus der Karte 2

Tab. 28 zeigt, wie sich der Wohnungsbestand in der Josefskolonie zum Zeitpunkt 1983 darstellte.

Bemerkenswert ist ferner, daß heute noch ein sehr großer Wohnungsbestand aus der Zeit bis 1899 (56 %) und bis 1918 (25 %) vorzufinden ist, ein Tatbestand, der mit dem hohen Ausländeranteil korreliert.

Thyssen bauen und wohnen gibt Ende der 80er Jahre an, daß sich die Haushalte zur Hälfte aus deutschen bzw. ausländischen Bewohnern zusammensetzen.

Auch die Ausführungen in der Drucksache 7711 bestätigen den hohen Ausländeranteil, der sich in Alt-Hamborn auf die Josefskolonie konzentriert und über 50 % beträgt. Die Werte stimmen in etwa mit dem aus der Tab. 28 ersichtlichen Prozentsatz überein.

144

Die mit Mitteln der EGKS geförderten Verbesserungen des Wohnumfeldes sind Teil eines Gesamtkonzeptes von Thyssen bauen und wohnen, das in den Jahren 1984 bis 1989 durchgeführt wurde.

Tabelle 28

Wohnungsbestand von Thyssen in Alt-Hamborn (Karte 2)

Straße	Anz. WG	Anz. WE	Ausländer abs.	in %	Deutsche abs.	in %	WG bis 1899	WG 1900 - 1918	1919 - 1945	nach 1945
Bremenstraße	47	194	63	(25)	187	(75)	16	6	2	23
Glückaufstraße	20	78	30	(33)	61	(67)	14	-	-	6
Steigerstraße	34	161	124	(62)	75	(38)	22	11	-	1
An der Abtei (1)	54	159	77	(41)	109	(59)	49	-	-	5
Dr. Heinr.-Laakmann-Str.	16	68	46	(51)	44	(49)	7	8	-	1
Buschstraße (2)	21	61	13	(16)	66	(84)	15	2	1	3
Stollenstraße	29	90	77	(74)	27	(26)	-	28	-	1
Insgesamt:	221	813	430	(43)	569	(57)	123	55	3	40
In %:							(56)	(25)	(1)	(18)

(1) An der Abtei 21, 23, 25, 27, 29, 31, 33, 35, 37, 39, 41, 43 (Baujahr 1899, 36 WE) verkauft
(2) Buschstraße 19 (Baujahr 1952, 4 WE) verkauft

Quelle: Eigene Auszählungen der Wohnungsbestandliste von Thyssen, Stand 1983 und des Adreßbuches der Stadt Duisburg, Stand 1983

Neben den grundlegenden Wohnumfeldverbesserungen standen nach Angaben von Thyssen bauen und wohnen folgende Maßnahmen im Mittelpunkt:

- Um- und Ausbau von insgesamt 518 Altbauwohnungen in den vier Straßengevierten,
- Modernisierung weiterer 81 Wohnungen in Wiederaufbauten kriegszerstörter Wohnungen
- Sanierung der Fassaden und Dächer der Altbauten mit Einfamilienhauscharakter an der Südwestseite
- Sanierung der Balkone und Dächer der Neubauten (Baujahr 1956) an der Nordwestseite

Diese Maßnahmen wurden unterstützt durch das gebietsbezogene Programm zur Wohnumfeldverbesserung in Duisburg-Hamborn durch die Stadt Duisburg, das sich im wesentlichen auf Verkehrsberuhigungen und Aufpflasterungen sowie Herrichtung von Grünflächen beschränkte.

Von Thyssen bauen und wohnen wurde besonderer Wert auf die bis zur Sanierung in einem ungepflegten und vernachlässigten Zustand sich befindenden Innenhöfe gelegt, die danach als Mietergärten vergeben wurden. Es wird darauf hingewiesen, daß eine große Nachfrage nach diesen Gärten bestand, zumal den 604 Wohnungen nur 200 Gartenparzellen gegenüberstanden. Daneben wurden jedoch auch allgemeine Flächen gestaltet. Eingeräumt wird jedoch, daß Probleme bei der Pflege bestehen, so daß hier noch ein erheblicher Lernprozeß erforderlich ist. Bedauert wird, daß der größere Teil der Mieterschaft nicht das notwendige Interesse und Engagement für diesen nicht privaten und eher ideellen Bereich aufbringt.

Nach der Sanierung konnte Thyssen bauen und wohnen eine starke Nachfrage nach Wohnungen von nicht im Sanierungsgebiet lebenden Deutschen verzeichnen, die früher dort wohnten, jedoch aufgrund zunehmender Verslumungstendenzen wegzogen. Andererseits blieben die meisten ausländischen Familien wohnen, die bestrebt sind, ihre Wohnverhältnisse zu verbessern. Thyssen bauen und wohnen sieht in der Sanierung der "Jupp-Kolonie" einen aktiven Beitrag zur Stadterneuerungspolitik und Integration von Ausländern.

Die sanierte "Jupp-Kolonie" weist nun eine Wohnqualität auf, die in den 70er Jahren wegsaniert wurde. Besonderer Stellenwert kommt ihr aufgrund der Kommunikationsmöglichkeiten und dem funktionierenden Zusammenleben von deutschen und ausländischen Familien zu, durch die eine Marginalisierung der Migranten verhindert werden konnte.

In Obermarxloh stellt das "Dichterviertel" ein besonderes Problemgebiet dar. Auch diese Siedlung wurde für die Belegschaft der Gewerkschaft Deutscher Kaiser zu Beginn des Jahrhunderts erbaut und zeichnet sich durch schachbrettartige, baumbestandene ca. 13 bis 16 m breite Straßenräume, große Blockinnenhöfe und eine einheitliche Bebauung aus.

Im Gegensatz zur Josefskolonie ist im Dichterviertel nur ein geringer Baubestand aus der Zeit vor der Jahrhundertwende vorzufinden (5 %). Tab. 29 beweist, daß der größte Anteil aus der Zeit von 1900 bis 1918 stammt. In dem Wohnungsbestand der Rhein-Lippe beträgt der durchschnittliche Ausländeranteil 30 %.

Im Flächennutzungsplan, 2. Entwurf 1980, ist das Dichterviertel noch als Sanierungsgebiet ausgewiesen mit folgender Erklärung: "Die Bausubstanz des Dichterviertels (Arbeitersiedlung) ist stark überaltert und bedarf dringend der Modernisierung. Ein Teil der Gebäude befindet sich in einem derartig schlechten Zustand, daß evtl. auch ein Abbruch und eine anschließende Neubebauung erforderlich ist. Der Rat der Stadt hat in seiner Sitzung am 12.5.1980 den Beginn vorbereitender Untersuchungen gemäß § 4 Abs.3 StBauFG beschlossen. Das Ergebnis der vorbereitenden Untersuchungen soll dem Rat der Stadt im Jahre 1981 vorgelegt werden. Das Gebiet, in dem die vorbereitenden Untersuchungen durchgeführt werden, hat eine Größe von ca. 30 ha, die Einwohnerzahl beträgt rund 5.000, die Anzahl der WE 1.800. Der Rat der Stadt hat in seiner Sitzung am 12.5.1980 den Beschluß zur Aufstellung eines Bebauungsplanes (Nr.829) - Obermarxloh - für diesen Bereich gefaßt" (S. 132). In der genehmigten Fassung des Flächennutzungsplanes vom 10.1.1986 ist dieser Absatz gestrichen mit der Begründung: "Die Abgrenzung der nach dem Städtebauförderungsgesetz förmlich festgelegten Sanierungsgebiete Neumühl, Ruhrort, Averdunk, Hochfeld und Rheinpreussensiedlung Homberg sind in den Flächennutzungsplan nachrichtlich übernommen. Von der Kenntlichmachung weiterer Sanierungsgebiete wurde Abstand genommen, da davon auszugehen ist, daß in der voraussehbaren Geltungsdauer des Flächennutzungsplanes wegen des Umfanges der laufenden Maßnahmen weitere Sanierungsvorhaben nicht in Angriff genommen werden können und das Schwergewicht bei kleineren Maßnahmen der Wohnumfeldverbesserung liegen wird" (S. 127).

In der Drucksache 7711 wird auf die vorbereitende Untersuchung nach § 4 StBauFG (Stand: Dezember 1980) für das Dichterviertel verwiesen, aus der hervorgeht, daß die Mehrzahl der Häuser mittelschwere bis schwere Gebäudeschäden und etwa 8 % sehr starke Baumängel aufweisen. Außerdem entspricht die sanitäre Ausstattung von nahezu der Hälfte der Wohnungen nicht dem allgemein gültigen Mindeststandard. Die Qualität vieler Wohnungen leidet ferner unter unzureichendem Wärme- und Schallschutz sowie unzureichender Belichtung und Besonnung, veralteten Elektroinstallationen, feuchten Wänden und schadhaften Wohnungstüren. Vor allem müßten die Wohnungen der Baublöcke zwischen Kampstraße und Körnerstraße zur Anpassung an den allgemeinen Wohnungsstandard durchgreifend verbessert werden. Insbesondere wird bemängelt, daß ein Viertel der Wohnungen überbelegt ist und vor allem größere, kinderreiche Familien in zum Teil viel zu kleinen Wohnungen leben.

Tabelle 29
Wohnungsbestand der Rhein-Lippe in Obermarxloh (Karte 3)

Straße	Anz. WG	Anz. WE	Ausländer abs.	in %	Deutsche abs.	in %	WG bis 1899	WG 1900 -1918	WG 1919 -1945	WG nach 1945
Kampstraße	47	151	79	(41)	113	(59)	-	34	6	7
Körnerstraße	48	200	70	(29)	173	(71)	4	31	2-	13
Goethestraße	36	178	34	(17)	170	(83)	1	18	-	17
Goetheplatz	5	27	26	(70)	11	(30)	-	5	-	-
Schillerstraße	106	195	107	(28)	278	(72)	1	80	18	7
Sterkrader Straße	43	137	46	(28)	116	(72)	-	41	-	2
Reuterstraße	7	30	9	(23)	31	(77)	-	7	-	-
Kantstraße	26	158	24	(11)	194	(89)	1	18	1	6
Kleiststraße	59	188	52	(44)	65	(56)	-	58	-	1
Kurt-Spindler-Straße	68	200	66	(27)	182	(73)	-	61	-	7
Lessingstraße	43	162	60	(29)	147	(71)	10	26	-	7
Uhlandstraße	27	124	72	(42)	101	(58)	5	13	-	9
Hauffstraße	15	48	23	(33)	46	(67)	3	11	-	1
Freiligrathstraße	1	3	4	(100)	-	-	-	1	-	-
Roseggerstraße	7	13	-	-	16	(100)	-	7	-	-
Kalthoffstraße	3	9	10	(100)	-	-	-	3	-	-
Insgesamt:	541	1.823	708	(30)	1.643	(70)	25	414	25	77
In %:							(5)	(77)	(5)	(13)

Quelle: Eigene Auszählungen der Wohnungsbestandsliste der Rhein-Lippe von 1982 und des Adreßbuches der Stadt Duisburg, Stand 1983

Im Gutachten wird vorgeschlagen, die 12 Eckbauten der Baublöcke zwischen Kamp- und Körnerstraße und den gesamten Baublock Kamp-/ Kalthoff-/ Körner-/ Hauffstraße abzubrechen und durch eine Neubebauung zu ersetzen. In der Drucksache 7711 wird der Anteil an modernisierungsbedürftigen Wohneinheiten im Dichterviertel und der Josefskolonie mit 80 bis 90 % angegeben.

Es wird im weiteren darauf hingewiesen, daß ein besonderes Augenmerk auf die Wohnblöcke zwischen Kampstraße und Körnerstraße zu richten ist, da die Eigentümerin (Rhein-Lippe) diese langfristig aufgeben will[149]. Es würde jedoch durch den Abriß die homogene Siedlungsstruktur angegriffen und das Siedlungsbild prägende architektonische Merkmale verlorengehen. Eine Neubebauung bewirke, daß die dort Wohnenden aufgrund des neuen, höheren Mietniveaus verdrängt würden, eine Problematik, auf die immer wieder hingewiesen wird. Außerdem seien genügend Freiflächen (z.B. Lohhof) als Wohnbaureserve vorhanden, falls Neubaubedarf bestünde.

Nach dem Plan der Rhein-Lippe-Wohnstättengesellschaft mbH als Eigentümerin des Dichterviertels sollten die vier Baublöcke zwischen Kamp- und Körnerstraße und Blockteile zwischen Körner- und Goethestraße (Abb. 28) langfristig abgerissen und neu bebaut werden. An der Goethestraße sowie an der Körner- und Schillerstraße soll vollmodernisiert, der südliche Bereich an der Schiller-, Sterkrader und Reuterstraße teilmodernisiert und die Baulücken bebaut werden.

Allerdings hat die Rhein-Lippe keine Genehmigung der Stadt Duisburg für den Abriß der vier Baublöcke zwischen Kamp- und Körnerstraße sowie der Blockteile zwischen Körner- und Goethestraße und der Häuser an der Leostraße erhalten. Bevor die Diskussion über die Erhaltungswürdigkeit dieses Komplexes aus denkmalpflegerischer Perspektive akut wurde, beabsichtigte die Rhein-Lippe nach ihren Aussagen bereits einen Abbruch, um die Grundstücke in Grünflächen umzuwandeln. Aus diesem Grund wurden in diesem Bereich keinerlei Investitionen mehr vorgenommen, so daß sich die Bausubstanz zwangsläufig verschlechterte. Als Begründung führte die Wohnungsgesellschaft seinerzeit an, daß aufgrund des ohnehin vorhandenen Überhangs an Wohnungen nicht um jeden Preis Wohnraum erhalten bleiben sollte. Für den Unternehmer müßten wirtschaftliche Gesichtspunkte vorrangig sein. Trotz der kontroversen Auffassung über Stadterneuerungsfragen wurde insgesamt die Zusammenarbeit mit den zuständigen Stellen der Stadt Duisburg als positiv bewertet[150]. Mittlerweile ist die Renovierung der Goethestraße abgeschlossen. Vorgesehen ist jetzt die Instandsetzung von 90 Wohnungen im Bereich Schiller-/ Körnerstraße. Es wird von seiten der Rhein-Lippe bedauert, daß der geplante Modernisierungszeitraum von zehn Jahren nicht eingehalten werden konnte und von 2.000 Wohnungen nach 16 Jahren erst 400 Wohneinheiten fertiggestellt sind, eine Folge der sporadischen Mittelzuweisung (WAZ v. 23.10.1992).

In beiden Vierteln, Dichterviertel und Josefskolonie, ist weniger der Bausubstanz als den großen Blockinnenhöfen ein besonderer Stellenwert beizumessen.

Die Drucksache 7711 weist darauf hin, daß diese großen Blockinnenhöfe einen Ausgleich zu den zum Teil zu kleinen Wohnungen bieten, allerdings sich in einigen Blockinnenhöfen vernachlässigte Schrebergärten befinden. Die Blockinnenhöfe sollten daher durch Einrichten von Mietergärten überwiegend neu geordnet und damit besser nutzbar gemacht werden.

So sollen die Maßnahmen zur Verbesserung des Wohnumfeldes im Rahmen der von der Stadt Duisburg entwickelten Innenhofrichtlinien von den Eigentümern durchgeführt werden, wie es beispielsweise in der Josefskolonie bereits geschehen ist.

Eine Aufwertung des Wohnumfeldes wird als besonders wichtig in den an den Autobahnen liegenden und durch diese benachteiligten Baublöcken angesehen.

Insgesamt gilt, daß das z.T. eintönige Erscheinungsbild der Straßenräume durch Grünmaßnahmen, insbesondere Baumpflanzungen, Umgestaltung der Straßenoberflächen und Gestaltung der Fassaden, besonders im Dichterviertel und der Josefskolonie, verbessert werden soll. Außerdem soll in den Randlagen zur Industrie die Wohnbebauung durch entsprechende Bepflanzung abgeschirmt werden.

Während die Josefskolonie fertiggestellt ist, sind die Maßnahmen im Dichterviertel noch nicht abgeschlossen.

Abbildung 28
Dichterviertel in Obermarxloh

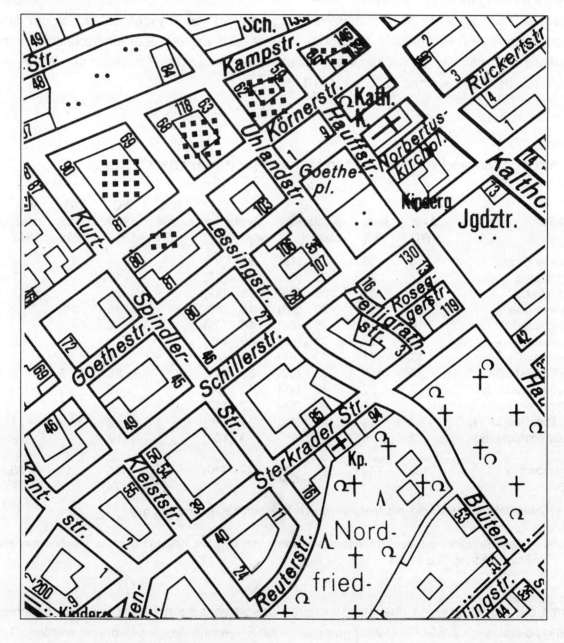

■■ zum Abriß vorgesehene Baublöcke

Quelle: Ausschnittsvergrößerung aus der Karte 3

149

Im Gegensatz zum Dichterviertel ist die Josefskolonie, wie auch das Wohngebiet in Bruckhausen, aufgrund der unmittelbaren Nähe zum Thyssen-Werk erheblich beeinträchtigt. Die in der Drucksache 7711/1 aufgeführten Maßnahmen zeigen, daß dieser Tatsache durch die Errichtung einer Trenngrünzone durch die Stadt Rechnung getragen werden soll.

5.1.2.4 Modernisierungsmaßnahme Johannismarkt in Duisburg Marxloh

Erste Erfahrungen mit einer Modernisierungs- und Blockinnenhof-Gestaltungsmaßnahme in einem Problemgebiet konnte Thyssen bauen und wohnen bei dem Block am Johannismarkt sammeln (Abb. 29). Tab. 30 zeigt den Wohnungsbestand von Thyssen in Marxloh um den Johannismarkt. Es wird hieraus ersichtlich, daß es sich um ein überdurchschnittlich von Ausländern bewohntes Viertel handelt. Auffallend ist ferner die Dominanz der Wohngebäude aus der Zeit zwischen 1900 und 1918 (66 %).

Tabelle 30
Wohnungsbestand von Thyssen in Marxloh (Johannismarkt) (Karte 2)

Straße	Anz. WG	Anz. WE	Ausländer abs. in %		Deutsche abs. in %		WG bis 1899	WG 1900 - 1918	WG 1919 - 1945	WG nach 1945
Weseler Straße	4	30	7	(19)	30	(81)	-	-	-	4
Mittelstraße	17	75	55	(63)	32	(37)	-	10	-	7
Sandstraße	37	125	105	(68)	49	(32)	-	36	-	1
Elisenstraße	30	98	70	(60)	46	(40)	-	19	9	2
Marienstraße	10	32	26	(62)	16	(38)	-	10	-	-
Agnesstraße	21	87	72	(65)	39	(35)	-	16	-	5
Emmastraße	17	77	50	(54)	43	(46)	-	10	-	7
Warbruckstraße	30	105	85	(59)	59	(41)	-	20	2	8
Sibyllenstraße (x)	5	27	10	(45)	12	(55)	-	5	-	-
Katharinenstraße (x)	6	30	20	(54)	17	(46)	-	5	1	-
Jul.-Birk-Straße (x)	4	19	21	(84)	4	(16)	1	2	-	1
Johannismarkt (x)	2	9	-	-	3	(100)	-	2	-	-
Insgesamt:	183	714	521	(60)	347	(40)	1	135	12	35
In %:							(0)	(74)	(7)	(19)

(x) Wohnumfeldverbesserungsmaßnahmen durch Thyssen bauen und wohnen

Quelle: Eigene Auszählungen der Wohnungsbestandsliste von Thyssen 1983/87) und des Adreßbuches der Stadt Duisburg, Stand 1983

Durch die Modernisierung des geschlossenen dreigeschossigen Baublocks am Johannismarkt sollten nach ZIEGLER (1985) grundsätzliche Erfahrungswerte gewonnen werden. Der Baublock sei ausgewählt worden, da die leichte Isolierung zum übrigen, ähnlich strukturierten Nachbarbestand in Verbindung mit der geschlossenen Blockbebauung, dem unverbauten Innenhof und der überschaubaren Anzahl an Wohnungen die ideale Möglichkeit bot, die Modernisierung als einen Test für den übrigen Bestand anzusehen.

Abbildung 29
Modernisierungsmaßnahme Johannismarkt in Marxloh

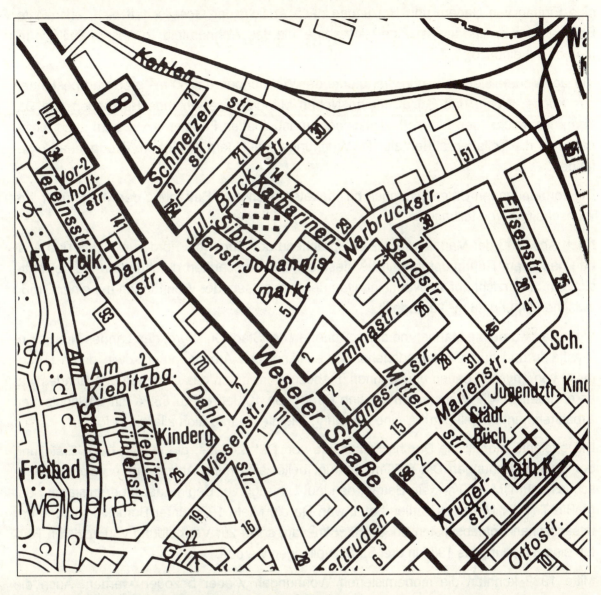

■ ■ Modernisierungsmaßnahme Johannismarkt

Quelle: Ausschnittsvergrößerung aus der Karte 2

ZIEGLER (1985) führt als Ziel der Modernisierung die gezielte Umkehr der bereits stattge-
fundenen baulichen und sozialstrukturellen Verfalls- bzw. Verslumungsprozesse an. Problematisch ist auch die bereits in Marxloh stattgefundene ethnische Segregation. Der geringe Anteil an deutschen Bewohnern setzt sich aus Sozialschwachen und Rentnern/ Invali-
den zusammen.

Ein weiteres Problem stellt sich im Hinblick auf die mangelnde Pflegebereitschaft von Wohnung und Umfeld, die besonders in mehrgeschossigen Mietwohnungsaltbeständen vorzufinden ist, weniger in Wohnungsaltbeständen mit Ein- bis Zweifamilienhäusern, wie sie vor
allem in Beeckerwerth und Wehofen vorherrschen.

Insofern galt es nunmehr, eine Identifikation mit der Wohnung und der Umgebung, wie dies beispielsweise in Beeckerwerth und Wehofen der Fall ist, zu ermöglichen, wozu der alleinige Einbau von Bädern und Heizungen nach Ansicht der Gesellschaft nicht ausreichte. Erforderlich war eine umfassende Maßnahme, die das Wohnumfeld, in diesem Fall den Innenhof, mit einbezog.

Vor der Modernisierung waren drei Viertel der Wohnungen um 50 m² groß und bestanden aus Küche, Wohn- und Schlafzimmer. Neben Mängeln wie fehlende Heizungen und Bädern, unzureichenden Elektro-Installationen, mangelhaften Fenstern usw. kam noch hinzu, daß sich die Toiletten außerhalb der Wohnungen, auf dem Absatz im Treppenhaus, befanden.

Die vorbereitenden Untersuchungen beinhalteten auch eine Befragung der Mieter über ihre Wünsche und Vorstellungen.

Nach Abschluß der Maßnahme, die entsprechend den durch die Förderung "Um- und Ausbau nach dem Ruhrbauprogramm"[151] festgelegten Vorschriften durchgeführt wurde, hatte sich durch Verzicht auf 12 Wohneinheiten der Prozentsatz der Wohnungen mit einer Größe zwischen 64 und 86 m² verdoppelt.

Finanziert wurde die Maßnahme durch Darlehen der Stadt Duisburg, des Landes Nordrhein-Westfalen und durch Bundesdarlehen für ausländische Arbeitnehmer sowie durch Eigenmittel von Thyssen bauen und wohnen. Insbesondere durch das Darlehen des Bundes war es erforderlich, die Wohnungen für eine Dauer von 10 Jahren zu 63 % mit ausländischen Arbeitnehmern zu belegen[152], eine Regelung, die die Segregation allerdings fördert.

Die geplante monatliche Durchschnittsmiete von DM 6,45/m², die jedoch nach Erstellung der Schlußrechnungen DM 6,73/m² betrug, belief sich nach Abzug der Aufwendungszuschüsse auf DM 4,70/m², ein Betrag, den laut Umfrage vor Beginn der Modernisierung der größte Teil der Mieter zu zahlen bereit war. Da die Miete 1985 unter Berücksichtigung der tatsächlichen Betriebskosten bei DM 6,38/m² lag, sollte zur Vermeidung von sozialen Härten eine Erhöhung bis 1987 in drei Stufen vollzogen werden.

Mitte 1982 konnten die modernisierten Wohnungen wieder bezogen werden. Auch die Wohnumfeldmaßnahme des Innenhofs war Ende 1982 fertiggestellt.

Von Bedeutung ist in diesem Zusammenhang, daß "zur verstärkten ständigen Belebung und zur Schaffung besserer Kontakt- und Kommunikationsmöglichkeiten" (ZIEGLER 1985, S. 533) die Hauseingänge von der Straßenseite auf die Hofseite verlegt und nur an den Eckbereichen straßenseitig belassen wurden, eine Maßnahme, der man nicht uneingeschränkt positiv gegenüberstehen kann. Unabhängig von der hierdurch bedingten größeren Unruhe, die im Gegensatz zu der dem Innenhofbereich zugeschriebenen Erholungsfunktion steht, wird hier ein bereits von STEMMRICH (1981) für die Kruppschen Siedlungen hervorgehobenes Planungsziel wieder aufgenommen: "Das Kennenlernen untereinander und der damit verbundene Austausch ähnlicher Lebens- und Arbeitserfahrungen fördert den Prozeß der Gruppenbildung innerhalb der Siedlung. Dieser Vorgang läßt zunehmend nicht bei Krupp Beschäftigte zu Außenstehenden werden; der so sich herausbildende Kontrast fördert die Identifikation mit der Institution Krupp, mit dem Werk und den Wohnungen" (S. 66).

Ist beim Johannismarkt zwar weniger die Identifikation mit dem Werk angesprochen, so doch die Identifikation mit dem Wohnblock. Offenbar ist berücksichtigt, daß die Reduzierung des Individualbereichs zu Gunsten einer größeren Gemeinsamkeit der Blockbewohner, die einer zwar ständigen Beobachtung ausgesetzt sind, dem Kommunikationsbedürfnis der vorrangig türkischen Bewohner entgegenkommt.

ZIEGLER (1985) erläutert, daß die früher aufgrund der erhöhten Mehrarbeit nicht immer beliebten Erdgeschoßwohnungen durch die Verfügung über einen kleinen Streifen, der als Blumengarten nutzbar ist, attraktiver wurden. Hierin leben jetzt zum überwiegenden Teil türkische Mieter.

Interessant ist in diesem Zusammenhang die Feststellung, daß über den Übergang vom zur Wohnung gehörenden Blumenbeet um den Freisitz herum zu den allgemeinen Grünflächen im eigentlichen Hofbereich sich das Unternehmen eine verstärkte Kontrolle und Aktivität seitens der Mieter in bezug auf die Pflege der gesamten Anlage verspricht. Diese Kontrollfunktion als Planungsidee verzeichnet STEMMRICH (1981) bereits für die Kruppschen Wohnanlagen des letzten Jahrhunderts.

Die Modernisierungsmaßnahme hat nach ZIEGLER (1985) die weit verbreitete Meinung, Ausländer wollten keine besseren Wohnungen bei entsprechend höherer Miete[153], widerlegt, da eine Mieterbefragung die Zufriedenheit mit der jetzigen Wohnung, auch bei ausländischen Bewohnern, belegt habe.

Problematisch ist, daß die bei derartigen Maßnahmen erhoffte Initialzündung sich nur auf Einzelmaßnahmen beschränkt. Eine Aufwertung des Gesamtgebietes kann nur erfolgen, wenn Modernisierungen größeren Umfangs durchgeführt werden. Aufgrund des langen Zeitraums, der für Sanierungsmaßnahmen zu veranschlagen ist, besteht die Gefahr, daß die bereits renovierten Wohnblöcke schon die ersten Abnutzungserscheinungen aufweisen, wie dies bereits jetzt beim Johannismarkt nach rund zehn Jahren der Fall ist.

Ein zu großer zeitlicher Abstand zwischen den Erneuerungsvorhaben hat zur Folge, daß bei den zuerst fertiggestellten Maßnahmen erste Renovierungen wie Anstrich etc. wieder fällig werden[154]. So hat auch ZIEGLER bereits 1985 darauf hingewiesen, daß der Wert des Wohngebietes Johannismarkt mittelfristig verlorengeht, falls nicht kurzfristig in den angrenzenden Altbeständen in aufeinander folgenden Abständen Modernisierungen zur Erhaltung der Bausubstanz stattfinden. Zwischenzeitlich wurden auch weitere Baublöcke umfassend renoviert. Weitere Maßnahmen sind in Angriff genommen. Beeinflußt wird jedoch die Durchführung von Modernisierungen von der Bereitstellung der Zuschüsse, die offenbar nur sukzessive zur Verfügung gestellt werden.

5.1.2.5 Modernisierung Obermeiderich

Auch in Obermeiderich herrscht ein hoher Altbaubestand (44 % bis 1918, vgl. Tab. 31) vor. Hier haben vor allem Renovierungen im Bereich Sundgau-/ Wasgaustraße stattgefunden. Das Amt für Denkmalschutz möchte die Häuser in der Neubreisacher Straße in ihrem ursprünglichen Zustand erhalten, während Thyssen bauen und wohnen plant, die rückwärtige Front, vor allem aus Gründen der Belichtung, abzureißen. Die in Verbindung mit der Errichtung der Aktiengesellschaft für Hüttenbetrieb in Meiderich in der Zeit von 1906 bis 1910 entstandenen Häuser im Bereich Wasgau- und Neubreisacher Straße (Karte 8) sind zwei- bis dreigeschossig und beinhalten durchschnittlich drei bis vier Wohnungen. Auffallend ist der ausgesprochen schlechte Zustand, in dem sich die Häuser an der Neubreisacher Straße befinden. Die tiefen, giebelständigen und nur durch einen schmalen Bauwich voneinander getrennten Häuser zeugen von der großen Wohnungsnachfrage der damaligen Zeit.

Tabelle 31
Wohnungsbestand von Thyssen in Obermeiderich (Karte 8)

Straße	Anz. WG	Anz. WE	Ausländer abs. in %		Deutsche abs. in %		WG bis 1899	WG 1900 -1918	WG 1919 -1945	WG nach 1945
Schwarzwaldstraße	48	170	6	(3)	216	(97)	-	21	-	27
Schloßstraße	14	78	4	(4)	106	(96)	1	-	-	13
Bronkhorststraße	27	174	5	(2)	229	(98)	-	2	-	25
Moritz-Tiegler-Starße	8	53	4	(6)	64	(94)	-	-	-	8
Reinholdstraße	34	255	18	(6)	293	(94)	-	1	-	33
Stephanstraße	21	60	9	(11)	76	(89)	-	12	-	9
Vogesenstraße	26	68	-	-	86	(100)	-	19	-	7
Brückelstraße	16	57	14	(21)	54	(79)	2	-	7	7
Talbahnstraße	10	35	5	(11)	39	(89)	2	2	-	6
Neubreisacherstraße	69	234	149	(88)	21	(12)	-	61	-	8
Wasgaustraße	24	115	106	(72)	41	(28)	-	17	3	4
Hagenauerstraße (1)	17	108	47	(54)	40	(46)	-	13	-	4
Sundgaustraße	29	124	78	(77)	23	(23)	-	17	5	7
Voßstraße	28	161	9	(4)	206	(96)	-	-	2	26
Kochstraße	7	23	-	-	30	(100)	1	3	-	3
Emscherstraße	10	61	-	-	72	(100)	-	-	-	10
Am Mismahlhof	20	108	1	(1)	154	(99)	-	-	-	20
Insgesamt:	408	1.884	455	(21)	1.750	(79)	6	168	17	217
In %:							(2)	(41)	(4)	(53)

(1) Nr. 1 (Baujahr 1973, 32 WE) privatisiert

Quelle: Eigene Auszählungen der Wohnungsbestandslisten von Thyssen (1983/87) und des Adreßbuches der Stadt Duisburg, Stand 1983

5.1.2.6 Siedlungen Beeckerwerth und Wehofen

Wie bereits erwähnt, ist aufgrund des Einfamilienhaus-Charakters in den Siedlungen Wehofen und Beeckerwerth eine größere Identität mit der Siedlung und umfangreichere Pflegebereitschaft zu verzeichnen. Zu berücksichtigen ist allerdings, daß beide Siedlungen wesentlich jünger sind als die bisher behandelten Altbaugebiete. Zumindest in Beeckerwerth befinden sich keinerlei Gebäude aus der Zeit vor 1918. 36 % der Gebäude wurden zwischen 1919 und 1945 und 64 % nach 1945 errichtet. Auch der Auländeranteil liegt hier mit 12 % weit unter den für andere Gebiete ermittelten Werten (Tab. 32).

Tabelle 32

Wohnungsbestand von Thyssen und Rhein-Lippe in der Siedlung Beeckerwerth (Karte 7)

Straße	Anz. WG	Anz. WE	Ausländer abs.	in %	Deutsche abs.	in %	WG 1900 - 1918	WG 1919 - 1945	WG nach 1945
Dr. Hans Böckler-Straße	30	87	3	(3)	107	(97)	22	-	8
Heckenweg	59	73	6	(6)	102	(94)	20	34	5
Kirchwiesenweg	69	94	14	(12)	100	(88)	-	56	13
Unter den Linden	102	138	32	(13)	218	(87)	67	27	8
August Thyssen-Straße	68	108	12	(7)	151	(93)	40	16	12
Unter den Kastanien	23	50	6	(9)	58	(91)	17	-	6
Im Birkenhain	27	45	7	(11)	55	(89)	22	-	5
Am Damm	38	88	9	(8)	104	(92)	30	-	8
Krämergasse	8	27	6	(15)	33	(85)	4	-	4
Im Winkel	60	83	3	(2)	126	(98)	53	-	7
Schachtstraße	33	51	1	(1)	82	(99)	26	5	2
Unter den Ulmen	60	102	11	(10)	104	(90)	56	-	4
Marktstraße	46	93	2	(1)	141	(99)	31	1	14
In den Bremen	70	89	9	(7)	119	(93)	25	35	10
Im Busch	52	66	4	(4)	96	(96)	-	34	18
Am Dyck	19	28	2	(5)	35	(95)	6	8	5
Insgesamt:	764	1.222	126	(7)	1:631	(93)	419	216	129
In %:							(55)	(28)	(17)

Quelle: Eigene Auszählungen aus den Wohnungsbestandslisten von Thyssen (1983/87) und Rhein-Lippe (1982) sowie des Adreßbuches der Stadt Duisburg, Stand 1983

Wie von Thyssen zu erfahren war, wurden Ende der 70er/ Anfang der 80er Jahre sowohl von Thyssen als auch von Rhein-Lippe in Beeckerwerth umfangreiche Modernisierungs-maßnahmen durchgeführt, um eine Wertverbesserung dieser beispielhaften Siedlung zu erzielen, indem, dem heutigen Standard entsprechend, beispielsweise Bad und WC eingebaut wurden. Die Bewohner mußten während der Renovierungsphase in Wohnmobile umquartiert werden, was nach anfänglichen Weigerungen uneingeschränkte Zustimmung fand, da während dieser Zeit keine Miete zu entrichten war und sämtliche Nebenkosten (Strom, Wasser etc.) entfielen. Die Modernisierung war 1982 abgeschlossen.

Wenn auch in Wehofen die Bausubstanz etwas älter als in Beeckerwerth ist - 55 % der Gebäude wurden zwischen 1900 und 1918 errichtet, 28 % zwischen 1919 und 1945 und 17 % nach 1945 (Tab. 33) - so weist diese Siedlung den geringsten Ausländeranteil mit 7 % auf. Mit durchschnittlich 1,6 Wohneinheiten ist in Wehofen der Einfamilienhauscharakter am ausgeprägtesten. In Beeckerwerth liegt der durchschnittliche Anteil an Wohneinheiten pro Gebäude bei 2,3.

Die in sich aufgrund ihrer abseitigen Lage geschlossene Siedlung Wehofen, wie auch die Siedlung in Beeckerwerth, macht einen sehr gepflegten Eindruck der offenbar der Initiative der Bewohner zuzuschreiben ist und verfügt neben einer infrastrukturellen Grundausstattung wie Schule, Kindergarten und Postamt über Geschäfte und Dienstleistungsbetriebe für den täglichen Bedarf. Sowohl in Wehofen und in Beeckerwerth sind Maßnahmen zur Verkehrsberuhigung durchgeführt worden, die zu einer weiteren Aufwertung der Siedlungen beigetragen haben.

Tabelle 33
Wohnungsbestand der Rhein-Lippe in Wehofen (Karte 1)

Straße	Anz. WG	Anz. WE	Ausländer abs.	in %	Deutsche abs.	in %	WG 1919 - 1945	WG nach 1945
Löwenburger Straße	41	61	15	(20)	59	(80)	38	3
Siebengebirgs-Straße	37	113	20	(16)	102	(84)	28	9
Petersbergstraße	39	39	3	(4)	67	(96)	34	5
Drachenfelsstraße	31	47	9	(17)	44	(83)	21	10
Ölbergstraße	36	51	2	(3)	69	(97)	33	3
Breibergstraße	14	33	3	(8)	36	(92)	8	6
Rhöndorferstraße	2	8	-	-	11	(100)	-	2
Haus-Knipp-Straße	27	79	12	(18)	55	(82)	17	10
Walporzheimer Straße	86	110	23	(15)	128	(85)	85	1
Sinziger Straße	18	18	2	(8)	23	(92)	18	-
Heimersheimerstraße	18	18	-	-	29	(100)	16	2
Neuenahrerstraße	8	33	26	(74)	9	(26)	8	-
Ahrstraße	57	145	41	(14)	253	(86)	26	31
Monschauer Straße	30	158	-	-	211	(100)	-	30
Insgesamt:	444	1.013	146	(12)	1.096	(88)	332	112
In %:							(75)	(25)

Quelle: Eigene Auszählungen der Wohnungsbestandslisten der Rhein-Lippe (1982) sowie des Adreßbuches der Stadt Duisburg, Stand 1983

5.1.3   Ambivalenz des Altbaubestandes

In Gesprächen mit den Wohnungsgesellschaften wurde immer wieder auf die Probleme, die sich aus dem hohen Altbaubestand ergeben, hingewiesen. Es kam klar zum Ausdruck, daß sich die Unternehmen in zunehmendem Maße von ihren Beständen trennen möchten und wenn möglich, dies auch durchführen.

Es wurden bereits die Gründe erläutert, die die Errichtung von Werkswohnungen notwendig werden ließen. In der Gegenwart tritt jedoch der umgekehrte Prozeß ein: der Besitz von Werkswohnungen wird aufgrund der immer größeren finanziellen Belastungen, allein schon bedingt durch das hohe Baualter und die gestiegenen Ansprüche an Wohnung und Umfeld, zunehmend zum Ballast, von dem man sich nur zu gerne befreien würde. Allerdings ergibt sich hier die Problematik, daß sich nur die gute Bausubstanz veräußern läßt und daher der als nicht mehr modernisierungsfähig betrachtete Altbaubestand zum Abriß vorgesehen wird.

Nach ERNST u.a. (1977) bestehen überall dort Probleme, wo grundsätzlich erhaltenswerte und verbesserungsfähige Bausubstanz durch mangelnde Rentabilität, mangelnde Erhaltungs-Investitionen, Nutzungskonkurrenz, Umwelteinflüsse u.ä. in ihrem Bestand gefährdet ist.

So gilt es zunächst zu klären, welche Aufgaben das Wohngebiet gegenwärtig im räumlich-funktionalen System der Gemeinde wahrnimmt bzw. ob Stellung und Funktion des Gebietes den Zielen der Stadtentwicklung entsprechen.

Es ergibt sich somit der Konflikt zwischen den Ansprüchen der Siedlungseigentümer auf möglichst große betriebswirtschaftliche Effizienz und maximale Verwertung der Investitionen einerseits und dem Interesse der Bewohner an der Erhaltung ihrer preisgünstigen Wohnungen andererseits.

Es entsteht eine ambivalente Position der Gemeinden, die aus der Abhängigkeit von Steuerzahlern und Arbeitgebern resultiert und auch aus der Verpflichtung, das grundsätzliche verankerte Sozialstaatprinzip zu beachten und gegen private Einzelinteressen durchzusetzen. So waren die Bestrebungen, diesen Konflikt in bezug auf Arbeitersiedlungen zu lösen, bisher oft durch die strukturelle Abhängigkeit der Ruhrgebietsstädte von den großen Arbeitgebern und Steuerzahlern der Kohle- und Stahlbranche geprägt. Aufgrund der wirtschaftlichen Stagnation in der Gegenwart verliert die in Zeiten konjunkturellen Aufschwungs angewandte Regelung, die divergierenden Interessen weitgehend durch erhöhte sozialstaatliche Leistungen wie Wohngeld etc. auszugleichen, an Bedeutung.

Es ist jedoch zu bedenken, ob das stadtwirtschaftliche Axiom, nach dem private Investitionen die Voraussetzungen für die Hebung der Steuerkraft und wiederum der gemeindlichen Leistungsfähigkeit schaffen, heute noch zutrifft, da häufig die durch Verdrängung entstehenden sozialen Folgekosten wesentlich höher sind als die kommunalen Steuereinnahmen.

Die Tendenz, Arbeitersiedlungen sich selbst zu überlassen, steht nach Ansicht von ERNST u.a. (1977) in eindeutigem Widerspruch zu § 536 BGB, wonach der Vermieter verpflichtet ist, die Wohnung dem Mieter in einem zu dem vertragsgemäßen Gebrauche geeigneten Zustand zur Verfügung zu stellen und sie während der Mietzeit in diesem Zustand zu erhalten. Es wird darauf hingewiesen, daß der Vermieter sowohl alle Einwirkungen verhindern muß, durch welche die Gebrauchsfähigkeit beeinträchtigt oder beseitigt werden könnte, als auch dafür zu sorgen, daß die Mietsache nicht infolge von Abnutzung, Alterung oder sonstigen Gründen in ihrem Gebrauchswert geschmälert wird. Auch DEHLER (1982) weist darauf hin, daß vor allem in den Hauptzuzugsgebieten von Ausländern die Initiative zur Erhaltung und Verbesserung des Wohnwertes schwindet.

So sind auf der Rechtsgrundlage des Preußischen Wohnungsgesetzes (WOG) vom 28.3.1918, geändert durch Gesetz vom 6.11.1984, weitergehende Anforderungen an die Instandhaltung und Instandsetzung zu stellen. Sollte sich der Eigentümer weigern, Abhilfe der Mißstände zu schaffen, ist die Gemeinde berechtigt, die erforderlichen Anordnungen zu treffen. Allerdings handelt es sich hierbei um eine "kann"-Formulierung.

Auslegungssache ist auch sicherlich, von welchem Zustand an von einer erheblichen Beeinträchtigung des Gebrauchs zu Wohnzwecken gesprochen werden kann bzw. wie die Mindestanforderungen an erträgliche Wohnverhältnisse zu interpretieren sind[155].

Die Erhaltung von Arbeitersiedlungen wird von ERNST u.a. (1977) mit folgenden stadtentwicklungspolitischen Aspekten begründet:

1. Sozial- und wohnungspolitischer Aspekt:
   Die Arbeitersiedlungen haben ein preisgünstiges Mietniveau, so daß die Inanspruchnahme von Wohngeld die Ausnahme darstellt. Unter Berücksichtigung der Wohnqualität und vor allem der Wohnumfeldqualität wird ein derartig niedriges Mietniveau von keiner vergleichbaren Wohnsiedlung im Ruhrrevier erreicht.

   Betont wird, daß der hohe öffentliche Subventionsaufwand im Neubaubereich für die Erhaltung und Verbesserung der Arbeitersiedlungen in dem Maße nicht erforderlich ist. Außerdem bleiben der Stadt eine Reihe von Investitionen im Bereich der sozialen Infrastruktur erspart.

2. Wohnungsmarktpolitischer Aspekt:
   Erwähnenswert ist die preisregulierende Aufgabe auf dem kommunalen Wohnungsmarkt, da die Arbeitersiedlungen die ortsübliche Vergleichsmiete mit beeinflussen und ferner das Angebot an preisgünstigem Wohnraum aufrecht erhalten.

3. Räumlich-funktionaler Aspekt:
   Da Arbeitersiedlungen grundsätzlich in der Nähe der Großindustrie errichtet wurden, war der Abstand zwischen Wohnen und Arbeiten gering, so daß viele Arbeitsplätze fußläufig erreichbar waren. Auch die Anbindung an Versorgungszentren ist aufgrund der günstigen zentralörtlichen Lage der meisten Siedlungen als gut zu bezeichnen.

4. Konjunktur- und beschäftigungspolitischer Aspekt:
   Hier wird insbesondere die lokale beschäftigungspolitische Bedeutung für die mittelständische Bauwirtschaft und den Einzelhandel bzw. Dienstleistungsbetriebe gesehen.

5. Sozial- und baugeschichtlicher Aspekt:
   Da Arbeitersiedlungen Zeugnisse und Produkte industrieller Arbeit und Reproduktion sind, ist deren selbstbewußte Präsentation Ansatzpunkt eines positiven Geschichtsbewußtseins für die Menschen im Ruhrgebiet, was nicht zuletzt zu einer besseren Image-Bildung beitragen kann, einer Aussage, der man sicherlich ambivalent gegenüberstehen kann.

Als gutes Beispiel für die von ERNST u.a. (1977) dargelegten Schwierigkeiten und kontroversen Auffassungen bezüglich des Erhalts von Arbeitersiedlungen dient das Beispiel "Alt-Hüttenheim".

5.1.3.1 Siedlung Alt-Hüttenheim: Abriß contra Denkmalschutz

Tab. 34 zeigt, daß sich zum Zeitpunkt 1983 der Wohnungsbestand in Alt-Hüttenheim auf 99 Wohngebäude mit insgesamt 532 Wohneinheiten belief, was einem durchschnittlichen Anteil an Wohneinheiten pro Gebäude von rund 5 Wohneinheiten entspricht. Vergleicht man Tab. 34 mit der Tab. 35, die den gesamten Wohnungsbestand von Mannesmann 1983 in Hüttenheim darstellt, wird deutlich, daß sich der hohe Ausländeranteil, der zum Zeitpunkt der Erhebung bei durchschnittlich 90 % lag, ausschließlich auf Alt-Hüttenheim beschränkte[156]. Auf die Genese dieses Siedlungsbereiches wurde bereits eingegangen.

Tabelle 34
Wohnungsbestand von Mannesmann in Alt-Hüttenheim (Karte 10)

Straße	Anz. WG	Anz. WE	Ausländer abs.	in %	Deutsche abs.	in %	WG 1900 -1918	WG 1919 -1945	WG nach 1945
Am Himgesberg	25	150	178	(97)	6	(3)	25	-	-
Rosenbergstraße	23	109	142	(90)	15	(10)	23	-	-
An der Steinkaul	6	21	25	(78)	7	(22)	6	-	-
Hasendong	11	60	76	(89)	9	(11)	11	-	-
Förkelstraße	20	114	137	(85)	25	(15)	20	-	-
An der Batterie	9	51	69	(93)	5	(7)	9	-	-
Ungelsheimer Straße	5	27	34	(79)	9	(21)	5	-	-
Insgesamt:	99	532	661	(90)	76	(10)	99	-	-
In %:							(100)		

Quelle: Eigene Auszählungen der Wohnungsbestandsliste der Mannesmann AG und des Adreßbuches der Stadt Duisburg, Stand 1983

Bereits Ende 1982 wurde die Mannesmann Wohnungsgesellschaft auf die Problematik der Ghettoisierung in dieser Siedlung angesprochen. Man erklärte seinerzeit, daß es sich hierbei um eine vom Unternehmen nicht gewollte, sich aber zwangsläufig ergebende Entwicklung handele[157], da die Türken das Bedürfnis hätten, unter sich zu sein und immer mehr ihrer Landsleute nachgezogen seien. Auf den schlechten baulichen Zustand der Wohnung hingewiesen, gab man zur Antwort, daß die Wohnungen aufgrund des nicht sehr pfleglichen Umgangs verwohnt und starke Abnutzungserscheinungen in Folge der Überbelegung aufgetreten wären. Die Türken würden ihre Verwandten nachkommen lassen und in den Wohnungen aufnehmen. Außerdem sei die Kinderzahl ohnehin höher als bei deutschen Familien. Aufgrund des hohen Baualters der Gebäude und den Mängeln in den Wohnungen würde man die Häuser abreißen, falls die Türken einmal ausziehen sollten.

Nur gut ein Jahr später ist aufgrund des Rückkehrhilfe-Angebots[158] der Bundesregierung von 1984 ca. die Hälfte der Wohnungen freigeworden, was die Wohnungsgesellschaft nun vor Probleme stellte, die Ende 1982 keineswegs vorhersehbar waren.

Ende März 1984 beantragte Mannesmann eine Abrißgenehmigung für vier Wohnblöcke mit insgesamt 231 Wohnungen gemäß Zweckentfremdungsverbot[159] und Landesbauordnung, nachdem das Unternehmen nach Abfindung türkischer Arbeitnehmer, die in ihre Heimat zurückkehrten, von der Stadt Duisburg eine bis zum 30.9.1984 geltende Leerstandsgenehmigung für die frei gewordenen Wohnungen erhalten hatte.

Mannesmann begründete den Abrißantrag damit, daß die leerstehenden Wohnungen in diesem Zustand nicht mehr bewohnbar seien und Modernisierungskosten in unangemessenem Aufwand zur erzielbaren Miete stünden. Die Investitionen würden Kostenmieten von über DM 10/m² ergeben, die an diesem Standort nicht gezahlt würden, so daß aus wirtschaftlichen Gründen nur ein Abriß in Frage käme - also die gleiche Argumentation, wie sie bereits Ende 1982 vertreten wurde. Als Folgenutzung der abgerissenen Wohnblöcke sollten Grünanlagen entstehen.

Tabelle 35

Wohnungsbestand von Mannesmann in Hüttenheim (Karte 10)

Straße	Anz. WG	Anz. WE	Ausländer abs.	in %	Deutsche abs.	in %	WG 1900 -1918	WG 1919 -1945	WG nach 1945
Am Himgesberg	27	180	178	(83)	37	(17)	25	-	2
Rosenbergstraße	23	109	142	(90)	15	(10)	23	-	-
An der Steinkaul	30	47	26	(30)	61	(70)	6	24	-
Hasendong	11	60	76	(89)	9	(11)	11		-
Förkelstraße	20	114	137	(85)	25	(15)	20	-	-
An der Batterie	16	74	78	(76)	24	(24)	9	4	3
Ungelsheimer Straße	80	120	36	(18)	163	(82)	5	71	4
Klettenweg	10	10	-	-	20	(100)	-	10	-
Im Härchegrund	64	79	6	(4)	142	(96)	-	55	9
Am Sittert	2	22	1	(3)	36	(97)	-	-	2
Hermann Rinne-Straße	34	67	12	(11)	100	(89)	13	19	2
Am Mühlstein	12	16	5	(14)	30	(86)	12	-	-
Kolumbusstraße	46	115	-	-	146	(100)	5	40	1
Angerorter Straße	5	6	-	-	12	(100)	4	1	-
Schulz-Knaudt-Straße	30	74	7	(6)	113	(94)	1	23	6
Dürerstraße	10	61	-	-	78	(100)	-	-	10
Graf-Spee-Straße	26	70	8	(8)	93	(92)	-	26	-
Gorresstraße	4	8	-	-	11	(100)	-	4	-
Rembrandtstraße	23	76	-	-	106	(100)	-	23	-
Ehinger Straße	23	25	-	-	50	(100)	-	23	-
Heinrich Bierwes-Straße	10	35	-	-	55	(100)	-	9	1
Mündelheimer Straße	15	31	1	(2)	59	(98)	-	11	4
Medefurthstraße	16	16	-	-	30	(100)	-	16	-
Grenzweg	4	4	-	-	7	(100)	-	4	-
Mannesmannstraße	6	11	4	(20)	16	(80)	-	4	2
Insgesamt:	547	1.430	717	(33)	1.438	(67)	134	367	46
In %:							(24)	(67)	(9)

Quelle: Eigene Auszählungen der Wohnungsbestandsliste der Mannesmann AG und des Adreßbuches der Stadt Duisburg, Stand 1983

Gegen diesen Abriß wurden in zunehmenden Maße Stimmen laut. Insbesondere die Bürgerinitiative wollte mit Hilfe des Gutachten der Architekten Poelzig u.a. eine sachlich fundierte Begründung liefern, die für den Erhalt der gesamten Siedlung sprach. Auch die Stadt Duisburg (Amt für Wohnungswesen) hat sich ihre Entscheidung nicht leicht gemacht und ließ ein städtebauliches und wohnungswirtschaftliches Gutachten anfertigen.

Die Siedlung grenzt im Norden in einer Entfernung von einigen hundert Metern an die Industrieanlagen der Mannesmannwerke, im Westen in etwa dem gleichen Abstand, durch einen Grünzug getrennt, an die Industrieanlagen von Thyssen[160]. Im Süden setzt sich der westlich beginnende Grünstreifen fort und mündet in eine große Grün- und Gartenlandschaft, die bis zum Angerbogen reicht. Der Lagewert der Siedlung wird von Poelzig, unabhängig von der Nähe zur Industrie, damit begründet, daß der Duisburger Süden zu den attraktivsten Wohngebieten der Stadt gehört.

Im Ergebnis wird festgehalten, daß die Mannigfaltigkeit der Stilelemente auf gleicher Grundstruktur den Reiz und Wert dieser Siedlung ergibt, die sich in ihren unterschiedlichen Teilen zu einem harmonischen Ganzen ergänzt. "Somit stellt diese Siedlung gewiß eine fortschrittliche Bewältigung einer zeittypischen Bauaufgabe dar und ist grundsätzlich ganzheitlich zu erhalten" (POELZIG 1984, S. 4).

Die als Zweispänner errichteten Häuser beinhalten jeweils sechs Wohnungen mit ca. 60 m² Wohnfläche, eine geringe Anzahl von Wohnungen weist 70 - 75 m² auf.

Poelzig verweist auf die äußerst klare und ökonomische Gliederung, die hervorragende Belichtung der Treppenhäuser und Wohnungen, Querlüftung und die gute Proportionierung der allerdings kleinen Räume. Außerdem könnten aufgrund der Statik ausgezeichnete Grundriß-Veränderungen vorgenommen werden. Trotz des zwischenliegenden Treppenhauses sei die Zusammenfassung zweier Wohnungen möglich bzw. könnten die Wohnungen einer Ebene in unterschiedlicher Größe verändert werden.

Bei der vom Gutachter aufgeführten Mängelauflistung wird auf vielfältige Instandhaltungsdefizite hingewiesen wie fehlende Dachpfannen, so daß es durchregnete, falsche Abdeckung von Kehlen und Graten, Korrosion und Durchlöcherung von verschiedenen Blei- und Zinkblechanschlüssen, Schäden, die allein den nicht ausreichenden Instandsetzungsarbeiten der Mannesmann Wohnungsgesellschaft zuzuschreiben sind[161]. Die Siedlung war ein gutes Beispiel für das in nordamerikanischen Altbauquartieren häufig beobachtete Phänomen des "residential blight".

Resümierend führt der Gutachter aus, daß jedoch keine derartig entscheidenden Mängel aufzufinden sind, die nur durch unangemessenen Aufwand beseitigt werden könnten und schlägt drei Modernisierungsphasen vor:

I. "Instandsetzung von Haus und Wohnungen mit zusätzlicher Fassadenrenovierung und Einbau von minimalen Schutzmaßnahmen im Elektrobereich sowie Anteile einer ersten Stufe der Wohnumfeldverbesserung (Wohnhof).

II. Wie I., jedoch Einbau eines Bades und Vorrichten einer einzeiligen Küche sowie Ergänzung der Elektroinstallation zur Installierung von Durchlauferhitzern.

III. Wie I. und II., jedoch Gesamterneuerung der Elektroinstallation, Einbau einer Gaszentralheizung sowie Einbau von Isolierfenstern" (S.15).

In der I. Modernisierungsphase würden sich pro Gebäude ca. DM 50.000,-- bzw. pro Wohneinheit ca. DM 8.300,-- Kosten ergeben.

Die Kosten der II. Modernisierungsstufe würden sich auf DM 96.000,-- pro Gebäude bzw. DM 16.000,-- pro Wohneinheit belaufen.

Der Hauptkostenanteil entfällt auf die III. Modernisierungsstufe, die mit DM 185.000,-- pro Gebäude bzw. DM 31.000,-- pro Wohneinheit angegeben wird [162].

Der Gutachter liegt mit seinen Berechnungen äußerst günstig, wenn man berücksichtigt, daß die Gesamtmaßnahme am Johannismarkt sich auf DM 5.452.420,-- belief (ZIEGLER 1985, S. 539), was bei 76 Wohneinheiten einem Betrag von DM 71.742,-- pro Wohneinheit entspricht. Andererseits ist jedoch zu bedenken, daß der Gutachter mit einer gewissen Mieterselbstbeteiligung (Anstrich der Wohnungen) zur Kostenminderung rechnete und in einigen Bereichen auf eine Totalerneuerung verzichtete (beispielsweise sollen die Dächer, sofern der Zustand es noch rechtfertigt, nicht völlig neu gedeckt, sondern nur ausgebessert werden). Inwieweit man der Begründung: "Im übrigen sind wir der Auffassung, daß man solche Häuser, die von ihrer Patina und dem Charme des Unvollkommenen leben, nicht perfektioniert auf den Maßstab von Neubauten 'versanieren' soll" (S. 23) zustimmen kann, sei dahingestellt. Allerdings wird auch in den Abhandlungen zur "Stadterneuerung der kleinen Schritte" immer wieder darauf hingewiesen, daß überzogene Neubaustandards bei Altbaumodernisierungen nicht angewendet werden sollen.

Unter Berücksichtigung aller untersuchten Faktoren kommt der Gutachter abschließend zu dem Urteil, daß die Siedlung zweifellos erhaltenswert sei, da eine Stadt wie Duisburg, die aufgrund der Zerstörung durch den Krieg und der Nachkriegs-Aufbauphase über keinen großen Reichtum an Geschichte, Tradition und Baudenkmälern verfüge, eine derartige soziale Einrichtung nicht verschwinden lassen könne, welche ein Bild der industriellen Entwicklung in diesem Jahrhundert widerspiegele.

Entscheidend sei jedoch die Ganzheitlichkeit der Siedlung, da es unterschiedlich gestaltete Teilbereiche gebe und bei einem Teilabriß nur noch ein Torso verbleiben würde.

Planungsidee bei der Errichtung dieser Siedlung seien die idealistischen Vorstellungen der Gartenstadtbewegung gewesen, neben dem harten Arbeitsleben den Arbeitern eine "idyllische" Wohnsituation zu schaffen. Es könnte nach der Modernisierung wieder ein sehr reizvolles Wohngebiet entstehen, das auf unsere Zeit übertragen, dem damaligen Anspruch entspreche.

In diesem Zusammenhang weist der Gutachter auf ein Problem hin, das bei der Begehung der verschiedenen schwerindustriellen Siedlungen und Siedlungsbereiche besonders auffiel: Die Architektur der 50er, 60er und 70er Jahre brachte zwar eine zeitgemäßere Ausstattung der Wohnungen mit sich, keineswegs jedoch die Behaglichkeit mancher Altbauviertel. "Die Architektur der 50er Jahre mit ebenfalls beengten Wohnverhältnissen[163] ... war schmucklos, nüchtern, nahezu ein Provisorium aus heutiger Sicht, und die der Nachfolgezeit bis vor etwa 10 Jahren oft anonym, gestapelt, mit nur geringen persönlichen Ansätzen, mit wenig Chancen für Identifikation, mit dem Verlust von Nachbarschaft und mangelhafter Kinderaufsichtsmöglichkeit bei Hochhäusern[164]. Sie haben gemeinhin nicht die Qualitäten, die ein saniertes Hüttenheim den Bewohnern bieten wird" (S. 25).

Im Gegensatz zum Johannismarkt, der aus Gründen der Bezuschussung einen überwiegenden Teil ausländischer Arbeitnehmer aufnehmen muß, hält der Gutachter zur Wiederbelebung des Wohngebietes eine soziale Mischung für die Siedlung in Zukunft für notwendig, "da allein die Beherbergung der ausländischen Arbeitnehmer, die hier zum großen Teil schon seit über 15 Jahren eine neue Heimat gefunden haben, aber eben halt noch ein

Stück Heimat in der Türkei haben, nicht ausreichende Impulse für eine Revitalisierung des Wohngebietes bringt" (S. 25).

Der Gutachter verweist auf die Möglichkeit der Bezuschussung (ähnlich wie die Finanzierung am Johannismarkt) und gibt zu bedenken, daß auf den Eigentümer bei Abriß nicht unerhebliche Kosten zukommen, mit denen kein späterer wirtschaftlicher Nutzen verbunden sei (Grünflächen, deren Nutzwert aufgrund der umliegenden Grünflächen im Süden und Westen bezweifelt werden), andererseits jedoch die Modernisierungskosten durch die Mieteinnahmen gedeckt werden könnten.

Unabhängig von der Kritik an dem von Poelzig u.U. zu niedrig angesetzten Arbeitsumfang bzw. den zu gering angesetzten Kosten sprechen sich auch die von der Stadt Duisburg in Auftrag gegebenen Gutachten[165] für einen Erhalt der Siedlung aus.

Das "Städtebauliche Gutachten" von Zlonicky und Partner (1986) bezweckt aufgrund des Ergebnisses der Bestandsanalyse durch Darstellung und Bewertung der stadträumlichen Situation eine Überprüfung des negativen Stadtteilimages, das im wesentlichen auf den drei Faktoren "Industrienähe", "städtische Randlage" und "hoher Anteil türkischer Wohnbevölkerung" beruhe.

Auch diese Gutachter weisen darauf hin, daß Hüttenheim im südlichen Bereich von Duisburg und damit im traditionell grünen Stadtgebiet mit überwiegender Einzelhausstruktur und durchgrünten Wohnsiedlungen liegt. Betont wird, daß die hohen Freiflächenanteile des Duisburger Südens die attraktivere Wohnlage gegenüber dem dichter bebauten und mit höherem Industriebesatz belasteten Norden der Stadt charakterisieren.

Auch bezüglich der Verkehrsanbindung, der Versorgungseinrichtungen für den täglichen Bedarf und der Ausstattung mit sozialen Infrastruktureinrichtungen wird Hüttenheim positiv bewertet.

Es wird darauf hingewiesen, daß die Siedlung von Anfang an aufgrund ihrer abgeschiedenen Lage über eine autarke Versorgung verfügte, die auf die Bedürfnisse der jeweiligen Bewohner abgestimmt war und ist[166]. Nach Rückkehr der Türken in ihre Heimat sei eine geringere Nachfrage in den Einzelhandels- und Dienstleistungsbetrieben sowie einigen infrastrukturellen Einrichtungen wie Kindergärten und Schulen nachweisbar.

Die Gutachter führen weiter aus, daß Hüttenheim bezüglich der Schadstoffbelastungen nicht positiv, aber auch nicht besonders negativ herausrage, da es Bezirke in Duisburg gebe, die schlechtere Werte verzeichnen. Im Ergebnis wird festgehalten, daß die Immissionsbelastungen in Hüttenheim hoch, aber für einen industrienahen Wohnstandort im Ruhrgebiet sowie im gesamtstädtischen Vergleich in Duisburg nicht ungewöhnlich seien. Die Lärmbelastung sei jedoch im Bereich südlich der Mannesmannstraße, d.h. für die Bewohner der Straße "An der Batterie", überdurchschnittlich hoch.

Im Fazit sei zu vermerken, daß die stadträumliche Charakteristik des Stadtteils ambivalent ist, da die Werksnähe mit eigentumsähnlichen Wohnformen in attraktiver Architektur korrespondiere und die vorhandenen Qualitäten von dem negativen Image verdeckt würden. Es wird jedoch nach Abwägung von Bestandsanalysen und Entwicklungsalternativen aus städtebaulicher Sicht der Erhalt der Siedlung Alt-Hüttenheim und damit die Versagung der Abbruch-Genehmigung empfohlen.

Auch das im Mai 1986 erstellte "Wohnungswirtschaftliche Gutachten" empfiehlt die vollständige Erhaltung der Mannesmann-Werkswohnungssiedlung Alt-Hüttenheim unter der Voraussetzung, daß die Siedlung im ganzen vollmodernisiert und der Wohnaußenraum bzw. das Wohnumfeld durchgreifend und nachhaltig erneuert werden soll. Es wird darauf verwiesen, daß eine sozialverträgliche Nettokaltmiete von ca. DM 5,--/m² Wohnfläche nicht überschritten werden dürfe. Angeregt wird, ein intensives und engagiertes Belegungsmanagement nach dem Vorbild von Thyssen bauen und wohnen zu betreiben. In diesem Zusammenhang ist der Hinweis von standard-consult interessant, daß der Duisburger Wohnungsmarkt eine ausgeprägte Regionalgliederung habe, d.h. jeder kenne nur seinen regionalen Teilmarkt bzw. nur den jeweils eigenen Wohnungsbestand gut genug. So habe man zur großen Überraschung bei den in Duisburg befragten wohnungswirtschaftlichen Experten nur geringe Kenntnis der bemerkenswerten Erneuerungsmaßnahmen in Arbeitersiedlungen im Duisburger Norden festgestellt. Gerade von Thyssen bauen und wohnen seien vorbildliche Beispiele der Verbesserung des Wohnungsbestandes, des Wohnumfeldes und der Sozialstruktur geliefert worden, deren Standards und Verfahrensweisen nach Ansicht der Berater auf Alt-Hüttenheim übertragbar seien. Bemerkenswert ist der Hinweis, daß der jetzige Eigentümer (also Mannesmann) mit einer umfassenden Erneuerung Alt-Hüttenheims wohnungswirtschaftlich überfordert würde.

In allen Gutachten wird übereinstimmend auf den Wert der großzügigen und unverbauten Innenhöfe der Wohnblöcke hingewiesen.

Erwähnt wird ferner, daß die Blockinnenbereiche von den Bewohnern intensiv genutzt und angenommen werden und als Bewegungsraum für die in der Siedlung wohnenden zahlreichen Kinder und Jugendlichen, für Alltagsaufgaben wie z.B. Wäschetrocknen, nach außen verlegbaren Haushaltsfunktionen und als Aufenthaltsraum dienen. Wie bereits für das "Dichterviertel" und die "Josefskolonie" ausgeführt, wird den Blockinnenhöfen eine Ausgleichsfunktion für die zu kleinen Wohnungen, die teilweise noch stark überbelegt sind, zugesprochen.

Wie aus alten Fotos ersichtlich, wurden bereits in den 60er Jahren die Innenhöfe von Grund auf neu und einheitlich gestaltet, indem sie befestigte und befahrbare Randstreifen von 5-6 m Breite entlang der Gebäude erhielten, ein Rasen als Gemeinschaftsgrünfläche mit kleinen Einfriedungen angelegt, Kinderspielbereiche mit Sandkasten und Klettergerüsten entstanden, Wäscheständer aufgestellt sowie unterschiedlicher Baumbestand aufgepflanzt wurden.

Teilweise waren die Innenhöfe jedoch in einem desolaten Zustand und wurden stellenweise fehlgenutzt (Autoreparatur, Parken etc.).

Im städtebaulichen Gutachten wird bemängelt, daß Distanzzonen sowie Rückzugsmöglichkeiten, d.h. ruhige und halbprivate Zonen und individuelle Nutzungsmöglichkeiten, vollständig fehlen. Allerdings wird auf die Gefahr einer zu hohen Nutzungsintensität aufgrund der hohen Anzahl von Kindern und Jugendlichen verwiesen.

Der wohnungswirtschaftliche Gutachter kommt bezüglich der Position, die Mannesmann zu Alt-Hüttenheim bezieht, zu dem Resultat, daß das Unternehmen im Zuge der Verringerung seines Werkswohnungsbestandes in Duisburg[167] - offenbar als Folge konzerninterner Neubewertung der Betriebsstandorte - sich von der Wohnsiedlung befreien möchte. Wohnungswirtschaftlich wird diese Strategie verständlich, wenn man berücksichtigt, daß Mannesmann über einen hohen Prozentsatz an Wohnungen mit Belegungsrechten verfügt, die erst im nächsten Jahrhundert auslaufen. Außerdem nimmt die Notwendigkeit zur Fremdvermietung zu, da die Werkswohnungsnachfrage durch den zunehmenden Arbeitsplatzabbau abnimmt. Aufgrund der hohen Zahl der zeitlich noch weit reichenden Belegungsrechte verringert Mannesmann den Werkswohnungsbestand nach Ansicht der Gutachter durch Verkauf werkseigener Wohnungen.

Insbesondere auf dem Hintergrund des Versorgungsengpasses für einkommensschwächere und/ oder nach ihrer sozialen Lage benachteiligte Wohnungssuchende in Duisburg wird ein Erhalt der Siedlung zur Verbesserung der Lage auf dem Wohnungsmarkt in bezug auf preiswerten Wohnraum nahegelegt. Standard-consult weist darauf hin, daß der durchgeführte Markttest die Nachfrage nach vollmodernisierten Wohnungen in einem im ganzen erneuerten Alt-Hüttenheim bestätigt habe.

Bevor die Stadt Duisburg aufgrund der vorliegenden Gutachten eine Entscheidung fällen konnte, inwieweit sie dem Abrißantrag entsprechen sollte[168], kaufte die Wohnungsgesellschaft Schwabenbau aus München (Tochter der Doblinger Industriebau AG)[169] im August 1986 den gesamten Siedlungskomplex von Mannesmann.

Es konnte in Erfahrung gebracht werden, daß - wie von den Gutachtern Zlonicky und Partner empfohlen - eine Totalsanierung vorgesehen sei, da nur eine derartige Maßnahme dem architektonischen Wert der Siedlung[170] gerecht würde.

Geplant war, den Block "An der Batterie"/ "An der Steinkaul"/ "Hasendong"/ "Rosenbergstraße" mit insgesamt 84 Wohneinheiten bis Ende 1987 zu renovieren. Da die Siedlung noch zur Hälfte bewohnt war und Umsiedlungen jeweils notwendig wurden, außerdem die Modernisierungszuschüsse (ModR 86 als Zuschußförderung und ModR 90 als Darlehnsförderung) nur in Abständen eingingen, konnte nur blockweise saniert werden.

Die Sanierungsmaßnahme wurde aufgrund von Änderungen in der Unternehmensstrategie 1991/92 unterbrochen und seit Dezember 1992 die beiden noch nicht fertiggestellten Gebäudegruppen von der Landesentwicklungsgesellschaft (LEG) übernommen. Die Renovierungsmaßnahmen sollen Anfang 1993 weitergeführt und 1994 beendet werden.

Die schon fertiggestellten Wohnungen sind bereits bezogen. Da man von Anfang an eine soziale Mischung bezweckte, wurde diese auch mit aller Konsequenz verfolgt, so daß der Anteil der Nichtdeutschen 40 % nicht übersteigt. Dies gilt nicht nur für den gesamten Block, sondern jeweils für die einzelnen Häuser, in denen immer sechs Familien untergebracht sind. Das Anliegen, ehemals in der Siedlung wohnende Deutsche zurückzugewinnen, konnte realisiert werden. Die Akzeptanz der renovierten Siedlung ist sowohl bei den deutschen als auch bei den nichtdeutschen Mietern sehr gut. Im Gegensatz zu Thyssen hat das Unternehmen keine Mietergärten angelegt, da man eine mangelnde Pflegebereitschaft fürchtete, sondern die Blockinnenhöfe als Gemeinschaftsfläche belassen.

Die Mieten betragen aufgrund der durch die Modernisierungszuschüsse gesetzten Grenze DM 5,--/m^2, zuzüglich max. DM 1,50 Bewirtschaftungskosten für Wohnungen im ersten renovierten Block, danach DM 6,--/m^2 mit der Sicherheit, zehn Jahre lang nicht erhöht zu werden. Die LEG plant allerdings eine Miete von DM 7,80/m². Dieses Mietniveau liegt jedoch immer noch unter dem für vergleichbare Neubauwohnungen.

Bedingt durch die architektonische Gestaltung ergeben sich interessante Grundrißvarianten. Das Gros der Wohnungen liegt bei ca. 55 m², jedoch sind auch Wohnungen mit um 80 und über 100 m² errichtet worden, wobei letztere als Maisonette-Wohnung (1. Etage und Dachgeschoß) konzipiert sind. Diese Wohnungen stoßen jedoch auf wenig Gegenliebe bei den türkischen Mietern, da diese keine zweigeschossige Wohnung wünschen.

Aufgrund der Auflagen des Amtes für Denkmalschutz ist die Siedlung bislang so authentisch wie möglich restauriert (Sprossenfenster in Holz, Dachziegel entsprechend dem Original, Verbleib der Haustüren, die lediglich renoviert werden, keine Fassadenveränderung, lediglich Säuberung der Ziegel und des Putzes etc.). Nur im Innenhofbereich erfolgte ein gewisser "Stilbruch" insofern, da nahezu zu jeder Wohnung ein Balkon, und zwar in der Fluchtlinie der Fenster, errichtet wurde. Zur Wahrung der Privatsphäre erhalten die Wohnungen des Erdgeschosses - im Gegensatz zu den Wohnungen am Johannismarkt - ebenfalls Balkone anstelle von Terrassen. Diese Genehmigung ist der Denkmalschutzbehörde nicht leicht gefallen, doch überwogen letztlich pragmatische Erwägungen. Bislang ist es gelungen, die gesamte Siedlung als Denkmalsschutz-Ensemble zu erhalten. Bedauerlich ist nur, daß aufgrund der von Mannesmann seit 1988/89 durchgeführten Privatisierung der Häuser an der Ungelsheimer Straße, die sich direkt an diesen Siedlungsbereich anschließen und der aufgrund der durch die Privatisierung bedingten uneinheitlichen Renovierung durch die neuen Eigentümer der Ensemble-Charakter gestört wird.

5.1.3.2 Privatisierung von Werkswohnungen

Es wurde bereits darauf hingewiesen, daß die Unternehmen zunehmend dahin tendieren, sich von ihrem Wohnungsbestand zu trennen, sei es durch Abriß oder durch Verkauf, wie das Beispiel Mannesmann zeigt. Eine weitere Möglichkeit, sich vom Wohnungsbestand zu lösen, stellt die Privatisierung dar, d.h. den jetzigen Mietern wird die Wohnung oder das Haus vom Werk zum Kauf angeboten.

ERNST u.a. (1977) sind der Privatisierung sehr kritisch gegenüber eingestellt. Die Privatisierung erscheint besonders problematisch unter dem Gesichtspunkt, daß die finanziellen Möglichkeiten der Käufer selten für die Kosten des Ankaufs und die erforderliche Modernisierung ausreichen. Das von einigen Kommunen betriebene entwicklungspolitische Ziel, die Sanierung von Arbeitersiedlungen mit der Absicht zu betreiben, die vorhandene Sozialstruktur mittel- oder langfristig durch einkommenshöhere mittelständische Schichten zu ersetzen, was häufig mit dem Mittel der Privatisierung verbunden werde, sei eine äußerst fragwürdige Konzeption.

Auch ZIEGLER (1983) stellt im Fazit fest, daß man sich bei allen dargestellten Vorteilen davor hüten müsse, die Privatisierung als ein generelles Allheilmittel zu betrachten, weil sie kurzfristig sowohl für die verkaufende Gesellschaft als auch für die Kommune die profitabelste und bequemste Lösung darstelle.

Hat Thyssen die Privatisierung auf Wohnungen in Häusern mit einer überdurchschnittlichen Anzahl an Wohnungen beschränkt (beispielsweise Hagenauer Straße in Duisburg-Meiderich, vgl. Karte 8), so veräußert Krupp seit Ende der 70er Jahre Häuser in der Margarethensiedlung.

Ein bedeutender Hinweis findet sich im Geschäftsbericht der Fried. Krupp Hüttenwerke AG von 1977. Nachdem die in 1977 durch Mengen- und Erlöseinbußen verschlechterte Absatzlage für viele Erzeugnisse im Vergleich zum Vorjahr zu einer erheblichen Minderung der Erträge geführt hatte und durch Anpassungsmaßnahmen im Aufwandbereich ein Ausgleich nicht in vollem Umfang möglich war, schloß die Unternehmensgruppe im Berichtsjahr mit einem schlechteren wirtschaftlichen Ergebnis ab als 1976. Der Verlust wurde durch außerordentliche Erträge, vor allem aus der Veräußerung von Wohngrundstücken, gemindert.

Tab. 36 zeigt den Wohnungsbestand von Krupp in Rheinhausen in der Margarethensiedlung, wie er sich zum Zeitpunkt 1983 darstellt, nachdem bereits etliche Gebäude an ehemalige Mieter verkauft waren.

Aus der von der Stadt Duisburg herausgegebenen Schrift "Margarethen-Siedlung Duisburg-Rheinhausen" (1979) geht hervor, daß der größte Teil des älteren Siedlungsbereiches (bis 1922) wegen seiner historischen Bedeutung vom Landeskonservator Rheinland als Denkmal festgestellt wurde. Der Rat der Stadt Duisburg hat deshalb eine Gestaltungssatzung (vom 2.5.1979) zur Erhaltung des äußeren Erscheinungsbildes der Siedlung beschlossen, die auch vom Regierungspräsidenten genehmigt wurde, mit dem Ziel, die alten Häuser möglichst originalgetreu zu erhalten. Andererseits sollte jedoch auch den heutigen Wohnwünschen Rechnung getragen werden. Es müssen sich alle baulichen und gestalterischen Maßnahmen hinsichtlich Konstruktion, Werkstoffwahl und Farbgebung nach den Vorschriften dieser Satzung in das Erscheinungsbild der gesamten Siedlung einpassen. Es folgen etliche Bestimmungen über die Art der Ausführung der Modernisierungsmaßnahmen und Erweiterungsbauten bis hin zur Festlegung der Farbtöne für Fachwerk, Fassade, Haustüren und Fensterblendläden, die der eigenen Gestaltung verhältnismäßig wenig Spielraum lassen.

Eine Besichtigung der Siedlung im Jahre 1986 und 1987 führte zu dem Resultat, daß offenbar die Gestaltungssatzung die gewünschte Wirkung verfehlt hat, da von einer einheitlichen Konzeption nicht die Rede sein kann. Auch in Gesprächen mit der Wohnungsgesellschaft von Krupp und der Stadt Duisburg wurde das Bedauern darüber geäußert, daß es nicht gelungen sei, den Gesamt-Charakter dieser Siedlung zu wahren, was jedoch nach Ansicht von Krupp auf mangelnde Kontrollen der Behörde zurückzuführen ist.

Die für die Siedlung Margarethenhof in Duisburg-Rheinhausen erarbeitete Gestaltungssatzung basiert auf § 4 der Gemeindeordnung für das Land Nordrhein-Westfalen und § 103 Abs.1, Nr. 1, 2 und 5 der Bauordnung NW. Wichtigstes Ziel der Gestaltungssatzung ist demnach die Sicherung der äußeren Erscheinung einer Siedlung (Gebäude und Freiflächen) und damit des Stadtbildes, d.h. die Erhaltung der architektonisch-städtebaulichen Stabilität.

Aus den Erfahrungen mit der Privatisierung des Margarethenhofs heraus ist dem Hinweis von ERNST u.a. (1977) zuzustimmen, daß bei einem Gesamteigentümer die Wahrscheinlichkeit, ein geschlossenes Erscheinungsbild zu bewahren, größer ist.

Tabelle 36
Wohnungsbestand von Krupp in der Margarethensiedlung, Duisburg-Rheinhausen (Karte 11)

Straße	Anz. WG	Anz. WE	Ausländer abs.	in %	Deutsche abs.	in %	WG 1900 -1918	WG 1919 -1945	WG nach 1945
Friedrich-Alfred-Straße	29	138	25	(16)	135	(84)	9	4	16
Rosastraße	28	101	95	(73)	36	(27)	9	17	2
Andreasstraße	15	15	14	(64)	8	(36)	15	-	-
Brückenstraße	16	54	33	(43)	43	(57)	4	12	-
Gustavstraße	2	2	-	-	5	(100)	1	1	-
Krupp-Platz	1	1	1	(100)	-	-	1	-	-
Kreuzstraße	15	44	15	(27)	41	(73)	7	5	3
Adolfstraße	4	4	2	(40)	3	(60)	4	-	-
Eugenstraße	3	3	1	(33)	2	(67)	3	-	-
Atroper Straße	19	79	50	(53)	44	47)	7	6	6
Margarethenstraße	30	91	97	(65)	53	(35)	8	21	1
Barbarastraße	21	24	10	(29)	25	(71)	12	8	1
Klarastraße	3	3	4	(100)	-	-	3	-	-
Eisenstraße	12	21	9	(36)	14	(56)	8	-	4
Erzstraße	3	7	-	-	11	(100)	1	-	2
Industriestraße	31	38	18	(33)	37	(67)	25	-	6
Stahlstraße	5	7	4	(57)	3	43)	3	-	2
Hochfelder Straße	19	80	75	(60)	50	(40)	11	4	4
Schwarzenberger Straße	25	148	15	(7)	186	(93)	12	2	11
Giselastraße	2	2	-	-	3	(100)	-	2	-
Irmgardstraße	17	22	5	(17)	25	(83)	-	17	-
Bertha-Platz	40	40	22	(35)	41	(65)	-	40	-
Werthauser Straße	44	150	127	(46)	147	(54)	4	25	15
Schulstraße	4	8	2	(17)	10	(83)	4	-	-
Franz Wieder-Straße	2	3	-	-	4	(100)	2	-1	
Otto Lenz-Straße	5	6	4	(57)	3	(43)	4	-	-
Elisabethstraße	1	7	10	(100)	(0)	1	-	-	
Berthastraße	3	9	16	(84)	3	(16)	2	-	1
Insgesamt:	399	1.107	654	(41)	932	(59)	160	164	75
In %:							(40)	(41)	(19)

Quelle: Eigene Auszählungen der Wohnungsbestandsliste der Krupp Wohnungsgesellschaft sowie des Adreß-
         buches der Stadt Duisburg, Stand 1983

Es stellt sich hier natürlich die Frage, inwieweit Gestaltungssatzung und Privatisierung sich widersprechen. Offenbar ist es nicht ohne weiteres möglich, wenn dies nicht zuvor im Kaufvertrag zur Bedingung gemacht wurde, den Eigentümer eines Einzelhauses derartig zu bevormunden. Will man die Siedlung in ihrer Gesamtheit erhalten, müßte vor dem Verkauf eine Außenrenovierung erfolgen. Das würde bedeuten, daß zunächst einmal eine Gesellschaft oder die Gemeinde den zu privatisierenden Bereich übernehmen müßte. Andererseits stellt sich natürlich das Problem, daß bei einem danach erfolgenden Verkauf von Einzelobjekten der Kaufpreis um ein Vielfaches höher würde.

Um Beurteilungskriterien von seiten der heutigen Eigentümer zu erhalten, erfolgte im Mai 1987 eine kleine Fragebogenaktion. Es wurden 49 Eigentümer[171] angeschrieben und gebeten, den beiliegenden Fragebogen (S. 278 f) auszufüllen und per frankiertem Rückum-schlag zurückzusenden. An der Aktion haben sich 20 Eigentümer beteiligt, was einer Rücklaufquote von 41% entspricht. Es ist zu erwarten, daß der Rücklauf sicherlich höher gewesen wäre, wenn in diesem Monat nicht auch gleichzeitig die Volkszählung stattgefun-den hätte. Aus diesem Grund wurde auch darauf geachtet, daß der Fragebogen eine DIN-A4-Seite nicht wesentlich überschritt. Da es ohnehin nur darum ging, Tendenzen zu erfassen, war die Beteiligung ausreichend.

Es ist bereits erwähnt worden, daß von seiten des Verkäufers und der Stadt Duisburg die mangelnde Beachtung der Gestaltungssatzung bedauert wurde, wie auch die persönliche Inaugenscheinnahme bestätigt hat. Diese Situation konnte durch die Beantwortung der Fra-gen 12 und 13 voll bestätigt werden. In 13 Fällen fühlte man sich in seinen Vorstellungen eingeengt und in 14 Fällen wurde zugegeben, daß man sich nicht an die Gestaltungssat-zung gehalten habe.

Der überwiegende Teil der Wohnungen hat eine Größe zwischen 56 und 68 m² und weist drei Zimmer auf. In vier Fällen wurde 98 bzw. 100 und 107 m² angegeben, wobei es sich hierbei nur um die ehemaligen Meisterwohnungen am Krupp-Platz handeln kann, die aller-dings, wie aus der Schrift "Margarethen-Siedlung" zu entnehmen ist, knapp 95 m² betragen.

Für die zum größten Teil 1979/80 (16 Nennungen) erworbenen Gebäude wurde in der Re-gel ein Kaufpreis von DM 42.000,-- und DM 55.000,-- (13 Nennungen) angegeben, was mit den Informationen von Krupp übereinstimmt. In nur drei Fällen wurde der Kaufpreis als zu hoch angesehen.

Wenn auch in der Regel positive Bewertungen bezüglich der Privatisierung erfolgten (Fra-ge 14), so sind doch fünf Eigentümer der Meinung, daß sie nicht noch einmal kaufen würden. Als Begründung wurde angegeben: das Haus sei zu teuer, die Lärmbelästigung und verbauten Hofanlagen, das Alter des Gebäudes sowie die sehr interessante Äußerung: "Wegen der Auflagen im Kaufvertrag mit der Fa. Krupp, z.B. Vorschreiben des Verkaufs-preises bei Wiederverkauf."

Diese letztgenannte Begründung ist insofern von Bedeutung, da hierdurch verständlich wird, wieso sieben bzw. acht Jahre nach dem Verkauf durch Krupp keine Wiederverkäufe stattgefunden haben.

Die Kritik eines Eigentümers bezüglich der verbauten Hofanlagen bezieht sich offenbar auf die Frage 10: "Umbau der Stallungen in Wohnraum", die in 13 Fällen bejaht wurde. Dieser hohe Anteil bestätigt die Äußerungen von Krupp, daß man häufig zur Erweiterung der klei-nen Wohnfläche die ehemaligen Stallungen umbaue.

An Renovierungen wurden, in der Reihenfolge der Häufigkeit, folgende Arbeiten genannt:

- Sanitäre Installationen,
- Erneuerung von Elektro- und Wasserleitungen,
- Erneuerung von Fenstern und Türen,
- Treppenhausrenovierung,
- Dacheindeckung,
- Außenanstrich,

- Dachausbau und
- Grundrißveränderungen.

Trotz des relativ hohen Renovierungsaufwandes wurde nur in drei Fällen angegeben, daß die finanzielle Belastung durch Kauf und Renovierung höher als geplant geworden sei. Offenbar hängt dies mit dem hohen Anteil an Eigenleistung zusammen. Insofern kann die These von ERNST u.a. (1977), daß selten die finanziellen Mittel für Kauf und Modernisierung reichen, nicht bestätigt werden.

Der überwiegende Teil der Befragten findet, daß die Siedlung schöner geworden ist, allerdings beklagten sieben Eigentümer, daß das Nachbarschaftsverhältnis schlechter wurde, eine Problematik, die auch ZIEGLER (1983) beobachtet hat. Unter dem Gesichtspunkt, daß Arbeitersiedlungen als Beispiel für ein besonders stark ausgeprägtes Nachbarschafts- und Zusammengehörigkeitsgefühl stehen, gewinnt die durch Privatisierung hervorgerufene Beeinträchtigung des Nachbarschaftsverhältnisses eine besondere Bedeutung. Problematisch wird die Situation, bezogen auf die Siedlung Margarethenhof, insofern, daß jetzt nicht mehr nur Krupp-Mieter neben- und miteinander wohnen, sondern der ehemalige Mieter zum Eigentümer avancierte und, da nicht alle Gebäude privatisiert sind, jetzt neben dem Krupp-Mieter lebt. So ist die einstmals homogene Siedlungsstruktur sowohl innerlich als auch äußerlich von einer heterogenen Entwicklung abgelöst worden und entspricht keineswegs mehr dem traditionellen Typus der Arbeitersiedlung. Man mag dies bedauern, doch ist zu berücksichtigen, daß auch die Wirtschafts- und Sozialstrukturen eine Wandlung erfahren haben.

Zu den Gründen für die Privatisierung, die auch 1992 noch nicht abgeschlossen war, führte die Krupp Stahl AG aus, daß Rentabilitätsberechnungen ergeben hätten, daß die Siedlung aufgrund des hohen Baualters und der Ausstattungsdefizite unökonomisch sei, so daß als Alternative nur ein Abriß zu Gunsten einer wirtschaftlicheren Wohnform in Frage gekommen wäre.

Nach Informationen der Krupp Stahl AG, Liegenschaftsabteilung, in deren Besitz die Häuser des Margarethenhofes waren bzw. sich noch befinden, wurden seit 1979 - dem Beginn des Verkaufs - bis zum 31.12.1986 insgesamt 389 Gebäude von 491 zum Verkauf anstehenden Wohngebäuden veräußert. Auch unter Berücksichtigung der zunehmenden Arbeitslosigkeit ist zu verstehen, daß nach einem Boom 1979 und 1980 die Verkäufe in zunehmendem Maße schleppend stattfanden; 1985 wechselten nur noch 12 Häuser und 1986 9 Häuser den Besitzer; 1987 kamen nur noch zwei Anfragen. Außerdem ist zu bedenken, daß die Mieter Kündigungsschutz, d.h. Wohnrecht, haben. Die noch zum Verkauf anstehenden Objekte befanden sich zu diesem Zeitpunkt hauptsächlich in der Andreasstraße, Industriestraße, Bertha-Platz, Schwarzenberger- und Barbarastraße.

Als problematisch wird angesehen, daß - da die Siedlung als Ganzes seinerzeit geplant und errichtet wurde - die Versorgungs- und Entsorgungleitungen zwischen den einzelnen Häusern liegen und ein sogenanntes Durchleitungsrecht besteht. Die Unterhaltungskosten sind von dem jeweiligen Grundeigentümer zu tragen. Erst bei Erneuerung der Leitungen werden diese in den Bereich der Straße verlegt. Außerdem sind die Häuser an den Ecken aufgrund der gemeinschaftlichen Hofnutzung schwer verkäuflich.

170

Zu der von einem Käufer kritisierten Bindung des Kaufvertrages ist anzumerken, daß die Krupp Stahl AG sich ein grundbuchrechtliches Vorkaufsrecht hat einräumen lassen, um erstens Spekulationen vorzubeugen - aus diesem Grund ist auch nur ein Aufschlag von 120 % zulässig bzw. ein Wiederverkaufspreis auf der Grundlage der Wertermittlungsrichtlinien möglich - und um zweitens bei evtl. erneuter Nachfrage die Häuser zurückkaufen zu können. Einem Weiterverkauf an Familienangehörige wird ohne weiteres zugestimmt, bei einem Verkauf an Fremde jedoch zuvor überprüft, ob nicht von Werksangehörigen Bedarf angemeldet wird.

Obwohl bestätigt wurde, daß zum größten Teil Renovierungen in Eigenregie stattfinden, hat man in zwei bzw. drei Fällen feststellen müssen, daß aufgrund der zu hohen Ausgaben für Renovierungen die Käufer den finanziellen Verpflichtungen nicht nachkommen konnten.

Auf das Verhältnis zwischen Mietern und Eigentümern angesprochen, wurde mitgeteilt, daß dies in der Anfangszeit sehr problematisch gewesen sei, da die neuen Besitzer ihre Grundstücke zum Nachbarn mittels Zaun abgrenzten. Jetzt habe sich das Verhältnis jedoch normalisiert.

Im Fazit kann festgehalten werden, daß auch eine Privatisierung nicht ganz unproblematisch ist, zumal, wenn es um die Siedlung als Ganzes, um den städtebaulich-architektonischen und sozial-strukturellen Erhalt geht.

Wie bereits erwähnt, hat auch Mannesmann zwischenzeitlich mit der Privatisierung begonnen[172]. Hier zeichnen sich bereits die gleichen Probleme wie in Rheinhausen ab. Es ist bedauerlich, daß man hieraus keine Lehren gezogen hat.

5.2 Mangelnde Freiraum- und Umweltqualitäten

Nicht nur das Wohnungsangebot ist für die Lebensqualität einer Stadt von Bedeutung, sondern gleichermaßen die Ausstattung des Wohnumfeldes.

Für die Stadt Duisburg stellen Wanderungen, aus den unterschiedlichsten Gründen, schon immer ein Problem dar. In erster Linie sind es die einkommensstärkeren Schichten[173], die in das Umland nicht nur aufgrund von Qualitätsdefiziten im Wohnungsbestand, sondern auch im Wohnumfeld, abwandern. Vor allem spielt der Grad der Luftverschmutzung eine Rolle. MARX (1968) weist darauf hin, daß bei der in den 60er Jahren dieses Jahrhunderts zu beobachtenden Voll- und Überbeschäftigung sich gezeigt hat, daß viele Arbeitnehmer bei "interregional relativ geringen Lohnunterschieden tendenziell größeren Wert als bisher auf eine schöne Umgebung bzw. den Freizeitwert ihres Wohnortes legten" (S. 54). Auch unter diesen Gesichtspunkten sind die gegenwärtigen verstärkten Bemühungen um einen erhöhten Freiraumschutz zu verstehen.

5.2.1 Landschaftsplanung

"Das Landschaftsbild des Duisburger Raumes ist vor allem durch den Rhein, seine Neben-
flüsse Ruhr und Emscher sowie die Ablagerungen dieser Flüsse geprägt worden. Der
größte Teil des Stadtgebietes liegt auf der vom Rhein geschaffenen Niederterrasse mit einer durchschnittlichen Höhe von 30 m über NN. Die Hauptterrasse erreicht in Duisburg eine
Höhe von 80 m über NN in den Höhen von Kaiserberg, Wolfsberg und den westlichen Aus-
läufern der Speldorfer Höhen. Durch die Verlagerungen des Flußbettes der Ruhr sind die
Rheinterrassen in Duisburg mehrfach unterbrochen. Diese Verlagerungen haben z. B. zur
Entstehung des Monningtals und des Nachtigallentals geführt" (STADT DUISBURG,
UMWELTBERICHT 1987, S. 26).

Konkurrierende Nutzungsansprüche von Industrie, Gewerbe, Verkehr, Siedlungen, Land-
und Forstwirtschaft sowie Erholung und Freizeit (Abb. 30) führen zu Konfliktsituationen, was
bewirkte, daß Nordrhein-Westfalen bereits 1975 das Gesetz zur Sicherung des Natur-
haushalts und zur Entwicklung der Landschaft erlassen hat. Daher sind zum Schutz der
Landschaft außerhalb der im Zusammenhang bebauten Ortsteile und des Geltungsberei-
ches der Bebauungspläne Landschaftspläne zu erstellen. Der Landschaftsplan der Stadt
Duisburg hat Naturschutzgebiete mit einer Größe von insgesamt ca. 1.235 ha, das sind
5,3 % der Gesamtfläche, festgesetzt. Ferner sind 6.048 ha bzw. 25,9 % der Gesamtfläche
als Landschaftsschutzgebiete festgelegt (DUISBURGER UMWELTTHEMEN 1992).

Darüber hinaus besteht Übereinstimmung, zur Aufwertung der Gesamtstadt, den Anteil an
Grünflächen zu erhöhen.

Die heute wieder aktuelle Planung des "Regionalen Grünzugs" wird bereits von KAPPE
(1938) angesprochen. Er bedauert, daß es wegen der festliegenden Siedlungsverhältnisse
nicht mehr möglich war, die einzelnen Stadtteile durch Grünstreifen mit dem Duisburger
Wald zu verbinden. Die Bedeutung von Grünflächen wurde bereits 1920 erkannt, als der
Siedlungsverband Ruhrkohlenbezirk Generalflächen-Aufteilungspläne erstellte. KAPPE
(1938) kritisiert insbesondere für den Hamborner Raum, daß die Industrie rücksichtslos vor-
gegangen sei und die Heide- und Waldflächen nahezu völlig abgeholzt habe, um Produktionsstätten und Arbeiterhäuser planlos zu errichten[174].

In der "Freiraumkonzeption Duisburg"[175] von 1986 wird zwar eingeräumt, daß die Grünpla-
nung traditionell ein wichtiger städtischer Planungsbereich sei, jedoch die Bedeutung städtischer Freiräume für die Stadtentwicklung und ihr Einfluß auf verschiedene Entwicklungsbe-
reiche (Wirtschaft, Siedlung, Bevölkerung) jedoch erst in letzter Zeit eine höhere Einschätzung erfahre. Es wird jedoch darauf hingewiesen, daß in Duisburg aufgrund der hohen industriellen Belastungen diese differenzierte Betrachtungsweise mit dem in den "Zielen zur
Stadtentwicklung" formulierten Freiraumschutz bereits sehr früh Eingang in das kommunale
Handeln gefunden habe.

Belegt wird die Dringlichkeit der Freiraumfrage durch die Flächennutzung, da sich der Anteil
der bebauten Siedlungsfläche an der Gesamtfläche erhöht hat und mit einer Reduzierung
der Freiflächen einhergeht, wodurch zusätzliche Belastungen des Raumes entstehen.

Abbildung 30
Flächennutzung der Stadt Duisburg 1987

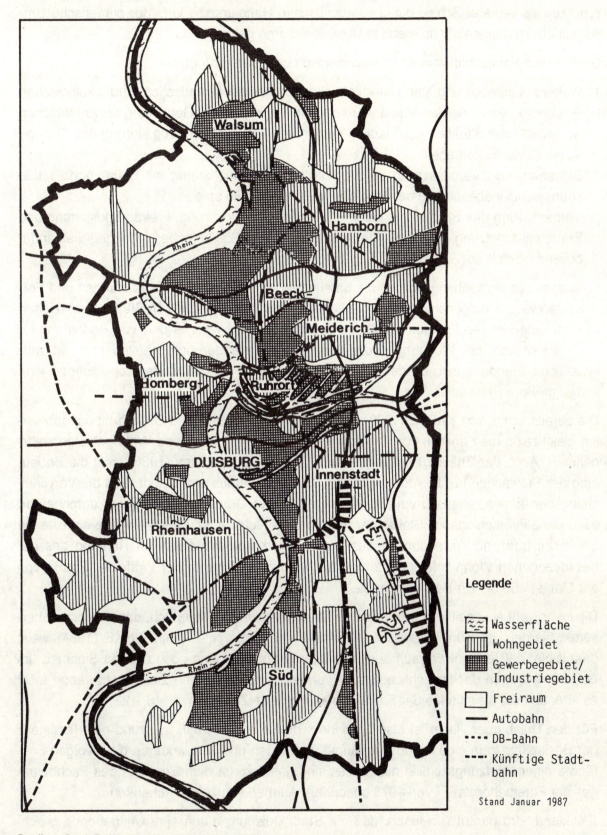

Legende

≋ Wasserfläche

▥ Wohngebiet

▦ Gewerbegebiet/
Industriegebiet

☐ Freiraum

— Autobahn

···· DB-Bahn

--- Künftige Stadt-
bahn

Stand Januar 1987

Quelle: Stadt Duisburg, Umweltbericht 1987, S. 27

Es wird darauf hingewiesen, daß auch im Bereich der Umweltpolitik eine Weiterentwicklung erfolgt ist, da neben dem Aufgabenbereich des zumeist technisch orientierten Umweltschutzes als weiterer Schwerpunkt des politischen Handlungsbedarfs der planerische Umweltschutz im Sinne einer agierenden Umweltvorsorge getreten ist.

Die Freiraumkonzeption verfolgt im wesentlichen drei Zielsetzungen:

1. Weitere Verbesserung der Umweltsituation unter kleinklimatischen und ökologischen Gesichtspunkten, da das Vorhandensein, die Lage und die Gestaltung von Freiflächen die klimatische Situation der Stadt mitbestimmen und zur Selbstregulierung des ökologischen Systems beitragen.
2. Sicherung und Verbesserung der Versorgung der Bevölkerung mit Grün- und Freiflächen, wobei insbesondere der Freizeitaspekt eine Rolle spielt.
3. Verbesserung des Stadtbildes, indem durch Freiraumsicherung, Freiraumgestaltung und Freiraumvernetzung eine optische Abgrenzung der Siedlungsbereiche gegeneinander bewirkt werden soll.

In diesem Zusammenhang werden die bereits mehrfach erwähnten Zielsetzungen und Forderungen wieder aufgenommen. Da die Lebens- und Wohnqualität von Siedlungsbereichen von der umgebenden Freiraumsituation wesentlich geprägt wird, ist dies von Bedeutung für die Standortwahl bei Wohnungsneubauten, für das Wanderungsverhalten und die wirtschaftliche Standortgunst, da der Faktor Umweltqualität bei Standortentscheidungen eine immer größere Rolle spielt.

Die bereits schon von KAPPE (1938) geforderten Grünzuge[176] und Grünverbindungen sollen gleichzeitig die Funktion von Trennzonen zwischen Industrie- und Wohngebieten wahrnehmen. Auch der Erläuterungsbericht des Flächennutzungsplans (1986) stellt die Bedeutung der Freiflächen für die Attraktivität der Stadt klar heraus und betont, daß die Verwirklichung der landesplanerisch vorgesehenen regionalen Grünzüge konsequent durchgeführt wird, wie an verschiedenen Stellen der Stadt bereits sichtbar ist. Beispielsweise erstellte die Stadt Duisburg mit Zuwendungen des Landes Nordrhein-Westfalen im Rahmen des gebietsbezogenen Wohnumfeldprogramms die Grünverbindung an der Wittfelder Straße von der Marxstraße bis zur Beecker Straße.

Die insgesamt als positiv zu bewertende Freiraumplanung steht jedoch, das darf nicht übersehen werden, im Konflikt zwischen Ökologie und Ökonomie. Auch FINKE (1984) weist darauf hin, daß eine ökologisch ausgerichtete Regionalplanung noch nicht in Sicht ist, "im Gegenteil, wegen der tatsächlichen oder vermeintlichen ökonomischen Sachzwänge sieht es eher so aus, als stünden der Freiraumplanung harte Zeiten bevor" (S. 123).

Für den Duisburger Raum ist also besonders problematisch, daß aufgrund der Persistenz der Besiedlung zum einen kaum Freiräume vorhanden und zum anderen die wenigen Freiräume einem Nutzungskonflikt ausgesetzt sind. Insofern ist dem Ergebnis des Fachbeitrages der Forstbehörden[177] von 1978 besondere Aufmerksamkeit zu schenken.

Einleitend wird darauf verwiesen, daß die Stadt Duisburg durch eine weitgehende gleichmäßige Überbauung mit Wohngebieten und durch gewaltige Industrie- und Verkehrsanlagen geprägt wird. Größere landwirtschaftliche Flächen und Waldzonen seien nur noch entlang der süd- und nördlichen Stadtgrenzen anzutreffen, ansonsten existieren aufgrund der intensiven Verzahnung von Wohn- und Industrieflächen nur landwirtschaftliche und forstliche Restflächen, die überwiegend im städtischen Besitz oder im Industriebesitz seien. Der gesamte Waldbestand in Duisburg beträgt 2.511 ha, das sind 11 % des Stadtgebietes, wovon jedoch nur 1.395 ha in städtischem Besitz sind. Der städtische Wald besteht überwiegend aus Laub- und nur zu einem geringen Teil aus Nadelhölzern. Da über 60 % des Waldes in Duisburg jünger als 60 Jahre ist, bestehen günstigere Voraussetzungen für eine niedrige Waldschadensbilanz, da gerade der ältere Baumbestand stärkere Schädigungen als der jüngere aufweist (DUISBRUGER UMWELTTHEMEN 1992).

Von Bedeutung ist ferner, daß große Waldteile der Stadt Duisburg gleichzeitig Schutz- sowie Erholungs- und Nutzfunktion unterliegen. Besonders wird betont, daß die vorhandenen Waldflächen zur Wahrung der ihnen zum Allgemeinwohl zugewiesenen Aufgaben, vor allem Immissions-, Lärm-, Klima- und Sichtschutz, nicht ausreichend und örtlich erweitert werden müssen. Auch im Hinblick auf die Erholungsfunktion des Waldes ist aufgrund des Durchschneidens mit Autobahnen und Bundesstraßen eine erhebliche Beeinträchtigung gegeben.

Der Bericht faßt zusammen, daß bedingt durch das Verhältnis von Wald zur Bevölkerung, großflächigen Industrie- und Verkehrsanlagen, Wohngebieten sowie anderen die Umwelt belastenden Faktoren die vorhandenen Waldflächen zur Erfüllung der vielen Schutz- und Erholungsfunktionen und aus landschaftspflegerischen Gründen nicht genügen.

Es wird ferner darauf hingewiesen, daß der Wald zusätzlich zur aktiven Filterwirkung seine Aufgabe als "Lunge der Großstadt" nur erfüllen kann, wenn Verschmutzungsquellen (Verkehr, Industrie, Siedlungen) im Wald weitgehend ausgeschaltet sind.

Das linksrheinische Stadtgebiet, das im mittleren und südlichen Teil fast ausschließlich durch die Wohn- und Industriegebiete (Krupp-Hüttenwerke) von Rheinhausen und Homberg bestimmt wird, weist neben großflächigen Kiesgruben, Deponien, aufgelassenen und brachliegenden Zechenanlagen nur noch kleinere, meist landwirtschaftliche Flächen in der freien Landschaft auf. Bis auf wenige, gleichmäßig verstreute Restflächen fehlt der Wald. Ansatzpunkte für umfangreiche Aufforstungen könnten die vielen zu rekultivierenden Landschaftsschäden und Brachflächen sein[178].

Für den Baerler Raum, der sich durch seinen "ländlichen" und noch am wenigsten gestörten Landschaftscharakter erheblich vom übrigen Plangebiet unterscheidet, wird empfohlen, zur Erhaltung dieses weitgehend ruhigen Erholungsraumes möglichst eine Ausweitung von Siedlungsflächen und Neuanlagen von Industriegebieten zu verhindern, da dem Bestand des Baerler Busches als eines ruhigen geschlossenen Waldgebietes zum Wohle der erholungsuchenen Bevölkerung höchster Stellenwert zukommt.

Für die rechtsrheinischen nördlichen Duisburger Stadtgebiete führt der Bericht aus, daß dort jegliche Möglichkeit zur Erweiterung und Neuanlage von Grün- und Waldzonen zwischen Wohn- und Industriegebieten und Verkehrsanlagen, auf Halden, Abgrabungs- und Brachflächen zur Belebung des Stadtbildes und zum Wohle der hier ansässigen Bevölkerung aus Immissions-, Lärm- und Sichtschutzgründen genutzt werden sollte. Auf die geringen Grünflächen im Duisburger Norden wurde bereits verwiesen.

Im rechtsrheinischen Stadtgebiet südlich der Ruhr, das einerseits durch eng überbaute Wohn- und Industriegebiete des alten Stadtkerns, andererseits durch einen geschlossenen

Waldgürtel entlang der Stadtgrenze zu Mülheim und einer breiten, durch Wiesen und Ackerland gekennzeichneten Rheinuferzone im Mündelheimer Rheinbogen geprägt wird, soll ein Landschaftsverbrauch für Siedlungen, Industrie und Verkehrsanlagen sowie Zerstörung des Waldes durch unmittelbar angrenzende Bebauung vermieden werden.

Der größte Teil aller Waldflächen ist zwar mit den unmittelbar umgebenden landwirtschaftlichen Flächen unter Landschaftsschutz gestellt, was ebenfalls für den gesamten Bereich des nicht überbauten Rheinufers zutrifft, jedoch gilt dies nicht für die kleineren Waldflächen innerhalb der Stadt.

Auch das teilweise großflächig innerhalb des Stadtgebietes anfallende Brachland, wobei es sich im wesentlichen um Industriebrache handelt, sollte insbesondere aus Immissionsschutzgründen, aufgrund der Gesamtsituation der Stadt Duisburg, landschaftsgestalterisch behandelt und mit gewissen Erweiterungsmöglichkeiten der Industrie in Einklang gebracht werden. Als Maßnahmen werden u.a. empfohlen, die kahlen Rheinuferzonen linksrheinisch und rechtsrheinisch in Mündelheim zu durchgrünen, und zwar zur Belebung des Landschaftsbildes als auch zur teilweisen Abdeckung von häßlichen Industriezonen, wozu die bereits beschriebenen Trennzonen errichtet wurden.

Für den Duisburger Norden wird nahegelegt, das gesamte von der Stadt erworbene ehemalige Werksgelände der Thyssen-Werke südlich der A 42 als breite Immissionsschutzzone von den dahinter entstehenden Neubaugebieten und Institutionen für den Gemeinbedarf aufzuforsten.

Ferner sollen im Rahmen der städtebaulichen Sanierung zwischen der August-Thyssen-Hütte, Werk Ruhrort, und den Wohngebieten in Meiderich möglichst breite und dichte Aufforstungen als Immissionsschutz erfolgen. Empfohlen wird ferner eine Rekultivierung und Aufforstung der Abgrabungen und Aufschüttungen zwischen dem Thyssenwerk und den Wohngebieten.

Auch um die Mannesmann-Werke könnte durch Erweiterung und Verdichtung der Waldstreifen vor den angrenzenden Wohngebieten von Ungelsheim und Ehingen eine Verbesserung des Immissions- und Sichtschutzes erreicht werden.

In diesem Zusammenhang sind die Bemühungen von Mannesmann und Thyssen zu erwähnen, die sich bereits 1971 an dem Wettbewerb "Industrie in der Landschaft" beteiligten, da "nur über eine echte Brücke zwischen Forderungen der Produktion und den Forderungen der Umwelt für die Dauer befriedigende Ergebnisse zu erwarten sind, welche den heutigen Lebensstandard der Bevölkerung und Mitarbeiter sichern"[179]. Es wird ferner betont, daß man sich bemühe, "neben dem zwingenden technischen Fortschritt, der die Grundlage für eine leistungsstarke, möglichst rentable Produktion bleiben muß, den Forderungen der Umwelt und ihrer Sicherung besondere Rücksicht einzuräumen"[180].

Auch die Errichtung des 1962 bis 1964 in Betrieb genommenen Werkes Beeckerwerth stand unter der Zielsetzung, "Produktionsanlagen mit allen Erfordernissen zur Reinhaltung von Luft und Wasser und Unterdrückung von Geräuschen zu schaffen, die sich farbpsychologischer Mittel zur ansprechenden äußeren Gestaltung bedienen und harmonisch in Grünflächen eingebettet sind, um sich der niederrheinischen Landschaft harmonisch einzufügen"[181]. Es stellt sich jedoch hier die grundsätzliche Frage, inwieweit sich industrielle Anlagen überhaupt in Landschaften "harmonisch" einfügen lassen, da diese bei allen Bemühungen ihren Fremdheitscharakter nicht verlieren werden.

So wird erwähnt, daß von der Gesamtfläche von 140 ha, über die das Werk Beeckerwerth verfügt, 40 ha als Grünfläche dienen und auch eine in unmittelbarer Nähe des Werkshafens Schwelgern liegende Halde (der sogenannte Petersberg) begrünt wurde. Grün wird nicht nur als Element der Ordnung innerhalb der Werksanlagen gesehen, sondern auch als ein Faktor, der physiologisch zur Verbesserung der Umweltverhältnisse beiträgt. Allerdings wird darauf hingewiesen, daß der Begrünung Grenzen gesetzt sind und eine Verwendung immissionsharter Pflanzen erforderlich ist.

Der Erläuterungsbericht der Mannesmann AG betont, daß die freie Landschaft bis zum Zweiten Weltkrieg durch die Werksanlagen wenig berührt wurde und erst während des Zweiten Weltkriegs das Werk die Rechte zur Schüttung einer Schlackenhalde außerhalb des Werksgeländes mit der Verpflichtung, diese nach Beendigung der Arbeit zu rekultivieren, erhalten habe. Erst die Ausweisung des Industriegeländes über die alte Ehinger Landstraße hinaus bis an die B 288 (aufgrund des Leitplanes der Stadt Duisburg von 1975) schaffte die Vorbedingungen für den nunmehr sehr schnellen weiteren Ausbau, allerdings mit der Forderung, um die neuen Werksteile einen Grüngürtel zu legen und zu erhalten.

Zwar wurde bereits früher im Werksgelände großer Wert auf Grünflächen gelegt und trotz enger Bebauung im alten Werksteil jede Möglichkeit genutzt, das Grün bis dicht an die Produktionsstätten heranzuziehen; eine große zusammenhängende Grünfläche und eine Produktionsstätte konnte jedoch erst Anfang der 50er Jahre am neu errichteten Siemens-Martin-Werk entstehen.

Vor allem wird in dem Bericht erwähnt, daß man bei Neuanlagen dazu übergegangen sei, Eingrünungen mit Anschluß an die freie Landschaft vorzunehmen, eine Möglichkeit, die im dicht besiedelten Duisburger Norden der Thyssen-Gruppe nicht gegeben war.

Diese kleinräumlichen Flächenaufwertungen nehmen sich, gemessen an den von der Internationalen Bauausstellung Emscher-Park gesetzten Zielen, bescheiden aus. Die Intention der IBA Emscher-Park, die von der Landesregierung Nordrhein-Westfalen und 17 Städten der Region getragen wird, ist der Wiederaufbau der zerstörten Landschaft unter Wahrung von Industriedenkmälern als Stätten der Erinnerung im Emscher-Raum. Ein 1989 von der Stadt Duisburg zur IBA Emscher-Park angemeldetes Projekt stellt der "Landschaftspark Duisburg-Nord" zwischen den Stadtteilen Meiderich und Hamborn dar. Projektträger ist eine Planungsgemeinschaft, die aus der Landesentwicklungsgesellschaft Nordrhein-Westfalen GmbH und der Thyssen Entsorgungs-Technik GmbH besteht, die den Landschaftspark in Abstimmung mit dem Ministerium für Stadtentwicklung und Verkehr Nordrhein-Westfalen, der Gesellschaft Internationale Bauausstellung Emscher-Park GmbH und der Stadt Duisburg plant und durchführt.

Der Landschaftspark Duisburg-Nord erstreckt sich über fast 200 ha zwischen Hamborn und Meiderich, von der Neumühler Straße im Osten bis zur Honigstraße im Westen. Zu dem Gebiet gehören brachliegende Industrieflächen des 1985 stillgelegten Hüttenwerks Meiderich und der ehemaligen Schachtanlage 4/8 und Kokereifläche von Thyssen (Abb. 31).

Das Projekt beabsichtigt die Verbesserung der Wohn- und Lebensverhältnisse im Duisburger Norden durch Schaffung eines großen Freiraums und will einen wesentlilchen Beitrag zur ökologischen Erneuerung unter weitestgehender Berücksichtigung des verwertbaren ökologischen Bestandes leisten und die kulturelle Entwicklung und Identitätsbildung am Ort und in der Region stärken. Diese Zielsetzung macht eine Änderung des Flächennutzungs- und Gebietsentwicklungsplans erforderlich.

Aufgrund der Lage am Autobahnkreuz Duisburg-Hamborn, der zerschneidenden Elemente wie Gleisanlagen und der zahlreichen Hypotheken der industriellen Vergangenheit, besonders den Altlasten, stellt sich die Planung als eine komplizierte Aufgabe dar. Außerdem sind bis heute nur kleine Teile des Geländes frei zugänglich. Andererseits bietet das Gelände für den zukunftorientierten Stadtumbau des Duisburger Nordens Entwicklungspotentiale, vor allem im Hinblick auf die hier inzwischen vorhandene Vegetation und das denkmalwerte Hüttenwerk. Der Erhalt der auf der ehemaligen Schachtanlage und Kokerei entstandenen Vegetation ist abhängig von den anstehenden Sanierungsverfahren zur Lösung der Altlastenproblematik. Landschaft zurückzugewinnen bedeutet jedoch nicht, sie unter großem Aufwand zurückzuformen, sondern ein Aufgreifen der heute vorhandenen durch industrielle Nutzung entstandenen Strukturen. Beispielsweise soll der hohe Damm einer zunächst noch in Betrieb befindlichen Werksbahntrasse für den Park zur Hochpromenade umgestaltet werden. Die Bahnlinien werden als Trassen der neuen Infrastruktur und gewissermaßen in ihrer alten Funktion genutzt, da sie fast jeden Punkt des Parks erreichen. Angestrebt werden über den Rhein-Herne-Kanal und die Alte Emscher stadtübergreifende Vernetzungen mit den Nachbarstädten.

Von ausschlaggebender Bedeutung für die Entwicklung des Landschaftsparks sind jedoch die Altlastensanierungen und der Umgang mit dem stillgelegten Hüttenwerk. Im Bereich der Schachtanlage 4/8 bedarf es der konsequenten Mitarbeit der Ruhrkohle AG, die im Rahmen des Abschlußbetriebsplans für die Altlastensanierung verantwortlich ist. Im Kostenvergleich wird derzeitig von einer Expertengruppe der finanzielle Aufwand für den Erhalt als auch für den Totalabbruch des Hüttenwerks untersucht.

Das Gelingen der Idee des Landschaftsparks könnte zu einem neuen Parktyp führen, der die Gegebenheiten von abgewirtschafteten Industrieregionen positiv verwandelt. Eine neue Ästhetik und neue Gebräuchswerte könnten entstehen: ein Volkspark als kultureller und sozialer Beitrag in der "Werkstatt für die Erneuerung alter Industriegebiete" der IBA Emscher-Park.

Bei dem Landschaftspark-Nord wird die Anregung der Höheren Forstbehörde Rheinland von 1979 aufgenommen, Industriebrachen für die dringend erforderliche Landschaftsgestaltung zu nutzen.

Abbildung 31
Landschaftspark Duisburg-Nord

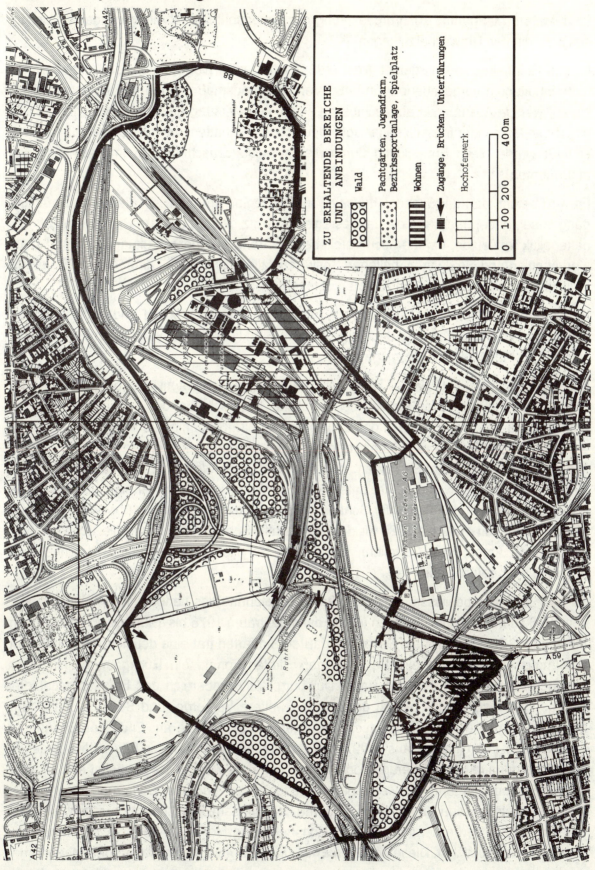

Quelle: Stadt Duisburg: Landschftspark Duisburg-Nord 1992, S. 7

5.2.2 Umweltsituation

Eine weitere Maßnahme zur Verbesserung der Lebensqualität ist die Verringerung der industriebedingten Umweltbelastungen[182].

Im Luft-Reinhalteplan Ruhrgebiet West (1985) wird darauf hingewiesen, daß die im ersten Luftreinhalteplan vorgesehenen rund 450 Verbesserungsmaßnahmen, die zwischenzeitlich bis auf wenige Ausnahmen abgeschlossen seien, ihre Wirkung gezeigt haben und das vorgegebene Verminderungssoll sogar noch deutlich überschritten werden konnte. Günstig beeinflußt wurde diese Entwicklung durch die Investitionszuschüsse zu Immissionsschutzmaßnahmen[183].

Es wird betont, daß der Schadstoffausstoß in der Region um mehr als die Hälfte zurückgegangen sei; andererseits will die Landesregierung trotz dieser positiven Bilanz ihre Luftreinhaltepolitik fortsetzen, um die noch verbliebenen Grenzwertüberschreitungen durch Staubniederschlag und die darin enthaltenen Schwermetalle abzubauen. Langfristiges Ziel ist, die Immissionsgrenzwerte deutlich zu unterschreiten.

Bedeutend ist der Hinweis, daß sich die Industrie der Notwendigkeit und auch ihrer Verpflichtung zur Verbesserung der lufthygienischen Situation bewußt war und an der Verwirklichung der Planvorstellungen mitgewirkt hat.

In den DUISBURGER UMWELTTHEMEN (1992) wird jedoch betont, daß beim Staub-, Blei- und Cadmiumniederschlag erhebliche räumliche Unterschiede der Immissionsbelastung auftreten, da trotz der Erfolge in der Umweltpolitik beim Staubniederschlag 1990 noch teilweise Überschreitungen der Grenzwerte auftraten. Andererseits wird festgestellt, daß die Mittelwerte des Jahres 1989 zeigen, daß die Duisburger Werte mit Ausnahme der Stoffe Gesamt-Chrom, Eisen und Nickel unter den maximalen Werten im Rhein-Ruhr-Gebiet liegen. Vor allem läßt der Trend der Schadstoffkonzentration in Duisburg über den gesamten Meßzeitraum von 1982 bis 1989 für die Schadstoffe Schwefeldioxid und die Schwebstaubinhaltsstoffe Arsen, Blei, Cadmium, Kupfer und Beryllium Verringerungen erkennen, die teilweise sehr deutlich ausfallen.

Es wird darauf hingewiesen, daß die Luftreinhalteplanung des Landes Nordrhein-Westfalen seit 1976 zu beachtlichen Erfolgen führte, da im Zeitraum 1976 bis 1988 die Immissionen im Mittel um 52 % zurückgingen. Bei allen erfaßten Stoffarten trat eine deutliche Verminderung der Immissionsbelastung ein. Bei einzelnen Stoffen konnte ein Rückgang bis zu 90 % nachgewiesen werden. Für den Raum Duisburg, als Kernbereich des Belastungsgebietes Ruhrgebiet West, werden jedoch gegenwärtig weitere Vorsorge- und Sanierungsmaßnahmen im Rahmen der zweiten Fortschreibung erarbeitet. Für die am Ende der fünfjährigen Laufzeit des Luftreinhalteplans (1997) zu erwartende Senkung der Immissionsbelastung kann eine genaue Quantifizierung noch nicht abgegeben werden, da zunächst alle erforderlichen Erhebungen und Auswertungen abgeschlossen und die Sanierungsmaßnahmen festgelegt sein müssen. Jedoch wird aufgrund der Wirksamkeit bisheriger Luftreinhaltepläne eine erhebliche Verbesserung der Immissionsbelastung (vor allem bei Schwermetallen und Dioxinen) prognostiziert. Diese positiven Erklärungen sind jedoch nicht nur den Maßnahmen zur Verbesserung der Umweltbedingungen zuzuschreiben, sondern nicht zuletzt auch eine Folge des Kapazitätsabbaus der Schwerindustrie.

Aufgrund des Schwerpunkts der Eisen- und Stahlindustrie im Duisburger Norden ist dieser größeren Belastungen ausgesetzt, denen im Umweltentlastungskonzept für den Duisburger Norden Rechnung getragen werden soll. "Ziel dieses in Verhandlungen mit der Landesregierung sowie Wirtschafts- und Wohnungsbauunternehmen in einzigartiger Weise und modellhaft erarbeiteten Konzeptes ist es, unabhängig von förmlich und rechtlich festgeschriebenen Verfahren, die Umweltsituation im Duisburger Norden nachhaltig zu verbessern. Dadurch werden gleichzeitig die Interessen von Arbeitsplatzbeschaffung und -sicherung berücksichtigt" (DUISBURGER UMWELTTHEMEN 1992, S. 44). In diesem Zusammenhang sind vor allem die von der Thyssen Stahl AG zugesagten umweltverbessernden Investitionen bedeutend:

- "Stillegung von drei alten Hochöfen nach Inbetriebnahme des nach neuestem Stand der Umwelt-Technik ausgerüsteten II. Großhochofens,
- Durchführung von Entstaubungsmaßnahmen im Bereich des bestehenden I. Großhochofens,
- Abbau von Emissionen bei der Schlackenverwertung in Beeckerwerth durch Hüttensanderzeugung am neuen Großhochofen,
- Sanierung der vorhandenen Kokerei in Duisburg-Bruckhausen,
- Entwicklung und Umsetzung von Maßnahmen zur Verminderung bodennaher Staubemissionen im Bereich des Schüttgüterumschlags im Hafen Schwelgern,
- Bau einer Ferromangan-Gießmaschine zur Verhinderung der zur Zeit bei Vergießen in Duisburg-Meiderich auftretenden "braunen Wolken" (DUISBURGER UMWELTTHEMEN 1992, S. 45 f).

Die Stadt Duisburg legt Wert darauf, vor allem das bereits eingeleitete Genehmigungsverfahren für die Kokereisanierung in Bruckhausen schnell und mit dem Ziel der größtmöglichen Umweltentlastung durchzuführen, weil Kokereiabgase eine besondere gesundheitliche Gefahrenquelle darstellen.

Wenn auch anderen Verursachern (Hausbrand, Kraftfahrzeugverkehr) eine nicht unerhebliche Bedeutung zukommt, ist der Hauptanteil doch nach wie vor industriellen Ursprungs. Bleihaltige Stäube gehen zu 79 % und cadmiumhaltige Stäube zu 98,2 % zu Lasten der Industrie (DUISBURGER UMWELTTHEMEN 1992).

Von seiten der Industrie finden sich allerdings immer wieder Hinweise auf die Bemühungen um eine Verbesserung des Umweltschutzes, wobei im Laufe der Entwicklung auch technische Innovationen einen erheblichen Beitrag geleistet haben[184].

1954 wurden vom Hüttenwerk Rheinhausen zur Verminderung der Staubbelästigung Hochöfen mit Einrichtungen für eine staubfreie Gichtstaubaustragung versehen und eine elektrische Abgasreinigung für den Drehofen im Zementwerk beschafft.

Dem Geschäftsbericht 1964 des Hüttenwerks Rheinhausen ist zu entnehmen, daß nach Abschluß des Blasstahlwerks Ende 1966 die jetzt noch in Betrieb befindlichen Thomaskonverter außer Betrieb gehen, so daß der sogenannte "braune Rauch" noch vor Ablauf der von den Gewerbeaufsichtsbehörden eingeräumten Frist in Rheinhausen beseitigt wurde.

Auch bei Mannesmann hat man den Thomasstahl, dessen Erzeugung Ende 1967 eingestellt wurde, durch qualitativ hochwertigeren Blasstahl ersetzt, wodurch zugleich die behördlichen Auflagen zur Abgasentstaubung termingerecht erfüllt werden konnten. Dem Geschäftsbericht von Thyssen ist zu entnehmen, daß 1967/68 die Thomasstahlerzeugung um 6 % zurückging.

Im Geschäftsbericht 1972/73 wird erneut darauf verwiesen, welche Anstrengungen Thyssen hinsichtlich des Umweltschutzes unternimmt. Neben der Ausstattung der Werksanlagen mit Emissionsschutzeinrichtungen würde es zunehmend auch um Erfassung und Analyse der häufig sehr komplexen Verursachungsfaktoren von Umwelteinflüssen gehen. So arbeite man gemeinsam mit Ausrüstungsfirmen und in Abstimmung mit den zukünftigen Behörden an technischen Lösungsmöglichkeiten, die sowohl den Forderungen des Umweltschutzes als auch den produktionstechnischen sowie den wirtschaftlichen Notwendigkeiten möglichst weitgehend entsprechen und eine Verminderung der Emissionen gestatten. Am Beispiel des Schwelgern-Hochofens wird auf die hiermit verbundenen Schwierigkeiten verwiesen. Da es in der Anlaufphase dieser Anlage zu Geräuschimmissionen in den benachbarten Wohngebieten kam, die über den genehmigten Richtwerten lagen, wurde daraufhin ein zusätzliches Maßnahmenprogramm eingeleitet, zu dem neben der weiteren Anschüttung eines das Werksgelände an dieser Stelle abschirmenden Damms insbesondere die Anbringung zahlreicher zusätzlicher Schallschutz-Vorrichtungen gehörte, wodurch der Geräuschpegel im Bereich des Schwelgern-Ofens nachhaltig gesenkt werden konnte. Erwähnt wird weiterhin, daß auch auf dem Gebiet der Staubemission der Schwelgern-Ofen mit modernsten Umweltschutz-Einrichtungen versehen ist. Zur Vermeidung der gelegentlich noch auftretenden Geruchsbelästigung habe man zusätzliche Kiesfilterbecken für die Schlackengranulation errichtet. Allein für den Hochofenbereich Schwelgern wurden 70 Mill. DM für Umweltschutz-Investitionen aufgewendet.

Hingewiesen wird auf den hohen Anteil an Aufwendungen für den Umweltschutz bei Neuanlagen, der steigende Tendenz zeigt und teilweise bei über 20 % liegt.

Für 1973/74 berichtet Thyssen, daß der Schwerpunkt der Umweltschutz-Verbesserungen im Stahlbereich lag, der sowohl verfahrensbedingt als auch wegen seines Standortes in einem Industriegebiet mit häufiger enger Nachbarschaft zu Wohnbezirken besondere Anstrengungen erfordert. Mit einem eigenen Meßstellennetz würde die laufende Emissionsüberwachung erfolgen. Die neue Koksbatterie unterstütze auch die Reinhaltung der Luft im Bereich der Hamborner Kokerei. Außerdem habe das Werk Bruckhausen nach den guten Erfahrungen im Werk Beeckerwerth eine vollentstaubte Roheisenentschwefelungsanlage erhalten. Im Berichtsjahr seien im Stahlbereich der Thyssen-Gruppe Umweltschutz-Investitionen in Höhe von 33 Mill. DM erfolgt.

1974/75 sind bereits für Umweltschutz-Investitionen 50 Mill. DM angefallen. Allerdings seien die laufenden Kosten für den Betrieb und Unterhalt der Umweltschutzeinrichtungen erheblich höher und auch hier die Tendenz steigend.

Im folgenden Jahr weist Thyssen darauf hin, daß lärmdämmende Ausbauten an Hamborner Hochöfen sowie die Installation eines Schalldämpfers an der Sinteranlage in Schwelgern die Geräuschentwicklung in diesem Bereich weiter gemildert hatten. Ferner wurden im Bereich der Sinteranlage Walsum Maßnahmen zur Verringerung der Emissionen durchgeführt. Außerdem erfolgte der Bau neuer Lärmschutzwälle, die auch zu einer Erweiterung des bereits erwähnten Grüngürtels führte. In diesem Zusammenhang wurden auch die Grünflächen auf dem Werksgelände der August-Thyssen-Hütte ausgedehnt.

Auch Mannesmann legt Wert auf die Feststellung, daß man sich sehr bemühe, die von den Anlagen ausgehenden Emissionen möglichst gering zu halten. So habe man erstmalig in der Eisen- und Stahlindustrie 1973 auf Veranlassung des Landes Nordrhein-Westfalen bei der Mannesmann AG Hüttenwerke sämtliche Emissionsquellen in Form eines Katasters für Luftfremdstoffe erfaßt. Diese Messungen sollen als Grundlage für zukünftige Arbeiten auf dem Gebiet der Luftreinhaltung des Duisburger Raumes dienen und auch für die Überlegungen bei zukünftigen Investitionen von Mannesmann Bedeutung haben.

Erste Überlegungen hinsichtlich der Wiederverwendung verwendbarer Abfälle wie Stäube und Schlämme aus Filter- und Abwasserkläranlagen, die bei geeigneter Aufbereitungstechnik zu einem Teil dem Produktionskreislauf wieder zugeführt werden können, sind von Mannesmann bereits 1973 angestellt worden, als das Wort "Recycling" noch relativ unbekannt war.

Im Geschäftsbericht 1975 weist Mannesmann darauf hin, daß von den in den letzten zehn Jahren bei den Hüttenwerken in Huckingen durchgeführten Investitionen in Höhe von DM 850 Mill. allein 100 Mill. auf den Umweltschutz entfielen, wovon 55 % für Maßnahmen zur Reinhaltung der Luft verwendet wurden. Der Erfolg in bezug auf den Staubauswurf sei nachweisbar, da in der Zeit von 1960 bis 1975, trotz einer Steigerung der Stahlproduktion um 70 %, die Staubemission durch den Einsatz von zum Teil im eigenen Unternehmen entwickelten Filteranlagen auf ein Viertel des korrespondierenden Ausgangswertes von 1960 gesenkt werden konnte.

Für die nächsten Jahre ist damit zu rechnen, daß der Anteil der Umweltschutzmaßnahmen an den Gesamtinvestitionen weiter ansteigt, da die von den Aufsichts- und Genehmigungsbehörden gesetzten Produktionsbedingungen in zunehmenden Maße vom Erfolg der Umweltschutzmaßnahmen abhängen.

Dem Geschäftsbericht 1976 von Mannesmann ist zu entnehmen, daß die Umweltschutz-Investitionen der Hüttenwerke sich auf Entstaubungs- und Lärmschutzmaßnahmen im Siemens-Martin-Werk, die ein Weiterbetreiben dieses Stahlwerks erlauben, konzentrieren. Seit Anfang des Jahres seien die braunen Rauchfahnen beseitigt.

Im Geschäftsbericht 1983 berichtet Thyssen, daß das Unternehmen die Möglichkeiten zur Verringerung der Umweltbelastungen im Einwirkungsbereich seiner Anlagen weitestgehend ausgeschöpft habe. Dies sei daraus ersichtlich, daß in den letzten Jahren trotz erheblicher zusätzlicher Umweltschutzmaßnahmen bei gleichzeitig geringerer Kapazitätsauslastung der Produktionsanlagen die Staub-Immissionsbelastung in der Nachbarschaft sich kaum noch vermindert habe.

Auch 1985 beklagt das Unternehmen, daß die Investitions- und Betriebskosten für den Umweltschutz zur Erfüllung neuer gesetzlicher Regelungen in Zukunft stark ansteigen werden, was vor allem für die innerhalb kurzer Fristen geforderte Nachrüstung von sogenannten Altanlagen gilt. Es sei nicht auszuschließen, daß wegen der Forderung nach geringfügigen weiteren Emissionsminderungen einige der vorhandenen hochwirksamen Filtersysteme komplett ausgetauscht werden müßten. Kritisiert wird, daß durch das weitere Ansteigen der

Kostenbelastung durch Umweltschutzmaßnahmen der Abstand zu den europäischen Konkurrenten noch vergrößert werde.

Folgt man der Selbstdarstellung der Unternehmen, liegt der Schluß nahe, daß die technischen Möglichkeiten zu einer weiteren Umweltverbesserung unter ökonomischen Gesichtspunkten ausgeschöpft sind, da zusätzliche Maßnahmen zu erheblichen Produktverteuerungen führen würden. Im Geschäftsbericht für 1986 wird befürchtet, daß bei Einhaltung der Grenzwerte in der seit dem 1.3.1986 gültigen TA-Luft in Einzelfällen ein Anstieg des spezifischen Investitionsaufwandes auf deutlich über 1 Mill. DM/t Staub anfällt. Es würden daher besondere Anstrengungen unternommen, um den zur Erfüllung der TA-Luft erforderlichen Aufwand in Grenzen zu halten. GROHE (1984) kritisiert die Strategie der Unternehmer, über ihre politisch-ökonomischen Verflechtungsbeziehungen diese Kosten dem Staat aufzubürden, d. h. auf den Steuerzahler abzuwälzen.

5.2.3 Ökologische Stadterneuerung

Die genannten Maßnahmen sind im Zusammenhang mit den in den letzten Jahren unter dem Stichwort "Ökologische Stadterneuerung" zusammengefaßten Konzeptionen zu sehen, die sich als eine Abkehr von der rein ökonomisch ausgerichteten Stadtentwicklung, deren wichtigste Komponente das wirtschaftliche Wachstum darstellt, verstehen. "Die Aufgabe einer systematischen ökologischen Orientierung der räumlichen Entwicklung ist neu. Erst in der zäsurhaften Bewußtseinsänderung seit Anfang der 70er Jahre ist die ökologische Grenze in das allgemeine Bewußtsein getreten" (NEDDENS 1986, S. 12). Vor allem muß eine Einstellungsänderung, Umweltschutz trage nicht zum Wachstum bei, erzielt werden. Es wird erkannt, daß Innovationen auch im Bereich der sozialen Infrastruktur erforderlich sind und nicht nur technischer Art sein dürfen.

Der ökologische Stadtumbau, der nicht allein mit technischen Umweltschutzmaßnahmen erreichbar ist, wird als einer der wichtigsten Handlungsbereiche bei der anstehenden Veränderung der Industriegesellschaft gesehen, da die natürlichen Lebensgrundlagen der heutigen und zukünftigen Generationen durch die Folgen einer linear und kurzfristigen Optimierung von technischen, sozialen und ökonomischen Einzelsystemen in einem historisch nicht gekannten Maße gefährdet sind. Es werden neue, ganzheitlich ausgerichtete Lebensentwürfe in ethischer Verantwortung gefordert. Insofern bedeutet Ökologie die Abkehr von linearen und sektoralen Denkmustern und die Suche nach einem neuen ganzheitlichen Verständnis der Umwelt des Menschen. Die Komplexität der Umweltplanung erfordert eine stärkere Berücksichtigung des Systemdenkens (HAHN 1992, NEDDENS 1986, VESTER 1991).

Ziel der "ökologischen Stadtentwicklung" ist folglich ein integrierter raumstruktureller Ansatz, der kulturell-ökonomische, naturwissenschaftliche und politisch-planerische Aspekte einschließt. Es sollen die stofflichen und energetischen Austauschvorgänge aus allen Funktionen von Siedlungskörpern in übergeordnete Kreisläufe des Naturhaushaltes so eingefügt werden, daß ein ökologisches Gleichgewicht hergestellt und langfristig gewahrt wird (NEDDENS 1986).

Der unverantwortliche Umgang mit Flächen und Böden im modernen Städtebau verursachte die heutigen ökologischen Probleme, da die ökologischen Folgewirkungen der Eingriffe in die Natur nicht in die Überlegungen einbezogen wurden. Als ein Beispiel gelten die in großer Geschwindigkeit expandierenden Siedlungen, die nur auf kurzfristige Bedürfnisse ausgerichtet wurden. Als Zielsetzung und Aufgabenstellung des ökologischen Stadtumbaus gilt die Anpassung der Stadtentwicklung und der städtischen Strukturen an die Erfordernisse ökologischer Verträglichkeit auf industriegesellschaftlichem Niveau, wobei das Problem darin liegt, daß das Wissen darüber, wie ein umweltverträglicher, ökologische Kreisläufe und Wirkungszusammenhänge einbeziehender Städtebau aussehen kann, nur unzureichend entwickelt und verbreitet ist. Hinzu kommt, daß die bisherige Umweltpolitik in den Städten und Gemeinden sich vorwiegend durch sektoral und technisch ausgerichtete Handlungsfelder auszeichnet. So werden kaum integrativ Umweltschutzkonzepte in den Sektoren Energie, Wasser, Boden- und Lärmschutz, Verkehr und Abfall entwickelt. Die bislang zur Energieeinsparung und Stadtbegrünung entwickelten Programme zeigten im Vergleich zu dem großen finanziellen Mitteleinsatz bescheidene Resultate (HAHN 1992).

Auch ADAM (1984) fordert, daß aufgrund der unbefriedigenden Umweltsituation weitergehende Forderungen an das zukünftige Handeln gestellt werden müssen, was sowohl für die kommuale Praxis als auch für die gesetzgeberischen Einflußmaßnahmen durch Bund und Länder gilt. "Entscheidend wird die Verwirklichung der genannten Leitvorstellungen von der Fähigkeit der Beteiligten abhängen, sich die stark vernetzte Struktur des Ökosystems zum Vorbild ihrer eigenen Verhaltensweisen zu machen" (S. 33).

Zu bedenken ist, daß die wesentlichen Hemmfaktoren für eine ökologisch ausgerichtete Planung in einer Politik liegen, die sich dem Diktat wirtschaftlicher Sachzwänge, industrieller Wachstumsbedürfnisse und Gewinninteressen beugt. Gefordert wird ein neues Verhältnis der kapitalistischen Gesellschaft zur Natur, damit sie die Kontrolle über den Produktionsprozeß wiedererlangt, wobei besonders die Unternehmen in die Pflicht zu nehmen sind (GROHE 1984). In diesem Zusammenhang bedauert NEDDENS (1986) die Spaltung der Geographie in Physische Geographie und Kulturgeographie, da hierdurch der integrierte, raumstrukturelle Ansatz verlorengeht, weil der Bezug zwischen Natur und Kultur nicht mehr zentraler Blickpunkt bleibt. "Die kulturräumliche Bedeutungsstruktur muß mit der natürlichen Bedeutungsstruktur des Raumes übereinstimmen" (S. 110).

5.3 Einflußfaktoren der heutigen wirtschaftlichen Situation

Im Gegensatz zur Gründerzeit ist aufgrund der zunehmenden weltweiten Verflechtungen das Bündel der Einflußfaktoren immer umfangreicher geworden. Neben dem Faktor "technischer Fortschritt", der jahrzehntelang mit im Vordergrund stand und auch heute vor allem unter dem Gesichtspunkt der Rationalisierungsmaßnahmen eine Bedeutung hat, ist die wirtschaftliche Lage in zunehmendem Maße von außernationalen Bedingungen abhängig geworden, wozu der zunehmende Importdruck und die mangelnden Exportmöglichkeiten gehören. Nicht zu vergessen sind die währungspolitischen Schwankungen, die Subventionen der Konkurrenz und die Preisschwankungen auf dem Rohstoffmarkt sowie die Abhängigkeit von Frachtraten. Im Inland haben insbesondere die Personalkosten die Erlös- und Ertragslage stark beeinflußt.

Erschwerend kommt hinzu, daß - wie auch GAEBE (1979) zutreffend ausführt - die Produktionsanteile der traditionsreichen Stahlproduzenten in der EG zu Gunsten der COMECON-Länder sowie junger Industrie- und Entwicklungsländer ständig zurückgehen und dieser Trend unabhängig von konjunkturellen Schwankungen geworden ist. GAEBE (1979) weist darauf hin, daß die Wachstumsbranchen der hoch entwickelten Länder immer weniger Stahl benötigen, wobei vor allem die Substitution durch andere Werkstoffe mit ausschlaggebend wurde.

Noch vor zwanzig Jahren behauptet SOHL (1970), daß Stahl eine Wachstumsindustrie sei und bleibe. Auch CORDES (1972) konnte nachweisen, daß sich die Rohstahlerzeugung aufgrund des gestiegenen Bedarfs in der Zeit von 1950-1970 verdreifacht hatte. Auch unter Berücksichtigung der Substitution anderer Werkstoffe wurde damals eine weitere Erhöhung der Rohstahlerzeugung prognostiziert. Für 1980 sah man eine Weltrohstahlerzeugung von wenigstens 800-900 Mill. t als gesichert an, die wie Abb. 10 beweist, nicht erreicht wurde. Für die Schwierigkeiten auf dem Stahlsektor sind neben der zunehmenden europäischen und außereuropäischen Konkurrenz und dem bereits erwähnten hohen Preisniveau in der BRD, insbesondere durch die Lohnkosten, noch weitere Determinanten von Bedeutung.

5.3.1   Rohstoffversorgung

Da insbesondere die Rohstoffversorgung, die eine labile Komponente im Kostengefüge der Eisen- und Stahlerzeugung darstellt, Wandlungen unterworfen ist und war, bedarf dieser Punkt noch einmal einer eingehenden Betrachtung.

GAEBE (1979) erläutert, daß die Energie in der Regel der kritische, standortbestimmende Rohstoff der Eisen- und Stahlindustrie ist, wobei als Hauptenergieträger immer noch Koks gilt. "Gewichtsverlust der Rohstoffe und Materialindex (Relation Rohstoff-Produktgewicht) sind wichtige Variablen der Standortwahl. In Pittsburgh, in Wales, in den Midlands, im Ruhrgebiet, im Saarland, in Wallonien, im Donbas, in Karaganda wird hochwertiges Inlands- oder Exporterz am Förderort der Kohle abgebaut, in Lothringen und Salzgitter, Standorte ohne Versorgungsvorteile, wird geringwertiges Eisenerz am Förderort verhüttet. Am Förderort hochwertiger Eisenerze, z.B. in Labrador, Venezuela, Liberia, Mauretanien, Australien, wurde in der Regel nur eine geringe Stahlproduktion aufgebaut. Ohne eigene Versorgungsbasis, transport- und absatzbestimmt sind die Standorte der Eisen- und Stahlindustrie in Japan und an der Ostküste der USA. Nur in wenigen stahlproduzierenden Ländern (Kanada, Brasilien, Sowjetunion, Indien, Südafrika, Australien) ist die inländische Erz- und Energiebasis ausreichend" (S. 110 f). Andererseits räumt GAEBE (1979) ein, daß eigene Kohle- und Erzvorkommen nicht unbedingt Wettbewerbsvorteile bringen, wie das Beispiel der deutschen Kohle auch eindringlich belegen konnte.

Auf die Erzabhängigkeit Deutschlands wurde bereits weiter oben eingegangen. Geändert haben sich bis zur Gegenwart nicht nur die Importmengen, sondern auch die Einfuhrländer. Da für die Ertragslage der Unternehmen die Preisentwicklung der Erzbezüge ein nicht unerheblicher Kostenfaktor darstellt, wird im folgenden die wesentliche Entwicklung kurz erläutert[185].

1954 tätigte das Hüttenwerk Rheinhausen die erforderlichen, noch geringen Zukäufe insbesondere in Schweden. Im Geschäftsbericht 1957 weist das Hüttenwerk Rheinhausen bereits darauf hin, daß bei wachsender Stahlerzeugung auch für die Zukunft mit einem größeren Bedarf an Auslandserzen zu rechnen ist. Aus diesem Grund beabsichtige man, sich in Gemeinschaft mit der übrigen deutschen eisenschaffenden Industrie an der Erschließung neuer ausländischer Erzvorkommen zu beteiligen[186].

1956 berichten Mannesmann und das Hüttenwerk Rheinhausen, daß die erforderlichen Erzmengen teilweise nur unter großen Schwierigkeiten zu beschaffen waren und verstärkt importiert werden mußten. Neben den um 13 % gestiegenen Erzpreisen wirkten sich auch die höheren Frachtkosten besonders nachteilig aus.

Im Gegensatz zum vorangegangenen konjunkturellen Aufschwung war die wirtschaftliche Belebung von 1959 von einem Rückgang der Auslandspreise begleitet. Auch die Seefrachtraten waren aufgrund des reichlichen Schiffsraumangebotes gesunken, wohingegen sich die Frachtkosten auf dem Rhein durch Kleinwasserzuschläge mehr als verdoppelten. Das relativ niedrige Niveau hielt auch in 1960 an.

1961 mußte von seiten des Hüttenwerks Rheinhausen der Inlandserzverbrauch wegen der Verschärfung des Wettbewerbs und Verschlechterung der Ertragslage reduziert werden, da sich infolge der DM-Aufwertung und weiterer Preissenkungen, die für Auslandserzbezüge ab 1962 erzielt werden konnten, sich der Preisunterschied zwischen den Inlands- und Auslandserzen weiter zugunsten der Auslandserze vergrößerte. Wichtig ist in diesem Zusammenhang der Hinweis, daß bereits 1961 die Inlandserze nur etwa 10 % des Bedarfs der Ruhrhütten deckten. Es wurde befürchtet, mit einer Aufrechterhaltung der Inlandserzförderung in dem bisherigen Umfang die Rohstoffbasis in Krisenzeiten nicht mehr sichern zu können.

1962 bezog Mannesmann den Erzbedarf zu 37,5 % aus dem Inland und zu 62,5 % aus dem Ausland, wobei der größte Auslandsanteil (47 %) aus Skandinavien stammte. Die Erzpreise ermäßigten sich durchschnittlich um 5 %.

Von welchen Faktoren die Frachtraten abhängig sein können, geht aus dem Geschäftsbericht des Hüttenwerk Rheinhausen für 1963 hervor, in dem darauf hingewiesen wird, daß die verstärkten Getreidelieferungen aus den USA und Kanada Ende 1963 zu erhöhten Frachtraten beim Erzbezug führten.

Für in 1963 abgeschlossene Erzmengen konnte aufgrund des reichlichen Angebotes auf dem Weltmarkt eine weitere Preisermäßigung erzielt werden, ebenso sanken die Frachtraten.

Von 1964 bis 1966 deckte Mannesmann den Erzbedarf fast vollständig im Ausland, wobei Skandinavien mit 32 % zwar noch an erster Stelle stand, allerdings hatte sich der Anteil des westafrikanischen Erzes weiter erhöht und lag bereits bei 26 %, Südamerika war mit 23 % beteiligt[187].

Auch 1967 stammten 35 % aus Skandinavien und 25 % aus Afrika, der Rest aus Südamerika, Australien und Goa.

Analog zur Konjunkturabschwächung im Jahre 1966 zeigten die durchschnittlichen Einstandskosten für 1966 und 1967 für importierte Eisenerze eine fallende Tendenz, die einerseits durch das Überangebot auf dem Erzmarkt und andererseits durch niedrigere Seefrachten aufgrund des Einsatzes größerer Schiffseinheiten[188] bewirkt wurde.

Die Fried. Krupp Hüttenwerke bezogen 1966 40 % Erze aus afrikanischen Gruben und 33 % aus Schweden, womit Schweden an die zweite Stelle gerückt war und 1967 bereits 42 % aus Afrika und 36 % aus Schweden.

Auch der Konjunkturaufschwung von 1969 war begleitet von einer erheblichen Anspannung auf den Versorgungsmärkten. Die zugenommene Nachfrage nach Erzen führte zu einem Preisanstieg.

1971 erfolgte wiederum eine Erhöhung der Erzpreise und Seefrachten, 1972 waren in Folge der allgemeinen Konjunkturabschwächung die Erzpreise zunächst niedriger, 1974 wurden wiederum erhöhte Erzpreise beklagt. Bemerkenswert ist, daß 1975 trotz des niedrigen Dollarkurses und gesunkener Seefrachten die Erzbezugspreise um 29 % über denen des Vorjahres lagen.

Das ständige Auf und Ab der Preise setzte sich auch in den Folgejahren fort. War 1977 noch ein leichter Rückgang, der durch den Kursverfall des US-Dollars bedingt war, zu verzeichnen, so fand 1979 bereits wieder eine Preiserhöhung statt, die auch 1980 anhielt. 1980/81 beklagen die Unternehmen wiederum eine durch die Dollaraufwertung bedingte Erhöhung, eine Situation, die auch 1982 trotz niedriger Seefrachten anhielt. 1983 stellte sich die Lage auf dem Erzmarkt noch verwickelter dar: Der Dollar war zwar niedrig, allerdings waren die Seefrachten gestiegen, so daß trotz eines Überangebotes an Erz nur eine 4%ige Ermäßigung eintrat.

Bereits 1984 hatte Thyssen wegen des Dollarkurses eine Erhöhung von 3 % in Kauf zu nehmen und 1985 um 5 %, wobei die Erzpreiserhöhung durch niedrige Seefrachten kompensiert wurden; erst 1986 konnte eine Senkung aufgrund des Dollarkurses erzielt werden.

Ein nicht weniger wichtiger Rohstoff für die Stahlwerke stellt Schrott dar, der je nach Herstellungsverfahren 20 bis 100 % des eisenhaltigen Einsatzmaterials ausmacht, und dessen ökologische Bedeutung mittlerweile unumstritten ist. Der Schrottpreis ist wiederum abhängig von dem Primärrohstoff Erz, der in Dollar abgerechnet wird und dessen Kurs nachhaltig den Preis bestimmt, an den sich nach marktwirtschaftlichen Gesetzen auch der Schrottpreis anpassen muß[189].

Bereits 1954 weist das Hüttenwerk Rheinhausen darauf hin, daß der Schrottmarkt größeren Schwankungen ausgesetzt ist und der Zukaufsbedarf mit zunehmender Rohstahlerzeugung erheblich ansteigt, so daß die Werke der Montanunionsländer dazu übergingen, Schrott aus den USA einzuführen. Der gestiegene Bedarf hatte dementsprechend eine Preiserhöhung im Inland zur Folge.

Durch die Erhöhung der Schrottlieferung aus der Bundesrepublik in andere Länder der Montanunion und die Erweiterung der Stahlerzeugung in der Bundesrepublik war 1956 die

Lage auf dem Schrottmarkt besonders angespannt und bewirkte eine Schrottpreiserhöhung um 20 %.

Besonders wird kritisiert, daß seit dem 1.2.1957 durch die Hohe Behörde eine neue Schrottmarktregelung in Kraft gesetzt wurde, die eine zeitlich gestaffelte erhöhte Ausgleichsumlage für solche Schrottmengen vorsieht, die den Verbrauch eines bestimmten Referenzzeitraumes übersteigen, wodurch eine weitere Ausweitung der Stahlproduktion auf Schrottbasis erschwert würde.

Mannesmann deckte 1958 zwei Drittel der benötigten Mengen an Schrott aus Eigenanfall. Außerdem führte die günstigere Entwicklung auf dem Schrottmarkt zu einer Beendigung des Preisausgleichs für Schrott aus Ländern der Montanunion und aus Drittländern.

Auch 1960 und 1961 stammte 60 % des Schrottbedarfs aus dem Mannesmann-Bereich, 30 % wurden als Zukauf im Inland getätigt, für den aufgrund der Rohstahlerzeugung ein Preisanstieg zu verzeichnen war. 1961 gaben die Preise aufgrund der geringeren Nachfrage nach. Die restlichen Mengen wurden aus Drittländern, hauptsächlich den USA, bezogen.

1962 wurden wiederum 60 % aus dem eigenen Bereich gedeckt, jedoch nur noch 5 % aus dem Ausland zugekauft und 35 % aus dem Inland. Aufgrund des reichlichen Angebotes lagen die Preise rund 20 % unter denen des Vorjahres.

Der steigende Schrottbedarf mußte in der zweiten Jahreshälfte 1963 aus Importen gedeckt werden. Wegen der zunehmenden Nachfrage konnte bei Importschrott eine steigende Tendenz verzeichnet werden. Entsprechend der positiven wirtschaftlichen Lage führte die gestiegene Rohstahlerzeugung in 1964 wieder zu einer verstärkten Nachfrage, die nur durch zu höheren Preisen eingekauften Importschrott gedeckt werden konnte. Durch die geringere Rohstahlproduktion in 1966 gaben die Schrottpreise aufgrund der nachlassenden Nachfrage nach, stiegen jedoch wieder 1967 an.

Im Wechselspiel von Angebot und Nachfrage führte der erhöhte Schrottbedarf auch 1968 zu einem Preisanstieg. Eine Preisberuhigung trat erst ein, nachdem die Eisen- und Stahlindustrie dazu übergegangen war, den Bedarf durch größere Schrottimporte aus Drittländern zu decken. Die Schrottpreise waren erst nach Eintreten des Konjunkturabschwungs Ende 1970 wieder rückläufig, eine Tendenz, die auch 1971 anhielt und auch nach kurzer Beruhigung wieder Mitte 1972 zu verzeichnen war.

Eine Möglichkeit, dem Kostendruck zu entgehen, sieht CORDES (1972) in der Tatsache, daß der Einsatz von Erz und Schrott variiert werden kann, indem man sowohl das Blasstahl- als auch das Elektroverfahren anwendet.

Andererseits belasten auch die Energiekosten die Unternehmen nicht unerheblich. 1979 verteuerte sich schweres Heizöl beispielsweise um 31 % und 1980 um 41 %.

Während der Heizölpreis Schwankungen unterworfen ist, - durch die Nahost-Krise 1967 trat beispielsweise eine Erhöhung um 9 % ein - konnte den Geschäftsberichten entnommen werden, daß bei der Ruhrkohle AG eine ständige Preiserhöhung zum Vorjahr vorgenommen wurde. Laut Geschäftsbericht 1975 von Mannesmann erfolgt z.B. ein Anstieg um ein Viertel gegenüber 1974. 1977 lagen noch die Preise niedriger als 1976, dennoch über Weltmarktniveau. Die deutsche Stahlindustrie hatte jedoch keine Möglichkeit, aufgrund des Hütten-vertrages[190] mit der Ruhrkohle AG, sich mit Kokskohlen auf dem Weltmarkt zu versorgen.

Die Ausführungen haben gezeigt, daß die ständigen Preisschwankungen der Rohstoffe erheblich mit verantwortlich für die Kostenentwicklung auf dem Stahlmarkt sind.

5.3.2 Veränderte Standortbedingungen

Im Zusammenhang mit der Rohstoffversorgung ist auch die Diskussion um den optimalen Standort zu sehen.

Die eisen- und stahlschaffende Industrie des Ruhrgebietes hat sich auf der Kohle entwickelt, d.h. nicht die Kohle als solche, sondern der aus Eß- und Fettkohle gewonnene besonders hochwertige Hochofenkoks ist entscheidend für den Schmelzprozeß. Darum entwickelte sich die Eisen- und Stahlgewinnung erst, als es nach englischem Vorbild erstmalig gelang, aus heimischer Kohle Koks zu gewinnen und erfolgreich für den Schmelzprozeß zu verwenden.

MICHEL (1965) hat bereits darauf hingewiesen, daß der Standortvorteil Kohle, der früher wesentliche Grundlage für den Bau der Hüttenwerke an der Ruhr war, keine Gültigkeit mehr hat, da die heimische Kohle im Vergleich zur ausländischen Kohle zu teuer ist. Auch unter dem Gesichtspunkt der Erzversorgung müßte die Standortwahl der Stahlindustrie neu beurteilt werden, so daß aus diesen Erkenntnissen heraus neue Standorte an der Küste errichtet wurden, die im Hinblick auf Exporte kostengünstiger, jedoch weniger bezüglich des inländischen Absatzmarktes sind, der nach MICHEL (1965) zum damaligen Zeitpunkt noch 80 % ausmachte[191]. Unter diesem Gesichtspunkt würde der Kostenvorteil der Küstenwerke in bezug auf Erz und Kohle durch die damit geringere Frachtbelastung der Stahlerzeugnisse sich jedoch verringern, so daß die Ruhrhüttenwerke nach wie vor als wettbewerbsfähig angesehen werden.

CORDES (1972) kommt antizipierend zu dem Schluß, daß die Bundesrepublik Deutschland auf Dauer kein idealer Standort für eine Vergrößerung der Stahlproduktion sein kann, wenn nicht die Kostenexplosion gestoppt wird. Nicht nur die entscheidenden Rohstoffe befinden sich in Übersee, sondern auch der zukünftige Absatzmarkt, wobei die niedrigeren Personalkosten noch hinzukommen. Vom wirtschaftlichen Standpunkt sei der günstigste Standort derjenige, an dem die Rohstoffe am billigsten, der Lohnaufwand unter Berücksichtigung der Leistungsfähigkeit am geringsten und der Absatzmarkt am nächsten ist. In der Bundesrepublik seien die Kostensteigerungen derartig groß, daß die Grenze der Wirtschaftlichkeit bei der Stahlerzeugung erreicht ist. Es sei sinnvoller, wenn sich die deutschen Stahlunternehmen aus den zu eng gewordenen Grenzen lösen und multinational würden. "Die Stahlunternehmen müssen den Stahl nach den Methoden und an den Standorten herstellen, wo er, gemessen am Weltbedarf, in den einzelnen Ländern am wirtschaftlichsten herzustellen ist. Das bedeutet für die Stahlunternehmen, daß sie in Zukunft ihren Kapitaleinsatz dorthin lenken müssen, um ein wirtschaftlich sinnvolles Wachstum erreichen zu können" (S. 9).

Die Argumentation von CORDES (1972) ist nicht von der Hand zu weisen, insbesondere unter Berücksichtigung der Tatsache, daß der inländische Absatzmarkt eine immer geringere Rolle spielt. Vom gesamten Außenumsatz entfielen im Geschäftsjahr 1985/86 bei Thyssen 49 % an Kunden innerhalb der Bundesrepublik und 51 % an Kunden außerhalb der Bundesrepublik, wohingegen 1980/81 der Außenumsatz an inländische Kunden noch 55 % betrug. Insofern spricht BIRKENHAUER (1984) von einer "relativen" Standortgunst gegenüber den Küstenstandorten.

Beeinflußt von der Tendenz zur Verlagerung an die Küste waren vor allem die binnenländischen Standorte (z.B. Dortmund)[192].

BIRKENHAUER (1984) sieht eine Erklärung darin, daß die Stahlkonzerne am Rhein auf längere Sicht noch keine Verlagerung an die Küste vorgesehen haben in den hohen bisher getätigten Investitionen, der hier vorhandenen Infrastruktur und auch der Nähe zum Absatzmarkt, was damit belegt wird, daß Thyssen z.B. 90 % seines Inlandabsatzes in einem Umkreis von rund 100 km von Düsseldorf umsetzt. Der integrierte Verbrauchermarkt sei zum Hauptstandortfaktor der Stahlindustrie geworden. Im Gegensatz zum alten Standortfaktor Kohle seien die reinen Marktbeziehungen für die Rentabilität der Anlagen ausschlaggebender. "Dieser 'neue' Hauptstandortfaktor wiegt den Standortfaktor 'Küste' (also Transportkosten) insofern auf, als er den Transport von Fertigwaren, aber auch von Halbwaren von der Küste oder gar von den Erzstandorten in Übersee in die Nähe der Verbraucherzentren und der dort verbraucherorientierten Industrie sehr wenig sinnvoll erscheinen läßt. Hierzu passen auch die Maßnahmen der Großkonzerne zur Spezialisierung und regionalen Arbeitsteilung. Im Grunde versteht man die Entstehung, die Billigung von Fusionen und die regionale Arbeitsteilung erst voll auf diesem Hintergrund" (S. 152).

Nicht zuletzt aufgrund seiner verkehrstechnischen Infrastruktur bietet der Standort Duisburg Vorteile und hat zu einer Konzentration des Eisen- und Stahlbereichs in den Raum Duisburg beigetragen (Tab. 37).

Dennoch darf nicht übersehen werden, daß der Standortwettbewerb im internationalen Rahmen immer schärfer wird.

Tabelle 37
Strukturveränderungen im Eisen- und Stahlbereich

Vorhandene Hochöfen	Duisburg	Dortmund	Essen	Bochum	Gelsenkirchen
1965	40 (30)	11 (6)	9 (6)	7 (6)	3 (3)
1985	20 (14)	4 (3)	-	2 (2)	-

Anmerkung: Die in Klammern gesetzte Zahl gibt die Anzahl der produzierenden Hochöfen an.

Roheisenerzeugung in Mill. t	Duisburg	Dortmund	Essen	Bochum	Gelsenkirchen	Ruhrgebiet
1965	10,130	3,468	1,746	1,746	0,688	17,573
1985	16,331	3,596	-	-	-	19,927

Quelle: UMWELTBERICHT 1987, S. 37

5.3.3 Niedergangssymptome

Neben der anhaltenden Investitionsschwäche bei steigenden Investitionen im Ausland ist nicht ohne Einfluß auf die derzeitigen wirtschaftlichen Probleme die zunehmende Tendenz der Unternehmen zur Diversifikation, insbesondere in bezug auf Produktionsbereiche mit hoher Technologie und Zukunftsaussichten. Zentrales Ziel der Diversifikation sind "Synenergieeffekte", die für große Mehrbetriebs-Unternehmen ein Weg zur systematischen Erschließung neuer Produkte und Technikfelder sind, wie am Beispiel des Unternehmens Mannesmann, das 1986 in dem traditionellen Unternehmensschwerpunkt "Röhren" nur noch unter 30 % Gesamtumsatz erzielte, nachgewiesen werden kann. Auch bei Thyssen und Krupp liegen die Umsatzanteile im Stahlbereich nur noch unter 30 %. An Übernahmen und Beteiligungen erfolgten im Diversifikationfeld "Maschinenbau/ Regeltechnik" von Mannesmann seit 1976:

- 1972: Übernahme der DEMAG AG (Hüttentechnik, Maschinenbau),
- 1975: Übernahme der REXROTH GmbH (Hydraulik),
- 1981: Übernahme der HARTMANN & BRAUN AG (Meß- und Regeltechnik),
- 1987: Beteiligung an der FICHTEL & SACHS AG (Automobilkomponenten, Hydraulik, Regeltechnik)

und im Diversifikationsfeld Datentechnik:

- 1979: Übernahme der TALLY Corp. (Drucker für Datentechnik),
- 1981: Beteiligung an der ANT GmbH (Nachrichtentechnik),
- 1982: Übernahme der KIENZLE GmbH (Datentechnik),
- 1986: Beteiligung an der PCS GmbH (Industrielle Computeranwendung) (GRABHER 1988, S. 75).

Kennzeichnend für die Umstrukturierung ist andererseits die Veräußerung der Drittel-Beteiligung von Mannesmann an der Ruhrchemie, da die Aktivitäten der Gesellschaft nicht mehr in das Gesamtkonzept paßten. Diese zentrifugal ausgerichteten Aktivitäten beweisen, daß der ursprüngliche Standort nicht von den Diversifizierungsstrategien profitiert.

Auf diesem Hintergrund war auch der in Duisburg-Huckingen zu verzeichnende Abbau zu verstehen[193] sowie das an Unternehmen ergangene Angebot, sich auf dem Betriebsgelände von Mannesmann anzusiedeln, um zum einen die technische Infrastruktur in Anspruch nehmen zu können und zum anderen ein "cost-sharing" zu erwirken (vgl. WAZ vom 17.7.1987). Hier waren bereits erste Ansätze einer Neubewertung des industriellen Standortes erkennbar.

Die deutsche Wiedervereinigung, der Europäische Binnenmarkt und die Öffnung Osteuropas verschärfen noch die Konkurrenz zwischen den Standorten.

Wie auch GAEBE (1979) bestätigt, gehen die Produktionsanpassungen überwiegend zu Lasten des Arbeitsmarktes. Der Rationalisierungsdruck mit arbeitsplatzsparendem Einsatz neuer Technologien ist folglich ein weiteres Kennzeichen der Abschwungphase. "Während Dampfmaschine und Elektrotechnik zunächst einen immensen Arbeitskraftbedarf mit sich brachten, der nur durch die industriellen Reservearmeen der heimischen Landbevölkerung, dann der Ostprovinzen und später der Gastarbeiter befriedigt werden konnte, bringt die mikroelektronische sog. dritte industrielle Revolution mit der Automatisierung und Roboterisierung eine neue Qualität mit sich. Deren Rationalisierungseffekt ist ungleich größer als die arbeitsplatzschaffende Wirkung, die überdies in hohem Maß bereits im Aufschwung der Schwellenländer absorbiert ist. Sie betrifft auch den Dienstleistungssektor, der seine bisherige wachstumsstarke Position für den Arbeitsmarkt einbüßt" (BUTZIN 1987, S. 198). Der Bedarf an Lohnarbeit scheint einem unaufhaltsamen Rationalisierungs- und Verlagerungsprozeß in die Schwellenländer zu unterliegen.

Zutreffend beschreibt die Stadt Duisburg bereits 1978 die Situation: "Die Entwicklung ist geprägt durch steigende Arbeitslosigkeit, steigende Sozialausgaben (Abb. 32), Einwohnerschwund und daraus folgend durch Minderung der finanziellen Leistungskraft der Stadt"[194].

Abbildung 32
Ausgaben für Sozialhilfe in DM je Einwohner in Städten des Ruhrgebiets 1976 - 1986

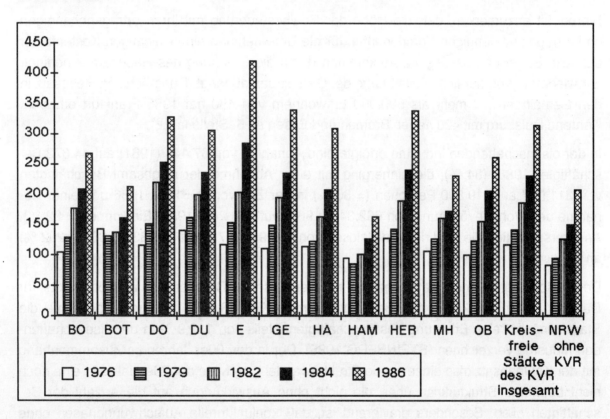

Zahlen aus: PETZINA 1990, S. 558

Als Gründe werden u.a. die von der Stadt nicht zu beeinflussende Strukturschwäche der örtlichen Großindustrie angegeben sowie die gewollten Strukturänderungen der Unternehmen durch Abbau des Verarbeitungssektors zugunsten der Erweiterung der Verhüttungskapazität und Abwanderungen der Bevölkerung ins Umland. "Entscheidend ist die Krise der Stadt 1977 durch die wirtschaftliche Entwicklung im Bereich der Eisen- und Stahlindustrie ausgelöst worden. Die Stagnation dieses Wirtschaftszweiges bzw. seine Rückentwicklung in Teilbereichen mit Folgen auf dem Arbeitsmarkt schlugen unmittelbar auf die Sozialstruktur der Stadt und ihre Finanzkraft in Form verminderter Steuereinnahmen durch und beschleunigen damit den Einwohnerrückgang, der aufgrund wirtschafts- und siedlungsstruktureller Gegebenheiten in Duisburg ohnehin hoch war"[195]. Die Gewerbesteuer nach Ertrag und Kapital[196] steht in enger Beziehung zur Ertrags- und Wirtschaftskraft der örtlichen Wirtschaft mit dem Resultat, daß die gravierenden Probleme des sekundären Sektors - vor allem der Eisen- und Stahlindustrie - sich negativ auf die kommunalen Einnahmen auswirken. HEUER (1985) beklagt, daß durch die verschiedenen Steuerrechtsänderungen der letzten Jahre die Gewerbesteuer zunehmend zur Großbetriebssteuer wurde, wodruch die Abhängigkeit der Städte von den ortsansässigen Großbetrieben weiter stieg. "Besonders nachteilig wirkten sich die steuerlichen Entlastungsmaßnahmen der Bundesregierung - wie z. B. die Kürzung der Hinzurechnungen von Dauerschulden und Dauerschuldzinsen zum Gewerbeertrag - auf die strukturschwachen Städte aus. Dort sind nämlich - so der Duisburger Oberstadtdirektor Krämer - 'die am stärksten verschuldeten Unternehmen, die von dieser Maßnahme profitieren, ansässig. So hat Duisburg bespielsweise durch diese Maßnahme eine jährliche Einbuße von 26 Millionen hinnehmen müssen'" (S. 41).

Hierbei ist anzumerken, daß die Höhe der Realbesteuerung mit ihren ertragsabhängigen und ertragsunabhängigen Komponenten für die Unternehmen einen wichtigen Kostenfaktor darstellt. So ist das gestiegene Aufkommen durch die Erhöhung des Hebesatzes bedingt, der wiederum von der finanziellen Lage der Gemeinden abhängt. Den höchsten Hebesatz in den Gemeinden mit mehr als 500.000 Einwohnern von 480 hat 1986 Frankfurt erhoben, während Duisburg mit 420 neben Bremen und Essen an 5. Stelle lag[197].

In der eisenschaffenden Industrie erfolgte eine Abnahme von 67.444 (1961) auf 44.672 Beschäftigte (1986) (34 %), die einherging mit einer Abnahme der insgesamt Beschäftigten von 311.587 auf 219.600 Personen (= 30 %) in der Zeit von 1961 bis 1986 und einer Abnahme der Wohnbevölkerung von 662.348 (1961) auf 518.260 (1985) Einwohner (= 22 %). Andererseits stieg die Zahl der Arbeitslosen von 10.290 (1975) auf 31.083 (1986) (= 202 %) an[198].

Der Beschäftigtenverlust setzte bereits mit der Krise im Bergbau ein und bedeutete für Duisburg einen Rückgang des Bergarbeiteranteils von 13,1 %. Andererseits konnte die Stadt zunächst eine Erhöhung des Beschäftigtenanteils von 112,9 % in der eisenschaffenden Industrie verzeichnen (STEINBERG 1985). Der in den 60er Jahren im Zusammenhang mit der Kohleabsatzkrise einsetzende Strukturwandel ging Mitte der 70er Jahre in eine noch nicht beendete Strukturkrise über, die nicht ohne Auswirkungen auf die Anzahl der Beschäftigten blieb. Besonders gravierend ist, daß konjunkturelle Aufschwungphasen ohne Wirkung auf die Beschäftigtenzahl, sondern bei gleichzeitgem Arbeitsplatzabbau, verliefen. Unter Bezug auf das Modell der "langen Wellen" von Kondratiev ist Arbeitslosigkeit das deutlichste Zeichen für den Niedergang (VAN DUIJN 1983).

Erschwerend kommt hinzu, daß die Zunahme der Arbeitslosenzahl auch auf Schwierigkeiten der mittelständischen Unternehmen, die als Zulieferer- und Dienstleistungsbetriebe unter Auftragsmangel der Eisen- und Stahlindustrie leiden, zurückzuführen ist. BENSCH (1986) gibt an, daß über den Primärverlust ca. 40.000 Arbeitsplätze in den übrigen Wirtschaftszweigen vorwiegend aufgrund von Verflechtungseffekten mit dem Montansektor verlorengingen[199].

So faßt BENSCH (1986) zusammen, welcher Stellenwert strukturellen Arbeitsplatzverlusten beizumessen ist: "Sie bedeuten zunächst die dauerhafte Aufgabe von Produktionspotential, und sie induzieren damit dauerhaften Verlust wirtschaftlicher Leistungsfähigkeit. Nicht zuletzt dieser Umstand führte zu einer deutlichen Abkopplung der wirtschaftlichen Entwicklung - gemessen durch Beschäftigung und Wachstum - in Duisburg von der im Bund" (S. 18)[200].

Von Bedeutung ist, daß Konjunkturaufschwünge in Duisburg nur etwa halb so große Beschäftigungseffekte wie in der Bundesrepublik ergaben. Daß der Beschäftigungstrend zunehmend weniger von konjunkurellen als von strukturellen Bedingungen geprägt wird, beweist auch die den Geschäftsberichten entnommene Arbeitsplatzentwicklung:

1956 konnte aufgrund der konjunkturellen Verhältnisse noch eine Vollbeschäftigung verzeichnet werden. Die Unternehmen benötigen eine hohe Anzahl an Arbeitskräften. Beklagt wird die starke Fluktuation in der Belegschaft als Begleiterscheinung konjunktureller Aufschwünge.

1958 wird jedoch schon berichtet, daß aufgrund des verringerten Auftragseingangs das Hüttenwerk Rheinhausen ab Mai keine Einstellungen mehr vornahm, so daß der Abgang zu einer Belegschafts-Verringerung führte. Bereits im Spätsommer erfolgte jedoch eine Entlassung von rund 300 Arbeitskräften, so daß bis zum Ende des Geschäftsjahres insgesamt eine Verringerung von 4,9 % eingetreten war. Diese Entwicklung ist besonders auf dem Hintergrund der erfolgten Arbeitszeitverkürzung zu sehen.

Bereits ein Jahr später erwähnt das Unternehmen, daß aufgrund der wirtschaftlichen Belebung die Anwerbung von Arbeitskräften große Schwierigkeiten bereitete, und auch die erneute Arbeitszeitverkürzung die Einstellung zusätzlicher Arbeitnehmer erforderlich machte.

Das Hüttenwerk Rheinhausen berichtet, daß die Belegschaftsentwicklung in der ersten Hälfte des Jahres 1961 noch im Zeichen der ansteigenden Konjunktur stand, so daß ein ständiger Arbeitskräftebedarf bestand, in der zweiten Jahreshälfte hingegen führte die rückläufige Konjunktur zu einem Überhang an Arbeitskräften, was jedoch aufgrund der zu erwartenden Arbeitszeitverkürzung in Kauf genommen wurde.

1962 war man hingegen nicht mehr in der Lage, die ausscheidenden Arbeitskräfte durch Einstellungen aus dem gewohnten Einzugsgebiet zu ersetzen. Der im April 1962 vergebene Auftrag auf Anwerbung von 100 spanischen Gastarbeitern an die Arbeitsverwaltung kann als Beginn der Tätigkeit ausländischer Arbeitnehmer gesehen werden. Allerdings sank aufgrund der sich im Spätsommer abzeichnenden rückläufigen Situation auf dem Stahlmarkt der Arbeitskräftebedarf. Aufgrund zunehmender Absatzschwierigkeiten und der damit verbundenen Anpassung der Produktion an die Marktlage wurden jedoch Arbeitskräfte freigesetzt.

Die Entwicklung auf dem Arbeitsmarkt stellt sich nach WINKEL (1974) Anfang der 60er Jahre so dar, daß das Arbeitskräftereservoir der deutschen Volkswirtschaft nahezu erschöpft war. 1960 standen 26,2 Mill. Beschäftigten nur noch 271.000 Arbeitslose gegenüber, so daß in größerem Umfang seit Anfang der 60er Jahre ausländische Arbeitnehmer angeworben wurden.

Wie sehr weiterhin den konjunkturellen Schwankungen entsprechend, bereits innerhalb eines Jahres, der Arbeitskräftebedarf angepaßt wird, geht aus dem Geschäftsbericht des Hüttenwerk Rheinhausen für 1963 hervor. So habe man Anfang des Jahres 1963 aufgrund der schwierigen Situation auf dem Eisen- und Stahlmarkt sich gezwungen gesehen, möglichst kurzfristig die Belegschaft den verringerten Produktionsmöglichkeiten anzupassen. Ab Mai hätte man jedoch in Folge der nach dem langen Winter einsetzenden saisonalen Belebung wieder versuchen müssen, ausscheidende Arbeitskräfte zu ersetzen.

In dem Aufschwungjahr 1964 stieß das Hüttenwerk Rheinhausen wieder auf erhebliche Schwierigkeiten bei der Deckung der zur Durchführung der Produktionsaufgaben notwendigen Arbeitskräfte. Im Frühjahr und Sommer wurden bereits zusätzlich Belegschaftsmitglieder benötigt, die auf dem heimischen Arbeitsmarkt nicht mehr vorhanden waren[201]. Auch den Abgang an Arbeitskräften habe man nicht mehr durch Neueinstellungen ersetzen können. So wurden im Juli 1964 121 spanische Gastarbeiter eingestellt[202]. Interessant ist der bereits bekannte Hinweis, daß der Einsatz von Gastarbeitern allerdings auch erhebliche Schwierigkeiten mit sich bringen würde (vgl. Kap. 4.2.1), da die Einsatzmöglichkeit solcher Arbeitskräfte infolge der Schwierigkeit bei der sprachlichen Verständigung verhältnismäßig beschränkt sei.

Im Geschäftsjahr 1965/66 wurde von seiten der August-Thyssen-Hütte die Belegschaft um 4 % reduziert, da in zunehmendem Maße während des Jahres aufgrund von Rationalisierungsmaßnahmen und Produktionseinschränkungen die Belegschaftsabgänge nicht mehr ersetzt wurden. Trotzdem stieg die Fluktuation von 6 auf 7 %. Die statistische Zunahme von Angestellten wird erklärt mit der Übernahme von Lohnempfängern ins Angestelltenverhältnis.

1965/66 betrug die Zahl der ausländischen Mitarbeiter an der Gesamtbelegschaft bei der August Thyssen-Hütte knapp 4 %.

In Anbetracht des Konjunkturabschwungs 1966 reagierte die Fried. Krupp Hüttenwerke AG, indem sie die Zahl der Mitarbeiter der gesunkenen Beschäftigung anpaßte. Außerdem hatten verschiedene Rationalisierungsmaßnahmen zu einer Freistellung von Arbeitskräften geführt. Die Belegschaftsverminderung konnte überwiegend durch Verzicht auf Ersatzeinstellungen und durch vorzeitige Pensionierungen erreicht werden.

Die Fried. Krupp Hüttenwerke AG berichten, daß 1968/69 aufgrund der Übernachfrage nach Arbeitskräften die Bedarfsdeckung nur durch Anwerbung ausländischer Arbeitnehmer einigermaßen zufriedenstellend gelöst werden konnte. So betrug der Anteil an ausländischen Arbeitskräften an der Gesamtbelegschaft 1968 5,4 % und 1969 bereits 7,2 %, 1970 schon 9,2 %.

1970 mußte noch Mehrarbeit verfahren werden, in der zweiten Jahreshälfte 1971 wurde jedoch in Teilbereichen Kurzarbeit eingeführt.

Zum Jahresende 1972 beschäftigte das Hüttenwerk in Rheinhausen 3,8 % weniger Mitarbeiter als im Vorjahr, wobei der stärkste Rückgang bei den Angestellten mit 9,4 % zu verzeichnen war.

War man im ersten Quartal 1972 noch gezwungen, die Kurzarbeit beizubehalten und auf Ersatzeinstellungen zu verzichten, wurde es im weiteren Verlauf des Jahres unumgänglich,

Mehrarbeitsstunden verfahren zu lassen und zusätzlich Arbeiter einzustellen, wobei es sich aufgrund des Engpasses auf dem deutschen Arbeitsmarkt vorwiegend um ausländische Arbeitnehmer handelte.

1974 sahen sich die Fried. Krupp Hüttenwerke im Laufe des letzten Quartals aufgrund der Verschlechterung der Beschäftigungslage veranlaßt, im Personalbereich geeignete Anpassungsmaßnahmen zu treffen, wozu im wesentlichen ein genereller Verzicht auf Neueinstellungen, der Abbau von Mehrarbeit und eine weitestgehende Einschränkung der Inanspruchnahme von Arbeitskräften fremder Unternehmen zählten.

Im Geschäftsjahr 1974/75 betrug die Zahl der kurzarbeitenden Belegschaftsmitglieder der Thyssen-Gruppe durchschnittlich 6 %, bei der August Thyssen-Hütte mußten im September 25 % kurzarbeiten. Erstmalig wird die Möglichkeit des Ausscheidens von Mitarbeitern im Rahmen des Sozialplanes erwähnt, ein Procedere, das auch in den folgenden Jahren ständig zur Anwendung kommt.

Die weiteren Ausführungen belegen, daß ungefähr von diesem Zeitpunkt an die konjunkturellen Schwankungen nicht mehr den Ausschlag für Erhöhungen oder Verminderungen des Arbeitskräftepotentials geben, sondern strukturelle Veränderungen, da auch in konjunkturellen Erholungsphasen ein stetiger Arbeitskräfteabbau bzw. zumindest Kurzarbeit zu verzeichnen ist.

Seit 1975 hat die Krupp Stahl AG aufgrund von Umstrukturierungen die Belegschaft des Stahlbereichs um fast 8.000 Mitarbeiter reduziert, wobei diese Anpassung ohne Entlassungen, sondern durch Ausschöpfung der natürlichen Fluktuation und durch vorzeitige Pensionierungen im Rahmen von Sozialplänen erfolgte.

Allerdings ist zu bedenken, daß 1982 die Altersgrenze für vorzeitige Pensionierungen bereits auf das 55. Lebensjahr herabgesetzt wurde. Im Stahlbereich waren von der Kurzarbeit bereits 60 % der Mitarbeiter betroffen.

1975 erfolgte bei Mannesmann die Anpassung an die geringere Auslastung der Betriebe im wesentlichen dadurch, daß die Mehrarbeit entfiel, der bezahlte Urlaub vorgezogen, unbezahlter Urlaub gewährt und auf Ersatz ausgeschiedener Mitarbeiter verzichtet wurde. Außerdem erfolgte aufgrund der schlechten Absatzsituation, vor allem in Teilbereichen der Mannesmann AG Hüttenwerke, der Mannesmann Röhrenwerke AG und der DEMAG AG die zeitweilige Einführung von Kurzarbeit, wovon insgesamt rund 15.000 Mitarbeiter betroffen waren. Kurzarbeit erfolgte auch bei Krupp, von der zeitweise 12.000 Arbeitnehmer berührt waren.

1976 konnte trotz Einlegung von Betriebsferien, Vorziehen von Urlaubs- und Freizeitansprüchen sowie Gewährung unbezahlten Urlaubs Kurzarbeit, insbesondere bei der Mannesmannröhren-Werke AG und der Demag AG, nicht vermieden werden. Auch Krupp mußten gegen Jahresende und auch 1977 wieder Kurzarbeit einführen.

Es wird darauf verwiesen, daß die durch Tariferhöhungen entstandenen Mehrbelastungen nicht durch Kurzarbeit, geringere Pensionsrückstellungen etc. kompensiert werden konnten.

Im Geschäftsjahr 1978/79 wurden bei Thyssen allerdings wieder Mehrarbeitsstunden durchgeführt.

1979 wurden bereits wieder Arbeitskräfte (Facharbeiter) gesucht. Krupp verzeichnete einen Anstieg der Arbeitskräfte um 2 %.

Im Geschäftsbericht 1980 weist Krupp darauf hin, daß sich die Mitarbeiterzahl um 3 % verringert habe, da die im Rahmen der üblichen Fluktuation ausgeschiedenen Arbeitnehmer nicht wieder ersetzt wurden. Andererseits beklagt das Unternehmen, daß es Schwierigkeiten bereitet hätte, den Bedarf an qualifizierten Fachkräften am Arbeitsmarkt zu decken.

1980 fand wiederum eine weitere Verringerung der Belegschaft durch Rationalisierung und eingeleitete Maßnahmen zur Konzentration der Rohstahlerzeugung statt. 1983 werden für das Hüttenwerk Huckingen weitere personelle Anpassungsmaßnahmen aufgeführt.

So berichten Thyssen und Mannesmann im Geschäftsbericht 1983, daß das Ergebnis durch Sozialplanaufwendungen erheblich belastet wurde. Aufgrund des Stahlhilfeprogramms der Bundesregierung können jedoch bis zu 50 % Zuschüsse beantragt werden, die jedoch ab dem Geschäftsjahr 1986 in Höhe von 40 % des Jahresüberschusses rückzahlbar sind.

Insgesamt ist der Trend zum Personalabbau anhaltend, der insbesondere auch unter dem Aspekt der zunehmenden Größenordnung des Kostenfaktors "Personalaufwendungen" zu sehen ist, worauf CORDES (1972) bereits hingewiesen hatte.

Im Geschäftsbericht 1984 von Mannesmann wird erwähnt, daß durch Inanspruchnahme der gesetzlichen Rückkehrhilfe für Ausländer überwiegend bei dem Hüttenwerk Huckingen rund 1.300 Mitarbeiter ausschieden.

Abb. 33 über die Belegschaftsentwicklung der einzelnen Unternehmen[203] von 1969 bis 1991 zeigt eindrucksvoll den Abwärtstrend der letzten zehn Jahre.

Es wurde bereits erwähnt, daß der Faktor "Personalkosten" für die Unternehmen eine immer größere Belastung darstellt. 1969 lag Duisburg bereits mit an der Spitze der Lohnskala (MEINERT 1977). Die ständig steigenden Personalkosten sind nicht zuletzt auf dem Hintergrund der teilweise außergewöhnlich hohen Tariferhöhungen zu sehen. Während sich in der Regel die Tariferhöhungen zwischen 3 und 6 % bewegen, sind für 1957 Spitzenwerte von 12 %, 1969 11 % und in den Jahren 1960, 1973/74 von 8,5 und 9 % zu verzeichnen. 1962/63 machte beispielsweise der Anteil für Personal- und Sozialaufwand für die August-Thyssen-Hütte 20,9 % aus[204].

So weist bereits SCHOLTEN (1969) darauf hin, daß das hohe Lohnniveau und die sozialen Vergünstigungen der Großindustrie in konjunkturell guten Zeiten eine Ansiedlung von neuen Industriebetrieben verhinderte. Jetzt lautet die Forderung, die Großunternehmen schrumpfender Branchen müßten Wege finden, am bisherigen Standort erfolgreich in innovationsorientierte Produktionen und Dienstleistungen zu investieren (ZÖPEL 1988).

Die negative Arbeitsplatzentwicklung in Duisburg hat als Reaktion eine Abwanderungsbewegung zur Folge. Abb. 34 verdeutlicht den Zusammenhang zwischen Wanderungssaldo und Arbeitsplatzentwicklung und tritt - wie BENSCH (1986) einleuchtend darlegt - in den Phasen struktureller Anpassungsreaktion (1967 und 1983/84) besonders hervor.

Erwähnenswert ist, daß bis zu Beginn der 70er Jahre ein hoher Anteil derjenigen, die ihren Arbeitsplatz verloren hatten, außerhalb von Duisburg bzw. der Duisburger Arbeitsmarktregion einen neuen Arbeitsplatz fanden. BENSCH (1986) sieht einen direkten Wirkungszusammenhang zwischen Arbeitsplatzverlusten und Abwanderungen, der noch dadurch belegt wird, daß keine dauerhaft hohen Arbeitslosenzahlen auftraten. Ab Mitte der 70er Jahre ziehen nicht vorwiegend Arbeitslose aus Duisburg fort, sondern Erwerbstätige, wodurch sich eine indirekte Entlastung des Arbeitsmarktes aufgrund der hierdurch frei gewordenen Arbeitsplätze ergibt.

Die extrem niedrigen Zuzugsraten spiegeln nach BÄHR/ GANS (1985) die mangelnde Attraktivität der von der Montanindustrie geprägten Städte wider.

Abbildung 33
Beschäftigte der eisenschaffenden Industrie in 1.000 in Duisburg 1969 - 1991

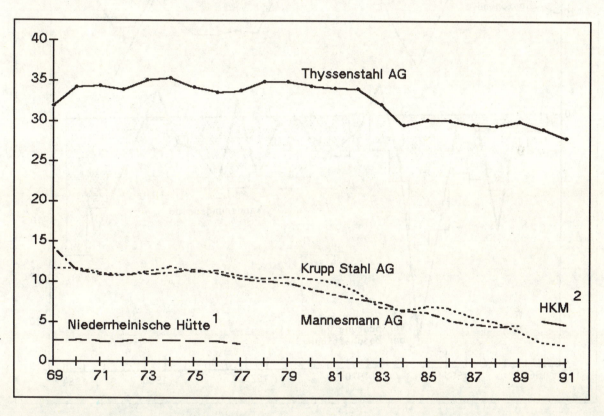

1 Ab 1978 von Thyssen Stahl AG übernommen

2 Zusammenschluß von Mannesmann AG und einem Teil von Krupp Stahl AG, Werk Rheinhausen

Quelle: Jahresberichte der IHK Duisburg 1969 -1991 (Zahlen von der Stadt Duisburg zur Verfügung gestellt)

Abbildung 34
Arbeitsplatzentwicklung und Wanderungsbewegung in Duisburg 1961 - 1984

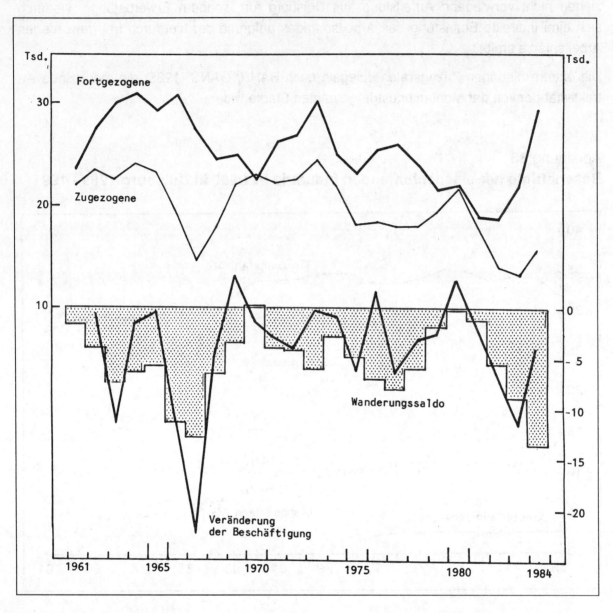

Quelle: BENSCH 1986, S. 28

5.3.4. Strukturpolitische Maßnahmen

Es konnte gezeigt werden, daß für die derzeitige Situation sowohl regionsendogene als auch regionsexogene Einflußfaktoren ausschlaggebend sind. Nationale und weltwirtschaftliche Entwicklungen im Rahmen der interregionalen und internationalen Arbeitsteilung haben sich auf die Wachstums-, Stagnations- und Schrumpfungsprozesse ausgewirkt. Hinzu kommt, daß der Montanbereich in einem fortgeschrittenen Stadium des Produktlebenszyklus' steht und somit in der monostrukturierten Region zur Determinante der Abschwungphase wurde, nachdem durch Verbesserungsinnovationen (im Sinne einer Konservierungsstrategie) die Lebenszyklen zeitlich ausgedehnt werden konnten. Lange Zeit beschränkten sich die Handlungsstrategien folglich auf Wiederbelebungsversuche vergangener Erfolge (BUTZIN 1987).

Als problematisch hat sich erwiesen, daß in Zeiten einer guten Stahlkonjunktur die Schwächen der industriesektoralen Monostruktur überdeckt und somit notwendige industriewirtschaftliche Diversifizierungsmaßnahmen, vor allem aufgrund fehlender Flächen, nicht durchzuführen waren, so daß der rechtzeitige Anschluß an die High-Tech-Entwicklung verpaßt wurde. "Innerhalb weniger Jahre war jene, in Kapazität und Technik zwar modernisierte, aber strukturell der Vorkriegszeit identische Wirtschaftsstruktur wiederhergestellt, die sich schon vor dem Krieg als wachstumsschwach erwiesen hatte" (BUTZIN 1987, S. 207). Bedeutend ist, daß die Handelskammer in ihrem Bericht über das Jahr 1957 bereits zu diesem Zeitpunkt fordert, daß durch die Ansiedlung neuer Betriebe die einseitige Wirtschaftsstruktur ergänzt und die benötigten Mittel- und Kleinbetriebe besondere Unterstützung erfahren sollen.

Die heute obsoleten Strukturen aus der Aufschwung- und Reifephase wurden folglich aufgrund ihrer Persistenz zu den Problemen der Niedergangsphase, wie beispielsweise die konfliktträchtigen und entwicklungshemmenden Gemengelagen und Altlasten. Hinzu kommt das nicht ausreichende Flächenangebot, über das die Kommune verfügen kann, da die Großindustrie nach wie vor Eigentümer umfangreicher Gelände und Siedlungsbereiche ist.

Es wird deutlich, daß dem erforderlichen Strukturwandel erhebliche Restriktionen entgegenstehen und dieser unter äußerst erschwerten Bedingungen stattfinden muß, nicht zuletzt aufgrund der Tatsache, daß die seit 1990 immer deutlicher werdenden Folgen der deutschen Einheit den finanziellen Spielraum noch stärker verringern.

5.3.4.1 Arbeitsmarktpolitische Probleme und Maßnahmen

Die Arbeitsmarkt-Situation ist durch zwei wesentliche Merkmale gekennzeichnet: durch gravierenden Beschäftigungsrückgang einerseits und durch Qualifikationsdefizite der Erwerbstätigen andererseits.

Gerade in konjunkturstarken Zeiten wurde die Dominanz der Montanindustrie überdeutlich, da aufgrund des hohen Lohnniveaus, der sozialen Absicherung etc. kaum Interesse an Arbeitsplätzen in mittelständischen Unternehmen von seiten der Beschäftigten bestanden hat. Erst als die Arbeitsplatzsicherheit in den montanindustriellen Unternehmen zu schwanken begann, konnten auch die Mittelbetriebe Arbeitskräfte binden. Die lang verschmähten Klein- und Mittelbetriebe werden jetzt als "Retter in der Not", ihre Unterstützung als wichtigste Maßnahme zur Bewältigung des viel zu spät als notwendig erkannten Strukturwandels, als Auftriebsfaktor aus dem Abschwung, bewertet. Denn typisch für die Abschwungphase der monostrukturierten Region ist der hohe Rationalisierungsdruck, so daß der arbeitsplatzeinsparende Einsatz neuer Technologien unumgänglich wurde. Hinzu kommt, daß im Gegensatz zu der Aufschwungphase im letzten Jahrhundert, in der eine große Zahl von Arbeitskräften zum Einsatz kam, in einer neuen, von der Mikroelektronik getragenen Aufschwungphase aufgrund des hohen Automatisierungsgrades auch weniger Beschäftigte benötigt werden. Der Rationalisierungseffekt der "dritten industriellen Revolution" ist weitaus größer als die arbeitsplatzschaffende Wirkung, zumal bereits die Schwellenländer von diesem Prozeß profitieren. Hinzu kommen völlig neue Arbeitsanforderungen, denn nicht mehr die Quantität, sondern die Qualität der Arbeit ist gefragt. Die reichliche Ausstattung mit unqualifizierter Arbeit in den "Newly Industrialising Countries" führte zum Export von Produkten geringer Skillintensität. So sind Betriebe mit geringer Skillintensität verschärftem Reorganisationsdruck ausgesetzt (GRABHER 1988).

Dessen ungeachtet sind gerade den arbeitsmarktpolitischen Maßnahmen höchste Bedeutung beizumessen. Ein Blick in die Geschichte müßte verdeutlichen, daß bei Nichtbewältigung dieser Aufgabe hier das politische Pulverfaß der Zukunft liegen kann, von BUTZIN (1987) als das soziale Konfliktpotential bezeichnet. Die derzeitige Situation gibt allerdings wenig Anlaß zum Optimismus. Thyssen und Krupp-Hoesch (nach der zum 1.1.1993 wirksam werdenden Fusion) beabsichtigen einen nicht unerheblichen Arbeitsplatzabbau, wobei zur Zeit noch nicht absehbar ist, inwieweit der Standort Duisburg, trotz aller positiven Hinweise auf die Rheinlage, nicht grundsätzlich in Frage gestellt ist, nachdem gerade die Schließung der Hütte Rheinhausen beschlossen wurde.

Folgerichtig zielen, in Erkenntnis der Bedeutung des "human capital", die Maßnahmen vorrangig auf eine Höherqualifizierung der Arbeitnehmerschaft ab. Hierzu dient der vom Rat der Stadt Duisburg im Oktober 1990 verabschiedete kommunale Bildungsplan "Duisburg 2000 - Zukunftsinitiative Bildung", wodurch die Leistungsfähigkeit des Duisburger Bildungssystems und die Qualifikation der Duisburger Arbeitnehmerschaft schrittweise verbessert werden soll, da es sich um einen gewichtigen Standortfaktor im internationalen Konkurrenzkampf der Kommunen um Investoren und neue Arbeitsplätze handelt. Dem Ziel, den Jugendlichen eine geistige Grundausbildung zu vermitteln, mit der sie im Berufs- und Lebensalltag bestehen können und eine Bildungspolitik zu betreiben, die eine einseitige Anpassung des Individuums an rein ökonomische Verwertungsinteressen verhindert, ist nichts entgegenzuhalten. Doch wer das derzeitige Bildungs- bzw. Schulsystem näher kennt, weiß, daß gerade hier, nicht zuletzt aufgrund unverantwortlicher finanzieller Einschnitte und in Verkennung der Zukunftsinvestition "Bildung", sehr vieles im argen liegt, so daß die Intention einer Einheit von Persönlichkeitsbildung, Fach- und Sachkompetenz eher der Kategorie Wunschdenken zuzuordnen ist als einer realistischen Zielvorstellung. In diesem Zusammenhang muß auch auf den Widerspruch hingewiesen werden, daß einerseits der hauptsächlich durch den Zuzug von Aus- und Übersiedlern bedingte Bevölkerungsanstieg als eine positive Rahmenbedingung für den Strukturwandel angesehen wird, andererseits jedoch gerade diese Bevölkerungsgruppe das gewünschte höhere Bildungsniveau nicht aufweisen kann.

Die Bedeutung des Bildungsprogramms wird vor allem auf dem Hintergrund verständlich, da in Duisburg ein hoher Anteil von Schulabgängern mit niedrigem schulischem Abschluß (Tab. 38) vorherrscht, an dem die ausländische Bevölkerung nicht unerheblich beteiligt ist. Auch in diesem Bereich liegt Duisburg erheblich unter dem Landesdurchschnitt. Es scheint, als sei die Notwendigkeit qualifizierter Bildungsabschlüsse noch nicht erkannt worden, da bislang im Montanbereich auch mit niedrigem Schulabschluß gut verdient wurde.

"Im Rahmen einer regionalen Reorganisationsstrategie, die auf differenzierte Qualitätsproduktion abstellt, kommt der Qualifikationsentwicklung ein hoher Stellenwert zu: Differenzierte Qualitätsproduktion erfordert hohe und breite Qualifikation der Arbeitskräfte" (GRABHER 1988, S. 272).

Tabelle 38
Schulabschluß der erwerbstätigen Duisburger Bevölkerung im Alter zwischen 25 und 55 Jahren 1990

Volks-/ Hauptschulabschluß	55,4 %
Mittlere Reife	18,8 %
Fachhochschul-Reife	6,6 %
Abitur	12,1 %
kein Abschluß	2,1 %

Quelle: Stadt Duisburg: Berufsbildungsbericht Duisburg 91, Duisburg 1991, S. 109

Ein im Zusammenhang mit dem Schrumpfungsprozeß in der Eisen- und Stahlindustrie zu sehendes Problem stellt sich im Hinblick auf die von dieser bislang angebotenen Ausbildungskapazitäten dar, da auch hier mit einem Abbau zu rechnen ist. Nach der Teilstillegung des Hüttenwerks Rheinhausen erfolgten Überlegungen über die Wiedernutzbarmachung nicht mehr benötigter Flächen mit dem Ergebnis, daß im Dezember 1989 durch die Fried. Krupp Stahl AG, Mannesmannröhren-Werke AG, die Industrie- und Handelskammer und die Stadt Duisburg das "Qualifizierungszentrum Rheinhausen" gegründet wurde, damit Ausbildungskapazitäten bei Krupp in Rheinhausen erhalten bleiben. Die inzwischen erfolgte Konzeption beinhaltet eine Weiterqualifizierung in bezug auf die für den Strukturwandel wichtigen Bereich wie beispielsweise Mikroelektronik, Lasertechnik und Logistik. Eine Verbesserung der Qualifikation in der beruflichen Bildung strebt auch das im Dezember 1987 bereits in Rheinhausen errichtete Bildungszentrum für Wirtschaft an.

Im Zusammenhang mit der Verlagerung des Produktionsprogramms im Stahlbereich von der Massenproduktion zu hochtechnologischen Spezialprodukten wird auch der bereits 1980 von Krupp beklagte Mangel an qualifizierten Facharbeitern offenkundig, da in erster Linie an- und ungelernte Arbeitskräfte freigesetzt werden. So kann sich auch ein nicht vorhandenes Angebot an qualifizierten Arbeitskräften als Entwicklungshemmnis für kleinere und mittlere Unternehmen darstellen und der Ansiedlung neuer Betriebe im Wege stehen.

Aus der Erkenntnis des "lebenslangen Lernens" heraus ist zu überlegen, inwieweit die Universität -Gesamthochschule- Duisburg verstärkt in das Angebot der Weiterqualifizierung einzubinden ist.

Ein weiteres Problem stellt die Erwerbstätigkeit der weiblichen Bevölkerung dar, die mit einer Beteiligung von 35,3 % in Duisburg auch auf diesem Gebiet unter dem Landesdurchschnitt liegt. Eine Erklärung hierfür liegt darin, daß ein schwerindustriell geprägter Raum traditionell ein niedriges Angebot an Frauen-Arbeitsplätzen aufweist. Hinzu kommt noch der Mangel an Tertiärarbeitsplätzen (JOACHIM 1988), so daß ein erheblicher Handlungsbedarf zum Ausgleich dieses Defizits besteht.

Aufgrund der hohen Arbeitslosenzahlen müssen alle Anstrengungen unternommen werden, Beschäftigungsmöglichkeiten zu schaffen. Die offenbar schon verbreitete Akzeptanz einer für den Postfordismus vorausgesagten "Zwei-Drittel-Gesellschaft" kann und darf nicht das Modell der Zukunft sein. Vielmehr sind verstärkt die Möglichkeiten des "job-sharing" zu prüfen, um den großen Anteil der von Dauerarbeitslosigkeit Betroffenen nicht länger vom Beschäftigungssystem auszuschließen. Außerdem muß allmählich ein Umdenken bezüglich Frühpensionierungen stattfinden, da es nicht angehen kann, relativ junge Beschäftigte bereits mit mittlerweile 55 Jahren (bei Krupp Rheinhausen wird zur Zeit in Erwägung gezogen, die Altersgrenze auf 52 Jahre zu senken) in den vorzeitigen Ruhestand zu schicken, der schließlich von den noch aktiv Beschäftigten finanziert werden muß. Es ist ein volkswirtschaftlicher Unsinn, bei gestiegener Lebenserwartung die Lebensarbeitszeit zu verkürzen, da man sich den Tag ausrechnen kann, wann das derzeitige Rentenmodell zusammenbricht. Dem Recht auf Arbeit ist folglich höchste Priorität beizumessen. Die von der Stahlindustrie zugesagte Hilfe bei der Einrichtung von Ersatzarbeitsplätzen ist daher einzufordern.

5.3.4.2 Betriebsansiedlungen und Flächenproblematik

Infolge der durch den schwerindustriellen Schrumpfungsprozeß bedingten hohen Arbeitsplatzverluste[205] und strukturellen Probleme stellte die Stadt Duisburg bereits zu Beginn der 80er Jahre einen Forderungskatalog auf:

"1. Die Stahlproduktion selbst muß sich auf die Vorteile der Region besinnen, hier muß produziert werden, was mit Intelligenz der Produkte, Fertigungsqualität, Service, Marktpflege usw. zu umschreiben ist.

2. Die Konzerne haben heute ein solches Unternehmensspektrum, daß endlich auch andere Unternehmenssparten zum Auffangen der riesigen Arbeitsplatzverluste eingesetzt werden müssen.

3. Duisburg hat erfolgreich um die Aufnahme in das Strukturprogramm zur Schaffung von Ersatzarbeitsplätzen gekämpft. Diese Maßnahme verspricht Erfolg, wenn zugleich ausreichend Gewerbe- und Industriegelände zur Verfügung gestellt wird, was neben Verkaufsbereitschaft der Konzerne auch Förderungsbereitschaft der Landesregierung zur Revitalisierung brachliegender Industrieflächen voraussetzt.

4. Schließlich muß der Standort Duisburg/ Ruhrgebiet als geeigneter Standort für bisher nicht vertretene qualifizierte Produktionsbranchen und für neue Technologien akzeptiert werden. Da Initiativen der privaten Wirtschaft weitgehend ausbleiben, müssen Anreize zunächst vom Staat und staatlich finanzierten Organisationen ausgehen; z.B. durch positive Standortentscheidungen für das Ruhrgebiet, Innovations- und Technologieberatungen müssen verstärkt die Unternehmen im Ruhrgebiet ansprechen"[206].

Besonders gravierend ist, daß die Bemühungen um Ansiedlung von Betrieben, die die Umstrukturierung einleiten könnten, auch aufgrund des nicht ausreichenden Grundstücksangebotes nach wie vor erschwert werden. Hier liegt die Ursache in den frühesten Anfängen der Industrialisierung des Duisburger Raumes durch die Großindustrie. Wie bereits ausgeführt, waren die Kommunen durch den von Anfang an großen, privatwirtschaftli-

reits ausgeführt, waren die Kommunen durch den von Anfang an großen, privatwirtschaftlichen Grundbesitzerwerb, insbesondere durch August Thyssen in Hamborn und Krupp in Rheinhausen, in ihren Planungen sehr stark eingeschränkt und sind es auch heute noch. Erst in den letzten Jahren ist eine Verkaufsbereitschaft feststellbar, allerdings zu einem Zeitpunkt, nachdem die Ansiedlung neuer Betriebe zunehmend schwieriger wird.

Das Flächenproblem fand bereits im "Entwicklungsprogramm Ruhr" von 1968 durch das Handlungsfeld "Bereitstellen von Industrieflächen" Niederschlag. Dieses Handlungsfeld wurde jedoch im "Aktionsprogramm Ruhr" von 1979, das als einer der ersten Versuche institutionalisierter Zusammenarbeit zwischen Staat, Wirtschaftsunternehmen und Gewerkschaften gilt, durch "Recycling von Industriebrachen" aufgrund der Erkenntnis, daß in alten Industrieregionen Industrieerweiterung und Industrie- und Gewerbeansiedlung nicht vorrangig durch Erschließung neuer, sondern durch den ökonomischen Umgang mit alten Industrieflächen möglich gemacht werden muß, ersetzt (ZÖPEL 1988).

Ein positives Beispiel für Flächenrecycling stellt die Ansiedlung von mittelständischen Betrieben auf dem Gelände der ehemaligen Hahnschen Werke dar. Nach der Betriebsstillegung hat die Stadt Duisburg 1974 das 41,5 ha große Gelände von Mannesmann erworben und ca. 15 ha als Gewerbegebiet aufbereitet. Die Gesamtkosten der Erschließung betrugen 38 Mill. DM, davon allein 14 Mill. DM für die Aufbereitung des Bodens. Es darf jedoch nicht übersehen werden, daß es sich bei dem im Duisburger Süden gelegenen Gelände aufgrund des Lagewertes (Nähe zu Düsseldorf, gute Verkehrsanbindung etc.) um ein "Filetstück" handelt. Das Gros der zur Verfügung stehenden Flächen stellt, nicht zuletzt aufgrund der Kontaminationen, Problemgebiete dar. Vor allem müssen die hohen Erschließungskosten berücksichtigt werden.

Trotz anfänglicher Bedenken wurde das ehemalige, für die Freiraumplanung vorgesehene und von der Stadt Duisburg erworbene Krupp-Gelände in Asterlagen im Tausch gegen die für den Landschaftspark Nord zur Verfügung stehende Fläche als Gewerbegebiet ausgewiesen. Der hier auf einem planvoll angelegten Areal von insgesamt 400.000 m² entstehende "Businesspark Niederrhein" wird als der derzeitig größte und anspruchsvollste Büro- und Gewerbepark Europas bezeichnet. In diesem mit einer Seen- und Parklandschaft angelegten Gewerbepark der über eine vorzügliche Verkehrsanbindung verfügt, sollen erstklassige Büros mit an Zukunftsbedarf orientierten Gewerbe- und Lagerbeständen sowie Flächen für eine hochwertige Produktion entstehen. Betreut wird dieses Projekt durch die "Deutsche Projektentwicklungsgesellschaft für Grundvermögen mbH", Frankfurt/ Main, die eine gemeinsame Tochter der Deutschen Bank AG und der ECE Projektmanagement GmbH, Hamburg, ist sowie durch die Gesellschaft für Wirtschaftsförderung in Duisburg. Die Deutsche Bank AG hat jedoch bereits signalisiert, daß die Vermarktung schwerfälliger als erwartet anläuft[207]. Zu berücksichtigen ist, daß junge, d.h. zukunftsträchtige Industrien dazu tendieren, sich nicht in Regionen mit obsoleten Strukturen anzusiedeln.

Die wichtigste Aufgabe der städtischen Wirtschaftspolitik ist folglich, strukturergänzende, zukunftsträchtige und umweltfreundliche Betriebe zu fördern, die sowohl Arbeitsplätze als Ersatz für die in der Eisen- und Stahlindustrie wegfallenden Beschäftigungsmöglichkeiten bieten als auch die Einkommens- und die Finanzstrukturen der Stadt verbessern. Hierbei ist jedoch zu beachten, daß zur Vermeidung weiterer konjektureller Anfälligkeiten eine mittelbare oder unmittelbare Abhängigkeit von der Eisen- und Stahlindustrie nicht wünschenswert ist.

Aufgrund der zu geringen Ansiedlungsbereitschaft von neuen Betrieben muß ein weiterer Schwerpunkt der Aktivitäten auf der sogenannten "Bestandspflege" liegen. Es sollen Betriebe, insbesondere diejenigen, die der Strukturverbesserung am meisten entsprechen und die aus Gründen des Baurechts, Umweltschutzes oder Flächenknappheit keine Erweiterungsmöglichkeiten für ihre Produktionsstätten haben und deshalb an einen neuen Standort verlagert werden müßten, am Ort bleiben. Wie problematisch sich diese Aktivitäten gestalten, beweist jedoch das Beispiel der König-Brauerei, der die Stadt Duisburg kein entsprechendes Erweiterungsgelände zur Verfügung stellen konnte und die somit mit einem Teil ihrer Produktion nach Rheinberg abwandert, ein herber Verlust für die schon ohnehin durch die Krisen in der Stahlindustrie belastete Kommune.

Das Dilemma aufgrund des hohen gewerblichen Flächenbedarfs einerseits und der Inanspruchnahme kostbaren Freiraums andererseits wird hier überdeutlich. Ob jedoch die Lösung des Problems, wie im Regionalen Entwicklungskonzept (1992) gefordert, darin liegen kann, daß grundsätzlich auch eine Erschließung von Freiraum möglich sein muß, um attraktive Investitionen realisieren zu können, sei dahingestellt. Es wird zwar eingeräumt, daß es nicht um einen zügellosen Verbrauch wertvoller Freiflächen geht, durch die folglich auch der Wirtschaftsstandort Duisburg an Atraktivität einbüßen würde, sondern um eine abgewogene Flächenpolitik, die der zukunftorientierten Weiterentwicklung der Stadt dient. Wie jedoch diese kontroversen Zielsetzungen in Einklang zu bringen sind, entbehrt einer weiteren Erklärung.

Fest steht, daß die Bestandspflege und Ansiedlungsbemühungen, die sich insbesondere auf Mittelbetriebe konzentrieren, die Arbeitsplatzverluste der nach wie vor dominierenden Eisen- und Stahlindustrie nur zu einem ganz geringen Teil ausgleichen können.

Am Beispiel Pittsburgh erläutert GLEESON (1988) die Schwierigkeiten, die bei der Ansiedlung von Firmen aus Wachstumsbranchen in alten Industriegebieten bestehen. Auf dem Gelände des bis Mitte der 70er Jahre größten Arbeitgebers in Pittsburgh, der Jons & Lordmann Stahl-Corporation, entsteht ein neues Technologiezentrum. Gleichzeitig mit dem Ersatz des Stahlwerkes durch ein Technologiezentrum verläuft der Rückgang der Beschäftigten in der Fertigungsindustrie und die gleichzeitige Zunahme in Dienstleistungsberufen. Die Umstrukturierung in Pittsburgh ging vor allem zu Lasten der Arbeiterklasse, die nicht mehr die jetzt gefragten beruflichen Qualifikationen erfüllen konnte. Der Strukturwandel, der wesentlich früher als in den Ruhrgebietsstädten einsetzte, brachte allerdings einen Einwohnerschwund von 750.000 auf 400.000 mit sich. In diesen Zahlen kommt das völlig andere Mobilitätsverhalten der Amerikaner zum Ausdruck, eine Entwicklung, wie sie für die bodenständige Ruhrgebietsbevölkerung, die trotz Arbeitslosigkeit zum größten Teil am traditionellen Standort verharrt, undenkbar wäre. Allerdings schränkt VAN DUIJN (1983) ein, daß die mangelnde Mobilität zwar typisch für Europa sei, jedoch auch in den USA zunehme. Zur Attraktivitätssteigerung wurden Umweltverbesserungs-Maßnahmen durchgeführt, so daß sich Pittsburgh heute als "grüne Stadt" präsentiert (FARMER 1988). Das neue Wachstum war nicht zuletzt aufgrund der Initiative etlicher Institutionen und der Universität Pittsburgh möglich geworden (McKECHNIE 1988).

206

Für Duisburg ist festzuhalten, daß in den verschiedensten Bereichen eine immer umfangreichere Zusammenarbeit mit der Universität Duisburg stattfindet. Interessant wäre jedoch festzustellen, inwieweit spin-off-Gründungen im Raum Duisburg und Umgebung erfolgten, die zumindest für die Region Aachen in nicht unerheblichem Maße nachgewiesen sind.

Aus der in Pittsburgh und anderenorts bereits länger vorherrschenden Erkenntnis heraus, daß nur durch gemeinsames Handeln ein Weg aus der Krise gefunden werden kann, ist die auf privatrechlicher Basis erfolgte Gründung der Gesellschaft für Wirtschaftsförderung in Duisburg zu sehen. Diese in den USA als "public-private partnership" bezeichnete öffentlich-private Partnerschaft geht davon aus, daß die kooperative Zusammenarbeit der Partner die Entwicklungs- bzw. Innovationsfähigkeit einer Region steigert. Die Idee führte zur Auflösung des früheren Amtes für Wirtschaftsförderung der Stadt Duisburg und der Bildung der Wirtschaftsförderungsgesellschaft, an der sich die Wirtschaft und die Stadt jeweils zu 50 % beteiligen. Zugleich war eine neue Qualität der Wirtschaftsförderung zu schaffen, bei der Standortmarketing im Mittelpunkt steht und endogene und exogene Entwicklungspotentiale gefördert werden. Bedeutend ist der Hinweis der Niederrheinischen Industrie- und Handelskammer (HANDELSKAMMER-BERICHTE 1988), daß diese private Wirtschaftsförderungsgesellschaft unabhängig und ohne politische Einflußnahme wirtschaftliche Belange vertritt.

Doch ist diese Gesellschaftsform nicht ohne Kritik geblieben: "Mit der Unterstützung dieses Modells verabschiedet sich die SPD in Nordrhein-Westfalen aus der aktiven Gestaltung der Wirtschaftspolitik, um der freien Wirtschaft das Experimentierfeld Ruhrgebiet zu überlassen" (KÖNIG/ BIERWIRTH 1988, S. 56).

5.3.4.3 Region NiederRhein

Ein weiteres Beispiel für eine Verbesserung der Zusammenarbeit zur Bewältigung der anstehenden Probleme ist in dem 1991 zwischen der Stadt Duisburg und den Kreisen Kleve und Wesel erfolgten Zusammenschluß zur Region NiederRhein zu sehen. Im Vordergrund steht die von der Landesregierung geförderte Zielsetzung, endogene Potentiale zu aktivieren und Eigeninitiativen bei der Bewältigung des Strukturwandels zu stärken. Das Programm "Region NiederRhein" ist aufgrund des Förderkonzeptes "Zukunftsinitiative für die Regionen Nordrhein-Westfalen - ZIN" entstanden unbeabsichtigt eine Regionalisierung der Strukturpolitik. Die räumliche Abgrenzung der Region NiederRhein entspricht der seit längerem praktizierten Zusammenarbeit zwischen Duisburg und den Kreisen Kleve und Wesel. Die Erarbeitung eines "Regionalen Entwicklunskonzepts" (REK) soll eine kontinuierliche Entwicklung der Region gewährleisten, indes nicht nur Entwicklungspotentiale und -engpässe der Region aufgezeigt, sondern auch Gedanken zu einem "Regionalen Leitbild" formuliert werden, um so erste Vorstellungsbilder von der zukünftigen Entwicklung der Region NiederRhein zu vermitteln.

Eine Analyse des "Regionalen Entwicklungskonzepts" (1992) läßt jedoch die Befürchtung aufkommen, daß die hier vorgestellten Entwicklungsstrategien zwar den Kreisen Kleve und Wesel zu Gute kommen werden, weniger jedoch der Stadt Duisburg, die im Gegensatz zu den Kreisen nicht über ein attraktives Flächenpotential für Gewerbe- und Wohnstandorte verfügt, so daß, wie bereits am Beispiel der König-Brauerei deutlich wurde, mit weiteren

Abwanderungen zu rechnen sein wird. Insofern bedarf es besonderer Profilierungs-Anstrengungen von seiten der Stadt Duisburg, um in der Konkurrenz zu den Kreisen bestehen zu können. Ein erster Schritt wäre in der konsequenten Durchführung des geplanten "Dienstleistungspark Innenhafen" zu sehen, der mit einem entsprechenden Freizeit- und Kulturangebot durchaus eine Alternative zu dem mangelnden Freiraumangebot darstellen könnte und wodurch man dem Ziel, die Stadt wieder zum Erlebnisraum werden zu lassen, näher käme. Diese als "Gentrifizierung" bezeichnete "ästhetisierende Innenstadtvitalisierung" darf sich folglich nicht allein auf die Invest ion "symbolischen Kapitals" beschränken (HASSE 1989). Hier bietet sich die Chance einer innerstädtischen Aufwertung, die im Zuge der Flächensanierung in den 60er Jahren durch den Abriß der Altstadt bedauerlicherweise in Duisburg-Ruhrort vertan wurde.

5.3.4.4 Weiche Standortfaktoren

"Eine gute Dienstleistungsausstattung gilt als einer der wichtigsten 'weichen' Standortfaktoren für den produzierenden Sektor. Ein differenziertes und hochwertiges Dienstleistungsangebot schafft nicht nur eine hohe Wohnstandortattraktivität für Fach- und Führungskräfte, sondern auch ein günstiges Umfeld, für die Gründung neuer und das Wachstum bestehender Unternehmen, und zwar gerade der unteren und mittleren Größenklassen" (Regionales Entwicklungskonzept 1992, S. 48). Das Defizit im Dienstleistungssektor stellt einen gravierenden Engpaßfaktor für die Regionalentwicklung dar.

Ferner wird für die Standortentscheidung und die Expansion am gegenwärtigen Standort ein ausreichendes Angebot an qualitativ hochwertigen Wohnbauflächen für die Gewinnung hochqualifizierter Arbeitskräfte immer bedeutender. "Die für traditionelle Industrieregionen charakteristische schwache Unternehmensgründungsdynamik und der Mangel an Managementfunktionen in den regional dominierenden Großbetrieben schränkt auch die Entwicklung einer signifikanten Mittelschicht und der mit ihr verknüpften 'culture and society' ein. Die geringe sozialkulturelle Attraktivität wird noch verschärft durch die geringe Wohnattraktivität" (GRABHER 1991, S. 100). Auch hier stellt sich das bereits für Betriebsansiedlungen aufgewiesene generelle Flächenproblem. Für die ohnehin knappen Ressourcen sind aus diesem Grund besonders intelligente Lösungen gefragt.

Zu den infrastrukturellen Defiziten gehört auch ein Mangel an Spitzenkultur und Spitzensport, da dieses Angebot auch zu den weichen Standortfaktoren zählt.

Nicht zuletzt spielt die Image-Frage[208] eine immer größere Rolle. So hat es die Stadt Duisburg besonders schwer, sich von dem in den 50er Jahren noch propagierten Slogan der "Stadt Montan" zu lösen. Ob jedoch mit dem neuen Werbespruch "Duisburg am Rhein - im Herzen Europas" ein neues Selbstverständnis erreicht werden kann, mag dahingestellt sein, da es nicht um eine geographische Lagebeschreibung, sondern um eine inhaltliche Aussage gehen sollte. Immerhin ist Duisburg nicht die einzige Stadt, die am Rhein und in Europas Mitte liegt. Nach wie vor bestehen im In- und Ausland Schwierigkeiten, die Vorstellungen von einer schmutzigen und kulturlosen Stadt abzubauen und durch eine verstärkte Bewußtmachung der unbestreitbaren positiven Seiten zu ersetzen. Ob allerdings eine Entscheidung, das geplante Entsorgungszentrum in Duisburg anzusiedeln, der Image-

Frage förderlich sein wird, muß bezweifelt werden. Vielmehr ist alles zu vermeiden, was auch nur annähernd das Negativ-Image und Stigma der "Ruhrpott-Stadt" unterstützt.

6   Zusammenfassung und Ausblick

Die vorliegende Untersuchung hat verdeutlicht, daß die wirtschaftliche und siedlungsstruktu-relle Entwicklung der Stadt Duisburg seit Ende des letzten Jahrhunderts hauptsächlich durch die Unternehmen Thyssen, Krupp und Mannesmann bestimmt wurde und auch heute noch beeinflußt wird, d.h. das Ergebnis einzelunternehmerischer Strategien darstellte. Auf den hohen Stellenwert, der insbesondere Thyssen beizumessen war und noch ist, weist auch ROJAHN (1984) hin, da noch 1979 rund ein Drittel des Gesamtumsatzes der sechs größten westdeutschen Stahlkonzerne von Thyssen getätigt wurde.

Besondere Bedeutung kommt in diesem Zusammenhang den kommunalen Neuordnungen von 1929 und 1975 zu, da hierdurch die ehemaligen durch Thyssen und Krupp ent-standenen Städte Hamborn und Rheinhausen eingemeindet wurden[209]. Infolgedessen be-einflußte die Entwicklung dieser beiden Großunternehmen die Kernstadt Duisburg, so daß die ehemals vorrangigen Funktionen, insbesondere der Handel, an Bedeutung verlor und die Monostruktur bestimmend wurde. Andererseits verdankt die Stadt Duisburg ihr Bevölke-rungs- und Flächenwachstum nicht zuletzt diesen kommunalen Neugliederungen.

Ist zwar in der Hauptsache das wirtschaftliche Wachstum der Stadt analog zur Entwicklung der Montanindustrie zu sehen, so konnte jedoch im historischen Abriß deutlich gemacht werden, wie stark andererseits die Krisenanfälligkeit aufgrund der hierdurch entstandenen Monostruktur ist, ein Problem, auf das bereits BLUM (1933) hinwies und das insbesondere seit der Stahlkrise ab 1974 und vor allem durch die beabsichtigte Schließung des Hütten-werks Rheinhausen immer brisanter wird.

Ferner darf nicht unberücksichtigt bleiben, daß die ehemaligen Eigentümer-Unternehmen, die zunehmende Veränderungen der Unternehmensorganisation erfahren haben, im wach-senden Umfang vom weltweiten Geschehen abhängig wurden und verstärkter nationaler und internationaler Konkurrenz ausgesetzt sind. Faktoren wie der zunehmende Importdruck, Exportbeschränkungen, währungspolitische Schwankungen, Subventionen der Konkurrenz, Abhängigkeit von dem Preisgefüge bei Rohstoffen und Frachten, insbesondere die stetig steigenden Personalkosten sowie Aufwendungen für den Umweltschutz beeinflussen die wirtschaftliche Situation der Unternehmen ganz erheblich. Wie in Kapitel 3.4.3 und 3.4.4. dargelegt, werden diese Restriktionen bereits seit den 60er Jahren immer wieder beklagt. Um so erstaunlicher ist es daher, daß die Probleme nicht eher einer Lösung zugeführt wur-den, so daß die krisenhafte Zuspitzung der Gegenwart hätte vermieden werden können. Auch der Mangel an Produktinnovationen, die in der Vergangenheit häufig Motor wirtschaft-lichen Wachstums waren, ist von nicht unerheblicher Bedeutung. In der Gegenwart wird da-her, um in der nunmehr internationalen Konkurrenz bestehen zu können, verstärkt Wert auf Qualitätsverbesserungen gelegt.

Hinzu kommt jedoch, daß zumindest der Massenstahl, der in einem fortgeschrittenen Sta-dium des 'Produktlebenszyklus' steht, nicht zuletzt aufgrund der Substitution durch andere Materialien und einer gewissen Marktsättigung, wie beispielsweise die jüngsten Schwierig-keiten in der Autobranche zeigen, an Bedeutung verloren hat. Die Verbindung von taylori-sti-scher Arbeitsorganisation und Massenproduktion bildet das Grundprinzip des "fordistischen Industrialisierungsmodells", dessen Krise Anfang der 1970er Jahre durch das Aufbrechen homogener Massenmärkte, vor allem aufgrund der Verschiebungen in der internationalen Arbeitsteilung, ausgelöst wurde und zum Niedergang traditioneller Industrieregionen führte (GRABHER 1988).

Es wird folglich kritisiert, daß zu lange an dem Produkt Stahl festgehalten wurde. Bereits in den 20er Jahren häuften sich unübersehbar die Anzeichen für eine erste Strukturkrise (PETZINA 1987)."Die Anpassungsprozesse im Stahlsektor wären vielleicht sozialer verlaufen, wenn eher akzeptiert worden wäre, daß Stahl zu einem internationalen Überschußprodukt wird, wenn auf Instrumente zur Strukturerhaltung verzichtet worden wäre und der Anpassungsprozeß früher mit der strukturellen Umsteuerung auf neue Arbeitsplätze in neuen Produktions- und Dienstleistungsbereichen verbunden worden wäre" (ZÖPEL 1988, S. 85).

Auf der anderen Seite ist, wie nicht nur das Beispiel Mannesmann beweist, in zunehmendem Maße festzustellen, daß die Unternehmen sich von den traditionellen Märkten abwenden, und die Diversifizierung eine vermehrte Rolle spielt. In diesem Zusammenhang ist nicht ganz unerheblich, daß strukturergänzende Betriebe bislang nicht in dem gewünschten Umfang angesiedelt werden konnten, wobei häufig der Schwerindustrie der berechtigte Vorwurf gemacht wird, sie habe nicht rechtzeitig für Ersatzarbeitsplätze gesorgt, was für eine mangelnde Verantwortung für die Region, die ihren Aufschwung ermöglichte, spricht. Diese Wandlung der Montankonzerne zu diversifizierten Mischkonzernen vollzog sich nicht an den traditionellen Standorten. Die Diversifizierungsstrategien erfolgten vorwiegend in Form von Firmenzukäufen mit den im Ruhrgebiet erwirtschafteten Gewinnen. WELSCH (1988) spricht hier von Innovationsbarrieren, die durch die Politik der regionsprägenden Großunternehmen im Revier vorhanden sind. Der tiefgreifende Umbau von Mannesmann ist nur ein Beispiel für die zwar festzustellende Erneuerung, doch ist vor einer Überbewertung dieser "Reindustrialisierung" im Sinne einer Überwindung der "Desindustrialisierung" und einem erfolgreichen Strukturwandel zu warnen, da diese Erneuerungstendenzen sich nicht quantitativ auf dem Arbeitsmarkt niederschlagen. Die Erfolge einiger Regionsteile entstehen folglich auf Kosten anderer. Diese regionale Polarisierung führt zu massiven sozialen Problemen. Vom Trend zur Dienstleistungsgesellschaft sind kaum Lösungen der Arbeitsmarktproblematik zu erwarten (BUTZIN 1990).

An dieser Stelle sei auf die Kritik von ULLRICH (1988) verwiesen, der einräumt, daß die staatlich geförderten "Zukunftstechnologien" nicht nur hinsichtlich ihrer Auswirkungen auf die Arbeitsplätze negativ zu beurteilen und hinsichtlich ihrer Bedürfnisbefriedigung sehr fragwürdig und auch bezüglich ihrer sozialen und ökologischen Gefährdungen höchst riskant seien. Ganz abgesehen davon sind die wichtigsten High-Tech-Standorte bereits vergeben. Es sei ein volkswirtschaftlicher Unsinn, mit anderen Bundesländern einen Abwerbungs- und Subventionswettlauf zu betreiben, zumal teilweise Überkapazitäten im Halbleiter- und Computer-Sektor bestehen. ULLRICH (1988) fordert, in den alten Industrieregionen die gesellschaftlich innovative Chance eines bewußt und aktiv betriebenen industriellen Schrumpfungsprozesses zu nutzen. "Insgesamt steht die Aufgabe an, eine menschen- und naturgemäße Ökonomie und Technik schrittweise zu erproben und zu entfalten. Dabei werden soziale und kulturelle Innovationen am wichtigsten sein. Dennoch ergeben sich auch für Wissenschaftler, Ingenieure und Techniker phantastische Aufgaben: Eine Technik zu entwickeln, die von vornherein naturverträglich ist und nicht erst nachträglich entsorgt werden muß..." (S. 153). Dieser Auffassung ist in jedem Fall insofern zuzustimmen, da Innovationen, verstanden als etwas wirklich Neues, sich zumindest im Duisburger Raum kaum vorzeigen lassen, sondern hauptsächlich als Imitation von bereits Bewährtem zu betrachten sind. Bedingt durch den time-lag haben sich sogenannte Wachstumsbranchen erst dann etabliert, nachdem ein gewisser Sättigungsgrad schon erreicht war. Einen Mangel an Produktinnovationen beklagt auch WELSCH (1988). Hierauf wird auch das Zurückbleiben der altindustrialisierten Regionen beim Produktions- und Investitionswachstum, der überdurchschnittliche Verlust an Arbeitsplätzen in der Konjunkturkrise sowie der Umstand, daß konjunkturelle Aufschwünge die ungünstige Beschäftigungsentwicklung in diesen Regionen kaum zu unterbrechen vermögen, zurückgeführt.

Produktinnovation könnten sich aus den weltweit zunehmenden Ökologieproblemen und der Nachfrage nach reparierenden Entsorgungstechnologien sowie nach umweltfreundlichen Produktionsverfahren entwickeln. Aufgrund des vorhandenen "know-how" sei das Revier mit seinen Forschungs- und Entwicklungskapazitäten geradezu prädestiniert, Kapazitäten zur Entwicklung von Umwelttechnologien und ökologieverträglichen Investionsgütern bereitzustellen. So haben mittlerweile z. B. zahlreiche Unternehmen der Thyssen-Gruppe im Umweltschutzbereich zusätzliche Geschäftsfelder aufgebaut. Als einen ersten Ansatz in dieser Richtung kann auch das 1989 gegründete An-Institut der Universität-Gesamthochschule-Duisburg, das "Institut für Umwelttechnologie und Umweltanalytik", bewertet werden.

Eine strategische Umorientierung auf neue Märkte und Technologien ist zweifellos eine notwendige Voraussetzung einer Revitalisierung alter Industriegebiete. Allerdings läuft eine allzu starre Orientierung auf einige spezifisch neue Absatzmärkte in die Falle "rigider Spezialisierung". "Regionalpolitik kann sich nicht darauf beschränken, den Montankomplex zu substituieren" (GRABHER 1991, S. 103 f). Die nächste regionale Krise wäre somit vorprogrammiert.

Ein gravierender Entwicklungsengpaß für die Stadt Duisburg liegt in dem großen Grundbesitz der Industrie, bedingt durch die weitsichtige Grundstückspolitik der Gründer, die jedoch den Entscheidungsspielraum der Städte nach wie vor sehr einschränkt. Andererseits kamen die Städte den Wünschen der Industrie weitestgehend entgegen. Auf die hierdurch bedingten städtebaulichen Unzulänglichkeiten weist bereits in den 30er Jahren KAPPE (1938) hin, der bedauert, daß die Versuche der Stadtverwaltung, eine gewisse Ruhe in das Stadtbild zu bringen, nur in geringem Maße geglückt waren, da infolge früherer planloser Bebauung nur noch wenige größere freie Flächen übrigblieben. Diese Situation begründet KAPPE (1938) damit, daß die Gemeinde ihre Möglichkeiten nicht ausnutzte, sondern die Forderung der Industrie befriedigte, da bereits 1897 Oberbürgermeister Lehr gesagt haben soll, daß jeder an jeder Stelle Fabriken bauen könne.

Es wird deutlich, daß die heutige Siedlungsstruktur ihre Wurzeln in den frühen unternehmerischen Aktivitäten hat, die jetzt mühsam durch die "Stadterneuerung der kleinen Schritte" verbessert werden soll. Insbesondere die gegenwärtige Forderung nach Ansiedlung strukturverändernder Betriebe scheiterte bislang hauptsächlich an dem Mangel adäquater Flächen. Erst in den letzten Jahren sind erste Ansätze zu verzeichnen, daß die Montanindustrie sich von Flächen trennt, die anderweitig genutzt werden können, da bislang von seiten der Großindustrie sogenannte Vorratsflächen, die der evtl. Erweiterung der Betriebe dienen sollten, nicht veräußert und auch stillgelegte Industrieanlagen keiner anderen Verwendung zugeführt wurden. Erst die Umwidmung der ehemaligen Hahnschen Werke und der Zeche Diergardt-Mevissen waren erste Zeichen für den einsetzenden Wandel. Andererseits darf nicht übersehen werden, daß die Aufbereitung der Industriebrachen nicht ganz unproblematisch ist, zum einen aufgrund der Kontaminationen, insbesondere bei ehemaligen Kokereigeländen, und zum anderen aufgrund der hiermit verbundenen hohen Kosten für die Altlasten-Sanierung. Nicht zu vergessen ist die für ansiedlungswillige Betriebe oftmals unattraktive Lage der zur Verfügung stehenden Gelände. Somit kann der Kritik von ZÖPEL (1988) zugestimmt werden, daß es zu den besonderen Irrationalitäten der Wirtschaftswissenschaften nach dem Zweiten Weltkrieg gehört, kein Konzept sparsamen Umgangs für den nicht vermehrbaren Produktionsfaktor Boden entwickelt zu haben.

Eng in Verbindung mit dem Problem, strukturverändernde Betriebe ansiedeln zu wollen, ist die Image-Frage zu betrachten, eine Situation, zu der ganz wesentlich die durch die Industrie bedingte siedlungsstrukturelle Entwicklung beitrug. Hat die Montanindustrie zwar einerseits dafür Sorge getragen, die insbesondere in der Gründungs- und Wiederaufbauphase nach 1945 zuziehenden Arbeiterströme mit Wohnungen zu versorgen, so hat sie andererseits einen nicht unerheblichen Anteil daran, daß aufgrund mangelnder Erhaltungs-Investitionen der Verfall ganzer Stadtteile einsetzte und soziale sowie ethnische Segregationsprozesse, die ganz wesentlich von persistenten baulichen Strukturen abhängen, stattfanden.

Es konnte gezeigt werden, daß die durch die starke Bevölkerungszunahme bedingte Siedlungstätigkeit, die als ungeordnetes Wachstum verlief, in der Gründungsphase der Produktionsstätten die grundlegenden Strukturen der heutigen Stadt gelegt hat. Allerdings war durch die Erweiterung älterer Siedlungen oder durch Neuanlagen in der Zeit nach 1945 quantitativ die größte Zunahme zu verzeichnen. Der in dieser Zeit stattgefundene Wohnungsbau füllte die noch vorhandenen Lücken auf, so daß z.B. die in sich geschlossene, ehemals peripher gelegene Kolonie Wehofen Anbindung an die Gesamtstadt fand, insbesondere durch das 1964/65 südwestlich der Siedlung entstandene Neubauviertel. Die bereits für die Siedlung in Obermarxloh von BLUM (1933) beklagte Monotonie der Kolonie kennzeichnet auch den Baustil nach 1945. Erst in der jüngsten Gegenwart finden, nicht zuletzt aus der Erkenntnis heraus, wie sehr städtebauliche Defizite den wirtschaftlichen Strukturwandel erschweren, Revitalisierungsbemühungen statt. Andererseits stellt sich die Frage, ob um jeden Preis aus Gründen des Denkmalschutzes Altbausubstanz erhalten bleiben soll, die - wie die Rhein-Lippe für das Dichterviertel beklagt - zwar mit immensen finanziellen Aufwand renoviert wird, jedoch immer Altbaubestand bleibt. Problematisch ist vor allem der lange zeitliche Abstand, in dem die Modernisierungsmaßnahmen erfolgen, so daß eine Gesamtaufwertung schwerlich zu erreichen ist. Dies ist gerade aufgrund des Nord-Süd-Gefälles für den Duisburger Norden besonders bedauerlich, da hier erhebliche Aufwertungsanstrengungen notwendig sind. Eine stärkere Beachtung des ökologischen Leitbildes der Stadtentwicklung wäre auch von seiten der Montanindustrie wünschenswert[210]. Die durch die Versäumnisse der Vergangenheit entstandenen Mißstände sollten Anlaß sein, verstärkt über Präventivmaßnahmen nachzudenken, damit durch entsprechende Vorsorge zukünftig eine Erneuerung großen Stils vermieden werden kann.

Ferner ist festzuhalten, daß ein klassisches Merkmal der Werkssiedlungen, die Zusammengehörigkeit von Arbeiten und Wohnen, aufgrund der Aufgabe von Produktionsstandorten bzw. insbesondere Zechenstillegungen verlorenging. Eine der wenigen Siedlungen, auf die diese Verbindung noch zutrifft, stellt die Siedlung Beeckerwerth dar, während in Wehofen aufgrund der frühen Zechenstillegung diese Funktionstrennung bereits nach wenigen Jahren stattfand.

Weisen die Werkswohnungen, vor allem auch der bereits renovierte Altbaubestand, nach wie vor ein günstiges Mietniveau auf - wodurch der Werkswohnungsbau in der Anfangsphase oft als "trust"-verdächtig galt - so hat doch ein Wandel insofern stattgefunden, daß die durch die Zurverfügungstellung einer Werkswohnung bezweckte Bindung des Arbeiters an das Werk aufgehoben ist und eine sofortige Kündigung der Wohnung bei Entlassungen oder Beendigung des Arbeitsvertrages von seiten des Arbeitnehmers nicht mehr erfolgen kann. Wie FLENDER/HOLLATZ (1969) ausführen, sind durch die Wohnungsbaugesetzgebung nach 1950 im öffentlich geförderten Wohnungsbau diese Bindungen dadurch beseitigt worden, daß nach fünfjähriger Zugehörigkeit zum Werk, das die Wohnung gebaut oder gefördert hat, eine Kündigung des Mietvertrages nicht mehr zulässig ist, wenn nach Ablauf dieser Zeit das Arbeitsverhältnis gelöst wird. Somit kommt der Montanindustrie vor allem auf dem preiswerten Mietwohnungsmarkt eine erhebliche Bedeutung zu.

Außerdem sollte nicht unerwähnt bleiben, daß die Stadt der Industrie etliche infrastrukturelle bzw. Freizeiteinrichtungen verdankt. Nach KAPPE (1938) geht die Gründung des Duisburger Stadions auf eine Stiftung von 60,5 ha im Jahre 1919 durch die Firma Krupp zurück. Auch der Schwelgern-Park in Hamborn ist eine Schenkung von Thyssen. Auf die Errichtung der sogenannten Wohlfahrtseinrichtungen wurde bereits eingegangen; auch in den 50er Jahren dieses Jahrhunderts errichtete Krupp in Rheinhausen Kindergärten für Angehörige des Werkes. Nicht unbedeutend ist die Tatsache, daß das seit 1914 vom Hüttenwerk Rheinhausen gegründete und geleitete Bertha-Krankenhaus, das bis Anfang der 60er Jahre das einzige Krankenhaus in Rheinhausen und seit langem über den Charakter eines reinen Werkskrankenhauses hinausgewachsen war, ab 1962 in eine gemeinnützige Tochtergesellschaft, die "Bertha-Krankenhaus-GmbH" eingebracht wurde, da es in weitem Umfang der Allgemeinheit dient.

Nicht nur aufgrund von eigenen Gründungen, sondern auch durch finanzielle Beteiligungen hat eine Entlastung der Kommunen stattgefunden, die in konjunkturschwachen Zeiten schnell mit Streichungen infrastruktureller Einrichtungen reagiert, da diese nach Ansicht von BENSCH (1984) aufgrund der verschlechterten finanziellen Situation der Stadt in einigen Bereichen nicht mehr zu bezahlen sind. Es ist jedoch zu bedenken, daß derartige Maßnahmen diametral zu den Bemühungen um eine Verbesserung des Image' und der stadtentwicklungspolitischen Aufwertung stehen.

Trotz dieser unbestreitbaren Verdienste der Industrie stehen diese jedoch in keinem Verhältnis zu den von ihr verursachten gegenwärtigen Problemen. Im Zusammenhang mit dem aufgrund des Strukturwandels in der Eisen- und Stahlindustrie zu verzeichnenden Schrumpfungsprozesses, der einen noch weiter anhaltenden Abbau von Arbeitskräften zur Folge hat, steht auch die Bevölkerungsentwicklung der Stadt Duisburg. Mit 518.260 Einwohner Ende 1985 lag Duisburg nur unwesentlich über dem Stand von 1960, wobei zu berücksichtigen ist, daß ohne die Gebietsveränderungen von 1975 die Einwohnerzahl noch wesentlich geringer gewesen wäre. Bis in die jüngste Gegenwart konnte der Bevölkerungsschwund nur durch den Zuzug von Ausländern ausgeglichen werden.

Die geringe Mobilität der Ausländer und die Wohnungspolitik der Montanindustrie verursachten in der Vergangenheit und Gegenwart einen nicht unerheblichen und nicht wünschenswerten Segregationsprozeß. Die Problematik, daß die sozial höher gestellten Schichten in das Umland ziehen, spielt nicht nur in der Gegenwart eine Rolle, sondern wurde bereits vor dem Zweiten Weltkrieg beklagt. Für intraregionale Wanderungen sind Umwelteinflüsse von großer Bedeutung. Eine kleinräumige Analyse für die Stadt Duisburg hat ergeben, daß eine Korrelation zwischen hohem Arbeiteranteil und hoher Umweltbelastung besteht (KNAUER 1982).

Zu beklagen ist auch der durch die Abwanderung einkommensstärkerer Schichten bedingte niedrigere Anteil an Einkommensteuer-Einnahmen für die Stadt, die ohnehin schon ein vermindertes Gewerbesteuer-Aufkommen erhält, andererseits jedoch durch steigende Sozialkosten belastet wird.

Die historische Betrachtung hat in verschiedenen Punkten immer wiederkehrende Abläufe gezeigt. So erinnert auch die zum Teil stattgefundene Integration der ausländischen Arbeitnehmer an die Vorgänge nach der ersten großen Bevölkerungszuwanderung. Seinerzeit zog ein großer Teil der Polen zu mit dem Ziel, mit den Ersparnissen Grund und Boden in der Heimat kaufen zu wollen, was jedoch durch die Ansiedlungsnovelle von 1904 erschwert wurde. Diese Intention, die auch in der jüngsten Vergangenheit zur Migration zahlreicher Ausländer führte, konnte aufgrund der verschlechterten Bedingungen im Heimatland häufig nicht mehr verwirklicht werden, wodurch auch heute ein bereits für die Polen registrierter indirekter Integrationszwang ausgeübt wird.

Die Produktionsanpassungen in der Schwerindustrie gehen gegenwärtig wie auch bereits in der Vergangenheit (vgl. vor allem Kapitel 3.1) überwiegend zu Lasten des Arbeitsmarktes. Konnte jedoch bei früheren wirtschaftlichen Aufschwüngen auch eine Zunahme der Beschäftigten beobachtet werden, so ist insbesondere seit 1975, auch in konjunkturellen Erholungsphasen, nicht zuletzt aufgrund des noch nicht abgeschlossenen Strukturwandels in der Eisen- und Stahlindustrie, ein stetiger Abbau an Arbeitskräften zu verzeichnen. Hatte 1967 Duisburg von 15 untersuchten Städten mit 2,6 % noch die geringste Arbeitslosenquote (MARX 1968), steht die Stadt seit langem mit an der Spitze der Ruhrgebietsstädte. So hat auch FELDENKIRCHEN (1984) auf den Personalabbau als Möglichkeit zur Kostensenkung bei rückläufiger Nachfrage hingewiesen, da diese Maßnahme am schnellsten zu sichtbaren Erfolgen führt.

Die jüngste Investition von Thyssen, der Bau eines zweiten Großhochofens in Schwelgern, für den die erforderliche immissionsschutzrechtliche Genehmigung durch den Regierungspräsidenten in Düsseldorf im Januar 1992 erteilt wurde, zeigt, daß der Standort Duisburg gegenwärtig noch nicht grundsätzlich bedroht ist. Allerdings stellt sich die Frage, ob die Schließung von Rheinhausen, u. a. als eine Folge der Fusion Krupp/ Hoesch, als Antizipation zu bewerten ist. Auch Thyssen kündet Rationalisierungsmaßnahmen an, so daß mit einem weiteren massiven Abbau von Produktionskapazitäten in der Stahlindustrie gerechnet werden muß, der zwangsläufig von einem gravierenden Arbeitsplatzabbau begleitet ist.

Noch nicht abzuschätzen ist ferner, wie sich technologische Veränderungen auf dem Stahlsektor, wie das "Dünnbandgießen" und die "Compact-Strip-Production", die bereits mit kleinsten Einheiten ökonomisch produzieren kann, auswirken werden. Es ist daher unerläßlich, alle Bemühungen zu unternehmen, um dem weiteren Schrumpfungsprozeß der Stadt so weit wie möglich Einhalt zu gebieten. Hierzu ist es erforderlich, daß

1. alle Möglichkeiten zur Neuansiedlung von strukturverändernden Betrieben genutzt werden; wozu
2. die Reaktivierung von Brachen erforderlich ist, nicht zuletzt aus städtebaulichen Gründen;
3. eine weitere Verbesserung des Stadtbildes erfolgt, und zwar durch Instandsetzung und Modernisierung von Altbaugebieten und Verbesserung der Freiflächensituation, nicht zuletzt auch aus ökologischen Gründen;
4. der Umweltschutz weiterhin verstärkt Beachtung findet.

Insbesondere die Maßnahmen 2. - 4. dienen auch einer Image-Aufwertung der Stadt, die andererseits wiederum die angestrebte Ansiedlung von Betrieben erleichtern könnte, um in der Folge die Finanzstruktur der Stadt aufzubessern. Ferner ist die Möglichkeit gegeben, eine weitere Abwanderung zu verhindern, wenn eine Verbesserung der Wohn- und Lebensqualität erzielt werden kann, wozu die Montanindustrie als Mitverursacher der nicht zuletzt auch städtebaulichen Mißstände insbesondere in die Pflicht zu nehmen ist.

Parallel zu diesen Bemühungen müssen Qualifikationsverbesserungen auf dem beruflichen und Ausbildung-Sektor einhergehen, da zukunftsorientierte Unternehmen in der Regel nicht die Fähigkeiten verlangen, die von der Schwerindustrie gefordert wurden. In der sozialen Persistenz und der beruflichen Qualifikation, die noch auf die Arbeitsprozesse in schrumpfenden Produktionsbereichen ausgerichtet ist, wird ein weiterer Entwicklungsengpaß gesehen.

Die hier aufgezeigten gegenwärtigen Probleme sind symptomatisch für die Situation der altindustrialisierten Ruhrgebietsstädte, und somit stellt die Stadt Duisburg keinen Einzelfall dar. Es darf jedoch nicht übersehen werden, daß die durch das historische Erbe und die Versäumnisse der Vergangenheit bedingten ökonomischen, ökologischen, soziologischen und städtebaulichen Strukturen trotz allen Wandels und der Bemühungen um Veränderungen eine derartige Persistenz aufweisen, daß mit einem Umstrukturierungsprozeß nur langfristig gerechnet werden kann, wie das Beispiel Pittsburgh zeigt, in der Hoffnung, daß es für diesen noch nicht zu spät ist.

Problematisch erscheint auch, daß zwar eine Fülle von Strategien erkannt, jedoch aus den unterschiedlichen Gründen nur Einzelmaßnahmen durchgeführt werden, wodurch eine Vernetzung zu einer Gesamtstruktur erschwert wird. Es werden zahlreiche Vorschläge unterbreitet, jedoch fehlt es offenbar an Konzepten, wie diese auch durchzuführen sind. So fordert auch GRABHER (1988) den Aufbau und die Entwicklung von Netzwerken statt "cathedrals in the desert". "Es geht in erster Linie darum, im Zuge der Erschließung eines neuen Nachfragepotentials auch die anpassungsblockierenden rigid-hierarchischen zwischenunternehmerischen Beziehungen durch anpassungsfähige Netzwerke zu ersetzen" (GRABHER 1991, S. 104). Ferner sollte die Kommune sich endlich aus der Abhängigkeit der Schwerindustrie befreien und in erster Linie die Interessen der Stadt und ihrer BürgerInnen vertreten, nicht zuletzt aus der Erkenntnis heraus, daß neben den traditionellen "harten", in zunehmendem Maße auch "weiche" Standortfaktoren an Bedeutung gewinnen. Stadtentwicklung versteht sich unter diesen Bedingungen als Stadterneuerung im umfassenden Sinne und geht über die Verbesserung der baulichen Strukturen hinaus, da sie soziale und kulturelle Aufgaben mit einbeziehen muß. Es konnte dargelegt werden, daß der gesellschaftliche Wandel zum Postfordismus, zur postindustriellen und postmodernen Gesellschaft sich auch auf die Stadtgestaltung niederschlägt (KRÜGER 1988).

Die gegenwärtige Situation gibt keinen Anlaß zu dem noch von der Stadt Duisburg 1991 geäußerten Optimismus über die ersten Erfolge auf dem Weg zum Strukturwandel. Ganz im Gegenteil hat es den Anschein, als ob der Stadt die größte Krise noch bevorstünde, so daß alle Anstrengungen zur Bewältigung aufgebracht werden müssen. Insbesondere im Hinblick auf Ersatzarbeitsplätze ist die Schwerindustrie mehr denn je gefordert.

An dieser Stelle sei noch einmal auf den handlungstheoretischen Ansatz verwiesen. Konnten die unter ökonomischen Zielsetzungen vollzogenen Handlungen eines August Thyssen noch relativ problemlos nachvollzogen werden, ist es aufgrund der veränderten Strukturen im Management immer schwieriger, diese zu rekonstruieren. Die jüngste Situation in Politik und Wirtschaft läßt erkennen, wie sehr die gegenwärtigen Probleme durch unqualifizierte und handlungsunfähige Personen in Spitzenpositionen hervorgerufen werden, denen offenbar ein weitsichtiges Denken in sozialer Verantwortung abhanden gekommen ist. So ist VESTER (1991) voll zuzustimmen, der das derzeitige Desaster als eine Folge des linearen Denkens sieht und fordert, daß die vernetzten Abläufe in den Systemen, in die wir laufend eingreifen, stärker beachtet werden. Kritisiert wird vor allem, daß zwar laufend Eingriffe in die Natur erfolgen, jedoch von der Natur nicht ihre Organisation, d.h. ihre kybernetischen Grundgesetze, abgeschaut wurden. "So nutzen wir zwar ein großes Feld von Teilerkenntnissen, kümmern uns aber anders als die Natur - fasziniert von unserer eigenen Schöpferleistung - weder um das Vorher noch um das Nachher eines Produktes, weder um seine Herkunft noch um seine Folgen, noch um seine Wechselwirkungen und Rückkopplungen mit unserem Lebensraum. Wir steuern nur Einzelziele an, statt auch in Kreisprozessen zu denken. Beides ist selbstverständlich nötig. Doch unsere Welt bedarf nicht einer Koexistenz von kausal-logischem Denken und Regelkreis-Denken, sondern einer echten Symbiose beider, das heißt einer Verbindung zwischen der Stabilisierung eines Zustandes und dessen qualitativer Weiterentwicklung" (S. 42). Das von VESTER (1991) entwickelte und als "Sensitivitätsmodell" bezeichnete Instrumentarium soll einen wesentlichen Beitrag zur Verbesserung von Planungsentscheidungen leisten, so daß Fehlentwicklungen allmählich beseitigt werden können. Das Sensitivitätsmodell beruht auf einem Ökologieverständnis, das versucht, alle Aktivitäten und Bedürfnisse des Menschen und der Umwelt in seine Überlegungen einzubeziehen, um durch die Erkenntnis der Zusammenhänge zu einer Harmonisierung des Raumes zu gelangen.

Man wird den Verdacht nicht los, daß die Niedergangsphase nicht nur durch das fortgeschrittene Stadium des Produktlebenszyklus' bedingt ist, sondern auch durch das Fehlen entsprechend qualifizierter Persönlichkeiten, die für die seit zumindest zwanzig Jahren bekannten Probleme rechtzeitig Lösungsstrategien erarbeitet und diese auch durchgeführt hätten. Denn ein Strukturwandel kann nur ermöglicht werden, wenn es gelingt, den "mentalen Engpaß", wozu auch alte Denkstrukturen wie Kommunalegoismus gehören, zu überwinden und ein neues, weitsichtiges, sinnrationales, verantwortungsbewußtes und vernetztes Denken, das nicht nur ausschließlich auf Gewinnmaximierung ausgerichtet ist, zu bewirken. Die Verfasserin ist sehr geneigt, den Ausspruch: "Neue Männer (und Frauen!) braucht das Land!" als ein Fazit aus der Beschäftigung mit einhundert Jahren Wirtschaftsgeschichte in Duisburg zu ziehen.

Anmerkungen

1   Wenn auch der Anteil des produzierenden Gewerbes von 61,0 % im Jahre 1961 auf 42,9 % im Jahre 1987 zurückgegangen ist, so stellt sich die Stadt Duisburg doch noch vorrangig als schwerindustriell geprägter Raum dar. Zahlen aus: Stadt Duisburg: Amt für Statistik und Stadtforschung, Daten und Informationen, H. 16, 1983, S. 7 sowie Amt für Statistik und Stadtforschung: Duisburger Zeitreihen 1975-1991, 1992, S. 18.

2   Wie auch TREUE/ UEBBING (1969) in ihrem Vorwort zutreffend feststellen, bleibt ein Unternehmen von der Größe der August Thyssen-Hütte nicht ohne Einfluß auf die regionale und nationale Volkswirtschaft.

3   BRÜCHER (1982) versteht unter Montanindustrie die Kombination des Steinkohlebergbaus mit Verkokung und Eisen- und Stahlgewinnung, so daß dieser Terminus zumindest auf Thyssen für die Anfangsphase der Aktivitäten im Duisburger Raum zutrifft. Der vielfach ohne nähere Erläuterung (VOPPEL 1975) verwendete Begriff "Schwerindustrie", worunter die Eisen- und Stahl erzeugende Industrie einschließlich der ersten weiterverarbeitenden Stufe (Walzwerk) verstanden wird (WESTERMANN LEXIKON DER GEOGRAPHIE) müßte folglich nach der Trennung von Kohle und Stahl benutzt werden. In diesem Sinne würde der von FELDENKIRCHEN (1982) bevorzugte Terminus "Eisen- und Stahlindustrie" eine Verkürzung darstellen.

4   Zwar behandelt die Untersuchung von SCHULZ (1968, 1977) die Entwicklung der Stadt Duisburg unter dem Einfluß der Industrie, jedoch unter völlig anderen Fragestellungen. Methodisch baut sich die Arbeit in Anlehnung an die Querschnittsmethode von PFEIFFER (1928) auf. In fünf Querschnitte untergliedert, endet die Untersuchung mit dem Jahr 1962, hat also die neuere Entwicklung der Stadt noch nicht berücksichtigt. Es konnte auf eine kartographische Darstellung der industriellen Entwicklung verzichtet werden, da diese schon von SCHULZ (1968, 1977) vorgenommen wurde. Auch die vom Autor bereits untersuchten Problemkreise, wie beispielsweise die Verkehrsentwicklung, wurden infolgedessen nicht mehr erörtert.

5   Vgl. zu den anthropogeographischen Arbeitsweisen HANTSCHEL/ THARUN 1980.

6   Zum Quellenstudium und Problematik der Quellenlage vgl. auch FELDENKIRCHEN (1982). Insbesondere ist noch auf die dreißigjährige Sperrfrist von Quellen zu verweisen, die die Analyse der jüngsten Vergangenheit und Gegenwart erschwert. Es wurde versucht, zu den entsprechenden Fragestellungen Zeitreihen zu bilden. Zur Problematik, über einen langen Zeitraum hinweg die interessierenden sozioökonomischen veränderlichen Größen mit dem gleichen Maßstab zu messen, ist auf BORCHARDT (1976) zu verweisen, der folgerichtig konstatiert, daß eine Zusammenzählung von Gütermengen verschiedener Art nur über ihre Bewertung möglich ist, die Bewertungen sich aber im Zeitablauf ändern. So werden die Schwierigkeiten umso gravierender, je größer die zu betrachtenden Zeiträume sind und je rascher die Entwicklung verläuft. Selbst, wenn Zeitreihen über sozioökonomische Variablen zur Verfügung stehen, stellt sich die Frage, ob nicht im Verlauf der Geschichte sich der Bedeutungsinhalt und Verknüpfungszusammenhang von gemessenen Sachverhalten geändert haben, da das Wesen von Beschäftigungsverhältnissen, Konsumptionsbedingungen und Produktionsweisen sich im Zeitverlauf so ändern kann, daß das Zahlenbild eher zu einer mißverständlichen Entwicklung führt.

7   So weist auch bereits STEIN (1905) darauf hin, daß die große Eisenindustrie Rheinland-Westfalens ihre Hochöfen an die Wasserstraße verlegte oder durch kurze eigene Eisenbahnen bis zu selbsterbauten Häfen sich von den Frachttarifen der Staatseisenbahnen unabhängig machte.

8   FELDENKIRCHEN (1982) führt aus, daß durch das 1879 eingeführte Thomasverfahren die Erzgrundlage des Ruhrgebiets zwar zunächst verbessert wurde, da die in großen Mengen

anfallende Puddelschlacke mit 55 - 60 % Eisengehalt und 4 % Phosphorgehalt eine ausgezeichnete Grundlage für das Thomaseisen bildete und billige Produktionskosten garantierte. Doch wegen der rasch ansteigenden Roheisenerzeugung wurden die Puddelschlackehalden schnell abgebaut, so daß am Anfang der 90er Jahre Puddelschlacke trotz stark angestiegener Preise nicht mehr in ausreichenden Mengen beschafft werden konnte. Erst als die Versorgung mit Puddelschlacke, die aufgrund ihres hohen Eisengehaltes billiger als die Minette zu verhütten war, immer schwieriger wurde, wuchs das Interesse des Ruhrgebiets an den südwestdeutschen Erzen. Der Minettebezug stieg jedoch bis zur Mitte der 90er Jahre nur langsam, da die lothringischen Erze wegen der hohen Frachtraten zunächst im Preis über den spanischen Erzen lagen.

9   Zum Einfluß des Staats auf die Standortbeeinflussung aufgrund der Tarifpolitik der Eisenbahn vgl. FELDENKIRCHEN (1982).

10   Im deutschen Industrialisierungsprozeß spielte die Rolle der Banken eine besondere Bedeutung (BARTH 1973, BORCHARDT 1978, FELDENKIRCHEN 1982). Da viele der neuen Unternehmungen nicht aus kleinen Anfängen heraus wachsen konnten, sondern, um alle technischen Chancen auszunutzen, sofort im Großen gegründet werden mußten, benötigte die Industrialisierung in Deutschland andere Finanzierungstechniken als in England. Der Kapitaleinsatz erhöhte sich vor allem durch die Umstellung von Holzkohleöfen auf Kokshochöfen, die bis 1870 abgeschlossen war. Der stark erhöhte Kapitalbedarf konnte nur von größeren Unternehmen, gewöhnlich nur von Kapitalgesellschaften gedeckt werden. Daher setzte im Bergbau und in der Hüttenindustrie in der zweiten Hälfte des 19. Jahrhunderts der Prozeß der Unternehmenskonzentration ein, der sich nach 1880 beschleunigte. Dieser Konzentrationsprozeß erfolgte mit der Bildung großer Kapitalgesellschaften und der Umwidmung von Unternehmen in Aktiengesellschaften (BORN 1985).

11   Im Zeitraum 1936/38 beträgt der prozentuale Anteil von England nur noch 9 % (HARDACH 1977).

12   In Anlehnung an die konjunkturtheoretischen Arbeiten des russischen Ökonomen Kondratiev stellt Schumpeter auf der Basis von jeweils tiefgreifenden Innovationen einen langfristigen Rhythmus von Expansion und Stagnation in der kapitalisitischen Entwicklung fest, den er als "lange Wellen" bezeichnet. So dauerte der erste Zyklus von 1787 bis 1843, der zweite von 1843 bis 1896 und der dritte, 1897 beginnende Zyklus wurde durch den Ersten Weltkrieg unterbrochen. Jeder dieser Zyklen schloß, analog dem mittelfristigen Konjunkturzyklus Prosperität, Rezession, Depression und Erholung ein (BORCHARDT 1976, HARDACH 1977, KELLENBENZ 1981, VAN DUIJN 1983). Es wird von zwei Ansätzen ausgegangen, die eine Rolle bei der Suche nach den tieferen Gesetzen deutscher bzw. kapitalistischer Entwicklung im 20. Jahrhundert spielen. Die von Schumpeter in Weiterführung des Kondratiev-Ansatzes verfeinerte "Lange-Wellen-Hypothese", die langfristige Wechsellagen auf die Abfolge von Innovationsschüben zurückführt und die "Strukturbruch-These", die Konzepte zur Erklärung von Trendveränderungen anbietet. Der erste Ansatz ist vor allem von den Erfahrungen der Zwischenkriegszeit bestimmt, allerdings findet er in modifizierter Form in jüngerer Zeit wieder verstärkte Resonanz bei der Analyse von Wachstumsprozessen nach dem Zweiten Weltkrieg. Die Zwischenkriegszeit ist vor allem durch das Fehlen von Basisinnovationen gekennzeichnet, wie sie vor dem Ersten Weltkrieg vorhanden waren (ABELSHAUSER/ PETZINA 1981).

13   Auf die Bedeutung der Eisenbahn als Einzelinnovation für das Wirtschaftswachstum wurde bereits eingegangen (vgl. auch FREMDLING 1981).

14   NEUMANN (1977) erläutert, daß in Duisburg von den elf Aktiengesellschaften allein neun in den Jahren von 1871 bis 1873 gegründet wurden.

15   Zur Bedeutung der Kartelle in der Eisen- und Stahlindustrie führt FELDENKIRCHEN (1982) aus, daß diese vor allem "Kinder der Not" waren, die der Überwindung wirtschaftlicher Schwie-

rigkeiten dienten, und deren Gründung fast immer in die Zeit des konjunkturellen Niedergangs fiel.

16   Zur näheren Begründung vgl. BORCHARDT (1976).

17   Ähnlich beurteilt WINKEL (1974) die Lage in Westdeutschland: "In Deutschland sollen für alle Zeit Militarismus und Nazismus ausgerottet werden, Entmilitarisierung und Abrüstung sollen durch Zerschlagung der deutschen Kriegsindustrie, Kontrolle der Wirtschaft, Dezentralisierung der Verwaltung und letztlich durch einen groß angelegten Prozeß der Umerziehung zu friedlichem und demokratischem Verhalten erreicht werden. Die wirtschaftlichen Grundsätze, auf die man sich einigte, sehen eine radikale Verringerung des deutschen Wirtschaftspotentials, eine Entflechtung der Großindustrie sowie allgemeine Produktionsbeschränkungen vor. Landwirtschaft und ein bescheidenes Maß an Friedensindustrie sollen künftig das Wirtschaftsleben Deutschlands bestimmen" (S.11).

18   Der am 18.4.1951 unterzeichnete Vertrag gilt für eine Dauer von 50 Jahren (vgl. HEMPEL 1969, S.181). SOHL (1970) berichtet, daß mit der Montanunion die Wende in der wirtschaftlichen Entwicklung nach Kriegsende eingeleitet wurde.

19   Bezüglich der allgemeinen wirtschaftlichen Entwicklung von Duisburg sei auf VON RODEN (1970) verwiesen, der den im 19. Jahrhundert einsetzenden Strukturwandel, durch den an Stelle des Handels sowie der ehemals führenden Tabak- und Textilindustrie als bestimmender Faktor das industrielle Unternehmertum trat, darstellt.

20   OGGER (1985) beschreibt August Thyssen wie folgt: "Er war kein Techniker wie Jacob Meyer und kein Verkaufsgenie wie Alfred Krupp. Aber er verstand mehr von Betriebswirtschaft und Organisation als beide zusammen. Und nicht von ungefähr ist das Werk, das seinen Namen trägt, heute der größte und modernste Stahlkonzern Europas, doppelt so groß wie Krupp. August Thyssen stammte aus einer stockkatholischen Familie des gehobenen Kleinbürgertums, die seit Beginn des 18. Jahrhunderts im Gebiet zwischen Aachen und Maastricht lebte. Der Urgroßvater war Bäckermeister und saß im Rat der Stadt Aachen, der Großvater besuchte das Jesuitengymnasium und ging in die Verwaltung. Vater Friedrich schließlich absolvierte eine Kaufmannslehre in Eschweiler und brachte es immerhin schon bis zum Leiter des ältesten deutschen Drahtwalzwerks, das von dem britischen Ingenieur Dobbs gegründet worden war" (S. 280). "Sohn August...war in seiner Jugend alles andere als ein Führertyp. Der hochintelligente Junge, der seinen Klassenkameraden körperlich unterlegen war, galt als Eigenbrötler und Außenseiter. Nach dem Gymnasium besuchte er die damals beste polytechnische Lehranstalt Deutschlands, die Technische Hochschule in Karlsruhe....Obwohl ihm die Technik lag, wollte August Thyssen keine Konstrukteur, sondern der Chef von Konstrukteuren werden. Deshalb absolvierte der ebenso ehrgeizige wie lernfähige Student nach dem Abschluß in Karlsruhe auch noch ein wirtschaftswissenschaftliches Studium im angesehenen Institut Superieur du Commerce de l'Etat zu Antwerpen. So war der junge Thyssen, als er nach kurzer Lehrzeit im Bankhaus des Vaters und dem durch den Österreich-Krieg etwas verlängerten Militärdienst im April 1867 seine Unternehmerlaufbahn begann, besser ausgebildet als die meisten seiner Jahrgangskollegen" (S. 285). "Der arbeitswütige Magnat lebte persönlich anspruchslos, verschmähte Partys und gesellschaftliche Veranstaltungen, wies Orden jeder Art zurück, mied, im Gegensatz zu Alfred Krupp, den Berliner Hof und lud seinen Kaiser auch nicht zu Werksbesichtigungen ein" (S. 288).

21   Zwar wurde der rein landwirtschaftliche Charakter von Hamborn bereits durch die Gründung einer Zinkhütte in Alt-Hamborn durch Wilhelm Grillo im Jahre 1880 beeinträchtigt, der entscheidende Wandlungsprozeß begann jedoch mit dem Ankauf der Kuxen der Gewerkschaft Deutscher Kaiser durch Thyssen.

22   Da die Schwerindustrie im Rheinland nach ADELMANN (1971) überwiegend von Eigentümer-Unternehmen gegründet wurde, ist die Betrachtung der Biographie, insbesondere von Krupp und Thyssen (Fußnote 20), nicht unbedeutend und zum Verständnis der wirtschaftlichen

Entwicklung unter Umständen sehr aufschlußreich. So haben sicherlich die großbürgerliche und adlig-aristokratische Lebensweise von Alfred Krupp und Nachfolger und die eher kleinbürgerliche Lebensart von August Thyssen nicht unerhebliche Auswirkungen auf beispielsweise den Wohnungsbau gehabt.

23   1867 haben sich die Gewerke Morian, Nadelmann, Waldthausen und Bisping entschlossen, die in Hamborn, Marxloh und Walsum gelegenen Grubenfelder unter dem Namen "Hamborn" zu konsolidieren, jedoch wurden noch keine Arbeiten zur Aufschließung unternommen. 1872, nach der 1870/71 einsetzenden Konjunktur, wurde mit der Abteufung des ersten Schachtes auf Hamborner Gebiet begonnen. Aufgrund der Mängel in der Abbautechnik und der ungünstigen Deckgebirgsverhältnisse konnte die Kohleförderung erst 1876 aufgenommen werden (WEHRMANN 1960).

24   WEHRMANN (1960) erläutert zur Lage von Bruckhausen, daß es sich bei dem Gebiet, auf dem sich die Thyssen'schen Anlagen befinden, um eine durch die Beek gebildete 400 bis 1.300 m breite Mulde handelte, dem sogenannten Schweinsbruch, welcher lange Zeit unbesiedelt war, eine für Bruchgebiete typische Erscheinung. Später wurde der Schweinsbruch durch einen Teil der Anlagen von Thyssen, den Hamborner Stadtwald und die Schachtanlage 4/8 ausgefüllt.

25   Die Verlagerung der Produktion von Roheisen und Rohstahl zum Westen zeigt deutlich, daß die Verkehrsorientierung der Eisen- und Stahlindustrie immer stärker wurde, und die Unternehmen in diesem Produktionsbereich keine Überlebenschancen mehr hatten, wenn keine Wasserstraßen zum billigen Transport der Rohstoffe und zum Abtransport der Massenerzeugnisse zur Verfügung standen. Zwar hatte Thyssen den am Rhein gelegenen Standort Bruckhausen bewußt gewählt, jedoch noch keine zwanzig Jahre später erneut eine Standortverlagerung vorgenommen, als er mit einem Teil der Produktion nach Hagendingen ging. Insbesondere, wenn neue Betriebe oder Werke errichtet werden sollten, wurde die Frage nach dem optimalen Standort erörtert und seit den 80er Jahren eine mögliche Betriebsverlagerung ins Minettegebiet in Erwägung gezogen, was aus dem veränderten Verhältnis beim Verbrauch von Erz und Kohle zu erklären ist. Thyssen, der erst sehr spät Erzfelder im Deutschen Reich erworben hatten, errichtete das Stahlwerk Hagendingen mit einer Produktionskapazität von zwei Drittel der Leistungsfähigkeit der Bruckhausener Anlage, behielt sich aber einen späteren Ausbau von der Fläche her vor (FELDENKIRCHEN 1982).

26   Nach FELDENKIRCHEN (1982) stellt die Gewerkschaft Deutscher Kaiser einen Sonderfall dar. Die nicht aus einem früheren Familienunternehmen hervorgegangene Gesellschaft wurde von August Thyssen zusammen mit allen anderen Thyssen-Gesellschaften faktisch wie ein Einzelunternehmen geführt. August Thyssen, der nur wenige engere Mitarbeiter hatte, bemühte sich, alle Entscheidungen selbst zu treffen.

27   Auch TREUE (1966) betont, daß Thyssen den öffentlichen Kapitalmarkt nur in relativ geringem Maße in Anspruch nahm. Thyssens Politik war die der finanziellen Stärkung aus eigenen Mitteln. Zum Problem der Kapitalbeschaffung in der Eisen- und Stahlindustrie vgl. auch FELDENKIRCHEN (1982).

28   Nachdem 1900 die Bruckhausener Hütte zu klein geworden war, beschloß Thyssen, ein neues Hüttenwerk zu bauen, und zwar in Meiderich, wobei er bei diesem Vorhaben auf energischen Widerstand stieß. Der Regierungspräsident von Düsseldorf untersagte die Ableitung der Abwässer in die Emscher. Die Gutehoffnungshütte in Oberhausen machte ebenfalls Schwierigkeiten, da sie für ihre eigenen Zechen eine Verbindung zum Rhein schaffen wollte und durch die zu spät erkannten Pläne von Thyssen ihre eigenen Vorhaben gefährdet sah.

29   FELDENKIRCHEN (1982) erklärt die Gründung eines in der Rechtsform der Aktiengesellschaft bestehenden Werkes damit, daß sich Thyssen durch die Wahl dieser Rechtsform den Zugang zum Kapitalmarkt offenhalten wollte, der bei der Gewerkschaft Deutscher Kaiser erschwert

war. Offenbar hatte Thyssen zu diesem Zeitpunkt bereits gemerkt, daß der Autarkie finanzielle Grenzen gesetzt sind.

30 Ein Grund dafür, daß die alten Werke in den letzten Jahren vor dem Ersten Weltkrieg nur gering ausgebaut wurden, mag darin liegen, daß die finanziellen Möglichkeiten von Thyssen durch den Bau in Hagendingen so stark erschöpft waren, daß keinerlei Geld für größere Investitionen zur Verfügung stand und daß nicht eine geplante Verlagerung ins Minettegebiet die Ursache war (FELDENKIRCHEN 1982).

31 Die wesentlichste Aufgabe der Verbundwirtschaft ist, diejenigen Stoffe und Energien nutzbar zu machen, die zwangsläufig im Betrieb anfallen und ohne Anwendung der Verbundwirtschaft entweder verlorengehen oder nur unwirtschaftlich verwendet werden können (TREUE 1966).

32 FELDMAN (1981) führt aus, daß einige Führer in der Eisen- und Stahlindustrie der Überzeugung waren, daß der Verfeinerungsindustrie die Zukunft gehöre und daher die Rationalisierung der Kohlen-, Eisen- und Stahlproduktion eine unumgängliche Notwendigkeit wäre. Diese Auffassung hatte sich durch den Krieg noch verstärkt, und die Ausrichtung auf die vertikale Konzentration wurde von dem Glauben einiger Großindustrieller begleitet, daß ein Zusammenschluß der großen Produzenten notwendig sei, um die Rentabilität und Wettbewerbsfähigkeit der deutschen Schwerindustrie aufrechtzuerhalten. So förderte Albert Vögler bereits 1918 die Fusion der großen Eisen- und Stahlproduzenten, ein Ziel, das allerdings nur teilweise 1926 mit der Gründung der Vereinigten Stahlwerke realisiert wurde. PRITZKOLEIT (1963) erwähnt, daß die Betriebsgesellschaften der Vereinigten Stahlwerke 1938 über 27 Schachtanlagen des Steinkohlenbergbaus mit 121 Schächten und 17 Kokereien mit 2.704 Öfen, über 12 Hochofenwerke mit 54 Hochöfen und 35 Konvertern zur Erzeugung von Thomasrohstahl, über 81 Siemens-Martin-Öfen, 11 Elektro-Stahlöfen und 41 Walzwerke mit 168 Walzenstraßen verfügten, und die Roheisenerzeugung zwei Fünftel der deutschen Gesamtproduktion ausmachte.

33 Die folgenden Ausführungen sind entnommen aus: "Hundert Jahre Niederrheinische Hütte"; weitere Darlegungen in NEUMANN (1977).

34 Die nachfolgenden Darstellungen basieren im wesentlichen auf MUTHESIUS (1952).

35 Zur Entwicklung der Rheinischen Stahlwerke vgl.: Bedeutende Industriewerke. Entwicklungsgeschichte der Rheinischen Stahlwerke. In: Das Wirtschaftsleben, Jg. 3, H. 11/12, 1921, S. 290-293.

36 Die Johannishütte wurde nach MEYER (1966) im Jahre 1904 abgebrochen und später als Schlackenhalde von der Niederrheinischen Hütte benutzt. Bezüglich der Entwicklung der Johannishütte sei auf NEUMANN (1977) verwiesen.

37 FELDENKIRCHEN (1982) weist darauf hin, daß ausländische Erze zum ersten Mal nach der Einführung des Bessemerverfahrens im Ruhrgebiet verhüttet wurden. Da von den deutschen Erzen nur etwa 3 % den für das Bessemerverfahren erforderlichen niedrigen Phosphoranteil hatten, stieg der Anteil der ausländischen Erze an der Gesamtmenge der im Ruhrgebiet verschmolzenen Eisenerze mit der zunehmenden Anwendung des neuen Produktionsverfahrens an.

38 Das 1893 gegründete Rheinisch-Westfälische Kohlensyndikat war nach BORN (1985) zwar für die Entwicklung des Ruhr-Kohlenbergbaus überflüssig, hatte jedoch wesentlich zu einer neuen Stufe der Konzentration und wirtschaftlichen Machtbildung beigetragen und die Bildung eines neuen Konzern-Typs gefördert. Da nach dem Syndikatsvertrag Kohlenlieferungen an Unternehmen, mit denen die Zechen im gleichen Konzern verbunden waren, nicht auf die Syndikatsquote angerechnet wurden, entstand für die Bergwerkskonzerne ein Anreiz, sich kohleverbrauchende Unternehmen anzugliedern, also vertikale Konzerne zu bilden. Andererseits entstand bei den kohleverbrauchenden Unternehmen ein Interesse am Bezug von Kohle unterhalb des Preisniveaus, das vom Syndikat bestimmt wurde. Hierdurch waren die Vorausset-

zungen für die vertikale Konzernbildung zwischen Bergbauunternehmen, Eisenhütten, Stahl- und Walzwerken geschaffen, die kurz vor der Jahrhundertwende begann.

39 Das Unternehmen, das Alfred Krupp als Vierzehnjähriger von seinem 1826 verstorbenen Vater übernahm, bestand, wie OGGER (1982) berichtet, aus einer halb verfallenen Hütte und war längst bankrott, nachdem Experimente, Gußstahl, der nach der von Napoleon verfügten Kontinentalsperre nicht mehr aus England importiert werden konnte, herzustellen, fehlgeschlagen waren. Den richtigen Aufschwung erhielt die Firma erst durch die Expansion der Eisenbahn. Konnte Krupp 1848, nachdem er die Alleinherrschaft über die Firma besaß, kaum seine 70 Arbeiter entlohnen, so beschäftigte das Unternehmen Mitte der 50er Jahre des 19. Jahrhunderts bereits mehr als 1.000 Personen. Insbesondere durch den Bau und die Lieferung von Kanonen in den 60er Jahren an Preußen wuchs die Firma in atemberaubendem Tempo, wenn auch ihre Kapitaldecke stets schwach blieb. Bei dem Tod von Alfred Krupp 1887 zählte das Unternehmen bereits ca. 20.000 Beschäftigte. Die Gründung des Hüttenwerks in Rheinhausen war folglich nicht mehr das Werk von Alfred Krupp, sondern geht auf die Initiative seines Sohnes, Friedrich Alfred, zurück.

40 Zu den weiteren Aktivitäten der Brüder Mannesmann vor und nach der Erfindung der nahtlosen Röhren sei auf HERTNER (1979) und SCHWERIN VON KROSIGK (1958) verwiesen.

41 Wie aus der Akte 17/521 im Stadtarchiv Duisburg hervorgeht, wurde bereits 1909 von der Schulz-Knaudt AG ein Antrag zur Errichtung eines Hafens gestellt.

42 Auf das weitere Schicksal der Hahnschen Werke wird an anderer Stelle noch näher eingegangen.

43 Auch STEINBERG (1978) hebt besonders die bis zum Petersberger Abkommen erfolgte Demontage der August Thyssen-Hütte hervor, da es sich hier nicht nur um das leistungsfähigste und wirtschaftlich arbeitendste Werk handelte, sondern um ein Unternehmen, das aufgrund seiner idealen Lage am Rhein und zur Kohle in Verbindung mit modernen Betriebsanlagen die reifste Form der bis dahin in Europa bekannten Art der Verbundwirtschaft darstellte.

44 Eine ausführliche Darstellung der unter Leitung der Militärregierung erfolgten organisatorischen Änderungen und weiteren industriellen Entwicklungen findet sich in HEMPEL (1969).

45 Zur Entflechtung der Konzerne vgl. auch ROJAHN (1984).

46 Im 1. Geschäftsbericht von 1952/53 bzw. 1953/54 wird darauf hingewiesen, daß die August Thyssen-Hütte als eines der wenigen gemischten Hüttenwerke Westdeutschlands nach der Entflechtung ohne eigene Kohlengrundlage gewesen ist, eine Situation, die um so paradoxer erscheint, da gerade die reichen Kohlevorkommen die Basis für die Errichtung und Entwicklung der Hütte waren.

47 Vgl. Geschäftsbericht der August Thyssen-Hütte 1954/55. Eine ähnliche Zielsetzung hatte die Gründung des Großrohrwerks Mannesmann-Hoesch GmbH, Duisburg, im Dezember 1954, an dem Mannesmann 65 % und Hoesch 35 % Anteile hatten. Diese gemeinsame Anlage zur Fertigung geschweißter Großrohre sollte vermeiden, daß beide beteiligten Gesellschaften neue Fertigungsstätten mit einem vollem Produktionsprogramm errichten mußten und Überkapazitäten entstünden. Im März 1956 wurde hier die Produktion geschweißter Rohre aufgenommen. Das Großrohrwerk war bei dem Grobblechbedarf weitgehend auf die Lieferungen der Mannesmann-Hüttenwerke AG angewiesen.

48 1957 ist bei HARDACH (1977) noch als Krisenjahr angegeben, was beweist, daß gewisse zeitliche Verschiebungen bei den Auf-und Abschwungsphasen im Verhältnis zur Gesamtkonjunktur bei den einzelnen Unternehmen auftreten können. Interessant ist, wie BORCHARDT (1976) nachweist, daß zahlreiche Industriezweige weder in der Vorkriegs- noch in der Nachkriegszeit ein dem allgemeinen Konjunkturverlauf entsprechendes regelmäßiges Muster von Schwankungen der Wachtumsraten aufweisen. So zeigt die Eisenkonjunktur der Nachkriegszeit, dargestellt mit Hilfe der Wachstumsraten der Roheisenproduktion, gleichmäßige Zyklen,

die ziemlich genau dem klassischen Konjunkturzyklus entsprechen, wohingegen die Vorkriegszeit weit weniger regelmäßige Zyklen aufweist, so daß man hier von einem Wachstumszyklus sprechen kann, eine Erscheinung, die sich auch bei der Stahlproduktion nachweisen läßt. BORCHARDT (1976) sieht einen weiteren Grund in der weit verbreiteten Auffassung, die Nachkriegszeit sei stetiger als die Vorkriegszeit verlaufen, darin, daß das bis dahin aufgewertete Ziel der Vollbeschäftigung in der Nachkriegszeit nicht mehr derartigen Schwankungen unterworfen war; ein Tatbestand, der für zahlreiche andere bedeutende Variablen keine Gültigkeit hat.

49 Aufgrund des Umwandlungsgesetzes vom 12.11.1956 und des Umwandlungs-Steuergesetzes vom 11.10.1957 wurden die bisherigen Tochtergesellschaften der Hütten- und Bergwerke Rheinhausen AG, das Hüttenwerk Rheinhausen AG und die Bergwerke Bochum-Rossenray AG, durch Übertragung ihres gesamten Vermögens auf die Hütten- und Bergwerke Rheinhausen AG, Essen, umgewandelt. Die Umwandlungen wurden am 20.4.1960 in das Handelsregister eingetragen. Grund für diese Umwandlung war u.a. die Entwicklung der Steuerrechtssprechung über die Organschaft. Das Hüttenwerk Rheinhausen firmierte seitdem als Zweigniederlassung "Hütten- und Bergwerke Rheinhausen AG, Hüttenwerk Rheinhausen", mit dem Sitz in Rheinhausen.

50 Hier wird erstmalig deutlich, wie schnell die Industrie auf Konjunktureinflüsse mit Arbeitsplatzreduzierungen reagiert.

51 Aufgrund der zunehmenden internationalen Verflechtungen spielt die Währungspolitik eine immer größere Rolle.

52 Wie dem Geschäftsbericht von 1959 zu entnehmen ist, begann im Hüttenwerk Rheinhausen die Produktion von Rohstahl 1900 mit der Inbetriebnahme von zwei 25-t-Siemens-Martin-Öfen und die von Thomasstahl im Jahre 1905.

53 1966 beschloß die Phoenix-Rheinrohr AG die Änderung des Firmennamens in "Thyssenrohr", womit die Zugehörigkeit zur Thyssen-Gruppe als auch der Schwerpunkt in der Tätigkeit dieser Tochtergesellschaft zum Ausdruck gebracht werden sollte (TREUE/UEBBING 1969).

54 Japan ist für SOHL (1970) das Beispiel, welches belegt, daß durch ein ungewöhnlich enges und vielfach neuartiges Zusammenspiel zwischen Staat und Wirtschaft wirtschaftliche und politische Erfolge erzielt werden.

55 Es handelt es sich hierbei um eine Problematik, die die gesamte Nachkriegszeit prägt (vgl. auch SOHL 1967). Zu berücksichtigen ist, daß die BRD mit der Zurverfügungstellung ihres "know-how" den Entwicklungsländern die Errichtung von Stahlwerken ermöglichte und sich selbst die Konkurrenz verschaffte.

56 Es wird wieder einmal deutlich, daß die reine Produktionsentwicklung als Indikator für die Gewinnsituation eines Unternehmens nicht ausreicht. So beklagt die August Thyssen-Hütte auch für das Geschäftsjahr 1964/65, daß trotz steigender Umsatz- und Produktionsentwicklung durch den Kostenfaktor Brennstoff- und Personalkosten eine Verschlechterung der Ergebnislage eingetreten ist.

57 Im historischen Rückblick führt SOHL (1970) aus, daß es zwar schon früher Unternehmenskonzentrationen gegeben habe, die Zusammenschlüsse der ersten Generation jedoch insbesondere auf Unabhängigkeit gerichtet waren, indem sich die Produktion die eigene Rohstoffbasis, der Handel die eigene Produktionsgrundlage schaffte. Später sollten die Zusammenschlüsse vor allem die Kostenlage verbessern, im Gegensatz zu den Kartellen, die die Erlösentwicklung stabilisieren sollten (vgl. auch HEMPEL 1969).

58 Die Einstellung des Walzstahlkontors West erfolgte, wie der Geschäftsbericht von Thyssen für 1970/71 ausführt, zum 30.6.1971.

59 Im Dezember 1965 erfolgte die Verschmelzung mit der "Bochumer Verein für Gußstahlfabrikation AG", durch die die Firmierung in "Fried. Krupp Hüttenwerke AG", Bochum, geändert wurde. Zur Erhaltung und Stärkung der Wettbewerbsfähigkeit ist im Geschäftsjahr 1967 eine weitere entscheidende Umstrukturierung des organisatorischen Aufbaus eingeleitet und im wesentlichen auch abgeschlossen worden. Ziel war, die seit der Fusion der ehemaligen "Bochumer Verein für Gußstahlfabrikation AG" mit der "Fried. Krupp Hüttenwerke AG" als organisatorisch selbständige Einheiten weitergeführten beiden großen Werkskomplexe in Bochum und Rheinhausen zu integrieren, wobei es unerläßlich war, die vier Werke des Stahlbereichs der Gesellschaft in Bochum, Rheinhausen, Düsseldorf-Benrath und Hohenlimburg künftig organisatorisch zu einer Unternehmenseinheit zusammenzufassen. In diesem Zusammenhang wurde die Bezeichnung "Hüttenwerk Rheinhausen" in "Werk Rheinhausen" abgeändert. Im Zuge dieser Integrationsmaßnahmen sollte ein Teil des im Werk Bochum benötigten Rohstahls im Werk Rheinhausen produziert werden.

60 MICHEL (1965) erläutert, daß die amerikanische Kohle DM 53,--/t kostet gegenüber der Ruhrkohle, die DM 65,--/t verlangt. So weist auch CORDES (1972) darauf hin, daß die deutsche Stahlindustrie keine Möglichkeit hat, auf dem Weltmarkt Kohle und Koks einzukaufen, da sie aufgrund des Hüttenvertrages verpflichtet ist, ihren gesamten Bedarf bei der Ruhrkohle zu decken. Die enormen Preissteigerungen bei der Kohle werden im wesentlichen auf die höheren Lohnkosten geschoben. Diese Situation hat zu einer Innovation angeregt, indem versucht wird, Stahl ohne Einsatz von Koks, d.h. ohne Hochofen zu erzeugen, wobei das Direktreduktionsverfahren eine Rolle spielen kann.

61 Für 1969 führt SOHL (1969) aus, daß die Gegenwart noch im Zeichen der Expansion stehe. Die Erlöse hätten sich in den letzten Monaten unter dem Einfluß der Binnenkonjunktur erholt, wenn sie auch im Inland das Niveau von 1960 noch nicht wieder erreicht hätten.

62 SOHL (1970) kritisiert ferner, daß nicht genügend Vertrauen in den wirtschaftlichen Mechanismus bestehe und die in einer freien Marktwirtschaft herrschenden selbstheilenden Kräfte übersehen würden.

63 Das BSP lag 1970 noch bei 5 %, 1971 hingegen nur noch bei 3,2 % (BENSCH 1986, S. 71).

64 Mit Ausnahme des Jahres 1976 wird in dem hier in Rede stehenden Zeitraum ein BSP in dieser Höhe wie für 1973 nicht mehr erreicht.

65 Dem Geschäftsbericht 1973 von Mannesmann ist zu entnehmen, daß aufgrund dieser Auflage Gespräche über eine Übernahme der entsprechenden Aktien durch die Mannesmann AG geführt wurden, wodurch sich die Beteiligung der Mannesmann AG auf 75 % erhöhte.

66 Die August-Thyssen-Hütte übernahm den in den Rheinstahl-Hüttenwerken zusammengefaßten Stahlbereich. Das Verarbeitungszentrum firmiert seit 1975 als Thyssen-Industrie AG.

67 1975 stand das BSP auf dem niedrigsten Stand. Hier wird deutlich - wie schon an anderer Stelle erwähnt -, daß sich die Entwicklung des einzelnen Unternehmens nicht unbedingt in Abhängigkeit von der Gesamtkonjunktur vollzieht. Dies ist jedoch eine Folge der zunehmenden Diversifizierung der Unternehmen, da andererseits im Hütten- und Stahlbereich die Entwicklung analog zur Gesamtkonjunktur verläuft.

68 1980 hat Mannesmann, um die Wirtschaftlichkeit der Mannesmannröhren-Werke AG wiederherzustellen und die internationale Wettbewerbsfähigkeit zu sichern, die bisher als selbständige Unternehmensgruppe geführten Hüttenwerke der Mannesmann AG, die ausschließlich die Röhrenwerke mit Vormaterialien versorgen, in die Mannesmannröhren-Werke AG als Betriebsabteilung integriert. Die Belegschaft der Hütte ging auf die Mannesmannröhrenwerke über.

69 Am 18.6.1980 wurde der Name Fried. Krupp Hüttenwerke AG in KRUPP STAHL AG geändert, um der Entwicklung des Erzeugungsprogramms Rechnung zu tragen, das sich überwiegend

auf Edel- und Qualitätsstahl sowie auf hochwertige Produkte der Stahlweiterverarbeitung erstreckt.

70　Vgl. 100 Jahre "Thyssenbahn" in Hamborn. In: "Eisenbahn und Häfen" 1/79, S. 11 ff und: "Unternehmens-Information über die Gemeinschaftsbetriebe Eisenbahn und Häfen" 1981.

71　Vgl. "100 Jahre industrieller Hafenbetrieb am Rhein in Hamborn". In: "Eisenbahn und Häfen" 6/82, S. 3 f und 7/82, S. 3 ff sowie: "Unternehmens-Information über die Gemeinschaftsbetriebe Eisenbahn und Häfen" 1981.

72　Vgl. VON RODEN (1974).

73　Vgl. Stahl vom Rhein (1957) und MEYER (1956).

74　Die sehr ausführliche Untersuchung über die preußische Kommunalpolitik von HOEBINK (1990) weist gerade in diesem Punkt Desiderate auf, da Stellungnahmen der Großindustrie kaum berücksichtigt werden. Insofern stellen die im Stadtarchiv Duisburg ausgewerteten Archivalien eine Ergänzung dar.

75　Auch HOEBINK (1990) stellt fest, daß die Kommunalarchive über die jeweiligen Vergrößerungen des eigenen Gebiets ein reichhaltiges Material besitzen, aus dem der stadtinterne Entscheidungsprozeß sehr gut nachgezeichnet werden kann, während die Firmenarchive keine darüber hinausgehenden Informationen liefern.

76　Wie auch STEINBERG (1978) ausführt, spielten für das Wachstum der Städte Eingemeindungen mit eine große Rolle, da die aus der vorindustriellen Zeit stammende Verwaltungsgliederung in vielen Städten einer sinnvollen Weiterentwicklung im Weg stand und zum Anschluß von Gemeinden führte, die längst in baulicher, verkehrsmäßiger und sonstiger Hinsicht mit der entsprechenden Stadt eng verbunden waren. Neben den auf Ausdehnung bedachten Großstädten wollten die bevölkerungsmäßig immer größer werdenden Einzelgemeinden, die das Stadtrecht anstrebten, eine Angliederung kleinerer Nachbargemeinden bewirken (vgl. hierzu SCHOLTEN 1969 zur Entwicklung von Rheinhausen und BLUM 1933 zu Hamborn). Andererseits kritisiert KAPPE (1938), daß die kommunale Neuordnung von 1929 nicht zu dem gewünschten Erfolg führte. Insbesondere haben die Eingemeindungen, außer durch den Erwerb von Huckingen, nur in geringem Maße geeignetes Siedlungsgelände gebracht, da die Hoffnung, Siedlungsgebiete vom Landkreis Düsseldorf und der Stadt Homberg zu erhalten, nicht erfüllt wurde. KAPPE (1938) bedauert, daß Duisburg nicht die Entwicklung vollziehen konnte, die sie als Ruhrmündungsstadt mit dem Besitz des Mülheimer Waldes und Ruhrufers hätte nehmen können. Durch die Eingliederung von Hamborn sei der uneinheitliche Charakter der Stadt, dem schon nach der Eingemeindung von Ruhrort, Beeck, Laar und Meiderich jede Geschlossenheit fehlte, noch ungünstiger geprägt worden.

77　Vgl. Stadtarchiv Duisburg, Akte 101/867.

78　Zu dieser Kommunalreform konnte keine Stellungnahme von seiten der Wirtschaft oder Handelskammer gefunden werden, was sicherlich auch mit der dreißigjährigen Sperrfrist zusammenhängt.

79　Zur Problematik der Lebensfähigkeit von Städten, die als reine Produktions- und Bergbaustädte ohne kernbestimmtes Wachstum sich entwickelten vgl SCHÖLLER (1978).

80　Vgl. Stadt Duisburg: Struktur- und Finanzprobleme der alten Industriegroßstädte Mai 1978.

81　Vgl. auch WAGNER (1981).

82　Eine gute Charakterisierung der Unterschiede zwischen Polen und Masuren findet sich in KIRRINNIS (1965).

83　Auf die methodischen Schwierigkeiten der Erfassung wurde bereits hingewiesen (vgl. STORM 1979). Insofern kann nicht davon ausgegangen werden, daß die von KLESSMANN (1978) ermittelten Zahlen die Realität widerspiegeln; unabhängig davon wird jedoch die Entwicklung verdeutlicht. Die Differenzen zwischen den Zahlen von KLESSMANN (1978) und den Angaben von STORM (1979) lassen sich wohl aus den unterschiedlichen Erhebungsdaten erklären. Außerdem führt STORM (1979) die Polen zusammen mit den Österreichern und Ungarn auf.

84   Vgl. hierzu auch BLUM (1933).

85   Die gewollte Absonderung der Polen äußerte sich auch in dem starken Vereinswesen, das allerdings ab 1939 verboten war. Zur Entwicklung und Bedeutung des Vereinswesens vgl. auch TENFELDE (1981).

86   Nach STORM (1979) wurde in Hamborn nachmittags polnischer Unterricht, u.a. in der August-Thyssen-Schule in Bruckhausen, Abteischule in Alt-Hamborn, Kampschule in Obermarxloh und Petrusschule in Marxloh erteilt, der vom polnischen Schulverein getragen wurde, da die Regierung der Errichtung polnischer Schulen nicht zustimmte.

87   SCHÖBEL (1922) begründet die Cholera- und Pockenepidemien von 1866 und 1871 mit den damaligen unzureichenden Wohnungsverhältnissen (vgl. hierzu auch KÖNIG 1907 und REICHARDT 1939).

88   Zwar stellte der Werkswohnungsbau als Massenwohnungsbau eine Erscheinung der Zeit während und nach der industriellen Revolution dar, der Wohnungsbau für Beschäftigte eines Unternehmens war jedoch bereits in Deutschland seit dem Mittelalter (z.B. Werkswohnungen der Fugger in Augsburg) bekannt. Zur Definition des "Massenwohnungsbaus" vgl. auch JANSSEN (1976, S. 21).

89   Auf eine nähere Darstellung wird an dieser Stelle verzichtet, da sich ausführliche Beschreibungen des Entwicklungsprozesses beispielsweise in den "Wohlfahrtseinrichtungen" des Thyssen-Bergbau (1922), in JENKIS (1973) und JANSSEN (1976) finden. JANSSEN (1976) erläutert, daß die durch den Weltkrieg 1914/18 von Rohstoffen und Märkten abgeschnittene Ruhrindustrie staatliche Hilfe erhielt, und zwar auch durch Subventionen für den Wohnungsbau, die allerdings nur an gemeinnützige Unternehmen gezahlt wurden, so daß gemeinnützige Wohnungsunternehmen, sowohl staatliche als auch Tochterfirmen der großen Montanunternehmen, entstanden. Durch Belegungsrecht gesichert, wurden die Wohnungen jedoch auch weiterhin für die Beschäftigten der am Kapital beteiligten Unternehmen gebaut. JANSSEN (1976) kritisiert jedoch, daß die Industrie in Zeiten rückläufiger Förderung und wachsenden Bedarfs an Wohnungen auch mit Hilfe ihrer nicht gemeinnützigen Unternehmen, z.B. der Thyssen Wohnbau, Wohnungsbau betrieben hat.

90   In diesem Zusammenhang sei auf den Vermerk von SCHÖBEL (1922) verwiesen, daß einzelne Werke wie Rheinstahl, Phoenix und Thyssen noch nach dem Ersten Weltkrieg erheblich in eigener Regie gebaut haben.

91   Vgl. aus der Firmenperspektive u.a. "Wohlfahrtseinrichtungen" (1902), HAUX (1907), HECKER (1916), KLAPHECK (1930) und kritisch STEMMRICH (1981), insbesondere SCHLANDT (1971) sowie aus zeitgenössischer Sicht DÜWELL (1903), JANSSON (1910) und FISCHER-ECKART (1913).

92   Ganz allgemein führt KASTORFF-VIEHMANN (1981) aus, daß der Arbeiterwohnungsbau, der eher zu den Produktionsanlagen seiner Bauherrn als zu einem architektonisch konzipierten Wohnungsbau zu rechnen war, bis über die Mitte des 19. Jahrhunderts eine für Architekten uninteressante Aufgabe darstellte, der von werkseigenen Baukolonnen betrieben wurde.

93   Bezüglich der sich im Siedlungswesen niederschlagenden Planungsziele wie "Werksgemeinschaft" einerseits und "Individualität und Privatheit" andererseits sowie der verschiedenen Entwicklungsstufen des Kruppschen Arbeiterwohnungsbaus vgl. die sehr ausführliche Darstellung von STEMMRICH (1981).

94   Zur Entstehung der Gartenstadtidee, auf die aus Platzgründen nicht näher eingegangen werden kann, vgl. u.a. KASTORFF-VIEHMANN (1981) und besonders HOWARD (1968).

95 Zu der ästhetischen Betrachtungsweise im Städtebau, insbesondere durch Camillo Sitte sowie zu den Wohnungsreform-Bestrebungen von Huber vgl. HARTOG (1962).

96 Nach KLAPHECK (1930) leisteten Schmohl und Mitarbeiter hier vorbildlichen Heimatschutz im höchsten Sinne des Wortes. Festzuhalten ist jedoch, daß es sich nicht, wie häufig fälschlich behauptet, um Gartenstädte im Sinne von HOWARD handelte, sondern um gartenstadtähnliche Werkssiedlungen.

97 Die im Zusammenhang mit dem 1902/03 erfolgten Ausbau der Friedrich-Alfred-Hütte errichtete Siedlung entstand - wie die Hütte - unter der Leitung von Friedrich-Alfred Krupp. HAUX (1907) betont, daß das feinsinnige Kunstverständnis von Friedrich-Alfred Krupp auch auf dem Gebiet des Bauwesens spürbar wurde.

98 Bei einer Begehung 1986 war nur noch ein Haus bewohnt, der Rest war verfallen und sollte abgerissen werden.

99 Aus einem in Band I "Wohlfahrtseinrichtungen" der Gußstahlfabrik von Fried. Kurpp 1902 abgebildeten Lageplan wird ersichtlich, daß die Häuser zwischen Kalkweg und Margarethenstraße lagen. Soweit aus den von Krupp zur Verfügung gestellten Unterlagen erkennbar, scheinen diese Häuser nicht mehr im Bestand des Unternehmens zu sein. Die aus 10 Häusern mit je vier Wohnungen bestehende "Kolonie" wurde 1888/89 40 Minuten von der Johannishütte entfernt auf einem ausgedehnten, vom Wald umgebenen Terrain errichtet.

100 Siedlungswesen und soziale Einrichtungen des Thyssen-Bergbaus am Niederrhein, Hamborn 1922, S. 13

101 Mit dem Abteufen des Schachtes 1 in Alt-Hamborn war 1872 begonnen worden. Die Aufnahme der Kohleförderung erfolgte ab 1876.

102 Zum Zeitpunkt der Erhebung befanden sich in dieser sogenannten "Josefs-Kolonie" aus dem Jahre 1890 in der Bremenstraße noch 16 Gebäude mit insgesamt 54 Wohneinheiten.

103 Der Unterschied zwischen Bergarbeiter- und Hüttenarbeiter-Siedlungen wird mit der ländlichen Herkunft der Bergarbeiter und der traditionell bedingten gesellschaftlichen Besserstellung der Bergleute begründet. Wie CONZE (1976) darlegt, nahm die Berufsgruppe der Berg- und Hüttenarbeiter eine Sonderstellung innerhalb der Arbeiterschaft ein. So waren die Berglaute um 1850 rechtlich und sozial von den Fabrikarbeitern scharf abgehoben, da sie staatlich angestellt und gesichert waren. Allerdings wurde die alte Sonderstellung der Bergleute (Direktionsprinzip) zwischen 1851 und 1865 zugunsten der Gleichstellung aller Lohnarbeiter aufgegeben. CONZE (1976) sieht hierin den Beginn der Entwicklung des Berufsweges vom Bergmann des Staates zum Bergarbeiter im Industriesystem, nicht zuletzt aufgrund der Tatsache, daß der Aufschwung im Bergbau Massen ungelernte Arbeiter anzog. Der alte Stamm der Bergleute war in der Menge der Bergarbeiter untergegangen, was auch dadurch zu belegen ist, daß immer weniger Bergarbeiter in eigenen Häusern lebten. Doch auch gegen Ende des 19. Jahrhunderts fühlten sich die Bergleute noch als Elite und waren an den Schutz des Staates gewöhnt, was auch zur Folge hatte, daß vor 1890 der Anteil der Sozialisten bei den Bergleuten gering war (KELLENBENZ 1981).

104 Zur Definition "Kolonie" vgl. DEGE (1980, S. 49) und KASTORFF-VIEHMANN (1981, S. 44).

105 Aus sprachlichen Gründen werden die Termini "Viertel", "Kolonie" und "Siedlung" synonym verwendet. Es ist hier nicht der Ort, um auf die wesensmäßigen Unterschiede einzugehen.

106 Das vorrangige Ziel der reinen Bedarfsdeckung ist u.a. aus der weiter oben dargelegten Biographie von August Thyssen verständllich, der im Gegensatz zu Friedrich-Alfred Krupp ein äußerst asketischer Zeitgenosse war.

107 Auch LANGE-KOTHE (1950) benutzt den Terminus "Kaserne" für 5, 10 oder 20 aneinander gebaute Häuser von 1 1/2 oder 2 Stockwerken, räumt jedoch ein, daß Mietskasernen mit 2 bis 3 Hinterhöfen wie in Berlin im Ruhrgebiet trotz der dichten Besiedlung kaum zu finden sind.

108 Entnommen aus der von Mannesmann zur Verfügung gestellten Liste.

109 RADZIO (1984) stellt fest, daß Krupp in jeder Beziehung den Herrn-im-Haus-Standpunkt vertreten hat, und zwar nicht nur im Hause Krupp, im Beruf, sondern sogar im Hause des Kruppschen Arbeiters bzw. in seinem Haus, in dem der Kruppsche Arbeiter wohnte, indem er bestimmte, was richtig oder falsch war, was für die Familie gut war bzw. ihr schadete. Es sei zwar Krupp zu unterstellen, daß er sich für das Wohl und Wehe seiner Mitarbeiter wie kaum ein Unternehmer im Revier verantwortlich gefühlt habe und diese weit vor den Bismarckschen Sozialgesetzen eine vielfältige Fürsorge - von der Wiege bis zur Bahre - genossen hätten, jedoch unter der Voraussetzung, daß sie gut arbeiteten, sich ordentlich aufführten und vor allem nicht sozialdemokratisch wählten. Andererseits habe Alfred Krupp die geistigen und sozialen Strömungen seiner Zeit nie begriffen; für ihn waren und blieben seine Arbeiter unmündige Kinder, die der Fürsorge bedurften.

110 ROTHERT (1976) führt zu den Kruppschen Konsumanstalten aus, daß diese ohne Gewinn arbeiten sollten. Ab 1890 sollten Überschüsse am Jahresende in Form eines Rabatts an die Käufer gelangen (vgl. auch hierzu Thyssen Bergbau, 1922) und Kredite grundsätzlich nicht gewährt werden. So waren die Verkaufspreise für Waren des täglichen Bedarfs niedriger als für die leichter entbehrlichen. Später erfolgte eine Sortimentserweiterung bezüglich Manufaktur- und Schuhwaren; allerdings wurden aufgrund des ausdrücklichen Wunsches von Alfred Krupp keine Mode- und Luxuswaren angeboten.

111 Eine völlig andere Entwicklung ist für Duisburg-Laar zu verzeichnen: Nachdem die ehemalige Bauernschaft 1832 noch keinen katholischen Einwohner besaß, konnten 1858 aufgrund des hohen Zuzugs zahlreicher Industriearbeiter zur 1853 gegründeten Hütte Phoenix neben 626 Protestanten 1.463 Katholiken, vornehmlich Wallonen, registriert werden, die mit Unterstützung des damaligen Phoenix-Direktors, den Anstoß zur Gründung der katholischen Schule in Duisburg-Laar gegeben hatten (VON RODEN 1979).

112 Wie aus einer Staatsexamensarbeit von ZINKEL, W.: "Die Siedlungs- und Sozialstruktur der Kruppschen Siedlungen in Rheinhausen" (Stadtarchiv Duisburg S 2039) von 1977 zu entnehmen ist, war zu diesem Zeitpunkt das Badehaus im Margarethenhof (Erzstraße) noch in Betrieb.

113 Neben der Möglichkeit des preiswerten Einkaufs in den Konsumanstalten spielte auch die durch die Zurverfügungstellung von Schrebergärten gewährte Eigenversorgung eine Rolle, eine Einrichtung, die sich teilweise bis in die heutige Zeit gehalten hat. Kritisch kann man jedoch anmerken, daß die Möglichkeit der Eigenversorgung nicht zuletzt dem Ziel diente, daß Lohnniveau niedrig zu halten.

114 In der Schrift "Räumlich-funktionales Entwicklungskonzept und Siedlungsschwerpunkte in Duisburg" (1983) wird ausdrücklich auf die Bedeutung von Rumeln-Kaldenhausen für die Gesamtstadt in der Funktion als qualifizierter Wohnstandort hingewiesen.

115 JANSSEN (1976) führt für seine Untersuchung an, daß die äußerst unvollständigen Angaben über die räumliche Verteilung der Wohnungsbestände der in seiner Arbeit einbezogenen Unternehmen kaum genauere Aussagen, als aus einer guten Ortskenntnis heraus ohnehin ersichtlich sind, zulassen. Aus diesem Grund erschien eine Kartierung von besonderer Wichtigkeit.

116 Es ist noch anzumerken, daß, wie zufälligerweise bei einem Vergleich mit den besichtigten Wohngebäuden und der eigenen Kartierung festgestellt werden mußte, Thyssen bauen und wohnen in der 1983 übergebenen Wohnungsbestandsliste großmodernisierte Wohnungen als Neubauten eingetragen hat. Ein Vergleich der Liste von 1983 mit der von 1987 ergab, daß es sich hierbei um einen nicht unerheblichen Bestand handelte. Es wurden daraufhin mit Hilfe der Liste von 1987 die ursprünglichen Baujahre herausgesucht und eine neue Kartierung bzw. Berechnung, bezogen auf die drei verschiedenen Bauphasen, vorgenommen.

117 JANSSEN (1976) gibt für die Stadt Duisburg für 1975 einen Anteil von 32 % (= 70.000 Wohneinheiten) an, der sich im Besitz der Großeigentümer befindet. Als Großeigentümer gilt der, der mindestens 200 Wohneinheiten besitzt. Innerhalb der Gruppe der Großeigentümer ist die Rheinische Wohnstätten AG (heute Thyssen bauen und wohnen) das größte Unternehmen.

118 Zahlen in: Statistischer Monatsbericht 9/1984, hrsg. vom Amt für Statistik und Stadtforschung der Stadt Duisburg.

119 Aus der Wohnungsbestandsliste von Thyssen konnten außerdem noch 473 werksgeförderte Wohngebäude mit 2.428 Wohneinheiten ermittelt werden, die mit finanzieller Unterstützung von Thyssen von privater Seite errichtet wurden. Thyssen hat jedoch für die Dauer der Kreditlaufzeit Belegungsrechte. Da bei dieser Art von Wohnungsbestand weder Thyssen noch eine verbundene Wohnungsgesellschaft Eigentümer ist, wurden diese Gebäude nicht mit in die Kartierung aufgenommen.

120 Eigene Auszählungen aus dem Adreßbuch der Stadt Duisburg von 1983/84. Es muß bereits an dieser Stelle auf eine methodische Schwierigkeit hingewiesen werden: Da im Adreßbuch keine Ehefrauen und Kinder unter 18 Jahren aufgeführt werden (eine Änderung ist erst in dem allerletzten Adreßbuch erfolgt), fehlt eine exakte Datengrundlage, wie sie für Berechnungen wie Belegungsdichte usw. erforderlich gewesen wäre. Inbesondere bei der Berechnung des Ausländeranteils ergeben sich hierdurch Verfälschungen, da die Kinder unter 18 Jahren nicht aufgeführt sind, jedoch Nichtdeutsche über eine höhere Kinderzahl verfügen, so daß in den Auszählungen folglich niedrigere Werte ermittelt wurden. Leider konnten auch von seiten der Behörde, mit der Begründung des Datenschutzes, keine Daten zur Verfügung gestellt werden, so daß das Adreßbuch die einzige Quelle war, um Werte, die annähernd der Realität entsprechen, zu ermitteln. Auch aus Datenschutz-Gründen haben die Wohnungsunternehmen erst nach langem Zögern die Wohnungsbestandslisten zur Verfügung gestellt.

121 Der Minister für Landes- und Stadtentwicklung des Landes Nordrhein-Westfalen (1983) vermerkt positiv, daß den gemeinnützigen Wohnungsunternehmen bei der Wohnungsversorgung der Bevölkerung eine wichtige Funktion zugekommen ist, vor allem hinsichtlich ihrer Bedeutung bezüglich des Beitrags zum sozialen Wohnungsbau, da diese nach dem Krieg mehr als die Hälfte der errichteten Sozialwohnungen gebaut hätten.

122 Aus dem Geschäftsbericht 1952/54 der August-Thyssen-Hütte ist zu erfahren, daß die Planung und Durchführung von Neubauprogrammen erst nach dem Wiederaufbau der Werksanlagen erfolgt ist, und man seitdem über die öffentlichen Mittel hinaus, die im Rahmen des Stahlarbeiter-Wohnungsbauprogramms zur Verfügung gestellt wurden, die zusätzlich erforderlichen erheblichen Werksmittel beschafft habe, die das Unternehmen jedoch verzinsen müsse und für die steuerliche Vorteile bisher - im Gegensatz zu anderen Werken - wegen noch fehlender Gewinne nicht ausgenutzt werden konnten.

123 Mitteilung der Krupp-Hüttenwerke Wohnungsbau Gemeinnützige Gesellschaft mbH, Essen (bis zum 28.6.1971 Firmierung als "Gemeinnützige Siedlungsgesellschaft Essen-Rossenray mbH) vom 17.3.1983. Es ist darauf hinzuweisen, daß aus den Listen der anderen Wohnungsunternehmen Wohneinheiten, die angepachtet bzw. bei denen Belegungsrechte bestehen, nicht hervorgehen. Bereits dem Geschäftsbericht von 1959 von Krupp ist zu entnehmen, daß dem werksgeförderten Wohnungsbau eine zunehmende Rolle zukommt und der werkseigene Wohnungsbau kaum noch von Bedeutung ist.

124 NIERHAUS (1970) hat für Thyssen ermittelt, daß während des Zweiten Weltkrieges 950 Wohneinheiten zerstört wurden.

125 KAFKA (Bd. 0.024 der Schriftenreihe des Landes Nordrhein-Westfalen, 1981) weist darauf hin, daß das geistige Klima eines bestimmten Zeitabschnittes seine Entsprechung in der Architektur und in der Stadtbaugestaltung findet. So folgten den Konzentrationsprozessen in Wirtschaft und Gesellschaft zwangsläufig bauliche Konzentrationen, die ihren Ausdruck in den großen

Neubaugebieten, Massenuniversitäten, Einkaufszentren am Stadtrand usw. fanden. Der stadt-gestalterische Ausdruck der Architektur stand bis Anfang der 70er Jahre unter dem Aspekt der Zweckmäßigkeit, eine interessante Parallele zum letzten Jahrhundert. In diesem Zusammen-hang ist der Hinweis im Geschäftsbericht des Hüttenwerks Rheinhausen informativ, daß Hüt-tenwerk habe aufgrund seiner Neubautätigkeit entscheidend an der Gestaltung des Stadtbil-des mitgewirkt. Aus heutiger Sicht ist dieser Einfluß auf die Stadtentwicklung bzw. das Stadt-bild, u.a. aufgrund der Monotonie der Gebäude, eher negativ zu beurteilen.

126 Auf die Probleme aufgrund der Planlosigkeit der Bebauung wurde bereits eingegangen.

127 Diese Aussagen haben vorrangig für den Duisburger Raum Gültigkeit, da Vergleiche mit ande-ren Städten nur aufgrund einer genau so gründlichen Analyse, wie sie für Duisburg angestellt wurde, möglich wären, wie es beim Städtevergleich München und Wien von HEINRITZ/ LICHTENBERGER (1984) der Fall ist. In diesem Zusammenhang sei jedoch vermerkt, daß - wie JANSSEN (1976) erwähnt, beispielsweise in Oberhausen der Werkswohnungsbau im Vergleich zu Duisburg eine wesentlich geringere Rolle spielte, traditionsgemäß jedoch in Essen, durch Krupp bedingt, einen überdurchschnittlichen Anteil einnimmt.

128 Der Bodenwert für Siedlungen in Industrienähe lag nach Auskunft des Amtes für Wohnungs-wesen 1987 an der unteren Grenze (ca. DM 210,--/m^2), der obere Bodenwert beträgt ca. DM 420,--/m^2). Allerdings bewirkt der niedrigere Bodenwert nicht auch zwangsläufig eine höhere Verdichtung, wie dies in höher bewerteten Gebieten aufgrund der ökonomisch größeren Aus-nutzung der Grundstücke der Fall ist.

129 In Gesprächen mit der Wohnungsgesellschaft von Krupp (April 1987) wurde beklagt, daß sich nur der "gute" Wohnungsbestand veräußern ließe, und die Unternehmen auf dem überalterten Bestand 'sitzenblieben'.

130 Dies erinnert wieder an die Anfangszeit des Werkswohnungsbau, in der die preisgünstige Wohnung das Lockmittel war. Auch im Gespräch mit den industrieverbundenen Wohnungsge-sellschaften wurde darauf hingewiesen, daß aufgrund der Verschlechterung der wirtschaftli-chen Lage eine Nachfrage nach preisgünstigen Wohnungen in Arbeitsplatznähe (gestiegene PKW-Haltungskosten etc.) zu verzeichnen ist. Diese Situation belegt wieder einmal, wie die Nachfrage auf dem (Werks-) Wohnungsmarkt mit der wirtschaftlichen Entwicklung korreliert.

131 INFAS (1975) hat bereits zum damaligen Zeitpunkt festgestellt, daß nur ein Bevölkerungsanteil zwischen 0 - 3 % im Hochhaus wohnen möchte, was nach Ansicht des Instituts beweist, daß von den Bedürfnissen der Bewohner her einer zu starken Verdichtung Grenzen gesetzt wer-den.

132 GÜNTHER (Schriftenreihe des Bundesministers für Raumordnung, Bauwesen und Städtebau, Heft 01.073, 1984) geht davon aus, daß eine jährliche Erneuerungsquote von ca. 1 % auf-grund des Alterungsprozesses der Bausubstanz und eine umfassende Modernisierung von ca. 2 % innerhalb einer Kommune erforderlich ist, selbst dann, wenn kein Wohnflächenzuwachs erwartet wird. Unter diesem Gesichtpunkt würde die absolute Stagnation auf dem Neubau-sektor von seiten der Schwerindustrie besonders ins Gewicht fallen, da diese von Anbeginn an erheblich zum Wohnungsbestand beigetragen hat.

133 Aufgrund einer Leerstandsuntersuchung der Stadt Duisburg (vgl. Wohnungsmarkt im Umbruch 1985), die 38 % des gesamten Wohnungsbestandes erfaßte, ergab sich 1984 ein längerfristi-ger Leerstand von 0,6 %, wobei darauf hingewiesen wird, daß es jahrzehntelang Ziel der Wohnungspolitik war, eine gewisse Leerreserve zu haben für die Möglichkeit von Umzügen und auch die Möglichkeit für den Mieter, nicht jede angebotene Wohnung notgedrungen neh-men zu müssen. Die Leerreserve sollte nach der Wohnungsbedarfsprognose von 1975 ca. 1 % des Wohnungsbestandes betragen. In diesem Zusammenhang ist darauf hinzuweisen, daß nach Auskunft von Thyssen bauen und wohnen im Juni 1987 das Unternehmen einen Leerstand von knapp 3 % zu verzeichnen hatte, der jedoch größtenteils auch sanierungsbe-dingt war.

134 Hier kommt auch ein Stück Ruhrgebietstradition zum Ausdruck: Seit Beginn der Industrialisie-rung ist der Werksangehörige an ein preisgünstiges Mietniveau gewöhnt. Die Montanindustrie sieht sich insofern in der Lage, die im Zusammenhang mit der wirtschaftlichen Verschlechte-rung eingetretene verstärkte Nachfrage nach billigem Wohnraum zu befriedigen, so lange die Bereitschaft besteht, die Altbausubstanz zu erhalten. Berücksichtigt werden sollte jedoch auch der Lagewert. Abbrüche in Bruckhausen sind mit Sicherheit einsichtiger als im Dichterviertel, das abseitiger von industriellen Anlagen liegt.

135 Die Behauptung von PESCH (1983), daß auch die aktuellen Konzepte der Bestandssicherung und Wohnumfeldverbesserung nicht frei von wirtschaftlichen Interessen sind, da Stadterneue-rung ein gutes Geschäft geblieben ist, zumal die öffentliche Hand durch großzügige Förderan-gebote Risiken der privaten Kapitalanlage im Bestand minimiert, ist zwar für den Bereich der industriell gebundenen Wohnungsunternehmen nicht mit exaktem Zahlenmaterial zu belegen, jedoch auch nicht von der Hand zu weisen, da in der gegenwärtigen wirtschaftlichen Situation sich die Unternehmen ein absolutes Zuschußgeschäft gar nicht leisten könnten. Andererseits ist jedoch auch zu berücksichtigen, daß aufgrund der Lage der Siedlungen der Bodenwert in Industrienähe im unteren Bereich liegt und Wertsteigerungen nicht zu erwarten sind.

136 Errechnet aufgrund der Daten in den Wohnungsbestandslisten von Thyssen, Rhein-Lippe, Krupp und Mannesmann.

137 Daß Abbruchmaßnahmen zur Vernichtung ganzer Ortsteile führen können, wird am Beispiel von Alsum deutlich. Da der Ortsteil durch den Bergbau abgesunken und durch Bombenangriffe im Zweiten Weltkrieg nahezu ausgelöscht wurde, erschien eine Sanierung nicht mehr durch-führbar. 1954 begann man, die Bewohner, die in anderen Stadtteilen Wohnungen erhielten, umzusiedeln. 1965 erinnerte nur noch die Gastwirtschaft an der Ecke Alsumer- und Matenastraße an diese Ortschaft. Das Gebiet wurde teilweise als Grünfläche, teilweise als In-dustriegebiet von Thyssen folgegenutzt (vgl. ROMMEL 1974).

138 Vgl. KRUPINSKI (Bd. 0.024 der Schriftenreihe des Landes Nordrhein-Westfalen 1981).

139 Um einen Überblick zu gewinnen, inwieweit die geplante Initialzündung schon Erfolge gezeigt hat, wurde das Amt für Wohnungswesen der Stadt Duisburg 1987 um Auskunft über die Zahl der gestellten Anträge auf Modernisierungs- bzw. Wohnumfeldverbesserungs-Zuschüsse, auf-geschlüsselt für die entsprechenden Stadtteile, gebeten, die jedoch nicht erteilt wurde.

140 Vgl. Bestimmung über die Förderung der Modernisierung und des Umbaus von Wohnungen im Ruhrgebiet - RuhrbauP - RdErl. des Innenministers vom 13.2.1980. Die Zielsetzung lautet: "Wohnungsstandard, Grundrisse und Bausubstanz des Wohnungsbestandes im Ruhrgebiet, insbesondere in den um die Jahrhundertwende entstandenen Industriearbeiter- und Bergar-beitersiedlungen, entsprechen vielfach nicht mehr heutigen Wohngewohnheiten. Neben der Nachfrage nach Neubauwohnungen bedarf es deshalb zusätzlicher Maßnahmen für den Alt-wohnbestand, um einen zukunftssicheren Wohnungsstandard zu erreichen. Erneuerung und Anpassung sind vielfach nur noch mit erheblichem Aufwand möglich. Um die Durchführung dieser Maßnahme sicherzustellen, fördert das Land Nordrhein-Westfalen im Ruhrgebiet Mo-dernisierung einschließlich energieeinsparender Maßnahmen, Instandsetzung sowie Umbau an Wohnungen und damit im Zusammenhang stehende Wohnumfeldverbesserungen nach Maßgabe des Modernisierungs- und Energieeinsparungsgesetzes (ModEng) in der Fassung der Bekanntmachung vom 12. Juli 1978 (BGB1.I. S. 993) und des Zweiten Wohnungsbauge-setzes (II. WoBauG) in der Fassung der Bekanntmachung vom 1. September 1976 (BGB1.I. S. 2673). Außerdem gelten die Modernisierungsbestimmungen 1979 (ModB 1979) und die Wohnungsförderungsbestimmungen 1979 (WFB 1979), soweit nicht diese Bestimmungen Sonderreglungen treffen" (S. 1). In Duisburg wurden in der Zeit von 1975 bis 1984 im Rahmen des Modernisierungsprogramms und des Ruhrbauprogramms ca. 54.000 Wohnungen grund-legend modernisiert und verbessert (vgl. Stadt Duisburg: Wohnungsmarkt im Umbruch 1985).

141 Vgl. HERLYN (1974) und LICHTERBERGER (1986).

142 Vgl. Stadt Duisburg: Ziele zur Stadtentwicklung Mai 1979.

143 Vgl. Kurzinformation: Wohnumfeldverbesserung in der Städtebauförderung, hrsg. vom Minister für Landes- und Stadtentwicklung des Landes Nordrhein-Westfalen 9/1982 sowie: Konzeption der erhaltenden Stadterneuerung in Duisburg, hrsg. von der Stadt Duisburg als Anlage DS 6172 vom 19.5.1983. LEHNEN (1983) definiert Wohnumfeldverbesserung als "die Anpassung von städtebaulichen Strukurelementen an die tatsächlichen oder vermeintlichen Erwartungen und Ansprüche von Bewohnergruppen eines Stadtquartiers hinsichtlich der Ausstattung an nutzbaren Freiflächen, Möglichkeiten zur Kommunikation und Freizeitgestaltung, ästhetischen und Erlebniswerten, Erholungsmöglichkeiten, klimatischen Bedingungen u.ä." (S. 412).

144 Die Anlage 1 zur Drucksache 6688/2 (Stand 1985) gibt für den in das Programm aufgenommenen Bereich eine Bevölkerung von ca. 4.600 Einwohnern an. Der statistische Monatsbericht 4/1982 weist für den gesamten Stadtteil Bruckhausen zum Stichtag 31.12.1981 9.021 Einwohner aus, wovon 47,99 % Nichtdeutsche sind, ein Anteil, der sich mit den durchschnittlich 46 % in Thyssen-Wohnungen in Bruckhausen lebenden Ausländern deckt. Zum Stichtag 31.12.1990 lag der Anteil der Nichtdeutschen jedoch bei 52,71 % (Amt für Statistik und Stadtforschung: Duisburger Zeitreihen 1975-1991, 1992, S. 17). Es wurde bereits darauf hingewiesen, daß zur Ermittlung des Ausländeranteils in den Werkswohnungen lediglich die Möglichkeit bestand, mit Hilfe des Adreßbuchs, unter Berücksichtigung des von den Firmen angegebenen Wohnungsbestandes, die Bewohner pro Haus auszuzählen. Auf diese Weise konnte allerdings nur aufgrund des andersartigen Namens ein Rückschluß auf die nichtdeutsche Nationalität gezogen werden. Aufgrund der bereits erwähnten methodischen Unzulänglichkeiten wird nicht die exakte Realität, sondern nur eine Tendenz sichtbar. Aufgrund des Datenschutz-Gesetzes konnten keine Daten von seiten der Kommune zur Verfügung gestellt werden.

145 Vgl. Anlage 1 zur Drucksache 6688/2

146 Vgl. Anlage 3 zur Drucksache 6688/2

147 BUCHHOLZ (1970) führt aus, daß der Schwerpunkt (42,8 %) bei Häusern mit vier bis sechs Wohneinheiten liegt, was der für Miethäuser üblichen Bauweise entspricht. Überwiegend (zu 62,1 %) herrscht die dreigeschossige Bauweise vor. Auch bezüglich der Innenausstattung wird als besonderes Kennzeichen das häufige Fehlen eines Bades oder einer Dusche festgestellt. Insgesamt wird der Wohnkomfort als niedrig eingestuft.

148 Gespräch mit der Stadt Duisburg im Mai 1987

149 Aufgrund des hohen Anteils an Altbaubeständen, über den die Rhein-Lippe verfügt - rechnet man aufgrund der nachkriegsbedingten schlechten Bauweise den Bestand bis 1956 auch noch zum Altbaubestand, so beträgt der Anteil 79 % - ist es von großer Bedeutung, welche Pläne das Unternehmen in bezug auf Modernisierung und Instandhaltung zu realisieren beabsichtigt.

150 Mündliche Aussage der Rhein-Lippe vom 23.4.1987.

151 ZIEGLER (1985) weist darauf hin, daß zur Reduzierung der Baukosten um 30 % u.a. auf ein zusätzliches WC sowie eine Abstellkammer verzichtet wurde, was im Gegensatz zu den Vorschriften stand und erst aufgrund einer Sondergenehmigung möglich war.

152 ZIEGLER (1985) gibt für 1983 einen Anteil von 63 % an, im Gegensatz zu 72 % vor der Modernisierung, was bedeutet, daß die Maßnahme auch deutsche Bewohner zum Einzug veranlaßt hat.

153 Diese Aussage muß mit Sicherheit dahingehend relativiert werden, daß es sich um bereits integrierte türkische Bewohner bzw. Türken der zweiten Generation handelt.

154 Bei einer Besichtigung des "Margarethenhofs" in Rheinhausen im Frühjahr 1987 fiel auf, daß bereits farbliche Unterschiede zwischen kürzlich modernisierten und länger zurückliegenden Maßnahmen aufgrund erster Verschmutzungserscheinungen sichtbar waren.

155 Wie von seiten des Amtes für Wohnungswesen in Duisburg zu erfahren war, ist erst bei groben Mängeln, wie beispielsweise Nichtfunktionieren des WC o.ä., ein Eingreifen behördlicherseits möglich.

156 Hier war bereits die abschließende Sukzessionsphase, die zur Etablierung eines ethnischen Viertels führt, erreicht (vgl. LICHTENBERG 1986).

157 Das "Städtebauliche Gutachten" (1986) führt aus, daß die Siedlung seit Ende der 60er Jahre zunehmend mit ausländischen Werksangehörigen belegt wurde; parallel dazu zogen deutsche Bewohner aus unterschiedlichen Motiven in benachbarte Neubauwohnungen.

158 Vgl. Bundesgesetzblatt 1983/I, S. 1377-1381, zitiert in: MERTINS (1984, S. 168). Zum Problem der Gastarbeiter-Rückwanderung, auf das hier nicht näher eingegangen werden kann, vgl. auch KORTE (1984), HERMANNS (1984) und TOEPFER (1984).

159 Im "Verbot der Zweckentfremdung von Wohnraum" (vom 30.7.1981) heißt es u.a., daß Wohnraum zweckentfremdet ist, wenn er länger als drei Monate leersteht oder durch Unterlassen notwendiger Erhaltungs-Maßnahmen vorwerfbar unbewohnbar gemacht wird. Laut Verordnung über das Verbot der Zweckentfremdung vom 4. Mai 1984 gehört Duisburg zu den Städten, die unter das Zweckentfremdungsverbot fallen, d.h. Wohnraum darf nur mit Genehmigung anderen als Wohnzwecken zugeführt werden.

160 Dem Geschäftsbericht 1969/70 von Thyssen ist zu entnehmen, daß Anfang 1970 die August-Thyssen-Hütte von Mannesmann das Grobblechwalzwerk, die Warmbandjustage und das Kaltwalzwerk in Duisburg-Hüttenheim und das Breitflachwalwerk in Duisburg-Großenbaum übernommen hatte. Diese leistungsfähigen Anlagen stellen nach Aussagen des Unternehmens eine wertvolle Ergänzung der Produktion dar.

161 Es stellt sich hier die Frage, ob diese Mängel nicht ausgereicht hätten, um von dem Zweckentfremdungsverbot Gebrauch zu machen, was allerdings das Amt für Wohnungswesen in Duisburg verneinte.

162 Der Gutachter verweist darauf, daß die Sanierungsphasen II und III in ähnlicher Weise aufgebaut wurden wie diejenigen der Stadtverwaltung. Leider bestand nach Aussagen des Gutachters keine Möglichkeit, Einsicht in die Unterlagen zu erhalten, da mit Ausnahme der Kurzerläuterungen und dem Kostenergebnis die Bürgerinitiative trotz mehrmaligen Nachfragens noch keine Materialien von Stadt und Eigentümer erhalten hatte.

163 Bedingt durch die m²-Begrenzung des sozialen Wohnungsbaus.

164 Beispiele dieser Art stellen die Nachfolgesiedlungen der abgerissenen Bergarbeiterhäuser in Neumühl und Homberg dar. Da noch Teilbereiche der alten Bausubstanz vorhanden sind, wird der Unterschied besonders augenfällig.

165 Der Fragenkomplex "Denkmalschutz" wurde ausgespart, da dieser durch den Minister beurteilt werden sollte (vgl. ZLONICKY und Partner: Städtebauliches Gutachten Duisburg Alt-Hüttenheim April 1986).

166 Zum Zeitpunkt 1983 war die Siedlung mit einer eigenen türkischen Infrastruktur in bezug auf den täglichen Bedarf ausgerichtet.

167 Das Bemühen, sich von Wohnraum zu trennen, steht diametral zu den noch in den 60er, Anfang der 70er Jahren erstellten Planungen, die eine Bebauung des südlichen Angerbogens zum Ziel hatten, da Mannesmann seinerzeit Wohnungen für die Belegschaftsmitglieder benötigte. Von dem 61,5 ha großen, landwirtschaftlich genutzten Gelände gehörten der Stadt 55 % und Mannesmann 23 %. Für das Gesamtprojekt wurde ein Zeitraum von 10 Jahren angesetzt, in dem jährlich ca. 600 Wohneinheiten errichtet werden sollten. Wie bekannt, wurde das Projekt, das ein Wohnen in landschaftlich angenehmer Umgebung mit entsprechendem Freizeitwert ermöglichen sollte, nicht verwirklicht, da Mannesmann den geplanten Wohnraum nicht

mehr brauchte. Inwieweit schwerindustrielle Planungen Einfluß auf kommunale Planungen haben, zeigt sich an der seinerzeit bereits für diese Siedlung erstellten Stadtbahn-Haltestelle.

168 In einem im Frühjahr 1987 geführten informellen Gespräch konnte in Erfahrung gebracht werden, daß von seiten der Stadt, trotz der gegenteiligen Gutachten, wohl dem Abrißantrag stattgegeben worden wäre, da man aus wohnungsmarktpolitischer Sicht keinen Bedarf für weitere Wohnungen dieses Standards gesehen hätte. Inwieweit das Amt für Denkmalschutz dann noch sein Veto hätte einlegen können, ist jetzt nicht mehr zu erfahren.

169 Aus einem im Juni 1987 geführten Gespräch mit dem Geschäftsführer dieser Wohnungsgesellschaft war zu erfahren, daß die Muttergesellschaft, die Produktionshallen errichtet bzw. Industriegelände umbaut und weiterverkauft, in diesem Bereich bereits Geschäftsverbindungen zu Mannesmann hatte.

170 Die vom Architekten Eggeling in Hüttenheim errichtete Siedlung war die erste Siedlung, die Eggeling erstellt hatte und wurde bereits seinerzeit aufgrund der positiven Resonanz an mehreren Orten in Deutschland nachgebaut (mündliche Auskunft des Geschäftsführers der Firma Schwabenbau).

171 Die Anschriften wurden aus dem Adreßbuch entnommen. Es wurden im Kern der Margarethensiedlung um den Krupp-Platz diejenigen Gebäude herausgesucht, die - wie aus der von Krupp zur Verfügung gestellten Wohnungsbestandsliste ersichtlich war - sich nicht mehr im Besitz von Krupp befanden.

172 Gespräch mit dem Geschäftsführer der Wohnungsgesellschaft Schwabenbau im Dezember 1992.

173 Trotz der bedeutenden Stellung, die Duisburg als Industrie- und Handelsstadt bereits früh einnahm, ist nach KAPPE (1938) der Ruf der Stadt nicht ihrem Rang entsprechend gewesen, was damit begründet wird, daß der materielle Aufschwung mit einer unglückseligen Gestaltung des Stadtbildes gepaart war und fernerhin die Bodenständigkeit der Bevölkerung abnahm und die Stadt nur einen geringen Anteil der Mittel- und Oberschicht aufweisen konnte, was sich auch auf die bauliche Entwicklung auswirkte; ein nach wie vor aktuelles Problem.

174 Wie weit die städtebauliche und Freiflächenproblematik, die sich nicht nur auf den Hamborner Raum beschränkte, zurückgeht, ist den weiteren Ausführungen von KAPPE (1938) zu entnehmen, der darauf hinweist, daß es sich als nachteilig für die Entwicklung des Stadtbildes von Duisburg erwiesen hat, daß die Bürger zu Beginn des 19. Jahrhunderts ihre Häuser planlos in der Feldmark erbauen konnten, da es bis dahin keine Baupläne gab, die dies verhindert hätten. Erst die Bauordnung von 1873 bot dem wilden Bauen Einhalt. So habe der erste Bauplan aus dem Jahre 1838, der zum Nachteil der Stadt erst 1844 die ministerielle Genehmigung fand und außerdem von der Bürgerschaft mißachtet wurde, zunächst versucht, eine Verbreiterung der Altstadtstraßen und eine gewisse Regelmäßigkeit der Straßenrichtung zu erreichen, weil auf diesem Gebiet besondere Mängel bestanden. Auch die vorgesehene Straßenbreite, selbst der Hauptstraßen, ließ jede Großzügigkeit vermissen. Ferner war die allzu schematische Aufteilung des neuen Baugeländes in rechtwinklige Baublöcke nachteilig. KAPPE (1938) weist darauf hin, daß die Ausdehnung der Vororte, die bis 1870 ringförmig, später strahlenförmig verlief, völlig ungeordnet vor sich ging. Erst nachdem in Hochfeld seit dem Einfluß der Schwerindustrie die Feldmark willkürlich bebaut und der Schaden so groß geworden war, daß die Handelskammer dazu Stellung nahm, ließ die Stadt 1864 einen Plan ausarbeiten, der mit einigen vorgesehenen Plätzen, breiten Straßen und einer geregelten Blockeinteilung eine günstige Entwicklung des Arbeiterwohnviertels ermöglicht hätte, wenn nicht die industriellen Unternehmungen sich über diesen Plan in rücksichtsloser Weise hinweggesetzt hätten. KAPPE (1938) bedauert insbesondere, daß die Industrie das gesamte Rheinufer für sich beanspruchte, so daß die Anlage einer schönen Rheinuferpromenade verhindert wurde und außerdem mehrere größere Plätze, die zu Marktzwecken oder als Erholungsstätten vorgesehen waren, für die Vergrößerung des Fabrikgeländes benutzt wurden. KAPPE (1938) sieht erst durch

die Bauordnung von 1901, die allerdings Hochfeld und Neudorf nicht berücksichtigte, einen Fortschritt gegeben, da eine Einteilung der Stadt in Zweckviertel vorgenommen wurde, die nach einheitlichen Gesichtspunkten ausgebaut werden sollten. 1910 wurde die Aufstellung eines Gesamtbebauungsplans zur Regelung der Verkehrs- und baulichen Verhältnisse der Gesamtstadt beschlossen. Mit der Ortssatzung vom 27.2.1914 sollte die Umwandlung der reinen Industriestadt zu einer gesunden Wohn- und Industriestadt erzielt werden und bestimmte Gebiete Schutz gegen Verunstaltungen erhalten. Die Bauordnung von 1911, die das Gesamtstadtgebiet in sechs Bauklassen staffelte und eine Teilung der Straßen in Geschäfts-, Hauptverkehrs-, Nebenverkehrs-, Wohn-, bessere Wohn- und Straßen mit offener Bebauung vorsah, wandte sich auch gegen die Bebauung mit Hinterhäusern und Anbauten und verbot grundsätzlich das Wohnen in Keller- und Dachgeschossen. Diese auch das Kleinwohnungswesen berücksichtigende Bauordnung kam jedoch aufgrund des Wohnungsmangels in den nächsten zwei Jahrzehnten nicht zum Tragen. Bereits für die 30er Jahre des 20. Jahrhunderts konstatiert KAPPE (1938), daß die Versuche der Stadtverwaltung, eine gewisse Ruhe in das Stadtbild zu bringen, nur in geringem Maße geglückt sind, da infolge der früheren planlosen Bebauung nur noch wenige größere Flächen übriggeblieben waren. Für den Stadtkreis Hamborn wurde erst 1914 eine Baupolizeiverordnung mit einem Bauzonenplan erlassen, der die offene, zweigeschossige Bauweise bevorzugte, zu einem Zeitpunkt, zu dem bereits die wesentlichsten Siedlungsbereiche existierten.

175 Die in "Ziele zur Stadtentwicklung" und "Räumlich-funktionales Nutzungskonzept" noch relativ wenig genauen Zielaussagen sollen nunmehr konkretisiert werden. Die Planung wird verstanden als eine offene und langfristige Konzeption, deren Umsetzung sich an planerischen Handlungsmöglichkeiten, d.h. dem Vorhandensein von Boden und Finanzen ausrichten soll.

176 Zum Ursprung der "green-belt"-Idee vgl. auch FALUDI (1967).

177 Vgl. Forstlicher Fachbeitrag zum Landschaftsplan Stadt Duisburg gemäß § 17 Abs. 2 Landschaftsgesetz NW, hrsg. von "Höhere Forstbehörde Rheinland", Bonn (1978).

178 Auch der Erläuterungsbericht zum Flächennutzungsplan (1986) stellt die Bedeutung der forstwirtschaftlichen Flächen klar heraus.

179 Erläuterungsbericht der August-Thyssen-Hütte zum Wettbewerb "Industrie in der Landschaft", 1971, S. 1. Es wird in dem Erläuterungsbericht darauf hingewiesen, daß die Planungen und Durchführung der Maßnahmen in enger Zusammenarbeit mit der Stadt Duisburg, dem Siedlungsverband Ruhrkohlenbezirk (SVR) und dem Regierungspräsidenten Düsseldorf vorgenommen wurden.

180 Ebd., S. 1.

181 Ebd., S. 2.

182 Vgl. Ziele zur Stadtentwicklung (1979); Strukturförderung für das Ruhrgebiet (1979).

183 Im Rahmen des "Aktionsprogramm Ruhr" sind u.a. finanzielle Hilfen für die Sanierung stark umweltbelastender Anlagen aus dem Bereich der Hütten- und Stahlindustrie, der Kraftwerke und Feuerungsanlagen sowie der Kokereien und der Chemie vorgesehen (vgl. Luftreinhalteplan Ruhrgebiet West, 1985, S. 252).

184 Vgl. u.a. die Einführung des Oxygenstahl- und Stranggußverfahrens. Nicht der Rückgang der Montanindustrien führt zu einer Entlastung der Umwelt, sondern entscheidend sind Veränderungen in den Produktionsprozessen, die das Schadstoffaufkommen verringern (Minister für Wirtschaft, Mittelstand und Technolgie des Landes NRW: Bericht der Kommission Montanregionen des Landes NRW 1989, Düsseldorf 1989).

185 Entnommen aus den Geschäftsberichten von Thyssen, Krupp und Mannesmann.

186 Auch GAEBE (1979) erklärt, daß Beteiligungen, Direktinvestitionen in Förderländern und langfristige Lieferverträge eine kostengünstige und stetige Rohstoffversorgung sichern sollen. Dem

Geschäftsbericht von Thyssen 1985 ist zu entnehmen, daß Thyssen an den Eisengruben Bong Mining in Liberia einen Anteil von 21,4 % und Ferteco in Brasilien von 57,7 % hat.

187 BIRKENHAUER (1984) führt die Abnahme der Erzeinfuhr aus Schweden darauf zurück, daß das schwedische Erz für das sich immer mehr durchsetzende Blasstahl-(LD-)Verfahren zu phosphorreich ist.

188 "Die kostenoptimale Schiffsgröße liegt heute in Abhängigkeit von der Transportentfernung zwischen 100.000 t bei der Fahrt zwischen Narvik und Rotterdam und bei 200.000 t Tragfähigkeit bei der Fahrt zwischen Brasilien und Japan'" (SIEBEL 1977, S. 15 f, zitiert in GAEBE 1979).

189 Vgl. Thyssen aktuell 4/5 1987: Schrottverwertung hilft der Umwelt, S. 6 f Hier wird auch auf die Bedeutung des zum Thyssen Handelsunion-Kreis zählenden Unternehmens "Thyssen Sonnenberg" in Duisburg-Ruhrort verwiesen, das einen wichtigen Beitrag zum "Recycling" leistet.

190 Bedeutend ist in diesem Zusammenhang, daß im Juni 1970 die Ruhrkohle AG im Rahmen des sogenannten Hüttenvertrages erneut die Preise erhöht hatte, so daß einschließlich der Preiserhöhung im Oktober 1969 innerhalb eines Jahres die Kosten für Hüttenkoks um 35 % und für Kokskohle um 18 % gestiegen sind. Dem Geschäftsbericht der Fried. Krupp Hüttenwerke AG von 1969 ist zu entnehmen, daß die Gesellschaft im Interesse einer gesamtwirtschaftlichen Lösung am 15.8.1969 dem Grundvertrag zur Neuordnung des Ruhrkohlenbergbaus beigetreten ist und aufgrund des Einbringungsvertrages vom 28.11.1969 ihr Bergbauvermögen mit Ablauf des 30.11.1969 auf die Ruhrkohle AG übertragen hat. Das Unternehmen ist mit 5,8 % (1975 mit 6,2 %) des Grundkapitals an der Ruhrkohle beteiligt, die Beteiligung von Thyssen lag 1971/72 bei 7 %, 1974/75 bereits bei 12,7 %.

191 Auch GAEBE (1979) erwähnt, daß durch die Errichtung von Hütten an der Küste die Transportkette beim Rohstoffbezug und beim Absatz ins Ausland kürzer, zu den Binnenmärkten allerdings z.T. länger wird.

192 Vgl. auch BIRKENHAUER (1984).

193 Mannesmann weist darauf hin, daß sich 1984 das Ergebnis verbesserte, jedoch aufgrund des Verlustes bei den Röhrenwerken insgesamt noch nicht als befriedigend angesehen werden kann. Auch 1985 arbeitete das Unternehmen erfolgreich, wobei jedoch der Auftragseingang bei den Röhrenwerken zurückging.

194 Untersuchungen zur Stadtentwicklung, Band 10: Struktur- und Finanzprobleme der alten Industriegroßstädte, S. 2.

195 Ebd., S. 3.

196 Zu den Benachteiligungen durch Wegfall der Lohnsummensteuer ist auf die Strukturberichterstattung Ruhrgebiet: Die Gemeindefinanzen im Ruhrgebiet (1983) zu verweisen. Es wird ferner erwähnt, daß die Anhebung der Hebesätze für die Gewerbesteuer nach Ertrag und Kapital kaum eine Kompensation brachte.

197 Vgl. Institut "Finanzen und Steuern" (1986).

198 Zahlen (gebietsstandsbereinigt) basieren auf Angaben des Amtes für Statistik und Stadtforschung, Mai 1986. Es besteht allerdings eine Diskrepanz zu der Einwohnerzahl in Abb. 28. Dieses Material wurde ebenfalls vom Amt für Statistik zur Verfügung gestellt.

199 Aufgrund einer Verflechtungsanalyse des Rheinisch-Westfälischen Instituts für Wirtschaftsforschung in Essen von 1976 wird für die Stahlindustrie des Ruhrgebietes ein Multiplikatoreffekt einer Beschäftigtenveränderung in der Stahlindustrie von 2,76 angegeben, was bedeutet, daß bei einem Verlust eines Arbeitsplatzes in der Eisen- und Stahlindustrie 1,76 weitere Arbeitsplätze gefährdet sind, und das gerade in Branchen, deren Bedeutung in der Strukturergänzung liegt (z.B. Handel, private Organisationen) (BURGBACHER 1982).

200 BENSCH (1986) weist ausdrücklich darauf hin, daß die Beschäftigungsverluste im produzierenden Sektor im Gegensatz zum Bund in Duisburg nicht durch den Dienstleistungssektor ausgeglichen werden konnten. Von Bedeutung ist in diesem Zusammenhang die große Konkurrenz der unmittelbaren Nachbarstädte Essen und Düsseldorf auf diesem Sektor. MEINERT (1977) erläutert, daß die Sektoren des Dienstleistungsbereiches in ihrer Entwicklung auf die Impulse, die das produzierende Gewerbe vermittelt, angewiesen sind.

201 Hier wird die Parallele zum Beginn der Industrialisierung in Duisburg deutlich. WINDHORST (1983) bezieht sich auf Giese, der bewiesen haben will, daß die Zuwanderung der Gastarbeiter im äußersten Südwesten der Bundesrepublik begann und sich dann von Süden nach Norden ausbreitete. In der ersten Phase bis 1964 vollzog sich nach Ansicht des Autors die Diffusion überwiegend nach dem hierarchischen Prinzip mit der Folge, daß die industriellen Kerne des Nordens, Hamburg und Bremen, erst 1969 bzw. 1970 erreicht wurden.

202 1973 betrug der Anteil an ausländischen Arbeitnehmern bereits 17,7 %.

203 Es muß nochmals darauf hingewiesen werden, daß eine Zeitreihenbildung sehr problematisch ist, da organisatorische Veränderungen die Vergleichbarkeit eingeschränken; ein Problem, das für sämtliche, über längere Zeiträume erstellte Zeitreihen (Umsatz, Produktion etc.) gilt.

204 Auch HENNING (1979) weist auf die ab 1961 teilweise über dem Produktivitätsfortschritt liegende Lohnzunahme hin.

205 Die Arbeitslosenquote betrug im Oktober 1986 15,7 % (Quelle: Statistischer Monatsbericht 11/86, S.21). Zwischenzeitlich verminderte sich diese Quote auf 11,7 % zum 31.01.92 (Regionales Entwicklungskonzept, S. 95), steigt jedoch zur Zeit wieder an.

206 STECKERT in: BURGBACHER (1982): Wirtschaftsstruktur und Arbeitsplatzentwicklung in Duisburg, S.VIII.

207 Die einen Tag nach der Entscheidung, das Hüttenwerk Rheinhausen endgültig stillzulegen, erfolgte Pressemitteilung (WAZ v. 11.3.1993) über die Ankündigung der Deutschen Bank, schon bald im Businesspark Niederrhein investieren zu wollen, wodurch die erhoffte Initialzündung erreicht würde, muß in der gegenwärtigen Situation fast wie eine Beschwichtigungstaktik gewertet werden.

208 KRÜGER (1988) unterscheidet zwischen "Image" und "Vorstellungsbild" und erläutert, daß diese Begriffsdifferenzierung eine sozialräumliche Entwicklungstendenz, die in der theoretischen Diskussion als "postmodernes" Phänomen behandelt wird, thematisiert. "Es geht um Ausprägungen von Stadtentwicklungen zwischen Sein und Schein" (S. 63). Gemeint ist hier die Überdeckung sich zuspitzender Lebensbedingungen ("neue Armut") durch den schönen Schein einer attraktiven Stadtgestaltung - eine nicht ungerechtfertigte Kritik.

209 MERTINS (1964) kritisiert bereits, daß die administrative Einteilung oft nichts mit der wirtschaftlichen, verkehrsmäßigen und städtebaulichen Gliederung zu tun hat. So entsprach beispielsweise der Zusammenschluß von Sterkrade und Osterfeld mit Oberhausen weder städtebaulichen noch verkehrsmäßigen Gründen, sondern dem Wunsch der Gutehoffnungshütte, alle Zechen und Industrieanlagen im Groß-Oberhausener Raum in einem politisch-administrativen einheitlichen Gebilde zusammenzufassen, so daß kommunale Geschlossenheit in dem vom Konzern abhängigen Wirtschaftsraum herrschte.

210 Es kann der nicht näher begründeten Aussage von HELBRECHT (1991) nicht zugestimmt werden, daß die Suche nach dem neuen Leitbild einer "ökologischen Stadt" nur als ein bruchstückhafter Lösungsansatz bei der als notwendig erkannten Veränderung der planungspolitischen Ziele zu sehen ist. Gerade der Anspruch der Integration geht weit über die bislang vorliegenden defizitären Einzelansätze hinaus. Eine konsequente Durchführung der bereits vorliegenden Vorschläge würde einen erheblichen Beitrag bei dem notwendigen Stadtumbau leisten. Allerdings scheint der Ansatz weniger aufgrund seiner mangelnden Qualität als aufgrund der nicht vorhandenen finanziellen Mittel zum Scheitern verurteilt zu sein. Es ist höchst bedau-

erlich, daß in konjunkturellen Aufschwungzeiten versäumt wurde, für entsprechende Rücklagen zu sorgen, um eine Verschuldung von Bund, Ländern und Gemeinden, wie sie zum gegenwärtigen Zeitpunkt herrscht, zu vermeiden. Zur Einschätzung einer ökologisch orientierten Raumplanung vgl. FÜRST (1986).

Quellenverzeichnis

Literatur

ABELSHAUSER, W.: Wirtschaft und Arbeit 1914-1945. In: KÖLLMANN, W. u.a. (Hrsg.): Das Ruhrgebiet im Industriezeitalter, Bd. I, Düsseldorf 1990, S. 435 ff

ABELSHAUSER, W.; PETZINA, D. (Hrsg.): Deutsche Wirtschaftsgeschichte im Industriezeitalter - Konjunktur, Krise, Wachstum, Königsstein 1981

ABELSHAUSER, W.; PETZINA, D.: Krise und Rekonstruktion zur Interpretation der gesamtwirtschaftlichen Entwicklung Deutschlands im 20.Jahrhundert. In: ABELSHAUSER, W.; PETZINA, D. (Hrsg.): Deutsche Wirtschaftsgeschichte im Industriezeitalter - Konjunktur, Krise, Wachstum, Königsstein 1981, S. 47 ff

ACHILLES, F. W.: Rhein-Ruhr Hafen Duisburg. Größter Binnenhafen der Welt, Duisburg 1985

ADAM, K.: Das Ökosystem Stadt - Strukturen und Belastungen. In: ADAM, K.; GROHE, T. (Hrsg.): Ökologie und Stadtplanung, Köln 1984, S. 29 ff

ADAM, K.; GROHE, T. (Hrsg.): Ökologie und Stadtplanung. Erkenntnisse und praktische Beispiele integrierter Planung, Köln 1984

ADELMANN, G.: Führende Unternehmen im Rheinland und Westfalen. In: Rheinische Vierteljahresblätter 1971, S. 335 ff

ADRESSBUCH der Stadt Duisburg 1983/84

ANDERSEN, U. (Hrsg.): Kommunale Selbstverwaltung und Kommunalpolitik in Nordrhein-Westfalen = Schriften zur politischen Landeskunde Nordrhein-Westfalens, Bd. 3, hrsg. von der Landeszentrale für politische Bildung NRW, Köln 1987

ANDERSEN, U.: Die Bedeutung der Gemeinden und ihre Probleme heute. Eine Einführung. In: ANDERSEN, U. (Hrsg.): Kommunale Selbstverwaltung und Kommunalpolitik in Nordrhein-Westfalen = Schriften zur politischen Landeskunde Nordrhein-Westfalens, Bd. 3, hrsg. von der Landeszentrale für politische Bildung NRW, Köln 1987, S. 17 ff

ARNOLD, H.: Soziologische Theorien und ihre Anwendung in der Sozialgeographie = Kasseler Schriften zur Geographie und Planung, Heft 49, Kassel 1988

ARNST, P.: August Thyssen. In: Rheinisch-Westfälische Wirtschaftsbiographien, Bd. 2, 1937, S. 101 ff

AUBIN, H.; ZORN, W. (Hrsg.): Handbuch der deutschen Wirtschafts- und Sozialgeschichte. Bd. 2: Das 19. und 20. Jahrhundert, Stuttgart 1976

BADE, K. J. (Hrsg.): Auswanderer - Wanderarbeiter - Gastarbeiter. Bevölkerung, Arbeitsmarkt und Wanderung in Deutschland seit der Mitte des 19. Jahrhunderts, Ostfildern 1984

BÄHR, J.; GANS, P.: Bevölkerungsveränderungen und Migrationsmuster in den Großstädten der Bundesrepublik Deutschland seit 1970. In: FRIEDRICHS, J. (Hrsg.): Die Städte in den 80er Jahren: demographische, ökonomische und technologische Entwicklungen, Opladen 1985, S. 70 ff

BALLESTREM, F. Graf von: Standortwahl von Unternehmen und Industriestandortpolitik. Ein empirischer Beitrag zur Beurteilung regionalpolitischer Instrumente = Finanzwissenschaftliche Forschungsarbeiten. Neue Folge, Heft 44, hrsg. v. SCHMÖLDERS, G., Universität Köln, Berlin 1974

BARTH, E.: Entwicklungslinien der deutschen Maschinenbauindustrie von 1870 bis 1914 = Forschungen zur Wirtschaftsgeschichte. Hrsg. v. KUCZYNKI, J.; MOTTEK, H., Bd. 3, Berlin (Ost) 1973

BECHTEL, H.: Wirtschafts- und Sozialgeschichte Deutschlands - Wirtschaftsstile und Lebensformen von der Vorzeit bis zur Gegenwart, München 1967

BECKER, J.: Postmoderne Modernisierung der Sozialgeographie? In: Geographische Zeitung 78, 1990, S. 15 ff

BEHRENS, K. CHR.: Allgemeine Standortbestimmungslehre, Opladen 1971, 2. Aufl.

BEHRENS, K.; VON MOOS, R.: Das neue Oxygenstahlwerk (Sauerstoff-Blasstahlwerk) der August Thyssen-Hütte. In: Technische und wissenschaftliche Berichte der August Thyssen-Hütte, Bd. 3, Duisburg 1965, S. 1 ff

BERDROW, W.: Alfred Krupp und sein Geschlecht, Berlin 1943

BERKENKAMP, P.: Die niederrheinischen Industriehäfen. In: Stahl und Eisen, Jg. 26, 1906, S. 1033 ff

BIECKER, J.; BUSCHMANN, W. (Hrsg.): Arbeitersiedlungen im 19. Jahrhundert, Bochum 1985

BIERBAUM, H.: Den Kampf für Arbeit und Zukunft fortsetzen. In: BIERWIRTH/ KÖNIG (Hrsg.): Schmelzpunkte, Essen 1988, S. 213 ff

BIERWIRTH, W.: Rheinhausener Protokolle: Zwischen Arbeitsfrieden und Streik. In: BIERWIRTH/ KÖNIG (Hrsg.): Schmelzpunkte, Essen 1988, S. 137 ff

BIERWIRTH, W.; KÖNIG, O. (Hrsg.): Schmelzpunkte. Stahl: Krise und Widerstand im Revier, Essen 1988

BIRKENHAUER, J.: Das Rheinisch-Westfälische Industriegebiet, Regionen - Genese - Funktionen, Paderborn 1984

BLAICH, F.: Ausschließlichkeitsbindungen als Wege zur industriellen Konzentration in der deutschen Wirtschaft bis 1914. In: HORN, N.; KOCKA, J. (Hrsg.): Recht und Entwicklung der Großunternehmen im 19. und frühen 20. Jahrhundert, Göttingen 1979, S. 317 ff

BLOTEVOGEL, H.H.: Zur Entwicklung und Struktur des Systems der höchstrangigen Zentren in der Bundesrepublik Deutschland. In: Deutscher Geographentag Mannheim 1981: Tagungsbericht und wissenschaftliche Abhandlungen, Wiesbaden 1983. S. 388 ff

BLOTEVOGEL, H.H.; TEUTEBERG, H.J.: Einführung und Zusammenfassung der Diskussion "Historisch-geographische Stadtforschung". In: Deutscher Geographentag Münster 1983: Tagungsbericht und wissenschaftliche Abhandlungen, Stuttgart 1984, S. 133 ff

BLOTEVOGEL, H.H. u.a.: Zentralörtliche Gliederung und Städtesystementwicklung in Nordrhein-Westfalen = Duisburger Geographische Arbeiten, Bd. 7, Dortmund 1990

BLOTEVOGEL, H.H.; MÜLLER-TER JUNG,U.; WOOD, G.: From itinerant worker to immigrant? The geography of guestworkers in Germany. In: Mass migration in Europe - the legacy and the future, London (Belhaven Press) 1993, S. 83 ff

BLUM, R.: Hamborn am Rhein. Die Entwicklung eines jungen Gemeinwesens zur Industriegroßstadt unter besonderer Berücksichtigung der Entwicklung von Handwerk und Einzelhandel, Emsdetten 1933

BOESCH, M.: Engagierte Geographie. Zur Rekonstruktion der Raumwissenschaft als politik-orientierte Geographie, Stuttgart 1989

BOESLER, K.A.: Raumordnung, Darmstadt 1980

BOLLERY, F.; HARTMANN, K.: Wohnen im Revier. Siedlungen vom Beginn der Industrialisierung bis 1933. Analyse, Bewertung, Chancen. In: Stadtbauwelt 46, 1975, S. 85 ff

BORCHARDT, K.: Wirtschaftliches Wachstum und Wechsellagen 1800-1914. In: AUBIN, H.; ZORN, W. (Hrsg.): Handbuch der deutschen Wirtschafts- und Sozialgeschichte. Bd. 2: Das 19. und 20. Jahrhundert. Stuttgart 1976, S. 198 ff

BORCHARDT, K.: Trend, Zyklus, Struktureinbrüche, Zufälle: Was bestimmt die deutsche Wirtschaftsgeschichte im 20. Jahrhundert? In: Vierteljahresschrift für Sozial- und Wirtschaftsgeschichte 64 (1977), S. 148 ff

BORCHARDT, K.: Grundriß der deutschen Wirtschaftsgeschichte, Göttingen 1978

BORCHARDT, K.: Wandlungen des Konjunkturphänomens in den letzten hundert Jahren. In: ABELSHAUSER, W.; PETZINA, D. (Hrsg.): Deutsche Wirtschaftsgeschichte im Industriezeitalter - Konjunktur, Krise, Wachstum, Königstein 1981, S. 11 ff

BORN, K.E.: Wirtschafts- und Sozialgeschichte des Deutschen Kaiserreichs (1867/71-1914) = Wissenschaftliche Paperbacks 21, Sozial- und Wirtschaftsgeschichte. Hrsg. v. POHL, H., Stuttgart 1985

BRAUN, G.: Einführung in die Fachsitzung: Grundlagenforschung und Planung - Pragmatismen auf beiden Seiten. In: Deutscher Geographentag Mannheim 1981: Tagungsbericht und wissenschaftliche Abhandlungen, Wiesbaden 1983, S. 395 ff

BREPOHL, W.: Der Aufbau des Ruhrvolkes im Zuge der Ost-West-Wanderung, Recklinghausen 1948

BREUER, H.: Ersatz und Ersetzbarkeit von Industrien als raumwirksame Aufgabe. In: GAEBE/ HOTTES (Hrsg.): Methoden und Feldforschung in der Industriegeographie, Mannheim 1980, S. 233 ff

BRONNY, H.; DEGE, W.: Raumpotential und Raumstruktur an der Schwelle zur Industrialisierung. In: KÖLLMANN, W. u.a. (Hrsg.): Das Ruhrgebiet im Industriezeitalter, Bd. I, Düsseldorf 1990, S. 81 ff

BRÜCHER, W.: Industriegeographie, Braunschweig 1982

BRÜCKNER, W. u.a.: Nord-Süd in Deutschland? Vorurteile und Tatsachen = Kohlhammer Taschenbücher, Bürger im Staat 1078, Stuttgart 1987

BUCHHOLZ, H.J.: Formen städtischen Lebens im Ruhrgebiet, untersucht an sechs stadtgeographischen Beispielen = Bochumer Geographische Arbeiten 8, Paderborn 1970

BUDDE, R.; STOCK, P.: Ökologische, insbesondere klimatologische Aspekte in der Stadtentwicklungs- und Bauleitplanung - Beispiele aus dem Ruhrgebiet. In: ADAM, K.; GROHE, T. (Hrsg.): Ökologie und Stadtplanung, Köln 1984, S. 121 ff

BUNGEROTH, R.: Fünfzig Jahre Mannesmann-Röhren. 1884/1934, Berlin 1934.

BURGBACHER, W.: Wirtschaftsstruktur und Arbeitsplatzentwicklung in Duisburg = Beiträge zur Wirtschaftsförderung, H. 2, Duisburg Mai 1982

BURKHARD, W.: Abriß einer Wirtschaftsgeschichte des Niederrheins. Duisburger Hochschulbeiträge, Bd. 7, Duisburg 1977

BURKHARD, W.: Der Bergbau im Kammerbezirk Duisburg-Wesel-Kleve. Von den Anfängen des niederrheinischen Steinkohlenbergbaus bis zur Gegenwart. In: Niederrhein-Kammer, H. 3, 1980, S. 110 ff

BUSCHMANN, W.: Architektonische und städtebauliche Formen im Arbeitersiedlungsbau des 19. Jahrhunderts in Deutschland. In: BIECKER, J.; BUSCHMANN, W. (Hrsg.): Arbeitersiedlungen im 19. Jahrhundert, Bochum 1985, S. 23 ff

BUTZIN, B.: Zur These eines regionalen Lebenszyklus im Ruhrgebiet. In: MAYR/ WEBER (Hrsg.): 100 Jahre Geographie an der Westfälischen Wilhelms-Universität Münster (1885-1985) = Münstersche Geographische Arbeiten, 26, 1987, S. 191 ff

BUTZIN, B.: Regionaler Entwicklungszyklus und Strukturwandel im Ruhrgebiet. Ansätze zur strukturellen Erneuerung? In: Zeitschrift für Wirtschaftsgeographie 34, 1990, S. 209 ff

CONZE, W.: Sozialgeschichte 1850-1918. In: AUBIN, H.; ZORN, W. (Hrsg.): Handbuch der deutschen Wirtschafts- und Sozialgeschichte. Bd. 2: Das 19. und 20. Jahrhundert, Stuttgart 1976, S. 602 ff

CORDES, W.: Wirtschaftliche Lage und Entwicklungstendenzen in der Stahlindustrie. In: Technische und wissenschaftliche Berichte der Thyssen-Gruppe, Bd. 13, Duisburg 1972, S. 1 ff

CROON, H.: Die Einwirkungen der Industrialisierung auf die Gemeindevertretungen. In: HOFFMANN, W.G. (Hrsg.): Beiträge zur Soziologie der industriellen Gesellschaft = Soziale Forschung und Praxis, Bd. 9, Dortmund 1952, S. 57 ff

CROON, H.: Die wirtschaftlichen Führungsschichten des Ruhrgebietes in der Zeit von 1890 bis 1933. In: Blätter für deutsche Landesgeschichte, 1972, S. 143 ff

CZYMEK, H.; ARNDT, N. (Hrsg.): Perspektiven für eine bedrohte Region. Das Beispiel Ruhrgebiet = Edition marxistische Blätter, Düsseldorf 1988

DEGE, W.: Das Ruhrgebiet. Kiel 1976

DEGE, W.; DEGE, W.: Das Ruhrgebiet, Berlin, Stuttgart 1983, 3. berichtigte Aufl.

DEHLER, K.-H.: Vorbereitung und Realisierung der Bauleitplanung: Zeitverzögerungen als Ursache räumlicher und sozialstruktureller Fehlentwicklungen. In: Veröffentlichungen der Akademie für Raumforschung und Landesplanung: Forschungs- und Sitzungsberichte, Bd. 146: Wohnungspolitik und regionale Siedlungsentwicklung, Hannover 1982, S. 45 ff

DENECKE, D.: Historische Geographie und räumliche Planung. In: Deutscher Geographentag Mannheim 1981: Tagungsbericht und wissenschaftliche Abhandlungen, Wiesbaden 1983, S. 260 ff

DENECKE, D.: Historisch-Geographische Stadtforschung: Problemstellungen - Betrachtungsweisen - Perspektiven. In: Deutscher Geographentag Münster 1983: Tagungsbericht und wissenschaftliche Abhandlungen, Stuttgart 1984, S. 136 ff

DENECKE; D.: Aspekte sozialgeographischer Interpretationen innerstädtischer Mobilität im 19. und 20. Jahrhundert. Allgemeiner Forschungsstand und Forschungsbeispiele. In: HEINEBERG, H. (Hrsg.): Innerstädtische Differenzierung und Prozesse im 19. und 20. Jahrhundert, Köln 1987, S. 133 ff

DOLLEN, B, VON DER: Forschungsschwerpunkte und Zukunftsaufgaben der Historischen Geographie: Städtische Siedlungen. In: Deutscher Geographentag Mannheim 1981: Tagungsbericht und wissenschaftliche Abhandlungen. Wiesbaden 1983, S. 266 ff

DOMRÖS, M.: Luftverunreinigung und Stadtklima im Rheinisch-Westfälischen Industriegebiet und ihre Auswirkung auf den Flechtenbewuchs der Bäume = Arbeiten zur Rheinischen Landeskunde. Hrsg. vom Geographischen Institut der Universität Bonn, H. 23, Bonn 1966

DUIJN, J. van: The long wave in the economic life, London 1983

DÜWELL, W.: Wohlfahrtsplage. Eine eingehende Studie über die sogenannten Wohlfahrtseinrichtungen in den verschiedenen Großbetrieben, Dortmund 1903

EISENBAHN UND HÄFEN: Werkszeitschrift des Gemeinschaftsbetriebs Eisenbahn und Häfen, Duisburg-Hamborn, H. 1/1979, S. 11 ff: 100 Jahre "Thyssenbahn" in Hamborn.

EISENBAHN UND HÄFEN: Informationen für die Mitarbeiter des Gemeinschaftsbetriebes Eisenbahn und Häfen, Duisburg-Hamborn 6/1982, S. 3 f und 7/8/1982, S. 3 ff: 100 Jahre industrieller Hafenbetrieb am Rhein bei Hamborn.

ERLÄUTERUNG zum Bundeswettbewerb 1968: "Industrie in der Landschaft" für Werk, Siedlungen und Freiflächen der Mannesmann AG Hüttenwerke, Duisburg-Huckingen und Mannesmann-Wohnungsgesellschaft mbH, Duisburg-Huckingen.

ERLÄUTERUNGSBERICHT der August-Thyssen-Hütte AG zum Wettbewerb "Industrie in der Landschaft" 1971

ERNST, K. u.a.: Arbeitersiedlungen. Instrumente und Möglichkeiten zu ihrer Erhaltung. Deutsches Institut für Urbanistik (i.A. des Siedlungsverbandes Ruhrkohlenbezirk), Berlin 1977

ESSER, H.: Ausländische Bevölkerung und großstädtische Entwicklungen. In: FRIEDRICHS, J. (Hrsg.): Die Städte in den 80er Jahren: demographische, ökonomische und technologische Entwicklungen, Opladen 1985, S. 117 ff

FALUDI, A.: Der Wiener Wald- und Wiesengürtel und der Ursprung der "green belt"-Idee. In: Raumforschung und Raumordnung 1967, S. 193 ff

FARMER, W. P.: Stadtplanung Pittsburgh Riverfront. Eine Strategie, ökonomische Entwicklung und Stadtqualität gemeinsam zu verbessern. In: Institut für Landes- und Stadtentwicklungsforschung des Landes Nordrhein-Westfalen (ILS) (Hrsg.): Innovationen in alten Industriegebieten, Dortmund 1988, S. 176 ff

FEHN, K.: Die Historische Geographie in Deutschland nach 1945. In: Deutscher Geographentag Mannheim 1981: Tagungsbericht und wissenschaftliche Abhandlungen, Wiesbaden 1983, S. 253 ff

FELDENKIRCHEN, W.: Die Eisen- und Stahlindustrie des Ruhrgebiets 1879-1974. Wachstum, Finanzierung und Struktur ihrer Großunternehmen = Zeitschrift für Unternehmensgeschichte, Beiheft 20, Wiesbaden 1982

FELDENKIRCHEN, W.: Kapitalbeschaffung in der Eisen- und Stahlindustrie des Ruhrgebiets 1879-1914. In: Zeitschrift für Unternehmensgeschichte, 1979, S. 39 ff

FELDMAN, G.D.: Der deutsche organisierte Kapitalismus während der Kriegs- und Inflationsjahre 1914-1923. In: ABELSHAUSER, W.; PETZINA, D. (Hrsg.): Deutsche Wirtschaftsgeschichte im Industriezeitalter - Konjunktur, Krise, Wachstum. Königsstein 1981, S. 299 ff

FINKE, L.: Regionalplanung zwischen Ökonomie und Ökologie - dargestellt an Beispielen aus dem Bereich des Gebietsentwicklungsplanes Dortmund - Unna - Hamm. In: Regionalpolitik zwischen Ökonomie und Ökologie, zusammengestellt im Auftrag des Verbandes Deutscher Hochschulgeographen von L. SCHÄTZL = Jahrbuch der Geographischen Gesellschaft zu Hannover, Sonderheft 11, Hannover 1984, S. 91 ff

FISCHER, M. M.; SCHÄTZL, L.: Technologischer Wandel und industrielle Restrukturierung. In: 47. Deutscher Geographentag Saarbrücken 2. bis 7. Okt. 1989, Tagungsbericht und wissenschaftliche Abhandlungen, Stuttgart 1990, S. 134 f

FISCHER, W.: Deutsche Wirtschaftspolitik 1918-1945. Opladen 1968

FISCHER, W.: Ökonomische und soziologische Aspekte der frühen Industrialisierung - Stand und Aufgaben der Forschung. In: FISCHER, W. (Hrsg.): Wirtschafts- und sozialgeschichtliche Probleme der frühen Industrialisierung, Berlin 1968, S. 1 ff

FISCHER, W.: Stadien und Typen der Industrialisierung in Deutschland. In: ABELSHAUSER, W.; PETZINA, D. (Hrsg.): Deutsche Wirtschaftsgeschichte im Industriezeitalter - Konjunktur, Krise, Wachstum, Königsstein 1981, S. 131 ff

FISCHER-ECKERT, Li: Die wirtschaftliche und soziale Lage der Frauen in dem modernen Industrieort Hamborn im Rheinland, Hagen 1913 (neu hrsg. und eingeleitet von E. u. L. Heid, Duisburg 1986)

FLENDER, A.; HOLLATZ, J.W.: Wohnungsbau im Spiegel der Zeit, Hannover 1969

FORSSMANN, J.: Der Landschaftspark Duisburg-Nord - ein Beispiel des Wiederaufbaus von Landschaft. In: MÜLLER, R.: IBA Emscherpark. Zukunftswerkstatt für Industrieregionen, Köln 1991, S. 18 ff

FREMDLING, R.: Eisenbahnen und deutsches Wirtschaftswachstum: Führungssektoranalyse mit einem Vergleich zu den Vereinigten Staaten und Großbritannien. In: ABELSHAUSER, W.; PETZINA, D. (Hrsg.): Deutsche Wirtschaftsgeschichte im Industriezeitalter - Konjunktur, Krise, Wachstum, Königsstein 1981, S. 192 ff

FRIED. KRUPP Aktiengesellschaft: Statistische Angaben, Essen 1912

FRIEDRICHS, J.: Einflüsse der sozialen Infrastruktur auf die Aktionsräume von Stadtbewohnern. In: Deutscher Geographentag Mannheim 1981: Tagungsbericht und wissenschaftliche Abhandlungen, Wiesbaden 1983, S. 410 ff

FRIEDRICHS, J. (Hrsg.): Die Städte in den 80er Jahren: demographische, ökonomische und technologische Entwicklungen, Opladen 1985

FRIELING, v., H.-D.; STRASSEL, J. (Hrsg.): Stadtentwicklung, Weltmarkt, nationales Wirtschaftswachstum = Studien zum Prozeß der Stadtentwicklung in europäischen Zentrums- und Peripherieländern, Bd. 1, Oldenburg 1986

FRIELING, v., H.-D.: Die Logik der Stadtentwicklung im weltweiten Kapitalmarkt. Ein Thesenpapier. In: FRIELING, v./ STRASSEL: Stadtentwicklung, Weltmarkt, nationales Wirtschaftswachstum = Studien zum Prozeß der Stadtentwicklung in europäischen Zentrums- und Peripherieländern, Bd. 1, Oldenburg 1986, S. 21 ff

FRIELING, v., H.-D.: Stadtentwicklung und Weltmarkt. Ein Literaturbericht. In: FRIELING, v./ STRASSEL: Stadtentwickllung, Weltmarkt; nationales Wirtschaftswachstum = Studien zum Prozeß der Stadtentwicklung in europäischen Zentrums- und Peripherieländern, Bd. 1, Oldenburg 1986, S. 37 ff

FRIELING, v., H.-D.; STRASSEL, J.: Ökonomischer Strukturwandel und Stadtentwicklung. Ein Forschungskonzept. In: FRIELING, v./ STRASSEL: Stadtentwicklung, Weltmarkt, nationales Wirtschaftswachstum = Studien zum Prozeß der Stadtentwicklung in europäischen Zentrums- und Peripherieländern, Bd. 1, Oldenburg 1986, S. 9 ff

FROBÖSE, A.: Die Industrie im Wirtschaftsraum der Stadt Duisburg. Eine wirtschaftskundliche Untersuchung, Würzburg 1940

FÜRST, D.: Die Problematik einer ökologisch orientierten Raumplanung - Raumplanung als Instrument einer präventiven Umweltpolitik? In: FÜRST, D.; NIJKAMP, P.; ZIMMERMANN, K.: Umwelt-Raum-Politik. Ansätze zu einer Integration von Umweltschutz, Raumplanung und regionaler Entwicklungspolitik, Berlin 1986

FÜRST, D.; NIJKAMP, P.; ZIMMERMANN, K.: Umwelt-Raum-Politik. Ansätze zu einer Integration von Umweltschutz, Raumplanung und regionaler Entwicklungspolitik = Wissenschaftszentrum Berlin für Sozialfoschung, Forschungsschwerpunkt Umweltpolitik, Berlin 1986

GAEBE, W.: Veränderungen der weltwirtschaftlichen Arbeitsteilung am Beispiel der Eisen- und Stahlindustrie. In: Geographische Rundschau, 1979, Heft 3, S. 109 ff

GAEBE, W. (Hrsg.): Handbuch des Geographieunterrichts, Band 3: Industrie und Raum, Darmstadt 1989

GAEBE, W.; HOTTES, K. (Hrsg.): Methoden und Feldforschung in der Industriegeographie = Mannheimer Geographische Arbeiten, H. 7, Mannheim 1980

GANSÄUER, K.-F.: Lagerung und Verflechtung der eisenschaffenden Industrie der Montanunionsländer in räumlicher Sicht = Kölner Forschungen zur Wirtschafts-und Sozialgeographie, Bd. 1, hrsg. von KRAUS, T., Wiesbaden 1964

GANSER, K.: Integrierte Planung in der Stadterneuerung. In: ADAM, K.; GROHE, T. (Hrsg.): Ökologie und Stadtplanung, Köln 1984, S. 79 ff

GANSER, K.: Städtebau und Stadtentwicklungsplanung. In: ANDERSEN, U. (Hrsg.): Kommunale Selbstverwaltung und Kommunalpolitik in Nordrhein-Westfalen, Köln 1987, S. 161 ff

GANSER, K.; WOLF, K.: Einführung in die Fachsitzung: Entwicklung der Agglomerationsräume. In: Deutscher Geographentag Mannheim 1981: Tagungsbericht und wissenschaftliche Abhandlungen, Wiesbaden 1983, S. 388

GEHRMANN, W.: Industriegebiete neben Wohngebieten. In: Stadtbaurecht 45/1975

GEMEINSCHAFTSBETRIEB Eisenbahn und Häfen: Unternehmens-Information, Duisburg 1981

GESCHÄFTSBERICHTE von Thyssen, Krupp und Mannesmann 1952 - 1986

GESELLSCHAFT für Wirtschaftsförderung Duisburg mbH: Geschäftsbericht 1988, Duisburg o.J.

GESETZ und Verordnungsblatt für das Land Nordrhein-Westfalen - Nr. 26 vom 13. Mai 1981, S. 232: Verordnung über das Verbot der Zweckentfremdung von Wohnraum vom 4. Mai 1981

GESETZ und Verordnungsblatt für das Land Nordrhein-Westfalen - Nr. 62 vom 29. November 1984, S. 681-683: Gesetz zur Erhaltung und Pflege von Wohnraum für das Land Nordrhein-Westfalen (Wohnungsgesetz - WoG-) vom 6. November 1984

GLÄSSER, E. u.a.: Nordrhein-Westfalen = Klett-Länderprofile: Geographische Strukturen, Daten, Entwicklungen, Stuttgart 1987

GLEESON, R. E.: Ökonomischer Wandel in Pittsburgh. In: INSTITUT für Landes- und Stadtentwicklungsforschung des Landes Nordrhein-Westfalen (ILS) (Hrsg.): Innovationen in alten Industriegebieten, Dortmund 1988, S. 50 ff

GRABHER, G.: De-Industrialisierung oder Neo-Industrialisierung? Innovationsprozesse und Innovationspolitiken in traditionellen Industrieregionen = Wissenschaftszentrum Berlin für Sozialforschung. Forschungsschwerpunkt Arbeitsmarkt und Beschäftigung, Berlin 1988

GRABHER, G.: Netzwerke - Ein Ansatz für den Umbau des Montankomplexes im Ruhrgebiet? In: HILPERT, J. u.a. (Hrsg.): Neue Kooperationsformen in der Wirtschaft. Können Konkurrenten Partner werden? Opladen 1991, S. 95 ff

GROHE, T.: Ökologie und Stadtplanung. In. ADAM, K.; GROHE, T. (Hrsg.): Ökologie und Stadtplanung, Köln 1984, S. 179 ff

GROTZ, R.: Entwicklung, Struktur und Dynamik der Industrie im Wirtschaftsraum Stuttgart. Eine industriegeographische Untersuchung = Stuttgarter Geographische Studien 82, Stuttgart 1971

GROTZ, R.; GAEBE, W.: Struktureller Wandel in alten Industrieräumen: Einleitung. In: 47. Deutscher Geographentag Saarbrücken 2. bis 7. Okt. 1989, Tagungsbericht und wissenschaftliche Abhandlungen, Stuttgart 1990, S. 134 ff

GSCHWIND, F.; HENCKEL, D.: Innovationszyklen der Industrie -Lebenszyklen der Städte. In: Bauwelt 1984, H. 23, S. 992 ff

GÜLDENBERG; E.: Siedlungsentwicklung in Abhängigkeit wohnungspolitischer und kommunaler Rahmenbedingungen, dargestellt am Raume Hannover. In: Veröffentlichungen der Akademie für Raumforschung und Landesplanung: Forschungs- und Sitzungsberichte, Bd. 146: Wohnungspolitik und regionale Siedlungsentwicklung, Hannover 1982, S. 273 ff

GÜNTHER, M.: Ökonomischer Strukturwandel in der Bundesrepublik Deutschland seit 1945. In: FRIELING, v./ STRASSEL (Hrsg.): Stadtentwicklung, Weltmarkt, nationales Wirtschaftswachstum, Bd. 1, Oldenburg 1986, S. 89 ff

HAHN, E.: Ökologischer Stadtumbau. Konzeptionelle Grundlegung = Beiträge zur kommunalen und regionalen Planung, 13, Frankfurt/ M./ Bern/ New York/ Paris 1992

HAMBLOCH, H.: Allgemeine Anthropogeographie, Wiesbaden 1982

HANDELSKAMMER-BERICHTE 1906 ff

HARDACH, G.: Deutschland in der Weltwirtschaft 1870-1970. Eine Einführung in die Sozial- und Wirtschaftsgeschichte, Frankfurt/M. und New York 1977

HARTMANN, K.: Deutsche Gartenstadtbewegung. Kultur und Gesellschaftsreform, München 1976

HARTMANN, P.: Der moderne Strukturwandel der Industrie in den Städten Gelsenkirchen, Oberhausen und Duisburg, Bochum 1970 (Stadtarchiv S 1106)

HARTOG, R.: Stadterweiterungen im 19. Jahrhundert = Schriftenreihe des Vereins zur Pflege kommmunalwissenschaftlicher Aufgaben e.V. Berlin, Bd. 6, Stuttgart 1962

HASSE, J.: Sozialgeographie an der Schwelle zur Postmoderne. Für eine ganzheitliche Sicht jenseits wissenschaftstheoretischer Fixierungen. In: Zeitschrift für Wirtschaftsgeographie 33, 1989, S. 20 ff

HAUX, F.: Die Wohnungsfürsorge der Fa. Krupp, Essen 1907

HAVENBURN - Hamborn - Duisburg-Hamborn. Geschichte und Geschichten. Hrsg. vom Hamborner Bürgerverein e.V. Zusammenstellung GOTTLOB-SCHNABBE, S.; WIECZOREK, H., Duisburg 1979

HAX, K.: Industrielle Entwicklung, Gesamtwirtschaftliches Wachstum und Unternehmerwachstum. In: Schmalenbachs Zeitschrift für betriebswirtschaftliche Forschung, 1964, S. 202 ff

HECKER, H.: Der Krupp'sche Kleinwohnungsbau, Wiesbaden ca. 1916

HEIDE, auf der, U.: Strukturwandel im Wirtschaftsraum als Folge industriewirtschaftlicher Wachstums-, Stagnations- und Schrumpfungsprozesse untersucht in ausgewählten Agglomerationen Mittel- und Westeuropas = Europäische Hochschulschriften, Reihe V: Volks- und Betriebswirtschaft, Bd. 913, Frankfurt 1988

HEINEBERG, H.: Stadtgeographie = Grundriß Allgemeine Geographie. Teil X, Paderborn 1986

HEINEBERG, H. (Hrsg.): Innerstädtische Differenzierung und Prozesse im 19. und 20. Jahrhundert. Geographische und historische Aspekte, Köln 1987

HEINRICHSBAUER, A.: Industrielle Siedlung im Ruhrgebiet in Vergangenheit, Gegenwart und Zukunft, Essen 1936

HEINRITZ, G.; LICHTENBERGER, E.: Wien und München - Ein stadtgeographischer Vergleich. In: Berichte zur deutschen Landeskunde, hrsg. im Auftrag des Zentralausschuß für deutsche Landeskunde e.V. von FEHN, K. u.a., H. 1, Trier 1984, S. 55 ff

HELBRECHT, I.: Das Ende der Gestaltbarkeit? Zu Funktionswandel und Zukunftsperspektiven räumlicher Planung = Wahrnehmungsgeographische Studien zur Regionalentwicklung, H. 10, hrsg. von KRÜGER, R., Oldenburg 1991

HELMRICH, W.: Das Ruhrgebiet. In: Geographische Rundschau, 1950, S. 374 ff

HELMS, H.G.; JANSSEN, J.: Kapitalistischer Städtebau, Neuwied/ Berlin 1971, 3. Aufl.

HEMPEL, G.: Die deutsche Montanindustrie - ihre Entwicklung und Gestaltung, Essen 1969, 2. erw. Aufl.

HENNING, F.W.: Die Industrialisierung in Deutschland 1800-1914, Paderborn 1973

HENNING, F.W.: Das industrialisierte Deutschland 1914 bis 1978, Paderborn 1979, 5. Aufl.

HERKER, H.: Duisburgs Eisen- und Maschinenindustrie. In: Das Wirtschaftsleben, 3. Jg. H. 11/12, 1921, Sonderheft Duisburg, S. 281 ff

HERLYN, U. (Hrsg.): Stadt- und Sozialstruktur. Arbeiten zur sozialen Segregation, Ghetto-bildung und Stadtplanung = Nymphenburger Texte zur Wissenschaft, München 1974

HERMANN, W. u. G.: Die alten Zechen an der Ruhr, Königstein 1982, 2. aktual. Aufl.

HERMANNS, H.: Auswirkungen der Rückwanderung im ländlichen Raum. Beispiele aus Griechenland. In: Deutscher Geographentag Münster 1983: Tagungsbericht und wissen-schaftliche Abhandlungen, Stuttgart 1984, S. 184 ff

HERTNER, P.: Fallstudien zu deutschen multinationalen Unternehmen vor dem Ersten Weltkrieg. In: HORN, N.; KOCKA, J. (Hrsg.): Recht und Entwicklung der Großunter-nehmen im 19. und frühen 20. Jahrhundert, Göttingen 1979, S. 388 ff

HEUER; H.: Sozioökonomische Bestimmungsfaktoren der Stadtentwicklung = Schriften des Deutschen Instituts für Urbanistik, Bd. 50, Stuttgart/ Berlin/ Köln/ Mainz, 1975

HEUER, H.: Die veränderte ökonomische Basis der Städte. In: FRIEDRICHS, J. (Hrsg.): Die Städte in den 80er Jahren: demographische, ökonomische und technologische Entwick-lungen, Opladen 1985, S. 23 ff

HEYER, R.: Struktur und Wandlungen des quartären Sektors in den Kernstädten der Hell-wegzone. In: 47. Deutscher Geographentag Saarbrücken 2. bis 7. Okt. 1989, Tagungs-bericht und wissenschaftliche Abhandlungen, Stuttgart 1990, S. 142 ff

HOEBINK, H.: Die Entwicklung der kommunalen Selbstverwaltung in Rheinland und West-falen. In: ANDERSEN, U. (Hrsg.): Kommunale Selbstverwaltung und Kommunalpolitik in Nordrhein-Westfalen, Köln 1987, S. 37 ff

HOEBINK, H.: Mehr Raum - mehr Macht. Preußische Kommunalpolitik und Raumplanung im rheinisch-westfälischen Industriegebiet 1900 - 1933 = Düsseldorfer Schriften zur neueren Landesgeschichte und zur Geschichte Nordrhein-Westfalens, Bd. 26, Essen 1990

HOFFMANN, W. G.: Der wirtschaftliche Aufstieg in Deutschland. In: ABELSHAUSER, W.; PETZINA, D. (Hrsg.): Deutsche Wirtschaftsgeschichte im Industriezeitalter - Konjunktur, Krise, Wachstum, Königsstein 1981, S. 144 ff

HOFMEISTER, B.: Stadtgeographie, Braunschweig 1976

HOFMEISTER, B.: Die Stadtstruktur, Darmstadt 1980

HÖHERE FORSTBEHÖRDE RHEINLAND (Hrsg.): Forstlicher Fachbeitrag zum Land-schaftsplan Stadt Duisburg, Bonn 1978

HOLTFRERICH, C.-L.: Kohle, Stahl und Eisenbahnen. Verflechtungsstrukturen im deut-schen Industrialsierungsprozeß des 19. Jahrhunderts. In: ABELSHAUSER, W.; PETZINA, D. (Hrsg.): Deutsche Wirtschaftsgeschichte im Industriezeitalter - Konjunktur, Krise, Wachstum, Königsstein 1981, S. 169 ff

HORN, N.; KOCKA, J. (Hrsg.): Recht und Entwicklung der Großunternehmen im 19. und frühen 20. Jahrhundert. Wirtschafts-, sozial- und rechtshistorische Untersuchungen zur Industrialisierung in Deutschland, Frankreich, England und USA = Kritische Studien zur Geschichtswissenschaft, Bd. 40, Göttingen 1979

HOTTES, K.H. (Hrsg.): Industriegeographie, Darmstadt 1976

HOWARD, E.: Gartenstädte von morgen. Das Buch und seine Geschichte. Hrsg. von POSENER, J., Frankfurt/M. und Berlin 1968

INNENMINISTER des Landes Nordrhein-Westfalen: Runderlaß vom 13.2.1980 (VI A 4 - 4.031 - 210/80): Bestimmungen über die Förderung der Modernisierung und des Um-baues von Wohnungen im Ruhrgebiet (RuhrBauP)

INSTITUT für "Finanzen und Steuern": Entwicklung der Realsteuerhebesätze der Gemeinden mit mehr als 50.000 Einwohnern in 1986 gegenüber 1985, Bonn, Juni 1986

INSTITUT für Angewandte Sozialwissenschaft (INFAS): Duisburg - Strukturen und Tendenzen, Vergleichende Feststellung zur Stadtentwicklung, Bonn/ Bad Godesberg 1963

INSTITUT für Angewandte Sozialwissenschaft (INFAS): Wohnen in Duisburg - Umfragedaten für die Standortplanung, Bonn/ Bad Godesberg 1975

INSTITUT für Landes- und Stadtentwicklungsforschung des Landes Nordrhein-Westfalen (ILS) im Auftrage des Ministers für Landes- und Stadtentwicklung des Landes NW (Hrsg.): Stadterneuerung in Gemengelagen und überalterten Wohngebieten - Fachtagung im Rahmen der Europäischen Kampagne zur Stadterneuerung am 23. und 24. September 1981 in Wuppertal = Schriftenreihe Landes- und Stadtentwicklungsforschung des Landes Nordrhein-Westfalen, Sonderveröffentlichungen, Bd. 0.024, Dortmund 1981

INSTITUT für Landes- und Stadtentwicklungsforschung des Landes Nordrhein-Westfalen (ILS) im Auftrage des Ministers für Landes- und Stadtentwicklung des Landes NW (Hrsg.): Erhaltung und Erneuerung überalterter Stadtgebiete aus der Zeit zwischen Gründerjahren und 1919 in Nordrhein-Westfalen = Schriftenreihe Landes- und Stadtentwicklungsforschung des Landes Nordrhein-Westfalen, Sonderveröffentlichungen Bd. 3.016, Dortmund 1981

INSTITUT für Landes- und Stadtentwicklungsforschung des Landes Nordrhein-Westfalen (ILS) (Hrsg.): Innovationen in alten Industriegebieten. Beiträge zum 1. Wissenschaftstag des ILS am 10. und 11. Dezember 1987, Dortmund 1988

JACKSON, J.H.: Wanderungen in Duisburg während der Industrialisierung 1850 - 1910. In: Moderne Stadtgeschichte. Hrsg. von SCHROEDER, W. = Historisch-sozialwissenschaftliche Forschungen, Bd. 8, Stuttgart 1979, S. 217 ff

JÄGER, H.: Historische Geographie, Braunschweig 1969

JÄGER, H. (Hrsg.): Probleme des Städtewesens im industriellen Zeitalter = Institut für vergleichende Stadtgeschichte Münster, Reihe A, Bd. 5, Köln und Wien 1978

JANSSEN, J.: Strukturanalyse der Wohnungswirtschaft im Ruhrgebiet. Duisburg und Oberhausen, Dortmund 1976

JANSSON, W.: Die Zustände im deutschen Fabrikwohnungswesen. Ergebnisse einer von der Kommission des Kost- und Logiszwanges veranstalteten Erhebung, Berlin 1910

JENKIS, H. W.: Ursprung und Entwicklung der gemeinnützigen Wohnungswirtschaft = Schriftenreihe des Instituts für Städtebau, Wohnungswirtschaft und Bausparwesen e.V., Bonn und Hamburg 1973

JENKIS, H. W.: Die ökonomischen Rahmenbedingungen des Wohnungsbaus. In: Veröffentlichungen der Akademie für Raumforschung und Landesplanung: Forschungs- und Sitzungsberichte, Bd. 146: Wohnungspolitik und regionale Siedlungsentwicklung, Hannover 1982, S. 79 ff

JOACHIM, P.: Der Tertiärsektor in der Ruhrwirtschaft, Bonn 1988

JÜNGST, P.: "Macht" und "symbolische Raumbezogenheit" als Bezugsgrößen innerstädtischer Differenzierungsprozesse in der Industriellen Revolution. Thesen und Fragestellungen = Kasseler Schriften zur Geographie und Planung, H. 46, Kassel 1989

KAPPE, H.: Die kulturelle Entwicklung Duisburgs von 1870 bis zur Gegenwart, Münster 1938

KASTORFF-VIEHMANN, R.: Wohnungsbau für Arbeiter. Das Beispiel Ruhrgebiet bis 1914, Aachen 1981

KELLENBENZ, H.: Deutsche Wirtschaftsgeschichte, Bd. II: Vom Ausgang des 18. Jahrhunderts bis zum Ende des Zweiten Weltkrieges, München 1981

KINZEL, W.: Rheinhausen: Beginn eines neuen Aufschwungs der Arbeiterbewegung? Düsseldorf 1988

KIRRINNIS, H.: Zur Bevölkerungsstruktur der Emscherzone. In: Geographische Rundschau, 1965, S. 206 ff

KLAPHECK, R.: Siedlungswerk Krupp, Berlin 1930

KLASS, G.V.: Stahl vom Rhein. Die Geschichte des Hüttenwerks Rheinhausen. 1897 - 1957, Essen 1957

KLAUS, J. (u. Mitarbeit von VAUTH, W.): Stadtentwicklungspolitik = Beiträge zur Wirtschaftspolitik, Bd. 23, Bern und Stuttgart 1977

KLESSMANN, Ch.: Polnische Bergarbeiter im Ruhrgebiet 1870-1945. Soziale Integration und nationale Subkultur einer Minderheit in der deutschen Industriegesellschaft = Kritische Studien zur Geschichtswissenschaft, Bd. 30, Göttingen 1978

KLESSMANN, Ch.: Integration und Subkultur nationaler Minderheiten: Das Beispiel der "Ruhrpolen" 1870 - 1939. In: BADE, K. J. (Hrsg.): Auswanderer - Wanderarbeiter - Gastarbeiter. Bevölkerung, Arbeitsmarkt und Wanderung in Deutschland seit der Mitte des 19. Jahrunderts, Ostfildern 1984, S. 486 ff

KNAUER; P.: Ökologische Rahmenbedingungen des Wohnungsbaues. In: Veröffentlichungen der Akademie für Raumforschung und Landesplanung: Forschungs- und Sitzungsberichte, Bd. 146: Wohnungspolitik und regionale Siedlungsentwicklung, Hannover 1982, S. 103 ff

KOCKA, J.: Expansion - Integration - Diversifikation. Wachstumsstrategien industrieller Großunternehmen in Deutschland vor 1914. In: Vom Kleingewerbe zur Großindustrie. Hrsg. von WINKEL, H., Berlin 1975, S. 203 ff

KOCKA, J.: Unternehmer in der deutschen Industrialisierung, Göttingen 1975

KÖHLER, G. (Hrsg.): Das Ruhrgebiet im Umbruch. Beiträge aus Hochschulen und Gewerkschaften zur Strukturkrise bei Kohle und Stahl, Freiburg 1988

KÖLLMANN, W.: Binnenwanderung und Bevölkerungsstrukturen der Ruhrgebietsgroßstädte im Jahre 1907. In: Soziale Welt, Jg. 9, Göttingen 1958, S. 219 ff

KÖLLMANN, W.: Bevölkerungsgeschichte 1800 - 1870. In: AUBIN, H.; ZORN, W. (Hrsg.): Handbuch der deutschen Wirtschafts- und Sozialgeschichte, Bd. 2: Das 19. und 20. Jahrhundert, Stuttgart 1976, S. 9 ff

KÖLLMANN, W. u.a. (Hrsg.): Das Ruhrgebiet im Industriezeitalter, Geschichte und Entwicklung, Bd. I, Düsseldorf 1990

KÖLLMANN, W.: Beginn der Industrialisierung. In: KÖLLMANN, W. u.a. (Hrsg.): Das Ruhrgebiet im Industriezeitalter, Bd. I, Düsseldorf 1990, S. 11 ff

KÖLLMANN, W.; HOFFMANN, F.; MAUL, A.: Bevölkerungsgeschichte. In: KÖLLMANN, W. u.a. (Hrsg.): Das Ruhrgebiet im Industriezeitalter, Bd. I, Düsseldorf 1990, S. 111 ff

KOMMUNALVERBAND RUHRGEBIET, Abteilung Wirtschaftsstruktur, EDV, Statistik: Strukturberichterstattung Ruhrgebiet. Die Gemeindefinanzen im Ruhrgebiet. Aktuelle Entwicklung - Kritische Bestandsaufnahme - Mögliche Anpassungsstrategien, Essen 1983

KÖNIG, M.: Über den wirtschaftlichen und politischen Einfluß der Großindustrie auf die Gemeinde-Vertretung und -Verwaltung im Ruhrgebiet. In: Kommunale Praxis, Jg. 1907, Nr. 38/39, S. 902 ff

KÖNIG, O.; BIERWIRTH, W.: Das stahlpolitische Programm. In: BIERWIRTH; W.; KÖNIG, O.: Schmelzpunkte, Essen 1988, S. 49 ff

KONZE, H.: Entwicklung des Steinkohlenbergbaus im Ruhrgebiet (1957-1974). Grundlagen und Strukturdaten für die Stadt- und Regionalplanung = Schriftenreihe Siedlungsverband Ruhrkohlenbezirk, H. 56, Essen 1975

KORTE, H.: Schwerpunkte und Ergebnisse sozialwissenschaftlicher Forschung über Rückwanderung und Reintegration von Wanderarbeitern in Europa. In: Deutscher Geographentag Münster 1983: Tagungsbericht und wissenschaftliche Abhandlungen, Stuttgart 1984, S. 169 ff

KRAFT, F.G.: Die geschichtliche Entwicklung der Friedrich-Alfred-Hütte Rheinhausen, Berlin 1942

KRAU, I.: Wohnprobleme von Stahlarbeitern. Das Zusammenwirken von Arbeitssituation und Wohnverhältnissen in Duisburg, Frankfurt/M. 1980.

KREIBICH, V.: Handlungsmöglichkeiten und Standortreaktionen von Haushalten in angespannten Wohnungsmärkten. In: Deutscher Geographentag Mannheim 1981: Tagungsbericht und wissenschaftliche Abhandlungen, Wiesbaden 1983, S. 397 ff

KRÜGER, R.: Die Geographie auf der Reise in die Postmoderne? = Wahrnehmungsgeographische Studien zur Regionalentwicklung, H. 10, hrsg. von KRÜGER, R., Oldenburg 1988

KÜCHLER, B.: Der Stadtteil Duisburg-Meiderich. Entwicklung und heutiges Bild, Duisburg 1970 (Stadtarchiv S 1216)

KUEPPER, E.: Hamborn. Vom Werden einer Großstadt = Verwaltung und Wirtschaft am Niederrhein = Schriftenreihe der Niederrheinischen Industrie- und Handelskammer Duisburg-Wesel zu Duisburg, H. 19, Duisburg 1937

KULS, W.: Bevölkerungsgeographie, Stuttgart 1980

LAAGE, G. u.a.: Wohnen beginnt auf der Straße. Wohnwertverbesserungen durch Maßnahmen im Wohnungsumfeld, Stuttgart 1977

LAMBERS, H.; SCHULTE-DERNE, F.: Das Ruhrgebiet in der Geschichte von 1815 bis 1914. Begleittexte zur historischen Wandkarte "Das Ruhrgebiet in der Geschichte von 1915 bis zum Ersten Weltkrieg", hrsg. vom Kommunalverband Ruhrgebiet, Essen o.J.

LANDESREGIERUNG Nordrhein-Westfalen: Aktionsprogramm Ruhr. Zwischenbericht, Düsseldorf, Oktober 1983

LANDWEHRMANN, F.: Das Ruhrrevier - sein sozialer Hintergrund = Schriftenreihe Siedlungsverband Ruhrkohlenbezirk, Heft 31, Essen 1970

LANDWEHRMANN, F.: Zur bürgerschaftlichen und politischen Akzeptanz der kommunalen Neugliederung im Ruhrgebiet. In: 47. Deutscher Geographentag Saarbrücken 2. bis 7. Okt. 1989, Tagungsbericht und wissenschaftliche Abhandlungen, Stuttgart 1990, S. 134 ff

LANGE-KOTHE, I.: Hundert Jahre Bergarbeiterwohnungsbau. In: Der Anschnitt, Jg. 2, 1950, Nr. 3, S. 7 ff

LEHNEN, R.: Wohnumfeldverbesserungen in Stadterweiterungsquartieren. In: Deutscher Geographentag Mannheim 1981: Tagungsbericht und wissenschaftliche Abhandlungen, Wiesbaden 1983. S. 412 ff

LEHNER, F.: GEILE, B.; NORDHAUSE-JANZ, J.: Wirtschaftsförderung als kommunale Aufgabe. In: ANDERSEN, U. (Hrsg.): Kommunale Selbstverwaltung und Kommunalpolitik in Nordrhein-Westfalen, Köln 1987, S. 175 ff

LEIPERT, Ch.: Die heimlichen Kosten des Fortschritts. Wie Umweltzerstörung das Wirtschaftswachstum fördert, Frankfurt 1989

LICHTENBERGER, E.: Stadtgeographie 1: Begriffe, Konzepte, Modelle, Prozesse, Stuttgart 1986

LICHTENBERGER, E.: Stadtverfall und Stadterneuerung = Beiträge zur Stadt- und Regionalforschung, Bd. 10, Wien 1990

LÖBBE, K.; KRUCK, R.: Wirtschaftsstrukturelle Bestandsaufnahme für das Ruhrgebiet, Berlin 1976

MANNESMANN Hüttenwerke: Vom Erz zum Stahl, Duisburg o.J.

MARX, D.: Infrastruktureinrichtungen im Ruhrgebiet. Grundlagen für eine Ermittlung der erforderlichen Maßnahmen zur Verbesserung der Standortqualität des Ruhrgebietes = Schriftenreihe Siedlungsverband Ruhrkohlenbezirk, Essen 1968

MATZERATH, H.: Regionale Unterschiede im Verstädterungsprozeß. Der Osten und Westen Preußens im 19. Jahrhundert. In: MATZERATH, H. (Hrsg.): Städtewachstum und innerstädtische Strukturveränderungen, Stuttgart 1984, S. 65 ff

MATZERATH, H. (Hrsg.): Städtewachstum und innerstädtische Strukturveränderungen. Probleme des Urbanisierungsprozesses im 19. und 20. Jahrhundert = Geschichte und Theorie der Politik A, 8, Stuttgart 1984

McKECHNIE, Th.: Entwicklungsstrategien für Pittsburgh. In: INSTITUT für Landes- und Entwicklungsforschung des Landes Nordrhein-Westfalen (ILS) (Hrsg.): Innovationen in alten Industriegebieten, Dortmund 1988, S. 55 ff

MEIER, F.: Die Änderung der Bodennutzung und des Grundeigentums im Ruhrgebiet von 1820 bis 1955, Bad Godesberg 1961

MERTINS, G.: Die Kulturlandschaft des westlichen Ruhrgebiets (Mülheim - Oberhausen - Dinslaken) = Gießener Geographische Schriften 4, Gießen 1964

MERTINS, G.: Die Entwicklung von Bergbau und Eisenindustrie im westlichen Ruhrgebiet. In: Geographische Rundschau, 1965, S. 171 ff

MERTINS, G.: Einführung: Gastarbeiterrückwanderung in Europa. In: Deutscher Geographentag Münster 1983: Tagungsbericht und wissenschaftliche Abhandlungen, Stuttgart 1984, S. 168 f

MEYER, F.A.: Rheinhausen am Niederrhein im geschichtlichen Werden. Ein Haus- und Handbuch für den Rheinhauser Raum = Schriftenreihe der Stadt Rheinhausen, Bd. 1, Rheinhausen 1956

MEYER, F.A.: Die Landnahme der Industrie im Rheinhauser Raum. Versuch der Geschichte eines großen wirtschaftlichen Strukturwandels = Schriftenreihe der Stadt Rheinhausen, Bd. 3, Rheinhausen 1965

MEYER, F.A.: Von der Ruhr über den Rhein. Rheinhausens Schwerindustrie = Schriftenreihe der Stadt Rheinhausen, Bd. 4, Rheinhausen 1966

MEYER-KRAHMER, F.: Regionale Unterschiede der Innovationstätigkeit in der Bundesrepublik Deutschland. In: Raumforschung und Raumordnung 44, 1986, S. 92 ff

MICHEL, A.: Die technische Entwicklung in der Eisen- und Stahlindustrie unter besonderer Berücksichtigung der neuen Anlagen der August Thyssen-Hütte. In: Technische und wissenschaftliche Berichte der August Thyssen-Hütte, Bd. 1, Duisburg 1959, S. 9 ff

MICHEL, A.: Die technische Idee des Oxygen-Konverterverfahrens (LD-Verfahren). In: Technische und wissenschaftliche Berichte der August Thyssen-Hütte, Bd. 2, Duisburg 1962, S. 1 ff

MICHEL, A.: Wandlungen in der Eisen- und Stahlindustrie. In: Technische und wissenschaftliche Berichte der August Thyssen-Hütte, Bd. 3, Duisburg 1965, S. 1 ff

MIKUS, W.: Industriegeographie, Darmstadt 1978

MILKEREIT, G.: Vom Arbeiterhaus zur Gartenstadt. In: Niederrhein-Kammer 4/1987, S. 210 ff

MINISTER für Arbeit, Gesundheit und Soziales des Landes Nordrhein-Westfalen (Hrsg.): Luftverunreinigungen im Raum Duisburg-Oberhausen-Mülheim (Zwischenbericht), Düsseldorf 1975

MINISTER für Arbeit, Gesundheit und Soziales des Landes NW: Luft-Reinhalteplan Ruhrgebiet West, 1. Fortschreibung 1984 - 1988, Düsseldorf, April 1985

MINISTER für Landes- und Stadtentwicklung des Landes Nordrhein-Westfalen: Wohnumfeldverbesserung in der Städtebauförderung - Orientierungshilfe für die Förderung von Maßnahmen der Wohnumfeldverbesserung im Rahmen der Städtebauförderung, 9/82

MINISTER für Landes- und Stadtentwicklung des Landes Nordrhein-Westfalen: Mittelfristiges Forschungsprogramm "Landes- und Stadtentwicklung 1983-1985, Ziel: Planen, Bauen und Gestalten für eine lebenswerte Umwelt", Düsseldorf, November 1983

MINISTER für Stadtentwicklung, Wohnen und Verkehr: Internationale Bauausstellung Emscher-Park. Memorandum zu Inhalt und Organisation, Kleve 1989

MINISTER für Wirtschaft, Mittelstand und Technologie des Landes NRW (Hrsg): Bericht der Kommission Montanregionen des Landes NRW 1989, Düsseldorf 1989

MINISTERIALBLATT für das Land Nordrhein-Westfalen, Nr.75 vom 27. August 1981, S.1588 f: Verbot der Zweckentfremdung von Wohnraum (RdErl. d. Ministers für Landes- und Stadtentwicklung v. 30.7.1981 - IV C 4 - 6.03-755/81)

MOTTEK, H.: Der Gründerzyklus von 1871 bis 1894. In: ABELSHAUSER, W.; PETZINA, D. (Hrsg.): Deutsche Wirtschaftsgeschichte im Industriezeitalter - Konjunktur, Krise, Wachstum, Königsstein 1981, S. 94 ff

MÜLLER, R.: IBA Emscherpark. Zukunftswerkstatt für Industrieregionen, Köln 1991

MUTHESIUS, V.: Hundert Jahre Hüttenwerke Ruhrort-Meiderich Aktiengesellschaft Duisburg-Ruhrort, Darmstadt 1952

NASSMACHER, K.-H.: Einflußfaktoren in der kommunalpolitischen Willensbildung. In: ANDERSEN, U. (Hrsg.): Kommunale Selbstverwaltung und Kommunalpolitik in Nordrhein-Westfalen, Köln 1987, S. 78 ff

NEDDENS, M. C.: Ökologisch orientierte Stadt- und Raumentwicklung. Genius loci - Leitbilder - Systemansatz - Planung. Eine integrierte Gesamtdarstellung, Wiesbaden/ Berlin 1986

NEUMANN, R.: Die industrielle Entwicklung in Duisburg von 1850 bis zur Gründerkrise der 70er Jahre, Bochum 1977 (Stadtarchiv S 1500)

NIEDERRHEINISCHE Industrie- und Handelskammer Duisburg - Wesel - Kleve zu Duisburg (Hrsg.): Regionale Wirtschaftspolitik für Ruhr und Niederrhein = Heft 23 der Schriftenreihe der Niederrheinischen Industrie- und Handelskammer, Duisburg 1988

NIERHAUS, E.: Die Wohnungsbaupolitik der August Thyssen-Hütte. Eine sozialgeographische Untersuchung, Essen 1970 (Stadtarchiv S 1088)

NIETHAMMER, L.: Umständliche Erläuterung der seelischen Störung eines Communalbaumeisters in Preußens größtem Industriedorf - Oder: Die Unfähigkeit zur Stadtentwicklung, Frankfurt 1979

NOLL, W.; RECHMANN, B.: Strukturwandel im Ruhrgebiet, Essen 1989

OGGER, G.: Die Gründerjahre. Als der Kapitalismus jung und verwegen war, München und Zürich 1982

PESCH, F.: Wohnumfeldverbesserung in innerstädtischen Altbaugebieten aus der Gründerzeit = Dortmunder Beiträge zur Raumplanung, Bd. 30, hrsg. vom Institut für Raumplanung der Universität Dortmund, Dortmund 1983

PETRASCH, J.: Die Grünflächen der Stadt Duisburg. Entstehung - Gestaltung - Nutzung, Bochum 1977 (Stadtarchiv S 1527)

PETSCH, J. (Hrsg.): Architektur und Städtebau im 20. Jahrhundert. Bd. 2, Berlin 1975

PETZINA, D.: Wirtschaftliche Ungleichgewichte in Deutschland. In: BRÜCKNER u. a.: Nord-Süd-Gefälle in Deutschland? Vorurteile und Tatsachen, Stuttgart 1987, S. 59 ff

PETZINA; D.: Wirtschaft und Arbeit 1945-1985. In: KÖLLMANN, W. u.a. (Hrsg.): Das Ruhrgebiet im Industriezeitalter, Bd. I, Düsseldorf 1990, S. 491 ff

PFEIL, E.: Großstadtforschung. Entwicklung und gegenwärtiger Stand, Hannover 1970

PIETSCH, H.: Industrialisierung und soziale Frage in Duisburg = Quellen und Materialien zur Geschichte und Entwicklung der Stadt Duisburg, Bd. 1, Duisburg 1982

PLANUNGSGEMEINSCHAFT Landschaftspark Duisburg-Nord (Hrsg.): Landschaftspark Duisburg-Nord - Hüttenbetrieb Meiderich, ein industriegeschichtlicher Führer, Duisburg 1992, 3. überarb. Aufl.

PLUMPE, W.: Unternehmerverbände und industrielle Interessenpolitik. In: KÖLLMANN, W.: Das Ruhrgebiet im Industriezeitalter, Bd. I, Düsseldorf 1990, S. 655 ff

POELZIG, P. u.a.: Stellungnahme zur Mannesmann-Werkssiedlung Duisburg-Hüttenheim, Duisburg, 22. September 1984

POHL, H.: Unternehmensgeschichte in der Bundesrepublik Deutschland. Stand der Forschung und Forschungsaufgaben für die Zukunft. In: Zeitschrift für Unternehmensgeschichte, Jg. 22, 1977, S. 26 ff

POHL, J.: Geographie als hermeneutische Wissenschaft. Ein Rekonstruktionsversuch = Münchener Geographische Hefte Nr. 52, Kallmünz/ Regensburg 1986

PREDÖHL, A.: Die Epochenbedeutung der Weltwirtschaftskrise von 1929 bis 1931. In: ABELSHAUSER, W.; PETZINA, D. (Hrsg.): Deutsche Wirtschaftsgeschichte im Industriezeitalter - Konjunktur, Krise, Wachstum, Königsstein 1981, S. 274 ff

PRITZKOLEIT, K.: Männer, Mächte, Monopole. Hinter den Türen der westdeutschen Wirtschaft, Düsseldorf 1963

PULS, W.: Gastarbeiter oder Einwanderer? In: Geographische Rundschau 27, 1975, S. 49 ff

RACINE, H. u.a.: Hundert Jahre Niederrheinische Hütte Aktiengesellschaft 1851 - 1951, Mainz 1951

RADZIO, H.: Das Revier darf nicht sterben - Pioniere, Probleme und ein Plädoyer, Düsseldorf und Wien 1984

REGION NiederRhein, Stadt Duisburg, Kreis Kleve, Kreis Wesel (Hrsg.): Regionales Entwicklungs-Konzept NiederRhein (REK) - Entwurf -, Duisburg 1992

REICHARDT, W.: Boden- und Wohnverhältnisse in Duisburg von der Mitte des 19. Jahrhunderts bis zum Weltkriege, Würzburg 1939 (Stadtarchiv S 200 b)

RICHTER, B.: Die nordrhein-westfälische Gemeindeordnung - Entwicklung und Vergleich mit anderen deutschen Gemeindeverfassungen. In: ANDERSEN, U. (Hrsg.): Kommunale Selbstverwaltung und Kommunalpolitik in Nordrhein-Westfalen, Köln 1987, S. 53 ff

RODEN, G. VON: Geschichte der Stadt Duisburg, Bd. II: Die Ortsteile von den Anfängen. Die Gesamtstadt seit 1905, Duisburg 1974

RODEN, G. VON: Geschichte der Stadt Duisburg, Bd. I: Das alte Duisburg von den Anfängen bis 1905, Duisburg 1977, 4. Aufl.

RODEN, G. VON: Die Anfänge der katholischen Schule in (Duisburg-) Laar. Ein Beitrag zur Schulgeschichte im Rahmen industrieller Entwicklung. In: Duisburger Forschungen, Bd. 27, Duisburg 1979, S. 36 ff

ROJAHN, G.: Der Einfluß von industriellen Großunternehmen auf die raum- und siedlungsstrukturelle Entwicklung im Verdichtungsraum Rhein-Ruhr = Forschungsberichte des Landes Nordrhein-Westfalen, Opladen 1984

ROMMEL, F.: Alsum und Schwelgern. Zur Geschichte des untergegangenen Rheindorfes und der Hafenlandschaft im Duisburger Nordwesten = Duisburger Forschungen, Bd. 19, Duisburg 1974

ROTHERT, L.: Umwelt und Arbeitsverhältnisse von Ruhrbergleuten in der 2. Hälfte des 19. Jahrhunderts - dargestellt an den Zechen Hannover und Hannibal in Bochum, Münster 1976

ROTHGANG, E.: Struktur- und Entwicklungsprobleme der Großstädte in der Bundesrepublik Deutschland. In: Deutscher Geographentag Mannheim 1981: Tagungsbericht und wissenschaftliche Abhandlungen, Wiesbaden 1983, S. 392 ff

SABELBERG, E.: Historische Gebäudetypen und heutige Funktionen in toskanischen und sizilianischen Mittelstädten. In: Deutscher Geographentag Münster 1983: Tagungsbericht und wissenschaftliche Abhandlungen, Stuttgart 1984, S. 144 ff

SCHAMP, E. W.: Forschungsansätze der Industriegeographie. In: GAEBE, W. (Hrsg.): Industrie und Raum = Handbuch des Geographieunterrichts, Bd. 3, Darmstadt 1989, S. 3 ff

SCHÄTZL, L.: Wirtschaftsgeographie 2: Empirie, Paderborn 1981

SCHÄTZL, L.: Wirtschaftsgeographie 1, Paderborn 1982, 2. Aufl.

SCHICKHOFF, I.: Materialverflechtungen von Industrieunternehmen. Eine empirische Untersuchung am Beispiel von Industrieunternehmen am linken Niederrhein (Habilitationsschrift Duisburg 1983)

SCHINNER, N.; TRAPP, R.: Rhein-Ruhr Hafen Duisburg, Duisburg 1991

SCHLANDT, J.: Die Kruppsiedlungen - Wohnungsbau im Interesse eines Industriekonzerns. In: HELMS, H.G.; JANSSEN, J.: Kapitalistischer Städtebau, Neuwied und Berlin 1971, 3. Aufl., S. 95 ff

SCHLIEPER, A.: 150 Jahre Ruhrgebiet, Düsseldorf 1986

SCHMIDTKE-GLAMANN, W.-D.: Städtewachstum und Industrialierung. Ein historisches Phänomen im Spiegel theoretischer Erklärungsversuche, Diss. Kiel 1988

SCHÖBEL, F.: Das Duisburger Kleinwohnungswesen. Seine Entwicklung von der Mitte des 19. Jahrhunderts bis zur Gegenwart unter besonderer Berücksichtigung der kommunalen genossenschaftlichen und industriellen Bautätigkeit, Jena 1922 (Stadtarchiv S 170)

SCHÖLLER, P. (Hrsg.): Allgemeine Stadtgeographie, Darmstadt 1969.

SCHÖLLER, P.: Grundsätze der Städtebildung in Industriegebieten. In: JÄGER, H. (Hrsg.): Probleme des Städtewesens im industriellen Zeitalter = Institut für vergleichende Stadtgeschichte Münster, Reihe A, Bd. 5, Köln und Wien 1978, S. 99 ff

SCHOLTEN, W.: Rheinhausen. Industrie und Bergbaustadt am linken Niederrhein. Eine siedlungs- und wirtschaftsgeographische Untersuchung = Marburger Geographische Schriften, H. 38, Marburg 1969

SCHRIFTENREIHE des Bundesministers für Raumordnung, Bauwesen und Städtebau: Modellvorhaben, Versuchs- und Vergleichsbauvorhaben - Kosten- und flächensparendes Bauen als Beitrag zur Wohnungs- und Städtebaupolitik, H. 0.1.073) 1984 (hierin: Beitrag von GÜNTHER: Die Bedeutung des verdichteten Bauens für die Siedlungsentwicklung, S. 205 ff)

SCHRIFTENREIHE "Stadtentwicklung" des Bundesministers für Raumordnung, Bauwesen und Städtebau: Erfahrungen mit der Sanierung nach dem Städtebauförderungsgesetz - Perspektiven der Stadterneuerung, Bonn-Bad Godesberg 1986

SCHROEDER, W. (Hrsg.): Moderne Stadtgeschichte = Historisch-Sozialwissenschaftliche Forschungen, Bd. 8, Stuttgart 1979

SCHRÖTER, L. u.a. (Hrsg).: Aktuelle Probleme der Regionalentwicklung im Ruhrgebiet = Dortmunder Beiträge zur Raumplanung, Bd. 7, Dortmund 1977

SCHRÖTER, L.; ZIEROLD, H.: Die wirtschaftliche Entwicklung im Ruhrgebiet: Genesis einer Krise. In: SCHRÖTER, L. u.a. (Hrsg.): Aktuelle Probleme der Regionalentwicklung im Ruhrgebiet = Dortmunder Beiträge zur Raumplanung, Bd. 7, Dortmund 1977, S. 5 ff

SCHULTES, W.: Neue Wohnungsnot in deutschen Großstädten - Herausforderung an die kommunale Wohnungspolitik. In: Deutscher Geographentag Mannheim 1981: Tagungsbericht und wissenschaftliche Abhandlungen, Wiesbaden 1983, S. 401 ff

SCHULTZ, R.: Kommunale Umweltpolitik in Nordrhein-Westfalen. In: ANDERSEN, U. (Hrsg.): Kommunale Selbstverwaltung und Kommunalpolitik in Nordrhein-Westfalen, Köln 1987, S. 218 ff

SCHULZ, H.: "Befriedung" - Ruhrgebietskonferenz in Bonn. In: BIERWIRTH/ KÖNIG (Hrsg.): Schmelzpunkte, Essen 1988, S. 58 ff

SCHULZ, M.: Die Entwicklung des Großraums Duisburg, eine Analyse kulturlandschaftlicher Gestaltelemente seit Beginn der Industrialisierung. Diss. Gießen 1968 (Stadtarchiv S 947)

SCHULZ, M.: Die Entwicklung Duisburgs und der mit ihm vereinigten Gemeinden bis zum Jahre 1962 = Duisburger Forschungen, Bd. 24/25, Duisburg 1977

SCHWERIN, GRAF VON KROSIGK, L.: Die große Zeit des Feuers. Der Weg der deutschen Industrie II, Tübingen 1958

SCHWIPPE, H. J.: Prozesse sozialer Segregation und funktionaler Spezialisierung in Berlin und Hamburg in der Periode der Industrialisierung und Urbanisierung. In: HEINEBERG, H. (Hrsg.): Innerstädtische Differenzierung und Prozesse im 19. und 20. Jahrhundert, Köln 1987, S. 195 ff

SEDLACEK, P. (Hrsg.): Kultur- und Sozialgeographie: Beiträge zu ihrer wissenschaftstheoretischen Grundlegung, Paderborn 1982

SEDLACEK, P.: Wirtschaftsgeographie. Eine Einführung, Darmstadt 1988

SIEDLUNGSVERBAND Ruhrkohlenbezirk (SVR): Freiflächenplan Regionaler Grünzug A im Grenzbereich der Städte Duisburg-Mülheim-Oberhausen, Essen 1977

SIEVERTS, T.: Perspektive Emscher Landschaftspark. Sieben unbequeme Fragen aus der Werkstatt Landschaft. In: MÜLLER, R.: IBA Emscherpark. Zukunftswerkstatt für Industrieregionen, Köln 1991, S. 60 ff

SOHL, H.-G.: Zur künftigen Erzversorgung der deutschen Eisenindustrie. In: Technische und wissenschaftliche Berichte der August Thyssen-Hütte, Bd. 2, Duisburg 1962, S. 1 ff

SOHL, H.-G.: Bemerkungen zu internationalen Stahlproblemen. In: Technische und wissenschaftliche Berichte der Thyssen-Gruppe, Bd. 7, Duisburg 1969, S. 1 ff

SOHL, H.-G.: Zur Lage und Entwicklung der deutschen Stahlindustrie. In: Technische und wissenschaftliche Berichte der Thyssen-Gruppe, Bd. 9, Duisburg 1970, S. 1 ff

SONNENSCHEIN, U.: Das Ruhrgebiet. Struktur seiner Wirtschaft: Industrie = Schriftenreihe der Volks- und Betriebswirtschaftlichen Vereinigung im Rheinisch-Westfälischen Industriegebiet. Neue Folge, Hauptreihe, Heft 20, Düsseldorf 1972

STADT DUISBURG: Kommunale Neugliederung im Neugliederungsraum Ruhrgebiet. Gesetzentwurf der Regierung. Amtl. Drucksache 3110/8. Anlage 1 vom 24.8.1973, Duisburg 1973

STADT DUISBURG: Amt für Statistik und Wahlen (Hrsg.): Die mit dem bisherigen Duisburg vereinten Gemeinden - Bevölkerung - Wohnverhältnisse - Wirtschaftsstruktur = Sonderheft 23a des Duisburger Zahlenspiegels, Duisburg 1974

STADT DUISBURG: Duisburg nach der Neuordnung. Überarb. u. erg. Fassung von "Kommunale Neuordung Duisburg - Probleme, Maßnahmen, Sachstand", hrsg. im Dezember 1974, Duisburg 1975

STADT DUISBURG: Vorausschätzung des Bedarfs an Wohnungen und Wohnbauland in Duisburg 1985 = Untersuchungen zur Stadtentwicklung Duisburg, Bd. 1, Duisburg 1975

STADT DUISBURG, Amt für Statistik und Stadtforschung: Analyse der Duisburger Wirtschaftssituation - Beschäftigung und Arbeitsplatzstruktur (R. MEINERT) = Materialien zur Stadtforschung, Bd. 1, Duisburg, Februar 1977

STADT DUISBURG: Struktur- und Finanzprobleme der alten Industriegroßstädte - dargestellt am Beispiel der Stadt Duisburg = Untersuchungen zur Stadtentwicklung, Bd. 10, Duisburg Mai 1978

STADT DUISBURG, Amt für Statistik und Wahlen: Daten und Informationen, H. 7. Statistisches Jahrbuch 1977, Duisburg 1978

STADT DUISBURG: Amtsblatt Nr.12 vom 2. Mai 1979, S.122-129: Satzung der Stadt Duisburg zur Erhaltung des äußeren Erscheinungsbildes der als Baudenkmal festgestellten Margarethen-Siedlung in Duisburg-Rheinhausen vom 12.4.1979

STADT DUISBURG: Strukturförderung für das Ruhrgebiet - Ein Beitrag der Stadt Duisburg der Stadt Duisburg aus Anlaß der Ruhrgebietskonferenz am 8./9. Mai 1979 für künftige Diskussionen und Maßnahmenprogramme = Untersuchungen zur Stadtentwicklung, Bd. 13, Duisburg April 1979

STADT DUISBURG: Ziele zur Stadtentwicklung = Untersuchungen zur Stadtentwicklung, Bd. 3, Duisburg Mai 1979

STADT DUISBURG - Stadtplanungsamt: Margarethen-Siedlung Duisburg-Rheinhausen: Umbauvorschläge für Einfamilienhäuser innerhalb der Gestaltungssatzung der Stadt Duisburg, Duisburg 1979

STADT DUISBURG, Dezernat für Wirtschaftsförderung (Hrsg.): Bericht zur Wirtschaftsförderung, Ergebnisse einer Arbeitstagung, Duisburg 1980

STADT DUISBURG: Flächennutzungsplan der Stadt Duisburg - Erläuterungsbericht - 2. Entwurf Dezember 1980

STADT DUISBURG: Räumlich-funktionales Nutzungskonzept und Siedlungsschwerpunkte in Duisburg = Untersuchungen zur Stadtentwicklung, Bd. 14, Duisburg April 1981

STADT DUISBURG, Amt für Statistik und Stadtforschung. Daten und Informationen, H. 10: Bevölkerung und Wohnen. Bearb. u. Zusammenstellung der Daten: DUCHEROW, W.; MÖLLE, D., Duisburg 1981

STADT DUISBURG, Amt für Statistik und Stadtforschung: Arbeitsstätten und Beschäftigte in Duisburg 1981 = Daten und Informationen, H. 12, Duisburg 1981

STADT DUISBURG, Amt für Statistik und Wahlen - Statistischer Monatsbericht 4/1982, 9/1984, 5/1985, 1/1986, 2/1986, 7/1986, 11/1986

STADT DUISBURG: Konzeption der erhaltenden Stadterneuerung in Duisburg, Anlage zur Drucksache 6172 vom 19.5.1983

STADT DUISBURG, Amt für Statistik und Stadtforschung: Arbeitsstätten und Beschäftigte in Duisburg 1983, Ergebnisse einer komunalen Arbeitsstättenzählung = Daten und Informationen, H. 14, Duisburg 1983

STADT DUISBURG: Gebietsbezogenes Programm zur Wohnumfeldverbesserung für die Ortsteile Alt-Hamborn/ Obermarxloh = DS 7711/1 vom 16.1.1985 und 7711 vom 22. Mai 1984

STADT DUISBURG: Wohnungsmarkt im Umbruch = Beiträge zum Wohnungswesen, H. 2, Duisburg September 1985

STADT DUISBURG: Flächennutzungsplan der Stadt Duisburg - Erläuterungsbericht - Duisburg Januar 1986

STADT DUISBURG: Freiraumkonzeption Duisburg = Untersuchungen zur Stadtentwicklung, Bd. 15, Duisburg, Mai 1986

STADT DUISBURG, Amt für Statistik und Stadtforschung: Duisburg 1961 - 1995, Szenarien struktureller Entwicklung - Einflußfaktoren im Hinblick auf die Entwicklung von kommunalen Dienstleistungen und öffentlicher Wirtschaft (G.BENSCH) = Materialien zur Stadtforschung, H. 7, Duisburg, Juli 1986

STADT DUISBURG, Amt für Statistik und Stadtforschung: Duisburger Handbuch gesellschaftlicher Daten 1986. Bürgerbefragungen im Stadt- und Regionalvergleich = Daten und Informationen, H. 19, Duisburg 1986

STADT DUISBURG: Gebietsbezogenes Programm zur Wohnumfeldverbesserung in Bruckhausen, Laar und Untermeiderich = DS 6688/2 vom 16.1.1985 und 1437/2 von 1987

STADT DUISBURG: Umweltbericht 1987, Duisburg 1987

STADT DUISBURG: Gewerbe- und Industrieflächenbilanz der Stadt Duisburg - Kurzbericht -, Duisburg 1988

STADT DUISBURG: Die Kruppschen Werkssiedlungen in Rheinhausen 1898 - 1978, Ausstellungskatalog Duisburg 1989

STADT DUISBURG: Duisburg 2000. Erste Erfolge auf dem Weg in den Strukturwandel, Duisburg 1990

STADT DUISBURG, Amt für Statistik, Stadtforschung und Europaangelegenheiten: Berufsbildungsbericht Duisburg 1991. Für eine Konzentration auf Problemgruppen, Duisburg 1991

STADT DUISBURG: Duisburg 2000. Sonderprogramm Hamborn/ Marxloh, Duisburg 1991

STADT DUISBURG, Niederrheinische Industrie- und Handelskammer Duisburg - Wesel - Kleve zu Duisburg: Duisburg 2000. Mitten im Strukurwandel, Duisburg 1991

STADT DUISBURG, Amt für Statistik, Stadtforschung und Europaangelegenheiten: Statistisches Informationssystem. Duisburger Zeitreihen 1975 - 1991 und Daten über die Duisburger Ortsteile, Duisburg 1992

STADT DUISBURG, Amt für Statistik, Stadtforschung und Europaangelegenheiten: Geschäftsbericht 1991, Duisburg 1992

STADT DUISBURG, Kreis Kleve, Kreis Wesel (Hrsg.): Regionales Entwicklungs-Konzept NiederRhein (REK) - Entwurf - Duisburg 1992

STADT DUISBURG, Umweltdezernat: Duisburger Umweltthemen. Informationen, Probleme, Trends, Duisburg 1992

STADT DUISBURG und PLANUNGSGEMEINSCHAFT Landschaftspark Duisburg-Nord (Hrsg.): Landschaftspark Duisburg-Nord. Das Projekt, Duisburg 1992

STANDORT-CONSULT - Gesellschaft für Standortberatung und Wirtschaftsförderung mbH: Wohnungswirtschaftliches Gutachten für die Mannesmann-Werkswohnungssiedlung Alt-Hüttenheim in Duisburg - Projektbericht 11106-5/86 im Auftrag der Stadt Duisburg, Hamburg Mai 1986

STAUDT, E.: Die Bedeutung der Weiterbildung bei Strukturveränderungen. In: INSTITUT für Landes- und Stadtentwicklungsforschung des Landes Nordrhein-Westfalen (ILS) (Hrsg.): Innovationen in alten Industriegebieten, Dortmund 1988, S. 139 ff

STECKERT, U.: Wohnungsprobleme in Duisburg, Vortrag am 19.11.1991 in der öffentlichen, gemeinsamen Sondersitzung des Bauauschusses, des Gesundheits- und Sozialausschusses und des Jugendhilfeausschusses.

STEIN, G.: Duisburgs wirtschaftliche Entwicklung. Sonderabdruck aus der Festschrift zur 14. Hauptversammlung des Allgemeinen Deutschen Sprachvereins zu Duisburg vom 12. bis 15. Juni 1905, Duisburg 1905

STEINBERG, H. G.: Bevölkerungsentwicklung des Ruhrgebiets im 19. und 20. Jahrhundert = Düsseldorfer Geographische Schriften 11, Düsseldorf 1978

STEINBERG, H. G.: Das Ruhrgebiet im 19. und 20. Jahrhundert. Ein Verdichtungsraum im Wandel, Münster 1985

STEMMRICH, D.: Die Siedlung als Programm, Hildesheim 1981

STEWIG, R.: Über das Verhältnis der Geographie zur Wirklichkeit und zu den Nachbarwissenschaften. Eine Einführung, Kiel 1990

STORM, H.: Zur Einwanderung der Polen um die Jahrhundertwende und ihre Kulturkontinuität in Hamborn. In: Duisburger Forschungen, Bd. 27, Duisburg 1979, S. 62 ff

TARANTO, A. A.: Revitalisierungsprogramme für Pittsburgh - eine Skizze. In: Institut für Landes- und Stadtentwicklungsforschung des Landes Nordrhein-Westfalen (ILS) (Hrsg.). Innovationen in alten Industriegebieten, Dortmund 1988, S. 179 ff

TENFELDE, K.: Sozialgeschichte der Bergarbeiterschaft an der Ruhr im 19. Jahrhundert, Bonn/ Bad Godesberg 1977, 1981, 2. Aufl.

THÜRAUF, G.: Industriestandorte in der Region München. Geographische Aspekte des Wandels industrieller Strukturen = Münchner Studien zur Sozial- und Wirtschaftsgeographie, Bd. 16, Kallmünz und Regensburg 1975

THYSSEN AKTUELL 1983/12, o.S.: Wohnungen für eine Großstadt. Thyssen Wohnstätten AG hatte Goldjubiläum

THYSSEN AKTUELL 4/5; 1987: Schrottverwertung hilft der Umwelt, S. 6 f

THYSSEN bauen und wohnen: Um- und Ausbaumaßnahme Jupp-Kolonie in Duisburg-Hamborn, o.O., o.J.

THYSSEN bauen und wohnen: Wohnumfeldverbesserung Jupp-Kolonie in Duisburg-Hamborn, o.O., o.J.

THYSSEN-BERGBAU: Siedlungswesen und soziale Einrichtungen des THYSSEN-Bergbaus am Niederrhein, Hamborn 1922 (Stadtarchiv T 155)

TIGGEMANN, R.: Wohnumfeldverbesserung - ein Ansatz zur integrierten Planung? In: ADAM, K.; GROHE, T. (Hrsg.): Ökologie und Stadtplanung, Köln 1984, S. 85 ff

TOEPFER, H.: Auswirkungen der Rückwanderung im ländlichen Raum. Beispiele aus der Türkei. In: Deutscher Geographentag Münster 1983: Tagungsbericht und wissenschaftliche Abhandlungen, Stuttgart 1984, S. 189 ff

TRAPP, R.: Die Häfen des Kammerbezirks. Spiegelbild der wirtschaftlichen Dynamik am Niederrhein. In: Niederrheinkammer 1/1984, S. 20 ff

TREUE, W.: Die Feuer verlöschen nie. August Thyssen-Hütte 1890 - 1926, Düsseldorf 1966

TREUE, W.: Die Technik in Wirtschaft und Gesellschaft. In: AUBIN, H.; ZORN, W. (Hrsg.): Handbuch der deutschen Wirtschafts- und Sozialgeschichte. Bd. 2: Das 19. und 20. Jahrhundert, Stuttgart 1976, S. 51 ff

TREUE, W.; UEBBING, H.: Die Feuer verlöschen nie. August Thyssen-Hütte 1926 - 1966, Düsseldorf 1969

UEBBING, H.: Wege und Wegmarken - 100 Jahre Thyssen 1891 - 1991, Berlin 1991

ULLRICH, O.: Innovationen in alten Industriegebieten. Thesen. In: INSTITUT für Landes- und Stadtentwicklungsforschung des Landes Nordrhein-Westfalen (ILS) (Hrsg.): Innovationen in alten Industriegebieten, Dortmund 1988, S. 149 ff

VESTER, F.: Ballungsgebiete in der Krise. Vom Verstehen und Planen menschlicher Lebensräume, München 1991 (aktual. Neuausg.)

VOPPEL, G.: Wirtschaftsgeographie, Stuttgart 1975

WAGENER, F.: Ziele der Stadtentwicklung nach Plänen der Länder = Schriften zur Städtebau- und Wohnungspolitik, hrsg. vom Bundesminister für Städtebau und Wohnungswesen, Bd. 1, Göttingen 1971

WAGNER, E.; RITTER, G.: Zur Stadtgeographie von Duisburg = Duisburger Hochschulbeiträge 1, Duisburg 1968

WAGNER, H.-G.: Wirtschaftsgeographie, Braunschweig 1981

WEBER, J.: Der Unternehmer als Entscheidungsträger regionaler Arbeitsmärkte. Eine Analyse über industrielle und handwerkliche Strukturen in Oberfranken, ihre Determinanten und Auswirkungen auf die regionalen Arbeitsmärkte = Bayreuther Geowissenschaftliche Arbeiten, Bd. 2, Bayreuth 1981

WEBER, P.: Geographische Mobilitätsforschung, Darmstadt 1982

WEBER, W.: Entfaltung der Industriewirtschaft. In: KÖLLMANN, W. u.a. (Hrsg.): Das Ruhrgebiet im Industriezeitalter, Bd. I, Düsseldorf 1990, S. 199 ff

WEHLING, H.-W.: Wohnstandorte und Wohnumfeldprobleme in der Kernzone des Ruhrgebietes = Essener Geographische Arbeiten, Bd. 9, Paderborn 1984

WEHLING, H.-W.: Möglichkeiten und Probleme der Erhaltung und Inwertsetzung historischer Produktionsstätten im Ruhrgebiet. In: 47. Deutscher Geographentag 2. bis 7. Okt. 1989, Tagungsbericht und wissenschaftliche Abhandlungen, Stuttgart 1990, S. 351 ff

WEHLING, H.-W.: Werks- und Genossenschaftssiedlungen im Ruhrgebiet 1844-1939, Essen 1990

WEHRMANN, H.: Hamborn, eine wirtschaftsgeographische Untersuchung = Niederrheinische Landeskunde, Bd. IV, Krefeld 1960

WEISSER, M.: Arbeiterkolonien - Über Motive zum Bau von Arbeitersiedlungen durch industrielle Unternehmer im 19. und frühen 20. Jahrhundert. In: PETSCH, J. (Hrsg.): Architektur und Städtebau im 20.Jahrhundert. Bd. 2, Berlin 1975, S. 7 ff

WELSCH, J.: Innovationen in alten Industriegebieten. Eine gewerkschaftliche Perspektive. In: INSTITUT für Landes- und Stadtentwicklungsforschung des Landes Nordrhein-Westfalen (ILS) (Hrsg.): Innovationen in alten Industriegebieten, Dortmund 1988, S. 154 ff

WERLEN, B.: Gesellschaft, Handlung und Raum. Grundlagen handlungstheoretischer Sozialgeographie, Stuttgart 1988, 2. durchges. Aufl.

WIEL, P.: Das Ruhrgebiet in Vergangenheit und Gegenwart, Essen 1963

WIEL, P.: Wirtschaftsgeschichte des Ruhrgebietes. Tatsachen und Zahlen, Essen 1970

WINKEL, H.: Die deutsche Wirtschaft seit Kriegsende - Entwicklung und Probleme, Mainz 1971

WINKEL, H.: Die Wirtschaft im geteilten Deutschland 1945-1970 = Wissenschaftliche Paperbacks 4: Sozial- und Wirtschaftsgeschichte., Hrsg. v. POHL, H., Wiesbaden 1974

WINTERS, C.: Ein neuer Hochofen mit 9 m Gestelldurchmesser. In: Technische und wissenschaftliche Berichte der August Thyssen-Hütte, Bd. 2, Duisburg 1962, S. 1 ff

WIRTH, E.: Theoretische Geographie, Stuttgart 1979

WOHLFAHRTSEINRICHTUNGEN der Gußstahlfabrik von Fried. Krupp zu Essen a. d. Ruhr, Bd. I, Essen 1902 (3. Ausg.)

WURM, F. F.: Wirtschaft und Gesellschaft in Deutschland 1848 - 1948, Opladen 1969

ZIEGLER, W.: Privatisierte Wohnkolonien. Bestand - Struktur - Veränderungen - zukünftige Entwicklungen, dargestellt an Beispielen aus dem Ruhrgebiet = Materialien zur Raumordnung des Geographischen Instituts der Ruhr-Universität-Bochum, Bd. XXIII, Bochum 1983

ZIEGLER, W.: Soziale Stabilität erreicht - Gelungenes Sanierungsbeispiel der Thyssen Wohnstätten AG. In: Gemeinnütziges Wohnungswesen, 1985, H. 9, S. 528 ff

ZINKEL, W.: Die Siedlungs- und Sozialstruktur der Kruppschen Siedlungen in Rheinhausen. o.O. 1977 (Stadtarchiv S 242)

ZLONICKY, P. u.a.: Städtebauliches Gutachten Alt-Hüttenheim, Dortmund, April 1986

ZÖPEL, Ch.: Eneuerung der alten Industrieregion Ruhrgebiet. Bilanz, Perspektiven, Fragen. In: INSTITUT für Landes- und Stadtentwicklungsforschung des Landes Nordrhein-Westfalen (ILS) (Hrsg.): Innovationen in alten Industriegebieten, Dortmund 1988, S. 73 ff

ZORN, W.: Einführung in die Wirtschafts- und Sozialgeschichte des Mittelalters und der Neuzeit. Probleme und Methoden, München 1972

ZORN, W.: Sozialgeschichte 1918-1970. In: AUBIN, H.; ZORN, W. (Hrsg.): Handbuch der deutschen Wirtschafts- und Sozialgeschichte. Bd. 2: Das 19. und 20. Jahrhundert, Stuttgart 1976, S. 876 ff

ZUMDICK, U.: Hüttenarbeiter im Ruhrgebiet: die Belegschaft der Phoenix-Hütte in Duisburg-Laar 1853 - 1914 = Industrielle Welt, Bd. 49, Stuttgart 1990

Archivalien im Stadtarchiv Duisburg

Akten Nr.:

17/189

17/227

17/521

17/756

17/711

102/385

102/386

101/867

S 679

S 163

Wohnungsbestandslisten

- Thyssen bauen und wohnen,

- Rhein-Lippe Wohnstätten GmbH,

- Krupp Gemeinützige Wohnungsbaugesellschaft und

- Mannesmann Wohnungsgesellschaft.

Zeittafel der Unternehmensgeschichte von Thyssen

Jahr	Bereich Hamborn	Bereich Ruhrort	Andere Bereiche	Thyssen Industie AG
1852		Gründung der Phoenix AG für Bergbau und Hütten-betrieb; Baubeginn der Hütte Laar 1853		
1854		Anblasen des ersten Hoch-ofens auf der Hütte Laar bei Ruhrort		
1870		Inbetriebnahme eines Bes-semer- und eines SM-Stahlwerks in Ruhrort		
1871	Teufbeginn von Schacht 1 der Gewerkschaft Hamborn Umbenennung der Ge-werkschaft Hamborn in Gewerkschaft Deutscher Kaiser (GDK)			Inbetriebnahme eines Bes-semer-Stahlwerks in Mei-derich durch Rheinstahl
1872				Inbetriebnahme der ersten Walzwerke in Meiderich durch Rheinstahl
1875	Inbetriebnahme der Gleis-verbindung zwischen dem Staatsbahnhof Neumühl und Schacht 1; Förder-beginn ein Jahr später			
1879		Beginn der Produktion von Straßenbahnschienen in Ruhrort		Erwerb der Thomas-Lizenz durch Rheinstahl; Beginn der Thomaserzeugung in Meiderich
1882	Inbetriebnahme des Werks-hafens Alsum am Rhein mit Gleisverbindung zum Schacht 1	Baubeginn von vier weite-ren Hochöfen am Rhein		
1883	August Thyssen wird Mit-glied des GDK-Grubenvor-stands			
1884			Inbetriebnahme eines Tho-mas-Stahlwerks in Ruhrort	
1889	August Thyssen übernimmt den Vorsitz, Josef Thyssen wird Mitglied des GDK-Grubenvorstandes			Inbetriebnahme des ersten Hochofens und der Hütten-kokerei in Meiderich durch Rheinstahl
1890	Der GDK-Grubenvorstand beschließt den Bau eines Stahl- und Walzwerks in Bruckhausen bei Hamborn (14.8)			
1891	Thyssen gibt den Besitz aller Anteile an GDK bekannt (29.9.) Erster Abstich im SM-Stahl-werk Bruckhausen (17.12.)			
1892	Inbetriebnahme der ersten Walzstraßen in Bruck-hausen			

Jahr	Bereich Hamborn	Bereich Ruhrort	Andere Bereiche	Thyssen Industrie AG
1895	Baubeginn der Hüttenko-kerei, des Thomas-Stahl-werks und des Hochofen-werks in Bruckhausen			
1896		Erwerb der Zechen West-ende sowie Ruhr & Rhein in Ruhrort durch die Phoenix AG		
1902	Gründung der AG für Hüt-tenbetrieb zur Übenah-des Hochofenwerks in Meiderich			
1903	Baubeginn des Werksha-fens Schwelgern am Rhein			
1906		Konzentration der Walz-stahlproduktion auf Halbzeug, Straßenbahn- und Grubenschienen		
1910	Abstich des ersten Elektro-stahl-Ofens in Bruckhausen			
1911			Erwerb der Niederrheini-schen Hütte, Duisburg-Hochfeld, (gegr. 1851) durch die Eisenwerk Kraft AG	
1912		Inbetriebnahme eines SM-Stahlwerks		
1919	Umfirmierung der Gewerk-schaft Deutscher Kaiser in August-Thyssen-Hütte, Gewerkschaft Einbringung der Stein-kohlenaktivitäten in die Gewerkschaft Friedrich Thyssen			
1922	Inbetriebnahme einer Kraft-zentrale, des SM-Werks II, des Hochofens 7 und der dritten Blockstraße			
1926	Einbringen der Kohle-, Stahl- und Handelsinter-essen der damaligen Thyssen-Gruppe in die Vereinigte Stahlwerke AG, Düsseldorf (VSt) Neue Werksbezeichnungen im Rahmen der VSt-Grün-dung: Thyssenhütte (bisher Werk Bruckhausen); Hüttenbetrieb Meiderich-(bisher Hochofenwerk Meiderich)	Zusammenlegung des Werks Ruhrort mit dem Rheinstahlwerk Meiderich im Rahmen der VSt-Grün-dung; neue Bezeichnung: Hütte Ruhrort Meiderich	Einbringen der Niederrheinischen Hütte in VSt	
1930		Stillegung aller Betriebs-anlagen des Werkteils Meiderich bis 1934		

Jahr	ATH AG	Andere Bereiche	Thyssen Industrie AG
1934	Gründung der VSt-Betriebsgesellschaft August-Thyssen-Hütte AG zur Fortführung der Thyssenhütte, der Hütte Ruhrort/Meiderich, der Niederrheinischen Hütte, des Hüttenbetriebes Meiderich und der Hütte Vulkan Fritz Thyssen wird Vorsitzender des Aufsichtsrates der August-Thyssen-Hütte AG Neue Bezeichnung für das Werk Hüttenbetrieb Meiderich: Werk Hochöfen Hüttenbetrieb		
1944	Teilweiser Stillstand der Thyssenhütte nach Luftangriffen (14./15.10)		
1945	Völliger Stillstand der Thyssenhütte nach Luftangriff (22.1) Wiederanblasen eines Hochofens im Hüttenwerk Ruhrort/Meiderich (26.6)		
1946	Gründung der Firma Gemeinschaftsbetrieb Eisenbahn und Häfen, Duisburg		
1947	Gründung der Hüttenwerke Ruhrort Meiderich AG zur Fortführung der Hütte Ruhrort/Meiderich und des Werks Hochöfen Hüttenbetrieb		
1948	Demontagebeginn auf der Thyssenhütte	Gründung der Hüttenwerke Niederrhein AG zur Fortführung der Niederrheinischen Hütte	
1949	Demontage-Stopp nach Petersberg-Abkommen (22.11.) Produktionserlaubnis für Roheisen und Rohstahl für die Thyssenhütte		
1950	Beginn des Wiederaufbaus der Hochöfen und Stahlwerke der Thyssenhütte (Mai) Ende des Abtransports von Demontagegut der Thyssenhütte (Dezember)		
1951	Wiederanblasen eines Hochofens auf der Thyssenhütte (7.5) Wiederanlauf des SM-Stahlwerks auf der Thyssenhütte		
1952	Aufhebung aller alliierten Produktionsbeschränkungen für die Thyssenhütte (28.7) Änderung des Firmennamens Hüttenwerke Ruhrort-Meiderich AG in Hüttenwerke Phoenix AG	Neugründung der westfälischen Union AG für Eisen- und Drahtindustrie; Zuordnung zur Niederrheinischen Hütte AG	
1953	Neugründung der August-Thyssenhütte AG (2.5.) Baubeginn der Warmbreitbandstraße im Werk Bruckhausen (September)		
1955	Inbetriebnahme der Warmbreitbandstraße im Werk Bruckhausen Fusion der Hüttenwerke Phoenix AG mit der Rheinische Röhrenwerke AG zur Phoenix-Rheinrohr AG Vereinigte Hütten- und Röhrenwerke		
1956	Inbetriebnahme der Kaltbreitbandstraße im Werk Bruckhausen Erwerb einer Mehrheitsbeteiligung an der Niederrheinischen Hütte AG		
1957		Beginn der Schubschiffahrt für denErztransport von Rotterdam zum Werkshafen Schwelgern	

Jahr	ATH AG	Andere Bereiche	Thyssen Industrie AG
1959	Inbetriebnahme des ersten Hochofen-Neubaus seit 1944 im Werk Hamborn Inbetriebnahme eines Oxygenstahlwerks im Werk Ruhrort		
1962	Inbetriebnahme des Oxygenstahlwerks im Werk Beeckerwerth		
1964	Erwerb einer Mehrheitsbeteiligung an der Phoenix Rhein-Rheinrohr AG Inbetriebnahme der Warmbreitband- und der Kaltbreitbandstraße im Werk Beekerwerth		
1965	Betriebsüberlassungsvertrag für das Werk Ruhrort und das Hochofenwerk Hüttenbetrieb zwischen ATH und Phonix-Rheinrohr		
1969	Inbetriebnahme einer Vorblock-Stranggießanlage im Werk Ruhrort Stillegung der letzten Thomas- und des letzten SM-Stahlwerks in Bruckhausen Einbringung des Bergbauvermögens in die Ruhrkohle AG		
1970	Beginn der Arbeitsteilung Röhren/Walzstahl mit der Mannesmann AG Gründung der Mannesmann-Röhren-Werke GmbH (später AG) zur Fortführung des Röhrengeschäfts der Mannesmann AG und der Thyssen Röhren-werke AG, Thyssen-Anteil 33,33 %, seit 1974 25 %		
1971		Zusammenfassung der Hütten-werk Oberhausen AG und der Niederrheinischen Hütte AG zur späteren Thyssen Nieder-rhein AG	
1973	Mehrheitsbeteiligung der ATH AG an der Rhein-stahl AG, zunächst über ein Bankenkonsortium Inbetriebnahme des ersten Großhochofens im Werk Schwelgern		
1974	Inbetriebnahme der ersten Vorbrammen-Strang-gießanlage im Werk Beeckerwerth Zusammenfassung der Wohnungs-Aktivitäten in der Gruppe Thyssen bauen + wohnen		
1976			Änderung des Firmennamens Rheinstahl AG in Thyssen Industrie AG
1977	Änderung des Firmennamens August-Thyssen-Hütte AG in Thyssen Aktiengesellschaft vormals August-Thyssen-Hütte	Thyssen Niederrhein AG wird Betriebsführungsgesellschaft für die Werke Oberhausen und Hochfeld	

| Jahr | Thyssen AG | Thyssen Stahl AG | | Thyssen |
		Duisburg	Andere Bereiche	Industrie AG
1983	Ausgliederung des Stahlbereichs in die Thyssen Stahl AG; Konzentration auf Aufgaben der Konzernführung	Gründung der Thyssen Stahl AG Beschlußfassung über Konzentration der Produktionsanlagen (Konzept 900)		
1985		Beschlußfassung über ein Profilstahlkonzept Inbetriebnahme einer Anlage für das Laserschweißen von Blechen im Werk Bruckhausen		
1986		Übernahme der Betriebsführung der Werke Oberhausen und Hochfeld durch die Thyssen Stahl AG		
1987		Beschlußfassung über weitere Produktkonzepte (Grobblech, Langprodukte) Inbetriebnahme der Elektrolytischen Bandverzinkungsanlage im Werk Beeckerwerth		
1989		Inbetriebnahme einer Pilotanlage für das Gießpreßwalzen von Stahlbändern im Werk Ruhrort		
1990		Beschluß zum Bau eines zweiten Großhochofens im Werk Schwelgern		

Quelle: UEBBING, H.; 1991, S.314 ff

265

Werkseigener und werksverbundener Wohnungsbestand von Thyssen, Rhein- Lippe, Krupp und Mannesmann in Duisburg

Bauphasen

▲ überwiegend   bis 1918

■ überwiegend   1919 - 1945

● überwiegend   1946 - 1987

Entwurf und Kartographie: U. Müller-ter Jung

Quelle: Wohnungsbestandslisten der Firmen Thyssen, Rhein- Lippe, Krupp, Mannesmann und eigene Erhebungen.

Kartengrundlage: Vermessungs- und Katasteramt der Stadtverwaltung Duisburg, Amtlicher Stadtplan 1:20.000

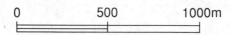

Karte 1

Wohngebäude von Thyssen und Rhein-Lippe in Walsum

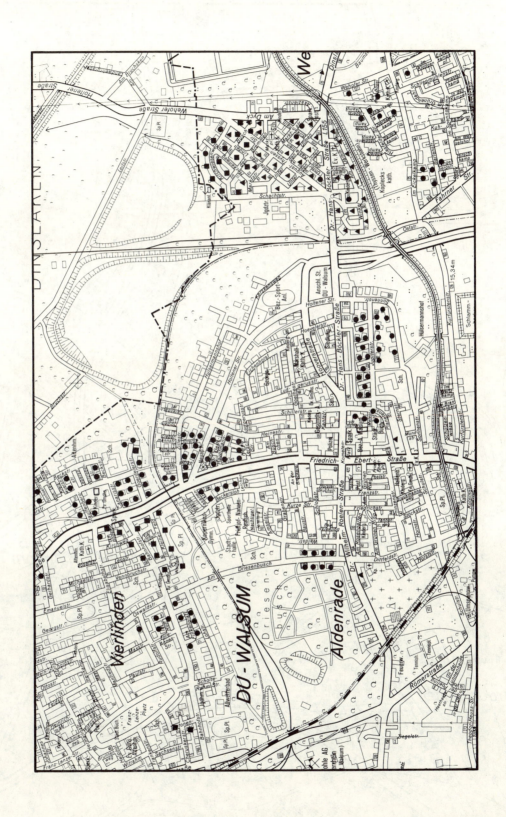

Wohngebäude von Thyssen und Rhein-Lippe in Hamborn

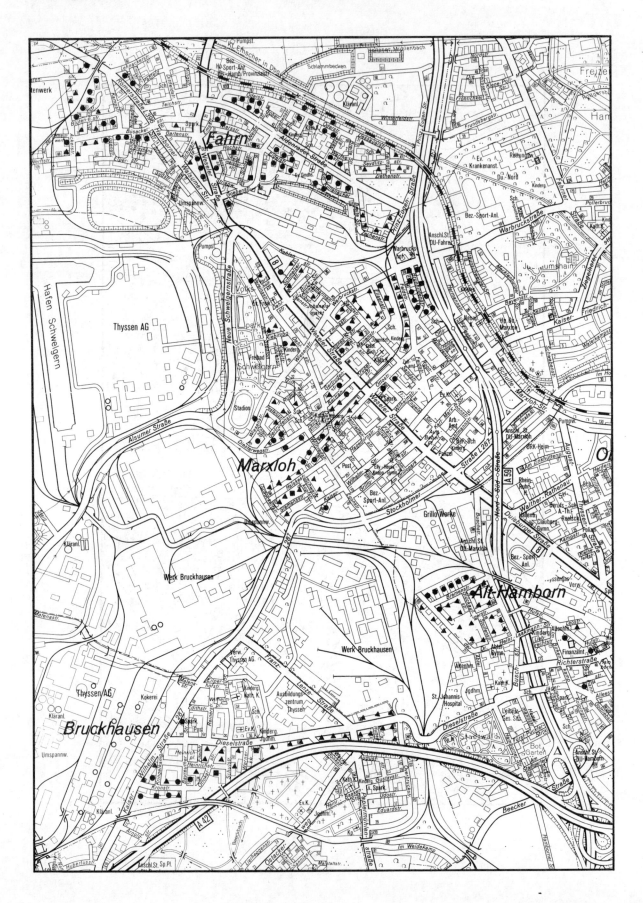

Karte 3
Wohngebäude von Thyssen und Rhein-Lippe in Hamborn

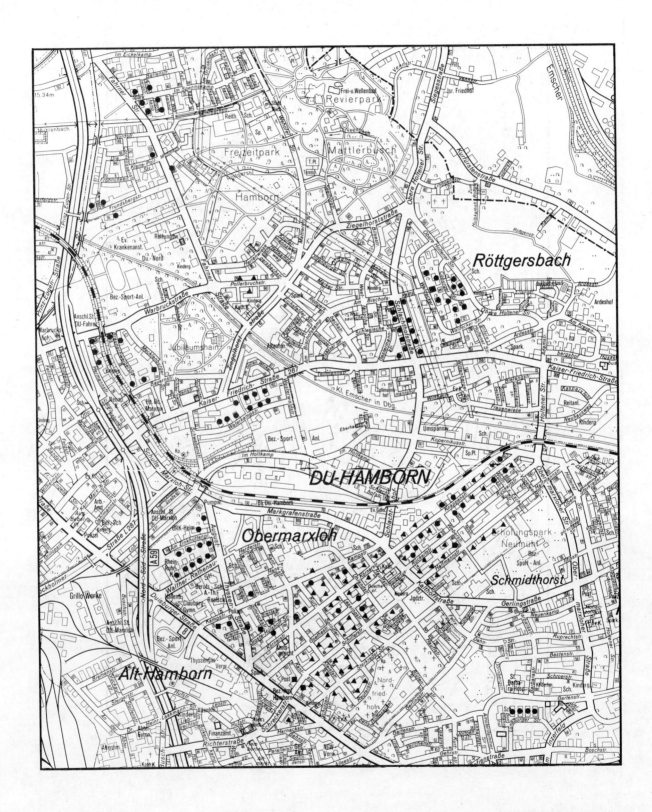

Wohngebäude von Thyssen und Rhein-Lippe in Meiderich/ Beeck

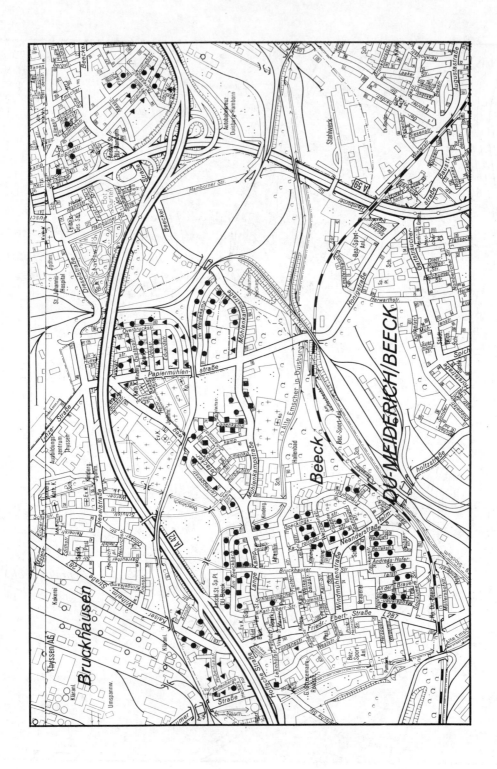

Wohngebäude von Thyssen und Rhein-Lippe in Untermeiderich/ Laar

Karte 6
Wohngebäude von Thyssen in Ober- und Mittelmeiderich

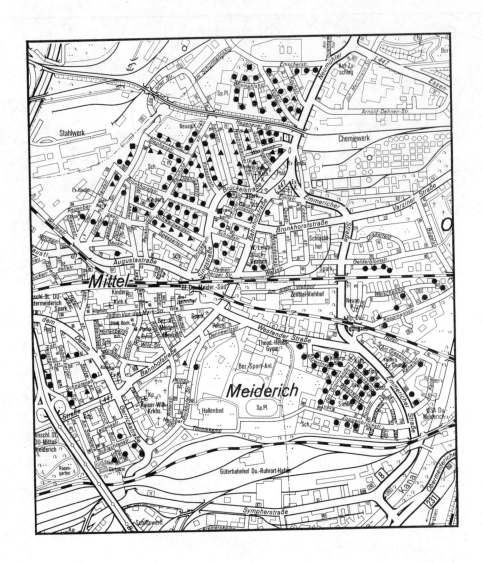

Karte 7
Wohngebäude von Thyssen und Rhein-Lippe in Beeckerwerth

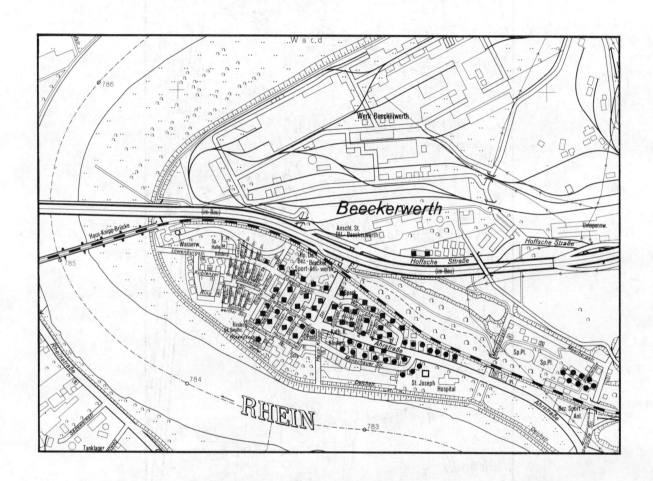

Wohngebäude von Thyssen in Wanheimerort/ Buchholz

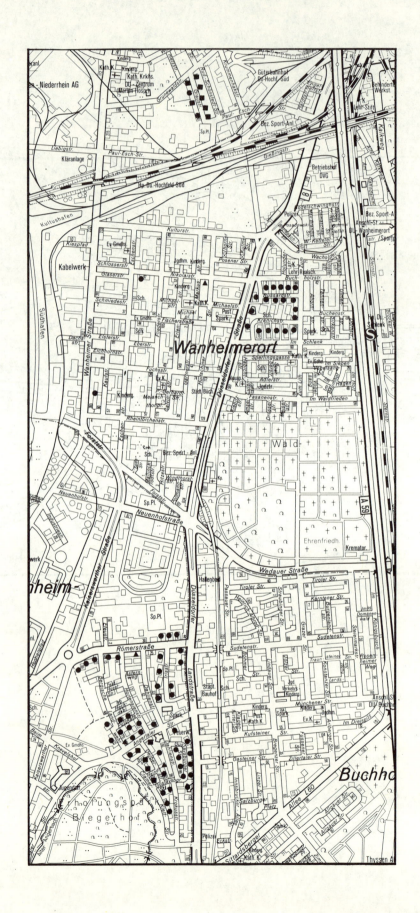

Karte 9
Wohngebäude von Thyssen in Rumeln

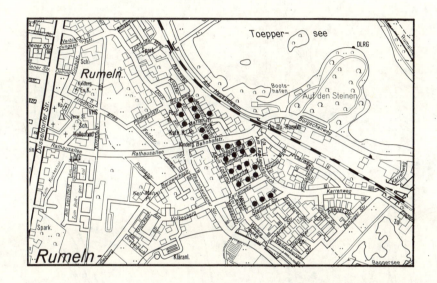

Wohngebäude von Mannesmann in Hüttenheim

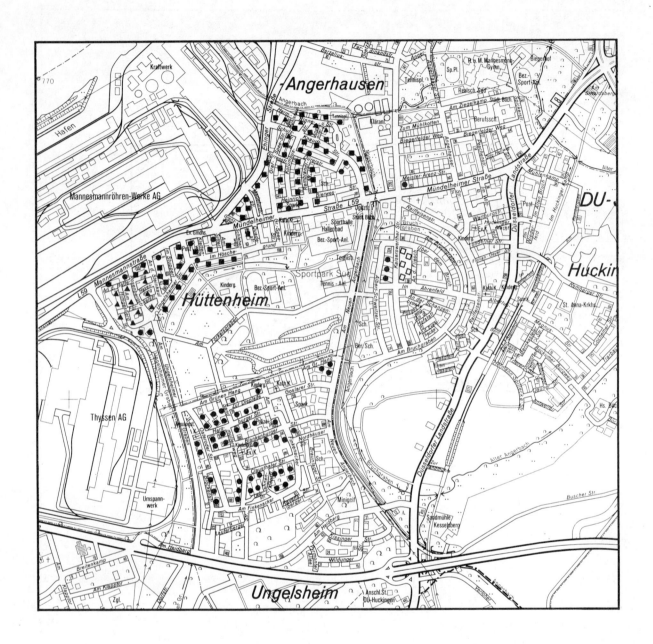

Karte 11
Wohngebäude von Krupp in Rheinhausen

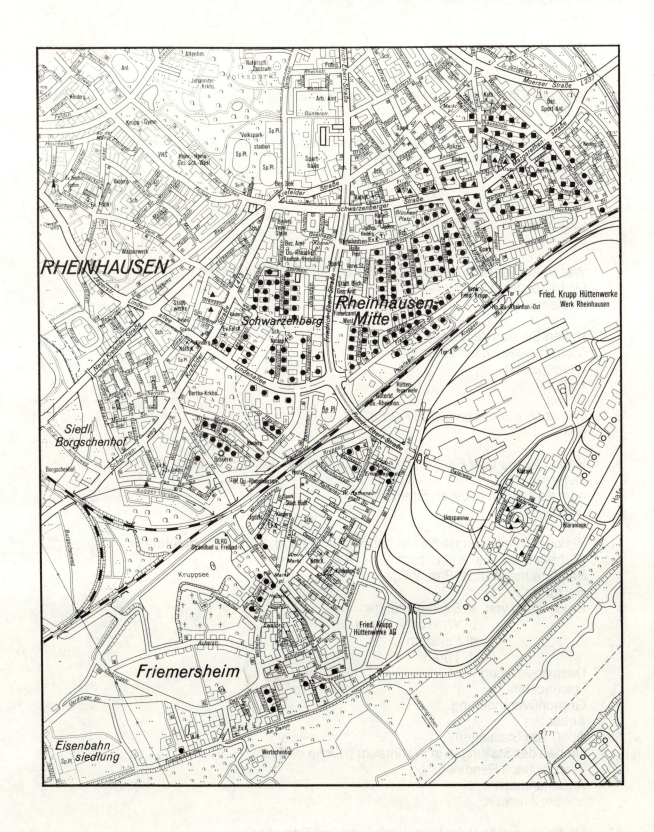

Fragebogen

1. In welchem Jahr haben Sie Ihr Haus gekauft?
   19 ..

2. Wieviel m² hat das Haus?
   .... m²

3. Wieviele Zimmer hat das Haus? (außer Küche und Bad)
   ... Zimmer

4. Haben Sie vor dem Hauskauf bereits als Mieter in diesem Haus gewohnt?
   (Zutreffendes bitte unterstreichen)
   Ja/Nein

5. Sind Sie bei der Fa. Krupp beschäftigt?
   (Zutreffendes bitte unterstreichen)
   Ja/Nein

6. Waren Sie vor dem Hauskauf bereits bei der Fa. Krupp beschäftigt?
   (Zutreffendes bitte unterstreichen)
   Ja/Nein

7. Halten Sie den damaligen Kaufpreis für:
   (Zutreffendes bitte ankreuzen)
   angemessen
   zu hoch

8. Wie hoch war der damalige Kaufpreis?
   DM ....

9. Haben Sie von der Fa. Krupp gekauft? (Zutreffendes bitte unterstreichen)
   Ja/Nein
   oder von einem anderen Eigentümer?
   Ja/Nein

10. Welche Renovierungsarbeiten haben Sie seit dem Kauf durchgeführt?
    (Zutreffendes bitte ankreuzen)
    Sanitäre Installation (Bad, WC)
    Heizung
    Erneuerung von a) Elektroleitungen
                         b) Wasserleitungen
                         c) Fenstern
                         d) Türen
    Dacheindeckung
    Dachausbau
    Grundrißveränderung
    Anbauten
    Abriß von Stallungen
    Umbau der Stallungen in Wohnraum (Küche o. Bad)
    Treppenhaus-Renovierung
    Außenanstrich
    andere Arbeiten:

11. Ist die finanzielle Belastung durch Kauf und Renovierung:
    (Zutreffendes bitte ankreuzen)
    höher als geplant
    noch erträglich

12. Was halten Sie von der Gestaltungssatzung?
   (Zutreffendes bitte ankreuzen)
   Ist eine Hilfe.
   Fühle mich in meinen Vorstellungen eingeengt.

13. Haben Sie sich bei den Renovierungsarbeiten an die Gestaltungssatzung gehalten?
   (Zutreffendes bitte unterstreichen)
   Ja/Nein

14. Wie beurteilen Sie die Privatisierung aus den seit dem Kauf gemachten Erfahrungen?
   (Zutreffendes bitte ankreuzen)
   gut, da ich sonst nicht zu Eigentum gekommen wäre Eigentum gekommen wäre
   Die Siedlung ist schöner geworden
   Würde nicht noch einmal kaufen
   Grund:
   Das Nachbarschaftsverhältnis ist:
   geblieben
   schlechter

DUISBURGER GEOGRAPHISCHE ARBEITEN

BAND 1: Schickhoff, Irmgard: Graphentheoretische Untersuchungen am Beispiel des Schienennetzes der Niederlande. Ein Beitrag der Verkehrsgeographie. Duisburg 1978, 226 S., 20,- DM. Bezug: Irmgard Schickhoff, Manteuffelstraße 22, 4300 Essen.

BAND 2: Müller-ter Jung, Ursula: Der lernzielorientierte geographische Sachunterricht in der Primarstufe. Ergebnisse und Konsequenzen eines Testverfahrens. Köln 1981, 288 S., 39,- DM.

BAND 3: Salzmann, Wolfgang: Experimente im Geographieunterricht. Zur Theorie und Praxis eines lernzielorientierten geographischen Experimentalunterrichts. Köln 1981, 191 S., *vergriffen*.

BAND 4: Nicolini, Gert: Wandel des Stadtzentrums von Leverkusen. Eine Untersuchung über den Einfluß einer stadtplanerischen Maßnahme. Köln 1983, 358 S., *vergriffen*.

BAND 5: Blotevogel, Hans Heinrich/Sträßer, Manfred (Hrsg.): Aktuelle Probleme der Geographie. Köln 1985, 253 S., 48,- DM.

BAND 6: Wagner, Erika: Überseehäfen in Westaustralien. Seaports in Western Australia. Bamberg 1988, 218 S., 24,80 DM.

BAND 7: Blotevogel, Hans-Heinrich/Dohms, Norbert/Graef, Andreas/Schickhoff, Irmgard: Zentralörtliche Gliederung und Städtesystementwicklung in Nordrhein-Westfalen. Dortmund 1990, 256 S., *vergriffen*.

BAND 8: Hohn, Uta: Die Zerstörung deutscher Städte im Zweiten Weltkrieg. Regionale Unterschiede in der Bilanz der Wohnungstotalschäden und Folgen des Luftkrieges unter bevölkerungsgeographischem Aspekt. Dortmund 1991, 375 S., 75,- DM.

BAND 9: Blotevogel, Hans Heinrich (Hrsg.): Europäische Regionen im Wandel. Strukturelle Erneuerung, Raumordnung und Regionalpolitik im Europa der Regionen. Dortmund 1991, 364 S., 69,- DM.

BAND 10: Sträßer, Manfred: Klimadiagramme und Klimadaten. Temperatur und Niederschlag im Zeitraum 1951-1980. Dortmund 1993, 125 S., 39,- DM.

BAND 11: Jablonowski, Vera: Güterverkehrszentrum Duisburg. Struktur- und Funktionswandel des Duisburger Hafens. Dortmund 1993, 245 S., 58,- DM.

BAND 12: Müller-ter Jung, Ursula: Stadtentwicklung in montanindustriellen Regionen: das Beispiel Duisburg. Dortmund 1993, 288 S., 64,- DM.

BAND 13: Wood, Gerald: Die Umstrukturierung Nord-Ost-Englands. Wirtschaftlicher Wandel, Alltag und Politik in einer Altindustrieregion. In Vorbereitung.